基金资助和课题项目：
国家社会科学基金（15BGL137）“我国生鲜农产品流通渠道模式比较与优化研究”；
国家现代农业（梨）产业技术体系建设专用资金（CARS-28）；
国家社会科学基金重大项目（20ZD045）“我国农村集体产权制度改革深化与经济发展研究”；
江苏省社会科学基金重大项目（K0201900192）“江苏建立健全城乡融合发展的体制机制与政策体系研究”。

我国生鲜农产品流通渠道研究

STUDY ON THE MARKETING CHANNELS OF FRESH AGRICULTURAL PRODUCTS IN CHINA

耿献辉　薛洲　陈凯渊◎著

经济管理出版社
ECONOMY & MANAGEMENT PUBLISHING HOUSE

图书在版编目（CIP）数据

我国生鲜农产品流通渠道研究/耿献辉，薛洲，陈凯渊著．—北京：经济管理出版社，2020.6
ISBN 978－7－5096－7197－9

Ⅰ.①我… Ⅱ.①耿… ②薛… ③陈… Ⅲ.①农产品流通—研究—中国 Ⅳ.①F724.72

中国版本图书馆 CIP 数据核字(2020)第 098906 号

组稿编辑：曹　靖
责任编辑：曹　靖　郭　飞
责任印制：黄章平
责任校对：王淑卿

出版发行：经济管理出版社
（北京市海淀区北蜂窝 8 号中雅大厦 A 座 11 层　100038）
网　　址：www.E－mp.com.cn
电　　话：（010）51915602
印　　刷：三河市延风印装有限公司
经　　销：新华书店
开　　本：787mm×1092mm/16
印　　张：22.5
字　　数：548 千字
版　　次：2020 年 6 月第 1 版　　2020 年 6 月第 1 次印刷
书　　号：ISBN 978－7－5096－7197－9
定　　价：98.00 元

课题组主要成员

耿献辉	教　授	南京农业大学
薛　洲	博士生	南京农业大学
陈凯渊	博士生	南京农业大学
刘　烨	硕士生	南京农业大学
牛　佳	博士生	南京农业大学
高梦茹	硕士生	南京农业大学
周　颖	硕士生	南京农业大学
陈　戈	硕士生	南京农业大学
魏爱建	硕士生	南京农业大学
随学超	副教授	合肥工业大学
许　虹	副教授	江苏工业职业技术学院
胡凌啸	博士后	清华大学中国农村研究院
戈　阳	博士生	南京农业大学
潘　超	博士生	南京农业大学
安　宁	硕士生	南京农业大学
金晟男	硕士生	南京农业大学
王柱焱	硕士生	南京农业大学
严斌剑	副教授	南京农业大学
朱战国	教　授	南京农业大学

前　言

一、生鲜农产品流通渠道的研究意义

随着经济体制的改革和物流技术的发展，我国果蔬、肉禽、蛋奶、水产等生鲜农产品流通基本形成了以农户、合作社、经销商、批发市场、集贸市场、超市和电商平台等为主体，多形式、多渠道、广域流通的格局。与日本和韩国等小规模生产的东亚模式类似，批发市场作为集散、信息与价格形成的中心，仍是我国当前农产品流通的最主要渠道，超过70%的农产品要经过批发市场；欧美超市近20年来在我国的迅猛发展，并对农产品流通渠道产生了深刻的影响，我国农产品经由超市销售的比例不断地提高，在北京、上海等大城市超过了20%；与信息网络技术同步，电子商务的发展也正在加速改变我国农产品流通的格局。

目前，农产品流通渠道正处于变革之中，仍然没有完全解决小生产与大市场之间的矛盾，存在农产品销售难、价格波动剧烈等现象。流通主体分散弱小、主体自身功能不健全、主体间关系不协调等主要约束因素阻碍了我国农产品流通效能的提升。2015年中央一号文件提出，要加强农产品产地市场建设，加快构建跨区域冷链物流体系，推进合作社与超市、学校、企业、社区对接，支持电商、物流、商贸、金融等企业参与涉农电子商务平台建设。

目前，批发市场主导的生鲜农产品流通渠道、超市主导的生鲜农产品流通渠道和以电商平台为中心的生鲜农产品流通渠道构成了我国生鲜农产品流通的主要渠道模式。不同模式之间在物流、资金流和信息流等传递与流通收益分配方面存在差异，在流通渠道主体组织、功能拓展、关系协调等方面都有着进一步优化的空间。随着市场经济的竞争越来越激烈，渠道主体间关系的优化问题也变得日益迫切。

二、生鲜农产品流通渠道研究的主要内容

在把握生鲜农产品流通渠道总体发展路径与趋势的基础上，区分果蔬、畜禽、水产三大类生鲜农产品，考虑生产者、运销商、消费者等产销主体的各自效用，对批发市场主导、超市主导、电商平台主导的三种主要农产品流通渠道模式的存在和适用条件进行系统分析。在总体上把握生鲜农产品流通渠道模式的异同、本质特征与发展趋势。

针对批发市场、超市和电商平台三种不同的流通渠道从总体、横向竞争程度和纵向合

作关系三个维度来进行比较分析。从横向来看，三种流通渠道均存在一定的垄断特征；从市场集中度的视角来看，批发市场的市场集中度较低，超市和电商平台的市场集中度较高。从纵向分析三种流通渠道的合作关系，批发市场主要是“经纪人＋农户”的合作模式，超市、电商平台主要是“合作社＋农户”和“公司＋生产基地＋农户”的模式，其中“公司＋生产基地＋农户”的纵向合作关系最为稳定，农户与企业之间的合作程度最高，相对来说，“经纪人＋农户”这一模式则稳定性最低，且二者之间成员合作性较低，风险分担程度较低，不利于农户收入稳定的增加，并针对其市场结构和竞争程度指出政策完善的方向。

从主体组织化、功能拓展和关系协调三个关键节点对我国生鲜农产品流通渠道进行优化。从主体功能来看，批发市场可向消费端拓展延伸，完善其物流配送等功能；超市可向生产端拓展延伸，通过农超对接等，实现产销对接；电商平台可提供农产品质量识别等服务，在信息、信用等服务基础上促进农产品电商的快速发展。

三、本书的特色和贡献

在研究过程中综合运用经济学的产业组织和管理学的供应链理论，构建一个流通渠道主体横向竞争和纵向协调的二维分析框架，对我国生鲜农产品流通渠道模式进行了比较与优化分析。由此在效率视角之外，丰富了我国农产品流通渠道实证研究，同时提供了更为明确的政策启示。

从产业组织角度进行流通渠道主体横向竞争程度的分析，从消除行政垄断、发挥市场机制等视角提出完善我国生鲜农产品流通渠道的政策措施。尝试将产业组织的理论应用到农产品流通渠道主体的分析上来，其政策建议对于发挥市场机制，促进我国农产品流通渠道主体竞争提供可能的启发。

引入供应链和价值链管理理论，对物流、资金流和信息流的纵向传递与组织进行比较分析，从渠道主体、功能拓展、关系协调等视角切入分析，提出优化我国生鲜农产品流通渠道的管理措施。对于促进我国生鲜农产品流通渠道的稳定和主体间协调可能会产生积极的意义，有利于生鲜农产品流通过程中损耗与交易成本降低，促进产品价值增值与价格稳定。

四、展望

随着消费者生活、消费方式的转变，我国生鲜农产品流通渠道虽然正逐步向现代化的方向转型，但是现阶段从农产品的生产到流通、消费的过程中仍然存在较多的问题。互联网的出现和发展为农产品流通领域带来了新的机遇和挑战，成功实现各流通渠道间的融合发展还需要更多的转变。基于生产者、运销商和消费者的效用最大化，将生鲜农产品流通渠道分成批发市场主导、超市主导和电商平台主导三大模式，探讨不同流通渠道经济主体的横向竞争程度与纵向合作关系，考察商品流、信息流和资金流在不同渠道模式中的传递与组织特征，在比较分析的基础上，借鉴国际经验，提出与品类相适应的具有较高效能的生鲜农产品流通渠道模式的优化措施，促进我国生鲜农产品流通渠道主体间的合作与协调。

本书的出版，将在效率视角之外，丰富我国农产品流通渠道实证研究。同时对维持我国生鲜农产品流通渠道的稳定，促进主体间的协调发展，降低生鲜农产品流通过程中损耗与交易成本，增加产品价值等，都有着积极的意义。

江西财经大学教授

中国农业农村现代化研究院院长

周应恒

2019 年 12 月于南昌

目　录

第一章 绪论

本章作为全书的绪论部分，主要是介绍本书的研究背景、问题提出、研究目的、研究框架、研究方法和重难点分析等。

第一节 研究依据

一、研究背景

随着经济体制的改革和物流技术的发展，我国果蔬、肉禽、蛋奶、水产等生鲜农产品流通基本形成了以农户、合作社、经销商、批发市场、集贸市场、超市和电商平台等为主体，多形式、多渠道、广域流通的格局。与日本和韩国等小规模生产的东亚模式类似，批发市场作为集散、信息与价格形成的中心，仍是我国当前农产品流通的最主要渠道，超过70%的农产品要经过批发市场；源于欧美的超市近20年来在我国的迅猛发展，并对农产品流通渠道产生了深刻的影响，我国农产品经由超市销售的比例不断地提高，在北京、上海等大城市超过了20%；与信息网络技术同步，电子商务的发展也正在加速改变我国农产品流通的格局。

目前，农产品流通渠道正处于变革之中，仍然没有完全解决小生产与大市场的矛盾，存在农产品销售难、价格波动剧烈等现象。流通主体分散弱小、主体自身功能不健全、主体间关系不协调等主要约束因素阻碍了我国农产品流通效能的提升。2015年中央一号文件提出，要加强农产品产地市场建设，加快构建跨区域冷链物流体系，推进合作社与超市、学校、企业、社区对接，支持电商、物流、商贸、金融等企业参与涉农电子商务平台建设。批发市场主导的生鲜农产品流通渠道、超市主导的生鲜农产品流通渠道、以电商平台为中心的生鲜农产品流通渠道构成了当前我国生鲜农产品流通的主要渠道模式，不同模式之间在物流、资金流和信息流等传递与流通收益分配方面存在差异，在流通渠道主体组织、功能拓展、关系协调等方面都有着进一步优化的空间。

二、文献综述

（一）国内外研究动态梳理

1. 农产品流通渠道评价与发展研究

我国农产品流通渠道长、环节多。我国生鲜农产品销售地域大、范围广，特定农产品还具有一定程度的生产区域性特征。小农户实力小，信息来源渠道匮乏，无法承担较大区域间运输和实现供给的空间平衡，往往造成生鲜农产品的结构性剩余和产销不畅（杨顺江等，2004）。生鲜农产品流通的中间环节过多，往往造成价格的攀升以及资源的浪费。在流通过程中存在着损耗大、交易场所有限、交易方式落后、信息程度低等问题。

以蔬菜为例，从山东寿光生产者到北京最终消费者的流通环节，包括从农户到批发市场、从寿光到北京的运输、在北京的批发和零售4个环节，从农户到批发市场的费用最高（王学真等，2005）。如果能减少交易层次，不仅节省时间，也可以减少费用、提高效率，但也不是渠道越短越好、环节越少越好（宋则，2003），随着商品化、规模化、市场化和全球化的发展，有些商品流通的渠道变得越来越长，如从国外进口大豆、海南蔬菜北运等，适度的流通环节有利于提高流通效率（洪涛，2014）。

随着超市和电子商务的兴起与快速发展，我国农产品零售渠道正在发生着变革。超市作为消费者购买蔬菜等生鲜食品的重要渠道，对传统的农贸市场渠道构成了巨大挑战（周应恒等，2003）。来自于非洲和亚洲的研究文献表明超市等现代流通渠道对产业链上游的小农户的收入或福利产生了积极影响（Minten，2009；Maertens，2009；Bignebat，2009；Schipmann，2010）。从我国来看，水果等生鲜农产品在超市的销售没有压倒传统的农贸市场，以超市为代表的现代销售渠道对农户的亩均净收益没有显著的影响，甚至对农产品的售价却产生了负面影响（耿献辉等，2012）。交易费用是影响农户选择不同契约模式的重要因素，提高农民的组织化程度以增强农户的谈判能力和提升产品质量水平；鼓励电子商务等现代化的交易手段可以降低交易的执行成本（黄祖辉等，2008）。

2. 农产品流通渠道效率研究

流通效率是衡量流通效果的一个重要指标，但缺少权威一致性。可以用流通产品的总价值与流通总成本的比值来界定，数值越大表示效率越高（Shepherd，1963）。这种测量方法缺乏客观的比较标准，还隐含着任何流通成本的增加或流通产品价值的降低都会引起效率降低的含义（卢凌霄、周应恒，2008）。流通效率可以分为两种类型：技术效率和经济效率（许文富，1997）。经济效率是指产品价格的增加有多大程度的自由并能准确地体现产品本身价值的增值，以及在营销和分配中如何让不同的利益主体接受。影响流通效率的因素包括市场控制力、外部性和信息可获得性，流通渠道绩效包括效果、公平、效率（Stern，1977）。生鲜农产品流通渠道的效率可以从组织结构角度进行分析，如组织制度、流通系统运行的政策限制等（Rauser，1987）。

流通效率实证分析是为了更好地研究流通环节，弄清楚影响流通损失的因素，使产品保质保量地传递到流通链条终端，提高消费者福利。印度鹰嘴豆流通中面临着诸如缺乏储存设施、运输设备较差、存在大量中间商、生产者分得比低等问题（Kumar，2002）。随着流通成本和流通价差的提高，流通效率呈下降趋势，农民可以通过参加组织、合作营销、合同营销的方式免受过度剥削（Chahal，2002）。台湾蔬菜流通费用随着流通层次的减少而降低，损耗率也随着流通层次的增加而增加（游振铭，1993）。此外，万钟汶（1996）分析了不完全竞争条件下台湾蔬菜的运销价差结构，吴自爱等（2013）运用因子分析和超效率数据包络分析方法对皖江城市带农产品流通效率进行了评价。扶玉枝和黄祖辉（2012）采用 Bootstrap - DEA 方法测度了水果、蔬菜营销合作社的技术效率。

3. 农产品流通渠道管理研究

工业产品市场营销的研究为农产品流通渠道的管理提供了有益的借鉴，工业品的市场营销特别关注渠道管理中行为主体特征、管理权力、冲突和合作等议题（庄贵军等，2002）。由于市场竞争更加激烈，厂商将营销渠道成员视为合作伙伴。农产品流通渠道管理也就是要提高渠道价值和降低渠道总成本，从而提高渠道整体效率和稳定性。

渠道权力变迁是推动农产品流通渠道变革的主要内因（赵晓飞等，2012）。造成目前我国农产品流通渠道稳定性缺失等问题的原因在于农产品流通渠道中权力结构的过度失衡。主体间合作是通过协作获取更多经济和社会收益的渠道行为（张磊楠等，2014），根植于农村社会人际关系行为规范的关系治理机制为农产品交易关系提供了内在的稳定机制，有利于交易绩效的提升（张闯等，2009）。维系竞争和市场一体化，完善市场功能，培育中间市场组织可以削减制约农产品流通效率的制度“瓶颈”（李春海，2005）。

我国农产品经营生产组织形式和功能上存在着弱小分散的特点，建立产地集销服务中心和培育产销组织成为促进我国生鲜农产品流通体系发展的一项综合性政策措施（曾寅初等，2013）。

（二）文献评论

综合来看，对于我国农产品流通渠道的分析，已有的实证研究多是从流通效率出发，采取价差、农民分得比、流通费用和渠道长短等指标。流通效率并没有一个公认的科学定义，很多文献就采用不同的指标来进行分析。从采用的指标来看，可能会反映农民在这个流通渠道中的相对势力，但无法揭示流通渠道中其他主体提供的价值增值服务，也就不能从根本上判断流通渠道的经济效能，甚至还会得出流通渠道越短越好的结论，其政策含义可能是减少流通渠道环节，增加农民收入。但流通渠道环节的减少就一定能够增加农民收入吗？我们的相关研究已经证实了农超对接并不能增加农民收益。从什么角度出发来研究我国农产品流通渠道会更具有政策含义？

我国当前流通相关的研究可以从西方正在兴起的营销历史学派和宏观营销学派中获得重要的理论支持。整合经济学与管理学，基于分工理论、制度分析（机构和功能分析）和系统论的分析框架具有积极的理论价值（夏春玉等，2013）。

从经济与管理角度对农产品流通渠道的研究尚存在空间，特别是关于农产品流通渠道模式的比较与优化等方面的研究值得进一步深入探讨。农产品流通渠道管理不是孤立的行为，而是一种置于某种特定关系构架中的主体间互动活动（杜岩，2009）。农产品流通渠道优化的关键是渠道主体组织化、功能拓展、关系协调等，特别是要关注农产品流通渠道主体之间如何通过构建合作关系来协调渠道活动，成功的渠道关系管理可以促进整个农产品流通渠道的相对稳定。

农产品流通渠道是一个动态演变的过程，随着经济发展与技术进步由低级形态向高级形态转变，通过持续优化使整个农产品流通渠道运行效率和价值增值不断提高。农产品流通渠道优化的目的是使得农产品价值更加充分有效地利用，农产品流通的生产、中介、销售相关的主体组织更清晰，渠道功能更明确，关系衔接更紧密，农产品得以最大限度地实现时空转移与价值增值，消费者需求得到最大满足，生产者实现最大收益。

拟构建经济与管理的综合分析框架深入考察农产品流通渠道完善政策与优化路径。从流通渠道主体横向竞争与纵向协调的视角出发，将经济学的产业组织理论和管理学的供应链理论结合起来研究我国生鲜农产品流通渠道模式。利用产业组织理论对我国生鲜农产品流通渠道的主体横向竞争关系进行深入分析，从消除行政垄断和利用市场机制配置资源出发，提出完善我国生鲜农产品流通渠道模式的政策措施；利用供应链与价值链理论，对我国不同生鲜农产品流通渠道物流、资金流和信息流的纵向组织关系进行比较分析，从主体组织化、功能拓展、关系协调等方面提出我国生鲜农产品流通渠道模式优化的途径与方案。

（三）本书学术与应用价值

（1）综合运用经济学的产业组织和管理学的供应链理论，构建一个流通渠道主体横向竞争和纵向协调的二维分析框架，对我国生鲜农产品流通渠道模式进行比较与优化分析。由此在效率视角之外，丰富了我国农产品流通渠道的实证研究，同时提供更为明确的政策启示。

（2）尝试从产业组织角度，进行流通渠道主体横向竞争程度的分析，从消除行政垄断、发挥市场机制等视角提出完善我国生鲜农产品流通渠道的政策措施。在方法上尝试将产业组织的理论应用到农产品流通渠道主体分析上来，其政策建议对于发挥市场机制来促进我国农产品流通渠道主体竞争提供可能的启发。

（3）尝试引入供应链和价值链管理理论，对物流、资金流和信息流的纵向传递与组织进行比较分析，从渠道主体、功能拓展、关系协调等视角切入分析，提出优化我国生鲜农产品流通渠道的管理措施。对于促进我国生鲜农产品流通渠道的稳定和主体间协调可能会产生积极意义，有利于生鲜农产品流通过程中损耗与交易成本降低，促进产品价值增值与价格稳定。

三、研究目的

总目标是揭示了不同经济发展阶段、不同主导力量的生鲜农产品流通渠道的特征、变化及其发展态势，探讨不同流通渠道经济主体的横向竞争程度与纵向合作关系，考察商品流、信息流和资金流在不同渠道模式中的传递与组织特征，在比较分析的基础上提出与品类相适应的具有较高效能的生鲜农产品流通渠道模式的优化措施，促进我国生鲜农产品流通渠道主体间的合作与协调，在渠道稳定的基础上使得主体共享渠道增加利益。具体目标如下：

（1）对已有农产品流通研究文献中的农民分得比、价差、渠道长短、成本结构等指标进行梳理，对利用这些指标来衡量农产品流通效率进行讨论，在此基础上提出综合运用经济学与管理学来比较与优化生鲜农产品流通渠道模式的分析框架。

（2）对批发市场、超市、电商平台等主导的不同渠道模式进行主体特征和渠道组织结构比较分析；区分果蔬、畜禽、水产三大类生鲜农产品，考虑生产者、运销商、消费者等产销主体的效用，对不同流通渠道模式的存在和适用条件进行系统分析。在总体上把握生鲜农产品流通渠道模式的异同、本质特征与发展趋势。

（3）从产业组织和主体竞争视角出发，分环节对生鲜农产品流通渠道主体的竞争程度进行分析，针对其市场结构和竞争程度指出政策完善的方向。

（4）从供应链管理与纵向协调角度出发，分析生鲜农产品流通渠道上下游主体间的冲突与协调等，从主体组织发育、功能拓展和协调合作等视野提供可操作的生鲜农产品流通渠道模式优化措施。

第二节 主要研究内容

工业产品营销渠道管理的核心是营销渠道系统中组织关系的协调，营销渠道关系的管理越来越成为双边互动影响的结果。本书拟借鉴工业产品渠道管理相关理论，研究生鲜农产品流通渠道模式。生鲜农产品生产者会通过不同组织、不同的活动流程销售产品给消费者形成生鲜农产品的流通渠道。生鲜农产品多生长在室外并受气候影响，具有粗重、易腐、规格不一等特性，比工业产品需要更长的流通渠道并提供更多的服务，才能使交易顺利进行。批发市场主导的流通渠道、超市主导的流通渠道和电商平台主导的流通渠道成为当前我国生鲜农产品流通渠道的主要表现形式，本书首先对这些渠道模式进行刻画并比较其模式特征，然后从流通渠道主体出发进行深入剖析。

一、研究对象

流通渠道主体间的良好关系是农产品流通渠道优化的重要对象。农产品流通渠道主体在组织化的基础上，构建上下游之间的关系，形成利益共同体。流通渠道主体间建立起交易关系基础上的合作关系或伙伴关系，结成一个渠道稳定、利益分享的共同体。

具体来说，本书研究对象分别是：①生鲜农产品，果蔬、畜禽、水产。②生鲜农产品流通渠道主体竞争与合作，主体横向竞争程度（进入壁垒、行政垄断、成本效益、利润率等），主体纵向组织关系（价值增值、收益分配、渠道信任与协调等）。③不同模式的生鲜农产品流通渠道优化，消除或减少行政壁垒和垄断，规范市场秩序并利用市场机制促进主体竞争；流通主体组织化、功能拓展（批发市场向消费者拓展配送等功能，超市向产地拓展产销对接等功能，电商平台拓展质量识别等功能）、关系协调与合作，由此提高生鲜农产品流通渠道供应链的协调性与稳定性。特别是流通渠道主体间的关系协调与合作是优化的重点，主体间关系的优化同时有赖于主体组织的优化和主体功能的优化，这三者之间的关系也成为本书研究的实证分析对象。

二、总体框架

我国生鲜农产品流通渠道的效能不仅取决于各流通主体的竞争优势，更主要的是流通渠道中的各类主体之间通过合作形成整个流通渠道的竞争优势。农产品流通渠道的基本功能是实现农产品价值增值，这部分价值主要是通过运销服务创造农产品新的附加价值。农产品流通渠道的价值创造成为农产品流通渠道上所有主体的共同职责，渠道主体间通过相互间的深度合作，从整体效益上创造竞争优势。农产品生产者、运销商和消费者相互合作，共享农产品流通渠道的整体协同利益。

农产品流通渠道主体间通过彼此行为与活动，使农产品价值不断得到增值和转移，最终转移到消费者的手中。渠道主体之间彼此联系的状态或合作的深度，主体间关系的协调成为渠道管理的核心。随着市场经济的竞争越来越激烈，渠道主体间关系优化问题日益迫切（杜岩，2009）。农产品流通渠道关系优化就是流通渠道主体相互之间如何通过构建相互关系来协调渠道活动，实现各自效用最大化，同时保证整个流通渠道的稳定和高效。这成为本书研究的出发点和归宿，渠道主体间的横向竞争与纵向合作构成本书研究的二维分析框架（见图1－1）。此框架下的具体研究内容包括：

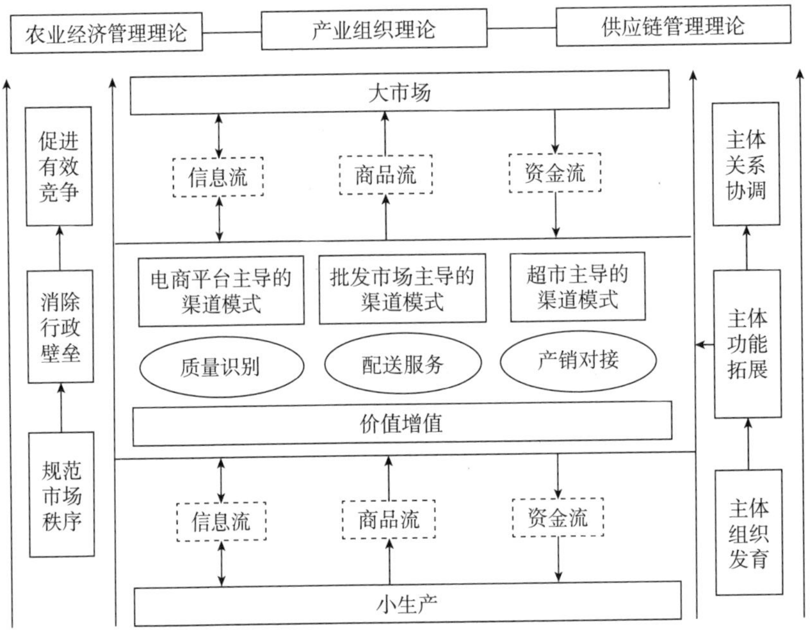

图1－1　本书研究框架与思路

（1）在把握生鲜农产品流通渠道总体发展路径与趋势的基础上，区分果蔬、畜禽、水产三大类生鲜农产品，考虑生产者、运销商、消费者等产销主体的各自效用，对批发市场主导、超市主导、电商平台主导的三种主要农产品流通渠道模式的存在和适用条件进行系统分析与特征刻画。

（2）采用产业组织关于市场结构和竞争的相关理论，对我国生鲜农产品流通渠道主体间的横向竞争程度进行理论梳理与调查分析，从消除行政壁垒和垄断、发挥市场机制增强竞争程度等视角提出完善我国生鲜农产品流通渠道的政策措施。

（3）采用供应链和价值链关于价值增值、渠道协调的相关理论，对我国不同生鲜农产品流通渠道在物流、资金流和信息流传递与组织上的异同进行比较分析，分析主体间的纵向协调与流通收益分配，重点从流通主体的组织化、功能拓展、关系协调等视角提出优化我国生鲜农产品流通渠道的管理措施。

三、重点与难点

对我国农产品流通市场的整体组织结构判断也是非常重要的，根据何大安（2014）分析，我国流通产业总体上是“竞争充分＋局部垄断”的市场组织结构，竞争不够绝对充分，局部垄断明显存在。但我国农产品流通是一种什么样的市场组织结构？本书拟从渠道主体环节的横向竞争程度来进行分析和判断。流通渠道主体横向竞争程度的衡量，选用什么指标来测度生鲜农产品流通渠道主体的横向竞争程度？因为没有文献可供遵循，本书尝试在调查的基础上，运用产业组织理论中的市场集中度、主体规模、主体进入数量及增长速度、成本效益、利润率、服务差异程度、市场进入和退出壁垒等基准，基于多个指标的综合分析来判别我国生鲜流通渠道主体的竞争程度。

流通渠道主体纵向关系的考察，从供应链管理角度考察渠道冲突与协调，从商品流、信息流和资金流与组织发育角度对不同流通渠道模式进行比较分析。从主体组织化、功能拓展和关系协调等角度进行重点优化，其中流通渠道主体间关系的优化是重点。渠道主体组织化程度、功能拓展和关系协调等如何测度并对三者之间的关系进行实证分析成为本书的一个难点所在，拟在调查的基础上采用结构方程方法进行研究。

农产品流通渠道与工业品存在差异，表现出流通渠道主体之间的小规模与非合作经营，及流通渠道多环节多层次、小批量高频率的交易特征。农产品流通渠道主体间相互关系呈现出多种形态。如何有效地借鉴工业产品营销渠道中的供应链管理理论，促进农产品流通渠道主体间的信任和承诺，改善渠道的运行绩效，也成为本书中的一个难点。

四、主要目标

本书的总目标是揭示不同经济发展阶段、不同主导力量的生鲜农产品流通渠道的特征、变化及其发展态势，探讨不同流通渠道经济主体的横向竞争程度与纵向合作关系，考察商品流、信息流和资金流在不同渠道模式中的传递与组织特征，在比较分析的基础上提出与品类相适应的具有较高效能的生鲜农产品流通渠道模式的优化措施，促进我国生鲜农产品流通渠道主体间的合作与协调，在渠道稳定的基础上使得主体共享渠道增加利益。具体目标如下：

（1）对已有农产品流通研究文献中的农民分得比、价差、渠道长短、成本结构等指标进行梳理，对利用这些指标来衡量农产品流通效率进行讨论，在此基础上提出综合运用经济学与管理学来比较与优化生鲜农产品流通渠道模式的分析框架。

（2）对批发市场、超市、电商平台等主导的不同渠道模式进行主体特征和渠道组织结构比较分析；区分果蔬、畜禽、水产三大类生鲜农产品，考虑生产者、运销商、消费者等产销主体的效用，对不同流通渠道模式的存在和适用条件进行系统分析。在总体上把握生鲜农产品流通渠道模式的异同、本质特征与发展趋势。

（3）从产业组织和主体竞争视角出发，分环节对生鲜农产品流通渠道主体的竞争程度进行分析，针对其市场结构和竞争程度提出政策完善的方向。

（4）从供应链管理与纵向协调角度出发，分析生鲜农产品流通渠道上下游主体间的冲突与协调等，从主体组织发育、功能拓展和协调合作等视野提供可操作的生鲜农产品流通渠道模式优化措施。

五、创新之处

（1）生鲜农产品具有易腐易烂、价值相对较低、分散生产、标准化生产较难等特征，其流通渠道较为多元化。特别是随着超市和电商的发展，生鲜农产品流通渠道模式更加复杂，但批发市场依然是其最主要的流通渠道主体。批发市场主导的流通渠道、超市主导的流通渠道和电商平台主导的流通渠道成为我国当前三种主要的生鲜农产品流通渠道模式，不同的渠道模式对适用产品的要求不尽相同，果蔬、畜禽、水产三大类生鲜农产品适宜的流通渠道模式也有差异。

（2）流通效率没有一个公认的定义，其具体内涵也多样。无论是农民分得比、价差，还是渠道长短、成本结构等，都无法反映农产品流通的真正经济效能，这些指标与公平有些混同，没有明确的基于流通渠道的政策含义。从流通效率角度比较不同生鲜农产品流通渠道模式之间的异同，可能会得出具体的数字化结论，但其政策含义并不确定，其理论根据也不充分。因此需要结合经济学与管理学，从产业组织与供应链管理等比较综合的角度来考察流通渠道主体间的横向竞争程度与纵向协调状况，方可对我国当前生鲜农产品流通渠道模式提供具体的政策建议与优化方案。

（3）基于产业组织理论，从竞争的角度出发，把农产品流通渠道主体看作理性经济人，分析其在各个环节的进入壁垒（特别是政策与行政壁垒），利用利润率等指标测度其竞争程度，判断我国生鲜农产品流通渠道各环节的市场结构及其渠道主体的经济效率。如果各环节主体间的竞争程度较高，基于行政和政策壁垒的垄断程度较低，流通主体可以自由进入并进行有效竞争，根据其提供的流通服务和创造的价值获得合理的经济利润而不是超额垄断利润，那我们就可以判定这样的流通渠道模式是有活力的。

（4）我国当前的农产品流通渠道模式主要是不同主体之间组织结构关系的异同。总体来看，存在着流通主体组织发育不完全、主体功能不健全、主体间关系不平衡等问题，需要运用管理学上的供应链管理理论，从主体组织化、功能拓展和关系协调三个关键节点进行优化。从主体功能来看，批发市场可向消费端拓展延伸，完善其物流配送等功能；超市可向生产端拓展延伸，通过农超对接，实现产销对接；电商平台可提供农产品质量识别等服务，在信息、信用等服务基础上促进农产品电商的快速发展。

第三节　研究思路与方法

一、基本思路

在现实中，生鲜农产品在田间地头价格与城市消费者购买价格普遍存在着差距巨大的现象，学界多数的研究认为我国生鲜农产品流通渠道过长，农民分得比低，流通效率低下。流通效率到目前仍没有一个公认的科学定义，很多研究也纷杂多样，农民分得比、流通价差、渠道长短等成为研究的指标，用来衡量我国生鲜农产品的流通效率。但是，农民分得比越少、价差越大就意味着流通越没有效率吗？流通渠道中的运销主体虽然不能生产产品，却提供了增值服务，使得生鲜农产品时空变化，终端价值增加，从而导致农民分得比减少和价差增大，这并不意味着流通效率的降低，而是因为流通渠道主体的服务得到了价值上的肯定，生鲜农产品在流通过程中获得了价值增值，同样也可以解释生鲜农产品流通渠道并不是越短越好。既然流通效率并没有明确的科学含义和难以准确的衡量，那考虑和评价我国生鲜农产品流通渠道的经济效能的思路是什么？

从产业组织理论出发，只要流通渠道主体是有效竞争的，不存在行政和政策壁垒，各主体提供服务并获得合理利润，这样的流通渠道主体创造并捕获了价值，不会产生垄断或者行政垄断，较高的竞争程度自然会保证资源的优化配置，以此提高流通渠道的活力和经济效能。

从供应链管理理论出发，商品流、资金流和信息流在流通渠道主体上下游之间传递，主体间存在着利益冲突，更存在着相互协调的可能，在产销组织与契约合作的基础上，流通渠道主体会走向渠道协调和信任，这样就会从整体上提高整个流通渠道的稳定性，减少损耗，实现生产者、运销商和消费者的效用最大化。

基于生产者、运销商和消费者的效用最大化，将生鲜农产品流通渠道分成批发市场主导、超市主导和电商平台主导三大模式，拟从渠道主体横向竞争和纵向协调两个维度出发，在调查的基础上对果蔬、畜禽、水产三大类别的生鲜农产品流通渠道进行理论梳理和实证分析，比较三大类生鲜农产品流通渠道模式的商品流、资金流和信息流的传递以及流通成本收益，提出流通渠道主体组织化、主体功能拓展（批发市场向消费者拓展服务、超市向产地拓展合作、电商平台强化质量识别等）和主体间关系协调等具体的优化方向与措施。

生鲜农产品流通渠道主体间的关系协调与合作是优化的重点。流通渠道主体的组织化程度和功能拓展对流通渠道主体间的合作关系质量可能会产生积极影响：组织化程度直接影响并通过功能拓展为中介变量间接影响主体间合作关系质量，功能拓展情况也会直接影响主体间合作关系质量。本书拟采用结构方程对三者之间的关系进行实证分析，如图1－2所示。

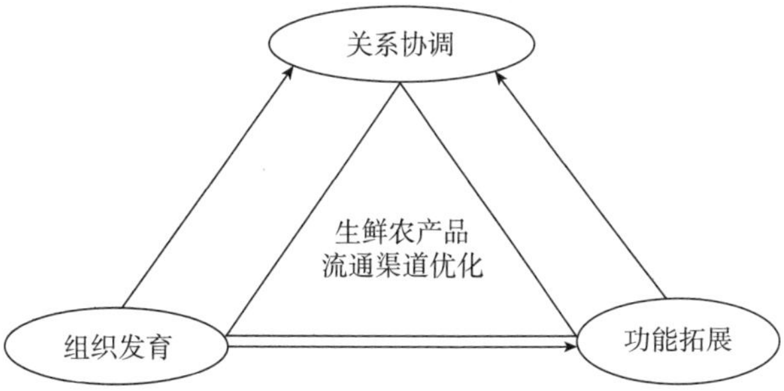

图1－2 生鲜农产品流通渠道优化示意

（一）主体组织化

流通渠道主体的组织化是农产品流通渠道模式优化的基础。通过组织化程度的提升，克服现有流通渠道主体规模小、谈判力弱等问题，由此来提高契约谈判等市场交易能力和抗击市场风险的能力。

（二）主体功能拓展

流通渠道主体的功能拓展是农产品流通渠道优化的方向。流通渠道纵向一体化过程中需要流通主体进行功能上的前后延伸。农产品批发市场的功能拓展主要是面向消费者终端，提供物流配送等功能，实现流通领域的价值增值并满足消费者效用；超市处于农产品流通渠道的零售层面，功能拓展方向是向生产者延伸，通过农超对接、产销合作等，减少物流损耗和交易成本降低；电商平台的功能向提供增值服务拓展，比如在信息、信用服务的基础上提供质量识别服务，由此促进生鲜农产品电子商务的发展。

（三）主体间关系协调

流通渠道主体间关系的优化是农产品流通渠道优化的关键。采取措施促进农产品流通渠道主体构建合作关系协调渠道活动，增强整个流通渠道的稳定。本书基于一体化、联盟和契约合作等角度探索农产品流通渠道关系优化的路径。

二、研究方法

（一）理论分析法

从经济学理论上梳理公平与效率原则，对农产品流通渠道中的农民分得比、价差、流通渠道长短、成本结构等指标进行再判断；利用产业组织理论，对生鲜农产品流通渠道主体进行分析，从流通渠道主体的竞争程度入手，对不同流通渠道模式的主体进行理论分析，判断其市场结构；利用供应链管理理论，考察流通渠道的商品流、信息流和资金流传递与渠道主体的纵向协调关系，为促进主体组织发育、功能拓展与关系协调提供支撑。

生鲜农产品流通渠道稳定的经济效应主要源于交易费用的节约以及渠道主体在合作过程中取得有形和无形利益的潜在机会。引入产业组织理论博弈论的方法对生鲜农产品流通渠道主体间关系进行分析。从博弈论的观点看，不同的渠道主体有追求自身利益的权利，优化的关键在于设计一个激励机制（博弈规则）使得渠道主体在提供服务的基础上合作共享渠道价值增值。比如超市向前功能延伸并建立产销组织、批发市场向后功能延伸提供配送服务等，能把渠道主体的利益最大限度地统一起来。

（二）比较分析法

比较农产品批发市场主导、超市主导、电商平台主导等不同流通渠道模式中流通主体的横向竞争程度与纵向协调关系等，比较三大模式中商品流、资金流和信息流的传递与组织方式，比较不同模式中主体间的交易成本和流通收益，面向流通渠道的价值增值和主体的服务拓展，得出不同流通渠道模式优化的空间与措施，生鲜农产品流通渠道模式的比较如表1-1所示。

表 1-1　生鲜农产品流通渠道模式的比较

		批发市场主导的渠道模式	超市主导的渠道模式	电商平台主导的渠道模式
渠道特征	主体构成			
	适用产品及特征			
	形成条件			
	成本收益			
	价值增值			
交互过程	信息流程			
	产品流程			
	资金流程			
优化内容	主体组织发育程度			
	主体功能拓展方向			
	主体间关系类型			
	渠道协调与稳定性			

（三）调查与实证分析法

选择果蔬、畜禽和水产三类生鲜农产品的主产地和主销地，调查生产者、农产品批发市场、超市与电商平台，了解农产品流通渠道不同环节的主体进入门槛、投资结构、运营机制等，特别是行政和政策壁垒情况，调查分析不同主体的成本收益和利润率。同时运用结构方程模型、二元 Logit 模型、享乐模型对相关进行实证分析。

利用结构方程的方法对生鲜农产品流通渠道主体上下游之间的关系，特别是针对主体的优化进行实证分析。通过与批发市场、超市和电商平台等主体进行问卷调查，明确农产品流通渠道主体行为，利用内容效度、内敛效度、判别效度对测量模型进行检验，验证该测量模型的有效性，构建生鲜农产品流通渠道主体优化测量模型。

由于涉及众多难以衡量的潜变量，传统回归方法无法加以衡量，结构方程模型（SEM）可以用来分析这些潜变量之间的因果关系（耿献辉和周应恒，2014）。结构方程用来描述外生潜变量与内生潜变量之间的关系，用下述模型表示：

$$\eta = B\eta + \Gamma\xi + \zeta$$

$$y = \Lambda_y\eta + \varepsilon_i$$

$$x = \Lambda_x\xi + \delta \qquad (1-1)$$

其中，η 是内生或内源潜变量，其影响因素在模型之内；ξ 是外生或外源潜变量，其影响因素在模型之外；B 是内生潜变量之间的相互影响关系，即路径系数；Γ 既是外生潜变量对内生潜变量的影响，也是路径系数；ζ 是潜变量的测量误差，即模型内所包含的变量及变量间关系所未能解释部分；y 和 x 分别是观测变量；Λ_y 和 Λ_x 是因子负荷系数；ε 和 δ 分别是观测变量 y 和 x 的测量误差。

在对数据进行收集和整理的基础上，拟采用 SPSS 及 AMOS 等统计软件进行实证分析。

三、技术路线图

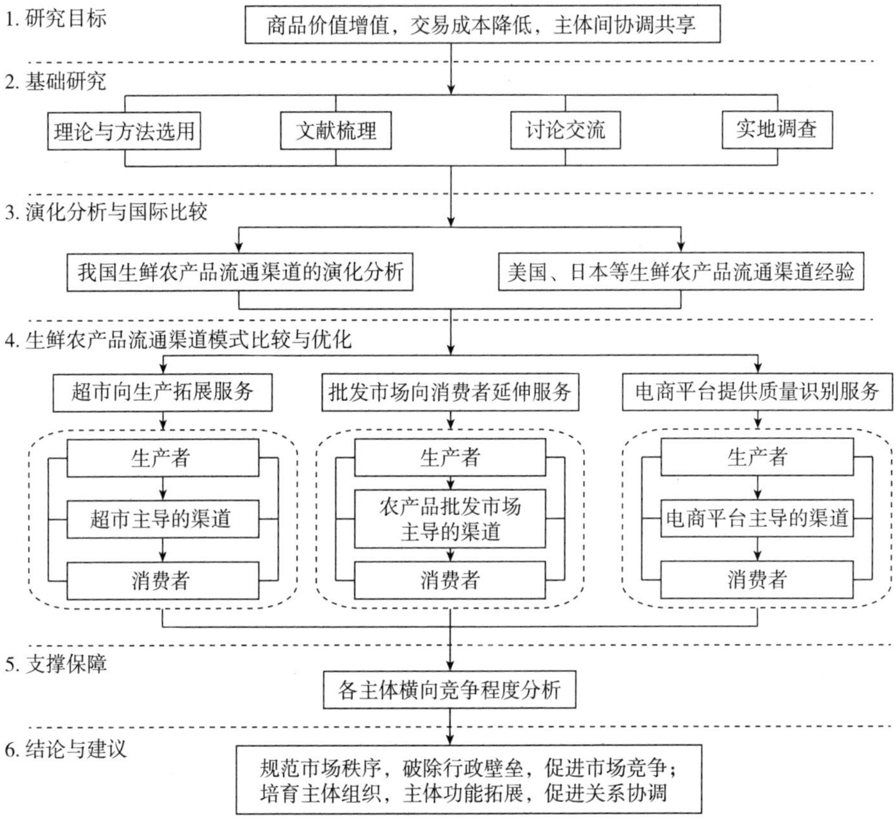

图1－3　研究技术路线

第二章 我国生鲜农产品流通渠道的外部发展环境

我国生鲜农产品流通渠道受外部环境的影响深刻。随着经济的发展以及人民生活水平的提高，我国生鲜农产品流通渠道在不断变革。除此以外，相关政策的扶持、人口结构的变化、消费者消费习惯的改变、相关基础设施的建设以及冷链物流技术、互联网技术的发展也在一定程度上保障了生鲜农产品流通渠道的变革。因此，本章将从政策环境、经济环境、人口环境、社会环境、技术环境以及进出口情况等视角对我国生鲜农产品外部发展环境进行梳理，为后续内容的分析奠定现实基础。

第一节 政策环境

生鲜农产品流通渠道的变革受到我国政策环境的深刻影响。最初，我国生鲜农产品的流通由国营部门统一管理，不允许私自销售。随着改革开放的进行，我国生鲜农产品的流通渠道也越来越多样化。绿色通道政策使得鲜活农产品的流通效率大大提高；农超对接政策减少了鲜活农产品的流通环节；生鲜电商的相关扶持政策改变了传统的流通模式，且促进了我国冷链物流的发展等。我国政策不断优化，为生鲜农产品流通渠道的变革提供了基础性的保障。

一、统购包销阶段

统购是指某些与国计民生关系重大的产品，按法令规定由国营商业部门统一收购，不准私营工厂自行销售。包销是指国营商业部门对私营工厂在一定时期内所生产的某些产品按规定规格、质量和合理价格，予以收购，这些产品一般不准私营工厂自行销售。通过统购包销，使私营工厂的一部分或全部生产纳入国家计划，割断它和市场的联系，从而限制了资本主义企业生产的盲目性；并通过规定合理的收购价格在一定程度上限制了资本主义剥削。

1953 年，我国开始“三大改造”，对农业、手工业和资本主义工商业进行社会主义改造，计划成分大增。1956 年开始，我国禁止农产品的自产自销，关闭了农贸市场，成立了中国蔬菜公司，此时实行的是农产品的统购包销，即由国营商业部门统一收购，不允许自行销售。此时农产品的价格也采取了国家定价的形式。对于国家来说，此种方式使得购销价格倒挂，使得国家财政补贴农产品的负担不断加重。对于农户来说，一方面，与消费者的联系减少，无法知晓市场需求信息；另一方面，只注重农产品的数量而忽略质量。由于该形式存在种种弊端，1960 年开始，国家对农产品的流通开始局部调整，允许农民自行销售计划外的农产品，但此时国营仍然是市场主体。1966 年以后，自行销售被当作资本主义的尾巴而禁止。一直到 1978 年改革开放之前，我国的农产品流通都是单一的国营渠道。

二、绿色通道建设阶段

由于我国鲜活农产品物流建设的滞后性以及其自身的特性，我国的鲜活农产品远远没有做到货畅其流和物尽其值。为了促进农产品物流和农产品市场体系的发展，促进农民增收、农业发展和农村经济的繁荣，同时为了落实国务院提出的“菜篮子”工程，1995 年，国务院纠风办、交通部、公安部提出鲜活农产品公路运输绿色通道，先后开通了山东寿光至北京、海南至北京、海南至上海、山东寿光至哈尔滨四条蔬菜运输绿色通道。1995 年 8 月，山东寿光到北京绿色通道开通，全程 500 余公里。1996 年 11 月，海南至北京绿色通道开通，全程 3300 公里。1998 年 11 月，海南到上海绿色通道开通，全程 5046 公里。1999 年 11 月，山东寿光到哈尔滨绿色通道开通，全程 2299 公里。4 条蔬菜运输绿色通道总里程达到 1.1 万公里，贯穿 18 个省（区、市）[①]。

从 2002 年开始，各地交通部门在当地人民政府的统一领导下，也相继出台政策，建立了具有区域特点的鲜活农产品公路运输绿色通道。

2004 年中央一号文件中指出，支持鲜活农产品运销，在全国建立高效率的绿色通道，各地要从实际出发进一步改善农产品的流通环境（刘志明、冉霓等，2010）。2005 年中央一号文件提出，各省、自治区、直辖市要加快开通整车运输鲜活农产品的绿色通道，抓紧落实降低或免交车辆通行费的有关规定，并尽快实现省际互通（王劲松，2011）。交通部、农业部、公安部、商务部、发展改革委、财政部和国务院纠风办七部委联合发布《全国高效率鲜活农产品流通“绿色通道”建设实施方案》，提出到 2005 年年底，在全国建立布局为“五纵二横”绿色通道的网络。2006 年中央一号文件指出，完善全国鲜活农产品绿色通道网络，实现省际互通。2008 年，中共中央国务院《关于切实加强农业基础建设进一步促进农业发展农民增收的若干意见》提出，要加快落实鲜活农产品绿色通道省内外车辆无差别减免通行费政策。2009 年，国务院《关于当前稳定农业发展促进农民增收的意见》提出，“继续落实鲜活农产品绿色通道政策，推进在全国范围内免收整车合法装载鲜活农产品的车辆通行费，逐步有序取消政府还贷二级公路收费”。截至 2009 年底，全国“五纵二横”绿色通道网络总里程达到 4.5 万公里，基本贯通 31 个省（区、市），实现了省际互通，连通了全国 29 个省会城市，71 个地市级城市，覆盖了全国所有具备一定规模的重要鲜活农产品生产基地和销售市场。各省（区、市）也结合本地实际和地域特点，建立了具有区域特点的农产品公路运输绿色通道。据统计，自 2005 年以来全国共减免通行费 277 亿元[②]。

---

① 中华人民共和国交通运输部．蔬菜运输“绿色通道”基本情况［EB/OL］．http：//zizhan. mot. gov. cn/sj/ganglj/gonglugl_ glj/201408/t20140819_ 1674088. html.

② 中华人民共和国农业农村部．完善鲜活农产品“绿色通道”政策［EB/OL］．http：//www. moa. gov. cn/ztzl/2010qnhn/201003/t20100308_ 1442359. htm.

2012年，商务部《关于加快推进鲜活农产品流通创新的指导意见》指出，“落实好鲜活农产品运输‘绿色通道’政策，确保所有整车合法装载运输鲜活农产品车辆全部免缴车辆通行费，结合实际完善适用品种范围”。绿色通道政策的适用范围不局限于蔬菜，而是根据实际情况进行完善。2014年，农业部发布了《2014年国家深化农村改革、支持粮食生产、促进农民增收政策措施》。该措施提出，将全国所有收费公路（含收费的独立桥梁、隧道）全部纳入鲜活农产品运输绿色通道网络范围，对整车合法装载运输鲜活农产品车辆免收车辆通行费。除此以外，该措施进一步拓宽了鲜活农产品品种范围，新鲜蔬菜包括11类66个品种、新鲜水果包括7类42个品种、鲜活水产品包括8个品种、活的畜禽包括3类11个品种、新鲜的肉蛋奶包括7个品种，以及马铃薯、甘薯（红薯、白薯、山药、芋头）、鲜玉米、鲜花生。对于措施中提到的“整车合法装载”，认定标准为对《鲜活农产品品种目录》范围内的不同鲜活农产品混装的车辆，认定为整车合法装载鲜活农产品。对目录范围内的鲜活农产品与目录范围外的其他农产品混装，且混装的其他农产品不超过车辆核定载质量或车厢容积20%的车辆，比照整车装载鲜活农产品车辆执行，对超限超载幅度不超过5%的鲜活农产品运输车辆，比照合法装载车辆执行。

农业部、国家发展和改革委员会等发布的《2016年“互联网+”现代农业三年行动实施方案》强调，严格执行鲜活农产品运输绿色通道政策，保证鲜活农产品运输绿色通道网络畅通，坚决落实免收整车合法装载运输鲜活农产品车辆通行费的相关政策。

2017年12月，商务部、公安部、交通运输部、国家邮政局、供销合作总社关于印发《城乡高效配送专项行动计划（2017－2020年）》的通知强调，结合物流园区建设、电子商务示范试点、快递发展系列示范工程、鲜活农产品绿色通道，优先扶持试点城市和骨干企业发展，对全程全网型企业给予了重点扶持，如表2－1所示。

表2－1　鲜活农产品“绿色通道”政策演变

年份	政策内容
1995	试点提出鲜活农产品公路运输绿色通道政策；山东寿光到北京绿色通道开通
1996	海南至北京绿色通道开通
1998	海南到上海方向绿色通道开通
1999	山东寿光到哈尔滨绿色通道开通
2005	建立全国鲜活农产品流通“绿色通道”工作正式开始，2005年年底，在全国建立布局为“五纵二横”绿色通道的网络
2008	加快落实鲜活农产品绿色通道省内外车辆无差别减免通行费
2009	推进在全国范围内免收整车合法装载鲜活农产品的车辆通行费，逐步有序取消政府还贷二级公路收费
2012	所有整车合法装载运输鲜活农产品车辆全部免缴车辆通行费，结合实际完善适用品种范围
2014	全国所有收费公路（含收费的独立桥梁、隧道）全部纳入鲜活农产品运输绿色通道网络范围，对整车合法装载运输鲜活农产品车辆免收车辆通行费；拓宽鲜活农产品品种范围
2016	严格执行鲜活农产品运输绿色通道政策，坚决落实免收整车合法装载运输鲜活农产品车辆通行费的相关政策
2017	结合物流园区建设、电子商务示范试点、快递发展系列示范工程、鲜活农产品绿色通道，优先扶持试点城市和骨干企业发展，对全程全网型企业给予重点扶持

三、“农超对接”阶段

农产品从农户到消费者的过程中要经过多个流通环节，每一环节成本的上升都导致了农产品价格上涨。为了缩短农产品流通环节，2008 年 12 月，国家商务部、农业部联合下发了《关于开展农超对接试点工作的通知》（以下简称《通知》），开展农超对接试点工作。农超对接指的是大型连锁超市与鲜活农产品产地的农民专业合作社直接对接，减少农产品的流通环节。《通知》对农超对接试点工作进行部署，主要内容分为以下六点：①推进鲜活农产品“超市＋基地”的供应链模式，加大鲜活农产品现代流通设施投入。②增强鲜活农产品加工配送能力。③提高鲜活农产品经营信息化水平。④培育农民专业合作社自有品牌。⑤调整连锁超市商品经营结构。⑥建立农超对接渠道。

2009 年中央一号文件提出，支持大型连锁超市和农产品流通企业开展农超对接，建设农产品直接采购基地；推进大型粮食物流节点、农产品冷链系统和生鲜农产品配送中心建设。2009 年 2 月，中共中央、国务院《关于 2009 年促进农业稳定发展农民持续增收的若干意见》，农业部《关于做好 2009 年农业农村经济工作的意见》以及财政部、商务部《关于做好支持搞活流通扩大消费有关资金管理的通知》均指出，支持大型连锁超市与农产品流通企业、农民专业合作社开展农超对接，建设农产品直接采购基地，推动鲜活农产品安全上市、均衡上市。2009 年 5 月，国务院《关于当前稳定农业发展促进农民增收的意见》搞好农产品流通。继续支持骨干农产品批发市场进行升级改造，加快培育大型农产品流通企业，支持大型连锁超市开展农超对接。2009 年 9 月，农业部《关于推进农业经营体制机制创新的意见》扶持和帮助农民专业合作社畅通产销渠道，发展农产品现代流通方式，大力推进农超对接。

2010 年中央一号文件提出，全面推进双百市场工程和农超对接，重点扶持农产品生产基地与大型连锁超市、学校及大企业等产销对接，减少流通环节，降低流通成本。2010 年 2 月，农业部办公厅《关于做好 2010 年农村经营管理工作的意见》全面推进农超对接。认真总结试点经验，加强部门沟通协调，全面推广农超对接营销模式，发展现代流通方式，减少流通环节，降低流通成本。2010 年 3 月，国务院办公厅《关于统筹推进新一轮“菜篮子”工程建设的意见》支持大型连锁超市和农产品流通企业与农民专业合作社的农超对接，建设农产品直接采购基地。2010 年 6 月，商务部《关于做好流通领域食品安全工作的通知》中提出，鼓励农产品批发市场、农贸市场与农产品生产、流通企业和生产基地实行场厂挂钩、场地挂钩，支持大型连锁超市和农产品流通企业与农民专业合作社的农超对接，强化产销衔接功能。2011 年 10 月，商务部、财政部和中国人民银行《关于“十二五”时期做好扩大消费工作的意见》指出，继续推进农超对接、农社对接、农餐对接等模式，减少流通环节，促进订单农业发展，形成稳定的产销链条。2012 年 2 月，农业部关于贯彻落实《国务院办公厅关于加强鲜活农产品流通体系建设的意见》的通知积极推进农超对接、农校对接、农社对接等流通方式，特别是要支持合作社在公益性农贸市场和社区菜市场开设直销点，推动实施对合作社在城市社区建立直销店、连锁店适当给予店面租金补贴等政策，拓宽合作社产品营销渠道。2012 年 6 月，商务部《关于鼓励和引导民间资本进入商贸流通领域的实施意见》，在万村千乡市场工程以及农超对接、双百工程、南菜北运、西果东送等农产品现代流通综合试点工作中，积极考虑将更多的民营企业作为试点承办单位继续加以扶持。2012 年 8 月，国务院《关于深化流通体制改革加快流通产业发展的意见》，统筹农产品集散地、销地、产地批发市场建设，构建农产品产销一体化流通链条，积极推广农超对接、农批对接、农校对接以及农产品展销中心、直销店等产销衔接方式，在大中城市探索采用流动售卖车。2013 年 4 月，商务部《关于加快推进鲜活农产品流通创新的指导意见》，引导鲜活农产品经销商转变交易习惯，形成以农批对接为主体、农超对接为方向、直销直供为补充、网上交易为探索的多种产销衔接的流通格局，深入推进跨区域鲜活农产品流通链条建设，支持市场和企业建立和优化鲜活农产品流通供应链。2014 年 6 月，农业部、国家林业局、国务院扶贫办、商务部、国家发展改革委、科技部、全国供销合作总社《关于印发特色产业增收工作实施方案的通知》抓好农超对接、肉菜和中药材流通追溯体系建设。继续推动大型连锁企业与农民合作社对接，做好农超对接进万村培训。2015 年 9 月，农业部、发展改革委、财政部、银监会《关于扎实推进国家现代农业示范区改革与建设率先实现农业现代化的指导意见》完善鲜活农产品、特色农产品和冷链物流体系，支持各地发展农社对接、农超对接、直销直供等现代流通新业态。2017 年 8 月，农业部、国家发展改革委、财政部《关于加快发展农业生产性服务业的指导意见》完善农产品物流服务，推进农超对接、农社对接，利用农业展会开展多种形式的产销衔接，拓宽农产品流通渠道。

2018 年 5 月，中共中央、国务院《关于实施乡村振兴战略的意见》提出注重发挥新型农业经营主体带动作用，打造区域公用品牌，开展农超对接、农社对接，帮助小农户对接市场。农超对接政策演变如表 2－2 所示。

表 2－2　农超对接政策演变

年份	政策内容
2008	开展农超对接试点工作
2009	支持大型连锁超市和农产品流通企业开展农超对接，建设农产品直接采购基地
2010	全面推广“农超对接”营销模式，发展现代流通方式，减少流通环节，降低流通成本
2011	推进“农超对接”模式，减少流通环节，促进订单农业发展，形成稳定的产销链条
2012	积极推进“农超对接”；考虑将更多的民营企业作为试点承办单位继续加以扶持
2013	形成以农批对接为主体、农超对接为方向，支持市场和企业建立和优化鲜活农产品流通供应链
2014	抓好农超对接，推动大型连锁企业与农民合作社对接，做好“农超对接进万村”培训
2015	支持各地发展农社对接、农超对接、直销直供等现代流通新业态
2017	推进农超对接、农社对接，利用农业展会开展多种形式的产销衔接，拓宽农产品流通渠道
2018	开展农超对接、农社对接，帮助小农户对接市场

四、“互联网＋流通”新阶段

随着互联网技术的发展，农产品电子商务逐渐发展起来。通过电子商务，农产品流通中许多中间环节可以被省去，不仅可以减少流通成本，提高流通效率，还可以使消费者承受更低的价格。2012 年 8 月，《国务院关于深化流通体制改革加快流通产业发展的意见》

指出，加快发展电子商务，普及和深化电子商务应用，完善认证、支付等支撑体系，鼓励流通企业建立或依托第三方电子商务平台开展网上交易。2015 年 7 月，《国务院关于积极推进“互联网 +”行动的指导意见》积极发展农村电子商务。开展生鲜农产品和农业生产资料电子商务试点，促进农业大宗商品电子商务发展。2016 年 1 月，农业部办公厅关于印发《农业电子商务试点方案》的通知指出，开展鲜活农产品电子商务试点，在北京、河北、吉林、湖南、广东、重庆开展“基地 + 城市社区”直配模式试点工作，在北京、广东开展“批发市场 + 宅配”模式试点，在河北、重庆建立鲜活农产品电商标准体系，在吉林、重庆、宁夏试点建立鲜活农产品质量安全追溯及监管体系。2016 年 4 月，农业部、发展改革委、中央网信办、科技部、商务部、质检总局、食品药品监管总局、林业局关于印发《“互联网 +”现代农业三年行动实施方案》的通知，大力发展农业电子商务，开展农业电子商务试点示范，鼓励相关经营主体进行技术、机制、模式创新，探索农产品线上与线下相结合的发展模式，推动生鲜农产品直配和农业生产资料下乡率先取得突破。2017 年中央一号文件提出，推进农村电商发展。加强农产品产地预冷等冷链物流基础设施网络建设，完善鲜活农产品直供直销体系。2017 年 4 月，《国务院办公厅关于加快发展冷链物流、保障食品安全促进消费升级的意见》鼓励连锁经营企业、大型批发企业和冷链物流企业利用自有设施提供社会化的冷链物流服务，开展冷链共同配送、“生鲜电商 + 冷链宅配”、“中央厨房 + 食材冷链配送”等经营模式创新。

目前，我国生鲜农产品主要的流通政策集中于鲜活农产品绿色通道政策和农超对接政策。就鲜活农产品绿色通道政策而言，从最初的试点开放的四条路线发展至“五纵二横”的绿色通道网络布局。到目前为止，全国所有的收费公路已全部纳入鲜活农产品绿色通道网络范围，鲜活农产品的品种范围也在拓宽。就农超对接政策而言，从 2008 年开展试点工作以来支持大型连锁超市和农产品流通企业开展对接。随着政策的进一步推进，农民的积极性得到了提高，农民专业合作社也得到了进一步发展，同时，冷链物流行业也随之发展起来。近年来，随着网民数量的增长与互联网技术的普及，生鲜电商得到发展，越来越多的年轻群体尝试生鲜农产品电子商务。随着生鲜电商规模的扩大，生鲜电商相关政策也随之出台并不断完善。

第二节　经济环境

我国经济已进入了与过去三十多年高速增长期不同的新阶段，现阶段，强调“调结构稳增长”的经济，而不是总量经济；着眼于经济结构的对称态及在对称态基础上的可持续发展，而不仅仅是 GDP、人均 GDP 增长与经济规模最大化。在三次产业发展方面，我国第一产业产值占比逐年下降，农业生产逐步迈向现代化。经济的发展以及农业技术的进步使得我国生鲜农产品流通渠道发生了变革。

一、国内生产总值不断攀升，经济增长进入新常态

自改革开放以来，我国国内生产总值不断攀升，1978 年我国国内生产总值为 3678.7

亿元，1980 年为 4587.6 亿元，到 1995 年，我国国内生产总值增加至 61339.9 亿元。2000 年国内生产总值为 100280.1 亿元，随后逐年递增，到 2016 年，我国国内生产总值增长至 744127.2 亿元。从增长率方面来看，我国国内生产总值的增长率有一定程度的波动。进入 21 世纪以来，我国国内生产总值开始高速增长。2001 年国内生产总值增长率为 10.55%，2002 年有所下降，增长率为 9.79%，2002～2004 年，生产总值增长率稳步提升，2004 年增长率为 17.77%。经过 2005 年的小幅下跌后又一路攀升，到 2007 年，国内生产总值增长率达最高值 23.15%。随后下降至 2009 年的 9.25%。自 2011 年起，国内生产总值增长率逐年下降，增长幅度逐年放缓。2013 年增长率降至 10.16%。自 2013 年以后，我国经济增长进入新常态，国内生产总值逐年稳步递增，但增长率却逐年放缓，如图 2－1 所示。

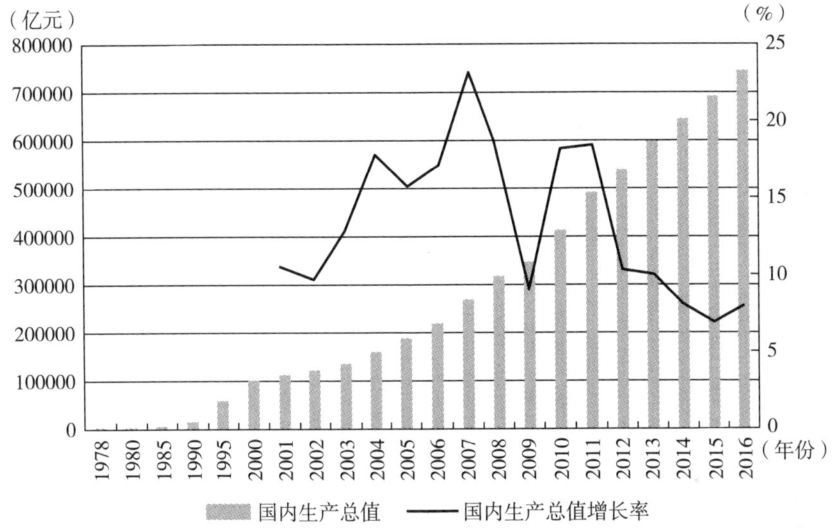

图 2－1　1978～2016 年我国国内生产总值及增长率

资料来源：《中国统计年鉴》（1979～2017）。

我国居民人均国内生产总值也在不断攀升。1978 年、1980 年和 1985 年，我国人均国内生产总值均不足千元，分别为 385 元、468 元和 866 元。进入 21 世纪以来，我国人均国民生产总值逐步攀升。2000 年我国人均国内生产总值为 7942 元，随后每年增加。2003 年首次突破 1 万元，为 10666 元。到 2016 年，我国人均国内生产总值增长至 53980 元。从增长率来看，我国人均国内生产总值变化情况与国内生产总值生产率变化情况基本保持一致。2001～2007 年增长率有小幅波动，但基本保持逐年增长，从 2001 年的 9.76% 增至 2007 年的 22.51%。2007～2009 年逐年下跌，2009 年增长率跌至 8.71%，后又增长至 2011 年的 17.9%。2011～2016 年处于下降的趋势，到 2016 年，人均国内生产总值跌至 7.42%，如图 2－2 所示。

我国国内生产总值和人均国内生产总值均处于上升的趋势，数量逐年攀升，但增长率却在经历一个峰值之后逐渐下降并保持平稳状态。由此说明我国经济从高速增长转为中高速增长，我国经济增长进入新常态。经济增速的放缓意味着我国注重提质增效，追求增长的质量而不是数量。经济增长方式的变革使得我国生鲜农产品流通的环境得到改善，为农产品的流通以及流通渠道的变革提供了一个稳定的外部环境。

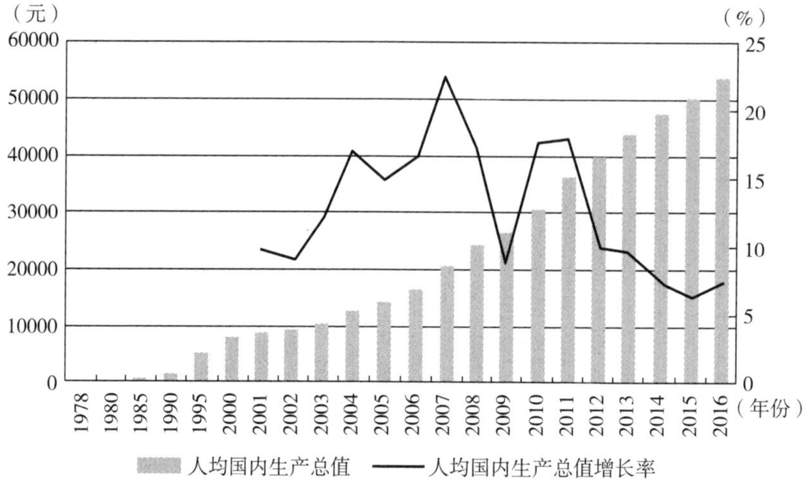

图 2 - 2　1978 ~ 2016 年我国人均国内生产总值及增长率

资料来源：《中国统计年鉴》（1979 ~ 2017）。

二、各地生产总值有差距，东北地区经济增长较慢

我国不同地区的国内生产总值差异较大，且随着经济的发展，不同地区的差异越来越大。其中，东部地区的国内生产总值处于四个地区中最高，且逐年递增。2000 年东部地区国内生产总值为 51020.52 亿元，后逐年递增，到 2016 年，东部地区国内生产总值为 410186.44 亿元。从图 2 - 3 中可知，中部和西部地区国内生产总值相差不大。2000 年中部地区国内生产总值为 19790.98 亿元，西部地区为 16654.62 亿元，随着经济的发展，两者均逐渐递增，到 2016 年，中部地区生产总值增长至 160645.57 亿元，西部地区增长至 156828.17 亿元。东北地区生产总值增长较为平稳，从 2000 年的 9743.25 亿元增长至 2015 年的 57815.82 亿元，2016 年，东北地区生产总值较上年有所下降，数量为 52409.79 亿元。

从增长率上看，四个地区 2001 ~ 2008 年增长率有所波动，但均处于上升的趋势。2008 ~ 2009 年增长率均下跌，2011 年以后，中、东、西和东北部这四个地区的生产总值增长率均下降。其中，东部、中部以及西部地区生产总值增长率在 2015 ~ 2016 年间上升，但东北地区生产总值增长率逐年下降，且在 2016 年为负增长，数值为 -9.35%。

不同地区生产总值及增长率的差异说明我国不同地区经济发展存在一定的差异，主要表现为东部地区较为发达，西部地区相比较而言较为落后。不同地区经济发展程度以及农业发展状况的差异性促使生鲜农产品在不同地区之间的流动，随着流通的增长，流通渠道以及流通方式也会随之变革。

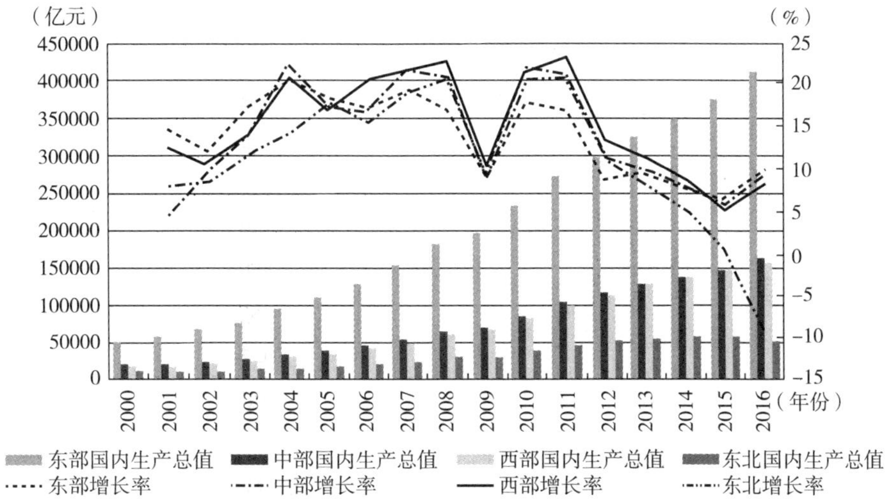

图 2-3　2000～2016 年东西中部及东北地区国内生产总值及增长率情况

注：本书中东部地区是指北京、天津、河北、上海、江苏、浙江、福建、山东、广东和海南 10 个省市。中部地区是指山西、安徽、江西、河南、湖北和湖南 6 个省份。西部地区是指内蒙古、广西、重庆、四川、贵州、云南、西藏、陕西、甘肃、青海、宁夏和新疆 12 个省份。东北地区主要包括辽宁、吉林和黑龙江 3 个省。

资料来源：《中国统计年鉴》（2001～2017）。

三、第一产业产值占比下降，农业生产迈向现代化

产业组织理论中“配第—克拉克定理”指出，随着经济水平的不断发展，人均国民收入水平的提高，第一产业国民收入和劳动力的相对比重逐渐下降；第二产业国民收入和劳动力的相对比重上升，经济进一步发展；第三产业国民收入和劳动力的相对比重也开始上升。也就是说，从处于同一时期而发展水平不同的国家的经济情况看，人均国民收入较低的国家，第一产业劳动力所占的比重相对较大，而第二产业、第三产业劳动力所占的比重相对较小；反之，人均国民收入水平较高的国家，其劳动力在第一产业中所占的比重相对较小，而第二产业、第三产业中劳动力所占的比重相对较大（刘元，2012）。

由图 2-4 可知，随着经济的不断发展，第一产业产值逐年增长，但第一产业产值占比却在逐年递减。1978 年，我国第一产业产值为 1018.5 亿元，占比为 27.7%，1980 年第一产业产值上升至 1359.5 亿元，比重也上升至 29.6%，达到峰值。自 1980 年起，第一产业产值逐年增长，但第一产业产值占比却在逐年递减。2000 年我国第一产业产值是 14717.4 亿元，随后各年逐年增长，至 2016 年，第一产业产值增长至 63670.7 亿元。从第一产业产值占比来看，总体处于下降的趋势。2000 年第一产业产值占比为 14.7%，到 2013 年降至 12.3%。2004 年第一产业产值占比增至 12.9%，随后逐年下降，到了 2016 年第一产业产值降至 8.6%。由此说明，随着我国经济的发展和人均国民收入水平的提高，我国第一产业产值占比逐年减少，我国农业逐渐向现代化迈进，为适应这一趋势，我国生鲜农产品的流通渠道也随之改变。

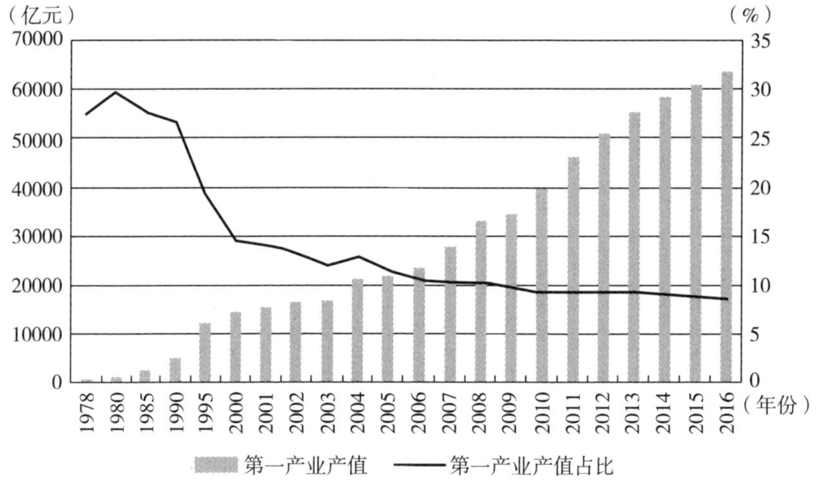

图 2－4　1978～2016 年第一产业产值占比

资料来源：《中国统计年鉴》（1979～2017）。

第三节　人口环境

我国人口总数稳定增长，对于生鲜农产品的需求也逐年稳定增长；城乡人口差距逐步缩小，城镇化率逐年提高，生鲜农产品流通需求增多；年龄结构逐年变化，年轻群体的增多促使了新的生鲜农产品流通渠道的产生。

一、人口总数稳步增长，人口增速逐年放缓

我国人口数量逐年递增，但近几年来人口的增速放缓。1978 年我国人口总量为 96259 万人，随后逐年增长。进入 21 世纪以来，2000 年我国人口数量为 126743 万人，随后逐年增长。到了 2005 年，我国人口首次突破 13 亿人，数量为 130756 万人。2016 年，我国人口总量为 138271 万人。再从增长率方面来看，我国总人口的增长率总体处于下降趋势，期间有小幅度的波动。2001 年我国总人口的增长率为 0.7%，随后逐年下降，到了 2011 年下降至 0.48%。2012 年我国人口的增长率有小幅度回升，为 0.5%，2013 年小幅跌落，降至 0.49%。随后的几年每年均有所波动，但波动程度不大，到 2016 年我国人口的增长率为 0.59%，如图 2－5 所示。

人口总量的增长必然导致对于生鲜农产品需求的增加，需求的增加同样会导致对于生鲜农产品流通需求的增加，促使流通渠道的改革和升级。

二、城乡人口差距缩小，城镇化率逐年提高

随着经济的发展，城市人口逐年增多，农村人口减少，我国的城镇化率逐年提高。到 2000 年，我国城镇人口数量为 45906 万人，占全国总人口数量的 36.22%，乡村人口数量

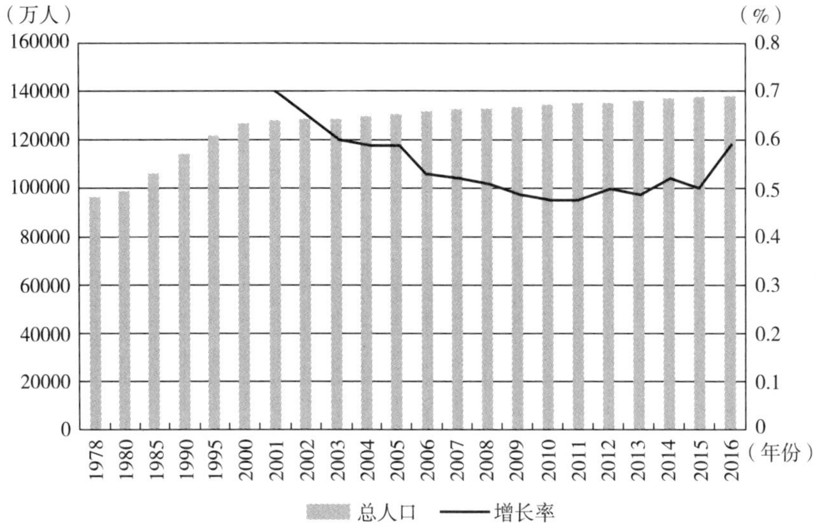

图2-5　1978~2016年我国人口数量及增长率

资料来源：《中国统计年鉴》（1979~2017）。

为80837万人，占全国总人口数量的63.78%。2000年我国大部分都是乡村人口，城镇居民较少。随着城市化进程的加快，城镇人口逐年增加，与之相反的是，乡村人口逐年减少。到2010年，我国城镇人口数量为66978万人，占全国总人口数量的49.95%，乡村人口数量为67113万人，占比为50.05%，二者之间基本保持平衡。2011年，城镇人口数量首次超过农村人口。在接下来的几年中，城镇人口仍旧保持增长的趋势，到2016年，我国城镇人口数量为79298万人，占比为57.35%，乡村人口数量为58973万人，占比为42.65%，如表2-3所示。

表2-3　2000~2016年城镇及乡村人口

年份	城镇		乡村	
	人口数（万人）	比重（%）	人口数（万人）	比重（%）
2000	45906	36.22	80837	63.78
2001	48064	37.66	79563	62.34
2002	50212	39.09	78241	60.91
2003	52376	40.53	76851	59.47
2004	54283	41.76	75705	58.24
2005	56212	42.99	74544	57.01
2006	58288	44.34	73160	55.66
2007	60633	45.89	71496	54.11
2008	62403	46.99	70399	53.01
2009	64512	48.34	68938	51.66
2010	66978	49.95	67113	50.05

续表

年份	城镇		乡村	
	人口数（万人）	比重（%）	人口数（万人）	比重（%）
2011	69079	51.27	65656	48.73
2012	71182	52.57	64222	47.43
2013	73111	53.73	62961	46.27
2014	74916	54.77	61866	45.23
2015	77116	56.10	60346	43.90
2016	79298	57.35	58973	42.65

资料来源：《中国统计年鉴》（2001～2017）。

我国常住人口城镇化率也在逐年稳步提升。2011 年常住人口城镇化率为 51.30%，随后的几年城镇化率稳步增长，到 2017 年增长至 58.52%。城镇化是现代化的必由之路，是我国最大的内需潜力和发展动能所在。我国的城镇化率逐年稳步提升，将带来技术进步和效率改进，实现包容和普惠的经济增长，如图 2－6 所示。

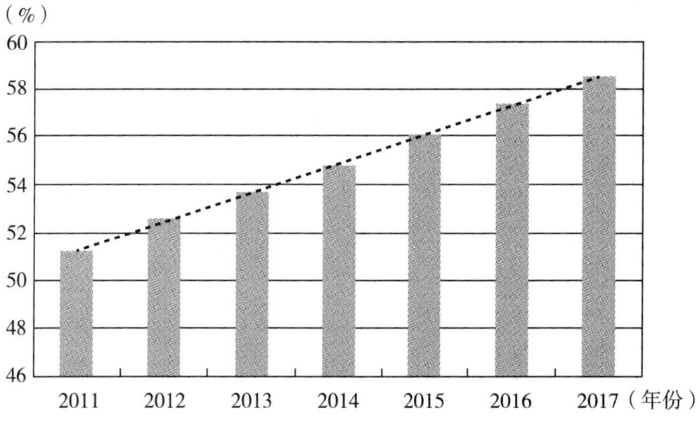

图 2－6　2011～2017 年我国常住人口城镇化率

资料来源：根据历年“中华人民共和国国民经济和社会发展统计公报”。

三、人口年龄结构改变，年轻群体逐年增加

年轻群体更愿意尝试新兴事物，大多数年轻群体不再局限于传统的流通渠道，而更愿意尝试电商等新型的方式。人口年龄结构变化，尤其是年轻群体比例的上升使得生鲜农产品流通渠道不断变革和更新。

由表 2－4 可知，我国人口年龄构成在改变。2000 年我国人口中 15～64 岁的人口占总人口的 70.1%，随后各年逐年递增，到 2010 年，15～64 岁人口占总人口的 74.5%。2010 年以后这一比例又逐年减少，2016 年占比为 72.5%。年轻人的占比与过去相比有所增加，人口年龄结构会影响流通渠道模式的选择和渠道交易方式的选择。总体来说，年轻群体较

多会尝试电商购买生鲜农产品。

表 2-4　2000～2016 年我国人口年龄构成

年份	0～14 岁		15～64 岁		65 岁及以上	
	人口数（万人）	比重（%）	人口数（万人）	比重（%）	人口数（万人）	比重（%）
2000	29012	22.9	88910	70.1	8821	7.0
2001	28716	22.5	89849	70.4	9062	7.1
2002	28774	22.4	90302	70.3	9377	7.3
2003	28559	22.1	90976	70.4	9692	7.5
2004	27947	21.5	92184	70.9	9857	7.6
2005	26504	20.3	94197	72.0	10055	7.7
2006	25961	19.8	95068	72.3	10419	7.9
2007	25660	19.4	95833	72.5	10636	8.1
2008	25166	19.0	96680	72.7	10956	8.3
2009	24659	18.5	97484	73.0	11307	8.5
2010	22259	16.6	99938	74.5	11894	8.9
2011	22164	16.5	100283	74.4	12288	9.1
2012	22287	16.5	100403	74.1	12714	9.4
2013	22329	16.4	100582	73.9	13161	9.7
2014	22558	16.5	100469	73.4	13755	10.1
2015	22715	16.5	100361	73.0	14386	10.5
2016	23008	16.7	100260	72.5	15003	10.8

资料来源：《中国统计年鉴》（2001～2017）。

第四节　社会环境

随着经济的发展，我国社会大环境也发生了巨大的变化。人均可支配收入逐年提高，恩格尔系数逐年下降，我国居民的生活水平逐年提高，由此，居民的消费习惯也发生了变化，一方面，对于生鲜农产品的要求逐渐提高；另一方面，消费渠道和消费方式也随之变化。由此，本节从人均可支配收入、城乡居民恩格尔系数和居民消费习惯这三方面对社会环境进行分析。

一、人均可支配收入增加，城乡收入差距扩大

我国城乡居民的人均可支配收入逐年提升，意味着居民的消费支出会有所增加，由此导致对于生鲜农产品消费数量的增长。2000 年城镇居民人均可支配收入为 6280 元，农村

居民人均纯收入为 2253 元。随着经济的发展，城镇和农村居民的收入均逐年增加。到 2016 年，我国城镇居民人均可支配收入增长至 33616.2 元，农村居民人均纯收入增长至 12363.4 元，如图 2－7 所示。

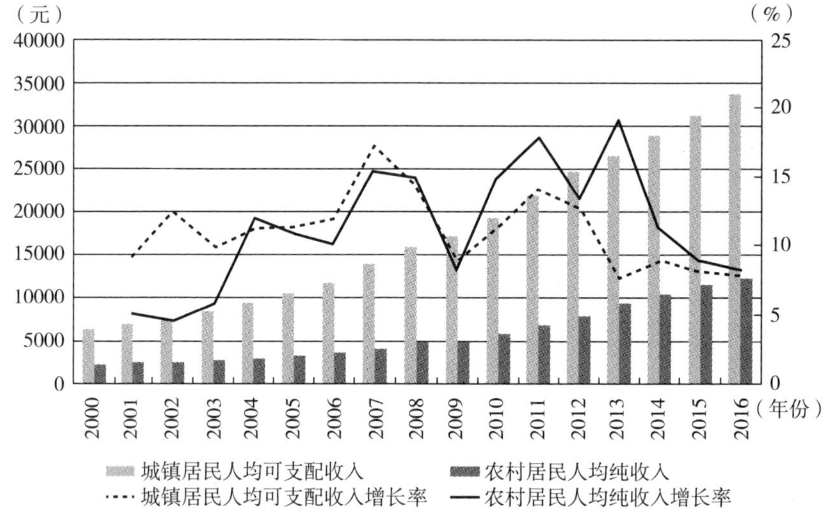

图 2－7　2000～2016 年城镇居民人均可支配收入及其增长率、农村居民人均纯收入及其增长率

资料来源：《中国统计年鉴》（2001～2017）。

二、恩格尔系数降低，生活水平提升

恩格尔系数是食品支出总额占个人消费支出总额的比重。其主要内容是指一个家庭或个人收入越少，用于购买生存性的食物的支出在家庭或个人收入中所占的比重就越大。对一个国家而言，一个国家越穷，每个国民的平均支出中用来购买食物的费用所占比例就越大（岳昌君，2018）。恩格尔系数则由食物支出金额在总支出金额中所占的比重来最后决定。恩格尔系数达 59% 以上为贫困，50%～59% 为温饱，40%～50% 为小康，30%～40% 为富裕，低于 30% 为最富裕。2000 年，我国城镇居民的家庭恩格尔系数为 39.4%，处于富裕的区间，农村居民家庭恩格尔系数为 49.1%（程宏如，2011），处于小康区间，两者之间相差 9.7%，城镇和农村居民家庭之间差距较大。在接下来的 14 年里，城镇和农村居民家庭的恩格尔系数逐年减少，其中农村居民家庭减少的幅度较大。到 2013 年，城镇居民家庭恩格尔系数降至 35%，农村居民家庭降至 37.7%，两者之间的差距由 2000 年的 9.7% 下降至 2.7%，由此可见，随着经济的发展，城镇和农村居民家庭的生活水平均逐年提高，且城乡之间的差距逐步缩小，如图 2－8 所示。

随着居民收入水平的不断提升，消费水平和消费能力的不断提高，居民对食物的需求也在不断改善，从最初的吃饱转向吃好。就农产品需求而言，经历了量的增加转变为质的提高，消费者更加关注农产品的多样性、营养性、新鲜度及安全性，对水果、蔬菜、水产品和肉类等生鲜农产品的需求越来越大。为了顺应消费者需求以及购买习惯的改变，生鲜农产品的流通渠道也在逐渐发生变化。

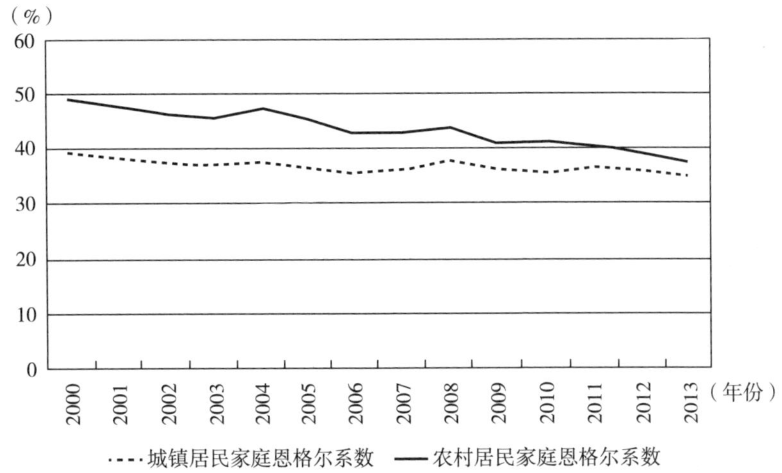

图 2－8　2000～2013 年我国城镇及农村居民家庭恩格尔系数

资料来源：《中国统计年鉴》（2001～2014）。

三、互联网购物增长，消费渠道随之改变

随着我国互联网技术的发展，消费者的网络购物数量和金额随之增长，电子商务逐渐得到发展。由图 2－9 可知，我国互联网零售交易规模在逐年增长。2010 年网络零售交易金额仅为 5091 亿元，比上年同期增长了 96.9%。随后各年，交易规模逐年增长，到 2015 年，交易规模已达到 38773 亿元。增长率一直处于波动中，但总体呈下降趋势，到 2015 年，增长率降至 33.3%。由此说明，我国互联网零售规模在不断增大，但扩大的速度在逐渐放缓。网络零售额的逐年增加意味着我国消费者购买方式发生变化，在消费者购买商品时，越来越多的人会选择从网上购买商品。

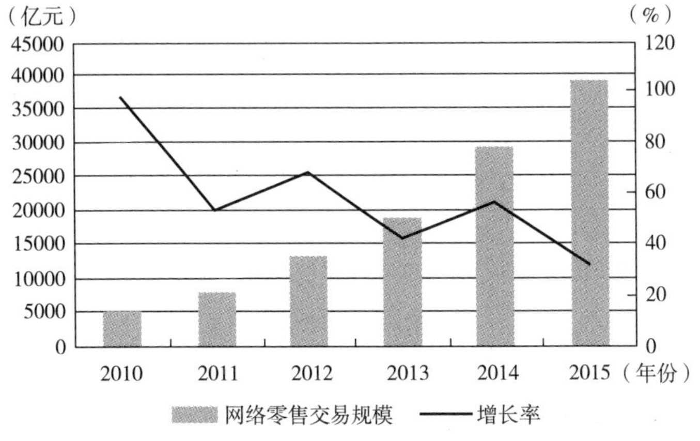

图 2－9　2010～2015 年我国网络零售交易规模及增长率

资料来源：《2015 年中国网络》市场研究报告。

就生鲜农产品电子商务而言，我国生鲜电商市场交易规模逐年递增。2013 年生鲜电商市场交易规模为 126.7 亿元，比上年同期增长了 255.9%。随后各年交易总额逐年上升，到 2017 年，交易总额为 1391.3 亿元。与此同时，增长率逐年递减，如图 2－10 所示。

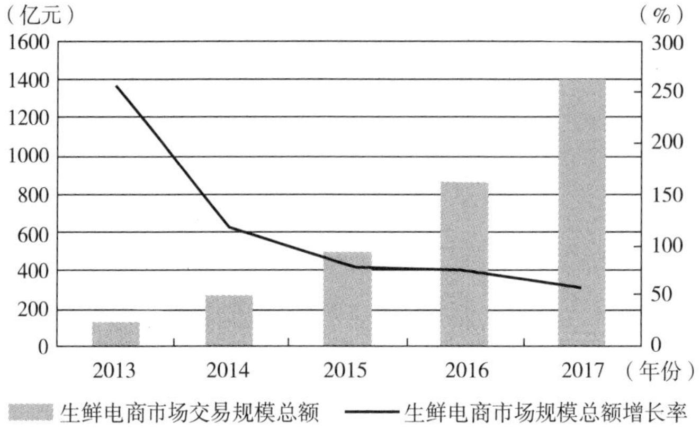

图 2－10　2013～2017 年生鲜电商市场交易规模总额及增长率

资料来源：《2018 年中国生鲜电商行业消费洞察报告》。

由以上分析可知，随着互联网技术的普及与发展，越来越多的居民选择通过电商这一渠道购买商品，我国网络零售额逐年增长。就生鲜农产品而言，我国消费者在网上购买生鲜农产品的数量也在逐年增长。消费者购买方式的变化促进了生鲜农产品流通渠道的变化。生鲜电商缩短了农产品流通渠道，在信息传递和价值传递方面也改变了传统的方式。

第五节　技术环境

生鲜农产品的流通主要通过公路运输，期间需要冷链物流来保证其新鲜度。铁路及公路运输环境的改善使得生鲜农产品流通更加顺利和便捷，冷链物流技术的发展减少了生鲜农产品流通过程中的损耗。由此，技术环境的变化优化了生鲜农产品的流通渠道，提高了流通效率。

一、冷链物流技术改善，生鲜流通更加便利

近年来，我国冷链物流行业快速发展，我国冷链物流需求总量、冷链物流总额以及冷链物流业总收入逐年增长。2010 年，我国果蔬产品冷链物流需求量为 4325.04 万吨，冷链物流率为 5%；2011 年上半年，果蔬产品冷链物流需求量为 3010.64 万吨，冷链物流率为 6.6%。就肉类产品冷链市场而言，2010 年，我国肉类产品冷链物流需求量为 1188.75 万吨，冷链物流率为 15%；2011 年上半年，冷链物流需求量为 717.62 万吨，冷链物流率为 17.24%。就水产品而言，2010 年，我国水产品冷链物流需求为 1242 万吨，冷链物流率为

23%。2011 年 6 月，水产品冷链物流需求为 710.77 万吨，冷链物流率为 25.16%①。

2012 年，我国冷链物流需求总量为 6727 万吨，2013 年需求总量为 7720 万吨，比上年增长了 14.76%。2015 年增长率最高，为 20.02%，2016 年冷链物流需求总量增长至 12500 万吨，增长速度放缓，增长率为 13.33%。随着冷链物流需求量的逐年攀升，我国冷链物流总额也在逐年增长。2012 年，我国冷链物流总额为 1.83 万亿元，到 2016 年，冷链物流总额已经增长至 3.4 万亿元。冷链物流业的总收入逐年增加且增速在不断加快。2012 年我国冷链物流业的总收入为 1100 亿元，2013 年增长至 1260 亿元，增长了 14.55%。到了 2016 年，冷链物流业收入总额达到 2250 亿元，较去年同期增长了 25%。

从年均增长率角度来看，冷链物流需求总量和冷链物流总额的年均增长率相同，为 16.75%，冷链物流业总收入的年均增长率较高，为 19.59%，如表 2－5 所示。

表 2－5　2012～2016 年冷链物流量及增长率

年份	冷链物流需求总量（万吨）	增长率（%）	冷链物流总额（万亿元）	增长率（%）	冷链物流业总收入（亿元）	增长率（%）
2012	6727	—	1.83	—	1100	—
2013	7720	14.76	2.1	14.75	1260	14.55
2014	9190	19.04	2.5	19.05	1500	19.05
2015	11030	20.02	3	20	1800	20
2016	12500	13.33	3.4	13.33	2250	25
年均增长率（%）	16.75	—	16.75	—	19.59	—

资料来源：2016 年《中国物流年鉴》。

二、交通环境改善，运输更加便利

铁路及公路运输环境的改善有利于生鲜农产品的快速流通，也使得生鲜农产品运输更加便利和高效。

由表 2－6 可知，从铁路营业里程数来看，2000 年我国铁路的营业里程数量为 6.87 万公里，2013 年突破 10 万公里，数量为 10.31 万公里，到 2016 年，我国铁路营业里程数增长至 12.4 万公里，为 2000 年的 1.8 倍。

表 2－6　2000～2016 年我国运输线路长度　　单位：万公里

年份	铁路营业里程	公路里程	其中高速公路
2000	6.87	167.98	1.63
2001	7.01	169.8	1.94
2002	7.19	176.52	2.51
2003	7.3	180.98	2.97

① 中国物流与采购联合会冷链物流专业委员会，全国物流标准化技术委员会冷链物流分技术委员会，中国物流技术协会．中国冷链物流发展报告 2011［M］．北京：中国物资出版社，2011.

续表

年份	铁路营业里程	公路里程	其中高速公路
2004	7.44	187.07	3.43
2005	7.54	334.52	4.1
2006	7.71	345.7	4.53
2007	7.8	358.37	5.39
2008	7.97	373.02	6.03
2009	8.55	386.08	6.51
2010	9.12	400.82	7.41
2011	9.32	410.64	8.49
2012	9.76	423.75	9.62
2013	10.31	435.62	10.44
2014	11.18	446.39	11.19
2015	12.1	457.73	12.35
2016	12.4	469.63	13.1
年均增长率（%）	3.76	6.64	13.91

资料来源：《中国统计年鉴》（2001～2017）。

我国生鲜农产品的流通主要是以公路运输为主。从公路的里程数来看，2000 年我国公路运输的里程数为 167.98 万公里，随后每年均有所增长，到 2016 年，运输里程数增长至 469.63 万公里，是 2000 年的 2.8 倍。生鲜农产品的运输主要是通过公路尤其是高速公路完成的。2000 年我国高速公路运输里程数为 1.63 万公里，十几年内逐年增加，到了 2016 年，高速公路运输里程数达到 13.1 万公里。铁路营业里程的年均增长率为 3.76%，是表 2－6 三种运输方式中年均增长率最低的。公路公里数的年均增长率为 6.64%，其中高速公路年均增长率最高，为 13.91%。

三、互联网普及，购买方式发生变化

近年来，互联网普及率逐步提升，电商平台的兴起以及冷链物流技术的改善使得越来越多的消费者尝试生鲜电商，购买渠道和流通方式发生了很大的变化。

图 2－11 反映了我国网民数量及互联网普及率。2000 年我国网民数量为 2250 万人，随后逐年快速增长。到 2017 年，我国网民数量已增长至 77198 万人。我国互联网普及率同样逐年增长。2004 年互联网普及率为 7.2%，随后快速增长，至 2017 年互联网普及率已上升至 55.8%，说明我国一半以上的居民使用互联网。互联网的普及使得我国居民购买方式的变化，尤其是年轻群体更愿意尝试网上购物这一渠道，这也导致了我国生鲜电商流通方式和渠道的不断变化。

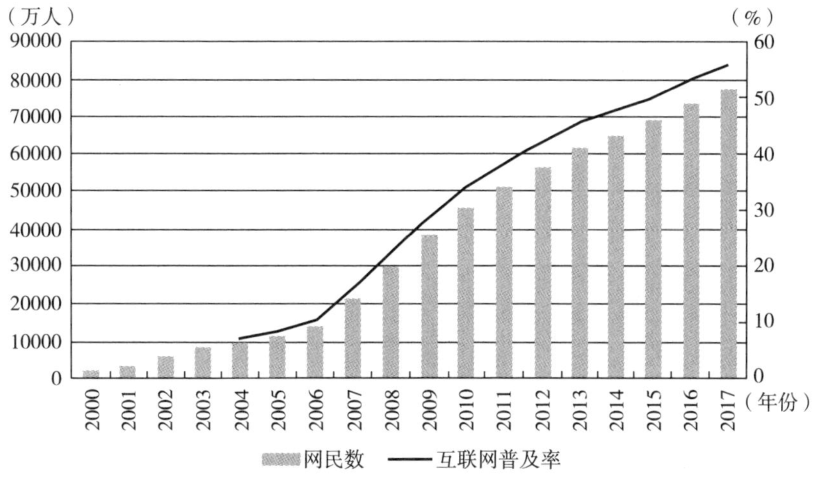

图 2-11　2000~2017 年中国网民数及互联网普及率

资料来源：《中国互联网络发展状况统计报告》。

第六节　本章小结

我国生鲜农产品的流通受到政策、经济、人口、技术、社会环境以及生鲜农产品进出口情况的影响。

就政策环境而言，我国生鲜农产品流通政策的演变不断促进了流通渠道的发展。最初我国实行统购包销，所有的蔬菜均由中国蔬菜公司统一销售，不允许自产自销。改革开放以后，生鲜农产品的流通渠道才逐渐打开。1995 年，国务院纠风办、交通部、公安部为了落实国务院提出的"菜篮子"工程，提出鲜活农产品公路运输绿色通道。随着政策的落实和改善，鲜活农产品绿色通道范围越来越广，涉及的鲜活农产品品类也越来越多，为生鲜农产品的流通提供了便利。2008 年，国家商务部、农业部联合开展了我国农超对接试点工作，促进大型连锁超市直接与鲜活农产品产地的农民专业合作社对接，缩短了生鲜农产品流通的渠道。随着互联网技术的不断发展，近年来生鲜农产品电子商务受到各界的重视，中央和地方也不断出台相关政策来鼓励生鲜农产品电子商务以及冷链物流运输的发展。

就经济环境而言，我国经济发展已经进入新常态，农业生产逐步迈向现代化。我国国内生产总值和人均国内生产总值逐年攀升，生产总值由高速增长转变为中高速增长。就不同地区的生产总值而言，我国东部、中部、西部和东北地区生产总值存在一定差异，这种差异也促使了生鲜农产品在不同地区之间的流通，从而导致流通渠道和方式的变革。就农业发展而言，第一产业产值逐年提高，但第一产业的占比却在逐年下降。根据根据"配第—克拉克定理"，随着经济的发展和人民生活水平的提高，第一产业占比会逐年减少。2016 年 8.6% 的占比也意味着我国经济发展达到一个较高的水平，农业的现代化程度不断提高。

就人口环境而言，我国人口增长放缓，近几年的人口增长率逐年下降。城乡人口数量差距逐渐缩小，城市化率逐年提升。在发展过程中，我国人口年龄结构发生变化，年轻群体小幅增加，导致了生鲜农产品流通的变化。

就社会环境而言，我国城镇居民人均可支配收入和农村居民人均纯收入逐年递增，城镇和农村居民收入差距扩大。从增长率来看，城镇居民人均可支配收入和农村居民人均纯收入增长率均处于波动的状态。恩格尔系数反映了食品支出总额占个人消费支出总额的比重，我国城乡居民的恩格尔系数逐年下降且城乡之间差距逐步缩小。根据国际上恩格尔系数的应用，我国城乡均已经入富裕的区间。除此以外，随着互联网技术的发展，我国消费者购买生鲜的渠道逐渐发生变化，生鲜电商的兴起导致生鲜农产品流通渠道的变化。

就技术环境而言，我国冷链物流技术在不断地改进，冷链物流需求量、冷链物流总额以及冷链物流业的总收入在逐年递增，这使得我国生鲜农产品的流通更加便利。除此以外，我国铁路和公路，尤其是高速公路的运营里程数逐年增长，也为生鲜农产品的流通提供了一个基础。随着科技的发展，我国网民数量逐年增加，互联网普及率逐年提高。随着互联网技术的进步，电子商务发展得也越来越快，导致了消费者购买渠道以及生鲜农产品流通方式和渠道的变革。

第三章 我国生鲜农产品的市场需求与趋势分析

第一节 生鲜农产品的需求特性及其影响因素

一、生鲜农产品的需求特性

（一）生鲜农产品的需求具有一定的不稳定性

随着我国消费者收入水平的不断提升，从一定程度上来说生鲜农产品多属于生活必需品，但是相比于粮食类农产品而言，其需求受价格波动的影响程度较大，需求弹性一般大于1，消费者对生鲜农产品的消费量呈现一定的波动。例如以猪肉为例，当猪肉价格上升时，消费者会减少对猪肉的消费，相对增加牛羊肉或者是禽类的消费量；相反，当猪肉价格下跌时，消费者可能会增加对猪肉的消费。

（二）生鲜农产品的需求具有很大的季节性和地域性

人们对于食品的消费具有季节性的特点。例如大多数人夏季喜欢吃西瓜、葡萄等；西方国家人们在圣诞节消费较多的是火鸡；不同地区的居民有不同的饮食习惯，这就使得食品需求存在地域性。例如西方人以肉类为主食，他们人均肉类消费大大超过东方的人均水平，同时带动他们的饲料作物的消费远大于东方国家；在我国各地的饮食差别也较大，西藏和新疆等喜爱牛羊肉，而东部等沿海城市则喜爱食用水产品。

（三）生鲜农产品需求与其品质有很大的相关性

食品的品质既包含安全的属性又包含质量的属性。消费者首先希望得到的是安全的食品，其次希望食品在口味、营养等方面达到一定的要求。现在消费者对食品安全非常关心。从生鲜农产品的生产安全如蔬菜的农药使用状况，到加工过程的安全性如生猪定点屠宰，到最终的销售过程如产品是否经过认证或产品是否过期等都非常关心。因此每一个加工、流通环节出现问题引起食品质量下降都会造成需求量的减少。同时消费者也非常追求食品口味、营养等品质。像水果、蔬菜都要保证其新鲜度，水产品要求有非常高的鲜活度。

二、生鲜农产品需求的影响因素

（一）生鲜农产品价格与收入水平

通过前面的理论介绍我们已经知道价格和收入都是影响生鲜农产品需求变化的重要因素。一般来讲，价格方面：在其他条件不变的情况下，农产品的需求量随着自身价格的下降而增加，随着替代品的价格下降而减少，随着互补品价格下降而增加；收入方面：对于正常商品来讲，收入与需求量同方向变化。对于低档商品，收入与需求量反方向变化（王玲瑜，2011）。

由表3-1可知，对角线数据显示的是各类生鲜农产品的自价格弹性，其排名大小为鸡蛋<奶制品<肉类<蔬菜<禽类<鱼类。其中绝大多数生鲜农产品的需求自价格弹性绝对值是小于1的，只有鱼类的价格弹性是大于1的。缺乏弹性，表明随着我国居民收入水平的不断增加，对生鲜农产品的价格敏感程度逐步降低。

表3-1　我国城镇居民家庭1995~2010年各类生鲜农产品消费需求的价格弹性

	肉类	禽类	鸡蛋	鱼类	蔬菜	水果	奶制品
肉类	-0.75	0.00	0.02	-0.02	0.07	0.03	0.03
禽类	0.00	-0.95	0.01	-0.03	-0.02	0.23	-0.01
鸡蛋	0.26	0.08	-0.53	0.01	0.21	-0.21	-0.11
鱼类	-0.13	-0.04	-0.04	-1.07	0.09	0.13	0.09
蔬菜	0.06	-0.02	0.02	0.06	-0.89	0.06	0.00
水果	-0.07	0.11	-0.14	0.08	0.02	-0.97	0.07
奶制品	-0.16	-0.09	-0.16	0.06	-0.14	0.06	-0.55

资料来源：D. Zhou., X. Yu and T. Herzfeld. Dynamic Demand in Urban China [J]. China Agriculture Economic Review, 2015, 7 (1): 27-44.

（二）人口因素

人口的数量和结构在消费水平一定的条件下是影响生鲜农产品需求总量的最直接的因素。以我国为例，我国人口目前已经超过13亿，据估计到2020年人口将保持继续增长态势，每年人口增长总数接近或超过1000万人，这是决定我国生鲜农产品需求刚性的重要因素。在确定的时点上，人口的总量也是确定的，但是城镇居民和农村居民在生鲜农产品消费上存在的差异也会影响生鲜农产品需求，如蔬菜、水果这些农产品，城镇人口主要是以购买农产品进行消费的群体，而农村居民主要以自给自足方式进行农产品消费的群体。进一步考虑人口迁移和流通对农产品消费的影响，生鲜农产品的直接消费需求量也将出现一定的变化，永久性迁往城镇的农村人口和暂时性居住在城镇从事非农业工作的来自农村的流动人口，由于收入和环境的变化，食品消费结构也会发生向城镇居民趋同的变动。所以说人口的结构对我国生鲜农产品需求也会产生一定影响。

个人的年龄、性别和家庭规模也会对生鲜农产品需求产生影响。人们的营养需要随着年龄、性别变化而有较大差异。一般来说，成年人比儿童、男性比女性、体力劳动者比脑力劳动者要吃得多一些，年龄和性别的差别导致了对农产品不同品种的需求；对于家庭来说，家庭是商品的消费单位和采购单位，一个国家或地区家庭的多少、家庭的平均人口，以及处于家庭生命周期的某个阶段，对农产品的需求都有很大影响。家庭平均人口的减少意味着劳动者经济负担减轻和对消费品购买能力的提高，同时也将使长期形成的家庭生活习惯发生变化。一个家庭就像一个生命体一样有周期。不同的家庭生命周期阶段家庭收入和需求特性也不同，从而形成不同的生鲜农产品消费特征。比如在子女幼年阶段，家庭食品消费中儿童食品占较大比重。

（三）消费者偏好

消费偏好不仅受经济因素的影响，而且还受社会因素、心理因素等的综合影响。在社会生产和消费水平达到较高程度时，必须从人类学、社会学、心理学、行为学的角度来进行分析，尽管对大量偏好现象至今难以解释，但消费者偏好确实是影响农产品需要的一个重要原因。

消费偏好的形成与消费习惯有一定的关系。习惯是由日常生活中经年积累而养成的行为模式，消费习惯的形成往往与所居住的自然环境、农业环境、社会传统、消费者的身体状况、爱好、工作、受教育程度以及文化背景等有关。例如，海洋国家因容易发展渔业，所以渔产较多，形成吃鱼的习惯，对鱼有特别偏好；在中国人们习惯冬天进补，于是对羊肉、狗肉等食品消费较多，而夏天这些食物的消费较少，这就表示冬天对羊肉等食物的消费偏好大于夏天；偏胖的人往往会减少含高热量、高脂肪的食物；一般体力劳动者对营养物质的需要比脑力劳动者要大。

信息刺激是消费者偏好发生改变的一个非常重要的原因。例如随着大多数人对自身健康和食品质量安全的日益关心，健康信息和食品质量安全信息将会影响消费者的偏好。当有关科学实验证明某种农产品有提高免疫力等作用时，消费者对该种生鲜农产品的偏好将会加强，从而增加其需求量；当媒体报道某种蔬菜农药超标或者其他质量问题时，消费者大多会在近期内减少甚至不购买该种蔬菜。

（四）其他因素

此外，生鲜农产品需求量还受一些其他因素的影响，比如食物烹饪技术和产品用途等能对农产品需求产生有效影响。食物烹饪技术的改进和创新，往往也会引起消费者对某一种食物发生偏好，从而多消费。例如，过去吃羊肉的人不多，认为羊肉有特别的腥味，但近年来羊肉烹饪技术的不断创新，致使消费量有逐年增加的趋势。开发新产品、扩大产品用途，也可增加产品需求。例如，汉族人有孝敬父母的美德，节假日远在外地的子女都会回家团聚，因此节假日前后都是生鲜农产品需求的旺季。

第二节　我国生鲜农产品的供给情况分析

一、国内生鲜农产品的种养殖及供给现状

自然环境主要包括畜禽出栏量、蔬果播种面积及产量和水产养殖面积及产量。种养殖面积和产量的增加使得生鲜消费的增加，消费的不断增长促使流通方式和渠道的变革来适

应日益增长的产量和需求。

（一）畜禽出栏量逐年递增，其中家禽养殖增长最快

表3－2反映了我国2000～2016年主要牲畜的出栏数量。2000年牛的出栏数量为3964.8万头，随后逐年增加，到2006年增加至5602.9万头。2007年牛的出栏数量下跌了1243.4万头，数量为4359.5万头。2007年以后牛的出栏数量基本保持逐年小幅增长的状态，到2016年，牛出栏量增长至5110万头。猪的出栏量除2007年和2016年以外，基本保持逐年稳步小幅递增的态势，从2000年的52673.3万头增长至2016年的68502万头，增长的幅度并不大。羊的出栏量从2000年的20472.7万只增长至2006年的32967.6万只，到2007年减少至25570.7万只，后又逐年递增，增至2016年的30694.9万只。家禽的增长幅度较大，从2000年的81亿只增长至2016年的123.7亿只。从年均增长率角度来看，家禽的年均增长率最高，为2.68%，接下来是羊，为2.57%。牛和猪的年均增长率相差不大，分别为1.60%和1.66%。主要牲畜数量的逐年增加反映了生鲜农产品中肉类供应量的增长，肉类供应量的增长会导致流通需求的增加。

表3－2　2000～2016年主要畜禽农产品出栏量

年份	牛（万头）	猪（万头）	羊（万只）	家禽（亿只）
2000	3964.8	52673.3	20472.7	81.0
2001	4118.4	54936.7	21722.5	80.9
2002	4401.1	56684.0	23280.8	83.3
2003	4703.0	59200.5	25958.3	88.9
2004	5018.9	61800.7	28343.0	90.7
2005	5287.6	66098.6	30804.5	98.6
2006	5602.9	68050.4	32967.6	101.8
2007	4359.5	56508.3	25570.7	95.8
2008	4446.1	61016.6	26172.3	102.2
2009	4602.2	64538.6	26732.9	106.1
2010	4716.8	66686.4	27220.2	110.1
2011	4670.7	66326.1	26661.5	113.3
2012	4760.9	69789.5	27099.6	120.8
2013	4828.2	71557.3	27586.8	119.0
2014	4929.2	73510.4	28741.6	115.4
2015	5003.4	70825.0	29472.7	119.9
2016	5110.0	68502.0	30694.6	123.7
年均增长率（%）	1.60	1.66	2.57	2.68

资料来源：《中国农村统计年鉴》（2001～2017）。

（二）果蔬种植面积不断扩大，其中果蔬单产稳步提升

表3－3是我国蔬菜、瓜果类生鲜农产品播种面积及产量情况。从表中可以看出，蔬

菜的播种面积增长较快。2000 年我国蔬菜的播种面积为 15237. 3 千公顷，随后逐年增加，到 2016 年，播种面积增至 22328. 3 千公顷。相较于蔬菜而言，瓜果的播种面积增加较慢。2000 年瓜果的播种面积为 2043. 7 千公顷，2016 年为 2602 千公顷，增长了 558. 3 千公顷。从产量方面来看，蔬菜的产量从 2003 年的 54032. 3 万吨增加至 2016 年的 79779. 7 万吨，增加了 25747. 4 万吨。瓜果的产量从 2003 年的 6965. 9 万吨增加至 2016 年的 10231. 7 万吨，增加了 3265. 8 万吨。

表 3 -3 2000 ~2016 年蔬菜、瓜果类播种面积及产量

年份	播种面积（千公顷）		产量（万吨）	
	蔬菜	瓜果	蔬菜	瓜果
2000	15237. 3	2043. 7	—	—
2001	16402. 5	2267. 7	—	—
2002	17352. 9	2354. 9	—	—
2003	17953. 8	2354. 0	54032. 3	6965. 9
2004	17560. 4	2146. 8	55064. 7	6946. 7
2005	17720. 7	2207. 7	56451. 5	7284. 6
2006	18216. 7	2294. 7	58325. 5	7640. 7
2007	17328. 6	2251. 5	56452. 0	7616. 0
2008	17875. 9	2256. 6	59240. 3	7881. 3
2009	18389. 8	2333. 2	61823. 8	8149. 1
2010	18999. 9	2389. 4	65099. 4	8536. 2
2011	19639. 2	2389. 3	67929. 7	8684. 9
2012	20352. 6	2408. 2	70883. 1	8952. 4
2013	21404. 8	2491. 3	73512. 0	9321. 8
2014	20899. 4	2455. 4	76005. 5	9554. 1
2015	21999. 7	2549. 5	78526. 1	9895. 5
2016	22328. 3	2602. 0	79779. 7	10231. 7
年均增长率（%）	2. 42	1. 52	3. 04	3. 00

资料来源：《中国农村统计年鉴》（2001 ~2017）。

从年均增长率的角度来看，蔬菜的播种面积年均增长率为 2. 42%，瓜果的播种面积年均增长率略少于蔬菜，数量为 1. 52%。蔬菜产量的年均增长率为 3. 04%，瓜果为 3. 00%。

（三）水产品养殖面积和总产品总体呈现增长趋势，其中内陆水产品产量增长较快

从表 3 -4 可以看出，2000 ~2005 年，我国水产养殖面积均逐年增加，内陆水产养殖面积从 2000 年的 5264. 8 千公顷增长至 2005 的 5863. 7 千公顷，海水养殖面积从 1243. 2 千公顷增长至 1694. 5 千公顷。2005 ~2006 年内陆和海水养殖面积均小幅下降，随后又逐年递增。2016 年我国内陆养殖面积为 6179. 6 千公顷，海水养殖面积为 2166. 7 千公顷。从产量方面来看，水产品的总产量逐年稳步递增，其中内陆水产品的总产量从 2000 年的

1502.3万吨增加至2016年的3411.1万吨，海水产品从2000年的2203.9万吨增加至2016年的3490.1万吨。从2000年到2016年，我国海水养殖面积增长较大，年均增长率为3.53%，内陆水产品在这十几年间也增长较快，年均增长率为5.26%。

表3-4　2000~2016年水产养殖面积及产量

年份	水产品养殖面积（千公顷）		水产品总产量（万吨）	
	内陆养殖	海水养殖	内陆水产品	海水产品
2000	5264.8	1243.2	1502.3	2203.9
2001	5399.4	1286.9	1562.4	2233.5
2002	5509.7	1344.7	1656.4	2298.5
2003	5609.4	1532.2	1744.2	2332.8
2004	5723.3	1623.8	1842.1	2404.5
2005	5863.7	1694.5	1954.0	2465.9
2006	4253.8	1271.7	2074.0	2509.6
2007	4413.6	1331.5	2196.6	2550.9
2008	4971.0	1578.9	2297.3	2598.3
2009	5423.8	1859.3	2434.8	2581.6
2010	5564.3	2080.9	2575.5	2797.5
2011	5728.6	2106.4	2695.2	2908
2012	5907.5	2180.9	2874.3	3033.3
2013	6006.1	2315.6	3033.2	3138.8
2014	6080.9	2305.5	3165.3	3296.2
2015	6147.2	2317.8	3290.0	3409.6
2016	6179.6	2166.7	3411.1	3490.1
年均增长率（%）	1.01	3.53	5.26	2.91

资料来源：《中国农村统计年鉴》（2001~2017）。

二、生鲜农产品的进出口情况

我国活动物出口额总体处于上升趋势。2007年活动物出口额为3.75亿美元，2008年增长至5.07亿美元，2009年有所回落，减少至4.42亿美元。随后的几年活动物出口额逐年增长，至2016年出口额增长至6.47亿美元。我国对于活动物的进口额在2007年至2014年间逐年增长，从2007年的0.73亿美元增至2014年的8.35亿美元，2015年有较大幅度的减少，减少至5.49亿美元，2016年再一次减少，为3.94亿美元。从贸易差额来看，除2014年为逆差以外，剩余各年均处于顺差，其中顺差最大的是2007年和2009年，均为3.02亿美元，最小的是2015年，差额为0.49亿美元。

我国对于肉及食用杂碎的出口额有所增长，2007年出口额为7.31亿美元，到2016年出口额增长至9.02亿美元，期间有一定程度的波动但波动幅度不大。对于肉及食用杂碎的进口额逐年增长，2007 年进口额仅为 15.2 亿美元，到 2016 年进口额增长至 102.63 亿美元。肉及食用杂碎的逆差也在逐年扩大，2007 年贸易逆差仅为 7.89 亿美元，到了 2016 年贸易逆差扩大至 93.61 亿美元。

乳品、蛋品、天然蜂蜜、其他食用动物产品的出口额在十年内有所波动，总体来说小幅增长。2007 年出口额为 4.61 亿美元，期间有增长和减少，至 2016 年，出口额为 5.9 亿美元。进口额从 2007 年到 2014 年逐年递增，2007 年为 7.53 亿美元，2014 年增长至 64.91 亿美元。2015 年减少为 33.03 亿美元，2016 年小幅增长至 35.17 亿美元。2007 ~ 2016 年，该类产品均处于贸易逆差的状态，2007 年逆差额为 2.92 亿美元，到 2014 年，逆差增长至 59.05 亿美元。2015 年贸易逆差有所减少，为 26.97 亿美元，2016 年逆差稍有扩大，数额为 29.27 亿美元。

就年均增长率而言，同一种生鲜农产品进口额的年均增长率均大于出口额的年均增长率。活动物出口额年均增长率为 6.25%，进口额远大于此，数量为 20.6%。活动物的贸易顺差逐渐减少，年均增长率为 -1.95%。肉及食用杂碎进口额年均增长率达 23.64%，而出口额年均增长率仅为进口额的 1/10，贸易逆差逐年扩大，逆差的年均增长率为 31.63%。乳品、蛋品、天然蜂蜜、其他食用动物产品进口额年均增长率为 18.86%，出口额年均增长率为 2.78%，如表 3-5 所示。

表 3-5　2007 ~ 2016 年我国主要生鲜农产品进出口额及其贸易差额

单位：亿美元

年份	活动物			肉及食用杂碎			乳品、蛋品、天然蜂蜜、其他食用动物产品		
	出口额	进口额	贸易差额	出口额	进口额	贸易差额	出口额	进口额	贸易差额
2007	3.75	0.73	3.02	7.31	15.20	-7.89	4.61	7.53	-2.92
2008	5.07	1.04	4.03	7.98	23.20	-15.22	6.21	8.73	-2.52
2009	4.42	1.40	3.02	7.64	17.03	-9.39	3.40	10.46	-7.06
2010	4.54	2.69	1.85	9.95	22.25	-12.30	4.05	20.00	-15.95
2011	5.71	3.77	1.94	10.75	34.12	-23.37	4.99	26.58	-21.59
2012	5.83	5.00	0.83	9.81	41.08	-31.27	5.34	32.51	-27.17
2013	5.81	4.33	1.48	9.89	59.30	-49.41	5.45	52.45	-47.00
2014	5.86	8.35	-2.49	11.82	58.44	-46.62	5.86	64.91	-59.05
2015	5.98	5.49	0.49	10.57	68.01	-57.44	6.06	33.03	-26.97
2016	6.47	3.94	2.53	9.02	102.63	-93.61	5.90	35.17	-29.27
年均增长率（%）	6.25	20.60	-1.95	2.36	23.64	-31.63	2.78	18.68	-29.19

资料来源：《中国贸易外经统计年鉴》（2008 ~ 2017）。

对于鱼、甲壳动物、软体动物及其他水生无脊椎动物的出口额从 2007 ~ 2014 年均处于增长状态。2007 年出口额为 47.52 亿美元，随后逐年增长，至 2014 年出口额增长至 140.74 亿美元。2015 年出口额有所下降，减少至 133.24 亿美元，2016 年又上升至 137.06 亿美元。进口额基本保持逐年稳步递增的状态。2007 年进口额为 34.43 亿美元，除 2009

年、2012 年和 2015 年有小幅下跌以外，随后的各年均有所增长，到 2016 年，进口额增长至 69.18 亿美元。该类产品每年均为贸易顺差，且从 2007 年至 2014 年，贸易顺差在逐年扩大，2007 年顺差为 13.09 亿美元，到 2014 年顺差增至 74.91 亿美元，2015 年、2016 年顺差有所减少，分别为 69.96 亿美元和 67.88 亿美元。

该类农产品出口额的年均增长率大于进口额，贸易顺差的年均增长率为 20.07%，如表 3－6 所示。

表 3－6　鱼、甲壳动物、软体动物及其他水生无脊椎动物进出口及差额

单位：亿美元

年份	出口额	进口额	贸易差额
2007	47.52	34.43	13.09
2008	51.81	36.48	15.33
2009	68.12	36.04	32.08
2010	88.07	43.66	44.41
2011	109.85	55.89	53.96
2012	113.23	54.89	58.34
2013	125.26	59.94	65.32
2014	140.74	65.83	74.91
2015	133.24	63.28	69.96
2016	137.06	69.18	67.88
年均增长率（%）	12.49	8.06	20.07

资料来源：《中国贸易外经统计年鉴》（2008～2017）。

我国食用蔬菜、根及块茎的出口额稳步增长。2007 年出口额为 40.43 亿美元，到 2011 年每年均有所增加，2011 年出口额为 87.23 亿美元。2012 年出口额有所减少，降至 69.06 亿美元，2013 年及以后各年份均有所增长，到 2016 年出口额增加至 105.47 亿美元。2007 年该类农产品的进口额为 8 亿美元，2008 年减少至 5.84 亿美元，随后每年增加，增至 2015 年进口额为 26.21 亿美元，2016 年有所下跌，数量为 18.64 亿美元。贸易差额每年均为正直，处于贸易顺差的状态。贸易顺差从 2007 年的 32.43 亿美元增长至 2011 年的 68.99 亿美元，2012 年减少至 44.99 亿美元。2013 年顺差为 53.22 亿美元，随后逐年增加，到 2016 年，贸易顺差扩大到 86.83 亿美元。

对于食用水果及坚果、甜瓜或柑橘水果的果皮的出口每年均有所增长。2007 年出口额为 16.32 亿美元，到 2016 年，出口额增长至 54.99 亿美元。进口额从 2007 年的 9.15 亿美元逐年增加，增长至 2015 年的 60.17 亿美元，2016 年进口额有所减少，减少至 58.65 亿美元。在十年间内，2012 年、2014 年、2015 年和 2016 年均为贸易逆差，逆差额分别为 0.36 亿美元、8.27 亿美元、8.56 亿美元和 3.66 亿美元，其余各年均为贸易顺差，其中 2008 年顺差最大，为 8.66 亿美元。

食用蔬菜、根及块茎的出口年均增长率为 11.24%，进口小于出口，为 9.85%。食用水果及坚果等的出口年均增长率为 14.45%，进口远大于出口，为 22.93%。食用水果及坚果等的贸易差额从顺差转变为逆差，贸易差额的年均增长率为 -192.8%，如表 3-7 所示。

表 3-7　2007~2016 年果蔬进出口及差额　　单位：亿美元

年份	食用蔬菜、根及块茎			食用水果及坚果、甜瓜或柑橘水果的果皮		
	出口额	进口额	贸易差额	出口额	进口额	贸易差额
2007	40.43	8.00	32.43	16.32	9.15	7.17
2008	42.22	5.84	36.38	21.04	12.38	8.66
2009	48.53	10.52	38.01	23.81	17.22	6.59
2010	74.77	15.16	59.61	26.79	21.40	5.39
2011	87.23	18.24	68.99	31.88	30.37	1.51
2012	69.06	24.07	44.99	37.72	38.08	-0.36
2013	78.71	25.49	53.22	41.72	41.01	0.71
2014	82.26	25.80	56.46	43.18	51.45	-8.27
2015	90.24	26.21	64.03	51.61	60.17	-8.56
2016	105.47	18.64	86.83	54.99	58.65	-3.66
年均增长率（%）	11.24	9.85	11.56	14.45	22.93	-192.8

资料来源：《中国贸易外经统计年鉴》（2008~2017）。

第三节　我国居民生鲜农产品的需求变化分析

消费者的食物需求受到收入、城镇化、食品流通等诸多因素的影响。随着外界环境的不断改变，消费者收入和自身偏好的变化，消费者对生鲜农产品的需求也在不断发生变化，本节研究将从鲜菜、鲜瓜果、猪肉、牛羊肉、禽类和水产品等几种主要的生鲜农产品来分析近些年消费者对生鲜农产品的需求变化特征。

一、生鲜农产品总体需求

从总体来看，我国居民对生鲜农产品的需求具有以下几点特性：①除了鲜菜以外，消费者对其他品类的生鲜农产品的需求都呈现不断上升的趋势。②在几种上升的生鲜农产品中，需求都是呈现波动式上升。③家禽是所有生鲜农产品消费量中增长幅度最大的一类，增长率为 222%；而鲜瓜果则是所有品种中消费量增长最为缓慢的一种，总体增长率为 15.8%，如表 3-8 所示。

表 3-8 全国居民人均主要生鲜农产品消费量 单位：公斤

年份	鲜菜	鲜瓜果	猪肉	牛羊肉	禽类	水产品
2000	113.4	37.9	15.0	2.2	4.1	6.9
2001	112.6	40.1	14.7	2.2	4.1	7.2
2002	113.5	37.6	17.0	2.1	6.1	8.8
2003	112.9	37.7	17.1	2.3	6.2	9.0
2004	114.5	36.7	16.3	2.5	4.8	8.5
2005	110.4	36.9	17.9	2.6	6.3	8.7
2006	109.1	39.6	17.7	2.7	5.9	9.0
2007	108.4	39.5	15.8	2.7	6.8	9.8
2008	111.4	36.9	16.0	2.4	6.2	—
2009	109.4	38.5	17.2	2.5	7.4	—
2010	104.7	36.9	17.6	2.6	7.2	10.2
2011	101.7	36.7	17.5	2.9	7.6	10.0
2012	98.5	39.4	17.8	2.8	7.6	10.3
2013	94.9	37.8	19.8	2.4	7.2	10.4
2014	94.1	38.6	20.0	2.5	8.0	10.8
2015	94.9	40.5	20.1	2.8	8.4	11.2
2016	96.9	43.9	19.6	3.3	9.1	11.4

注：数据来自《中国统计年鉴》（2001~2017），2000~2012 年统计年鉴并未直接给出全国居民的消费数据，本书采用城镇居民和农村居民消费数据取均值计算所获得。

（一）鲜菜需求量总体呈现下降趋势

相比较而言，鲜菜是本书所统计几种生鲜农产品中，唯一总体需求呈现下降趋势的生鲜农产品。从长期的变化趋势来看，自 2000 年起，全国居民对鲜菜的消费量在轻微波动中逐步降低，在 2014 年居民对鲜菜每年的需求降到最低点为 94.1 公斤，相较于最高年份每年 113.5 公斤的需求量下降了 19.4 公斤，如图3-1 所示。

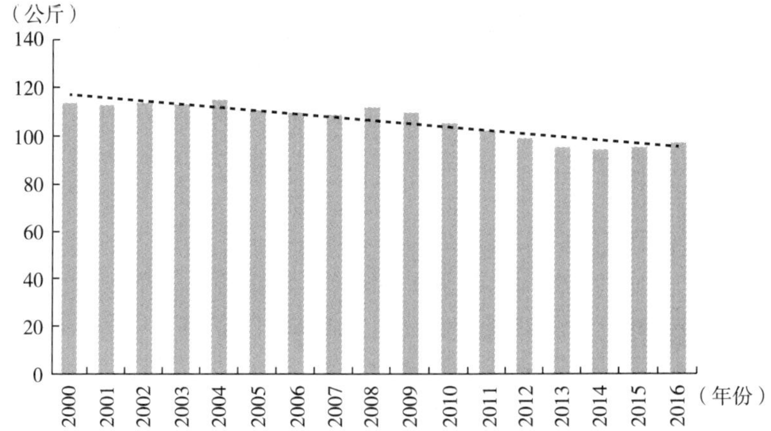

图 3-1 我国居民对鲜菜历年的消费量

（二）鲜瓜果需求量在波动中上升

我国居民对鲜瓜果的消费量呈现出明显的波动式上升，消费量在每年 36.7～40.5 公斤上下波动，但是波动幅度不大。从总体来看，我国居民对鲜瓜果的消费量呈现上升趋势，并在 2016 年消费量达到历史最高点为每年 43.9 公斤，如图 3－2 所示。

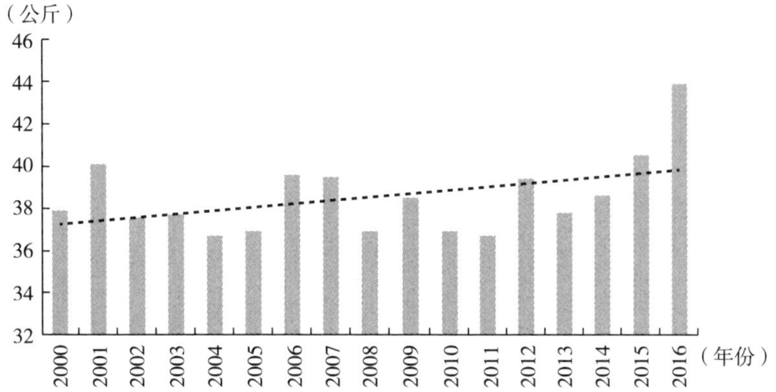

图 3－2 我国居民对鲜瓜果历年的消费量

（三）猪肉需求量在波动中上升

可能是受猪肉价格周期性波动的影响，猪肉的需求量呈现周期性的波动，且需求量在波动中不断上升。从猪肉总体的消费量来说，猪肉消费量上升幅度不大，消费量最高年份较最低年份增加了 30%，需求量在 2011 年之后，呈现出较为稳定的变化趋势，我国居民对猪肉需求量基本稳定在每年 20 公斤左右，如图 3－3 所示。

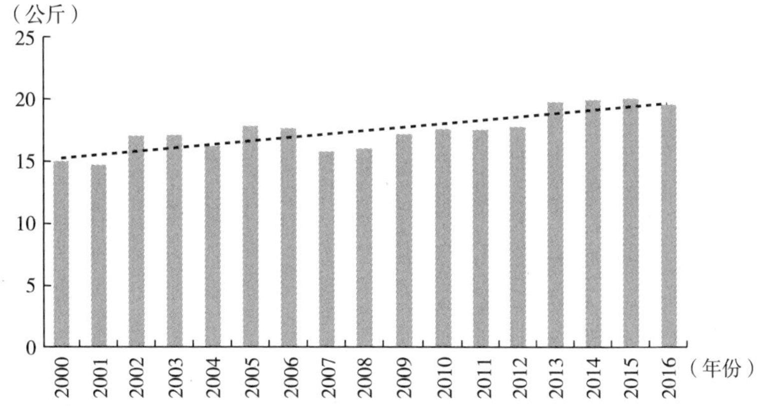

图 3－3 我国居民对猪肉历年的消费量

（四）牛羊肉需求量在波动中上升

我国居民对牛羊肉的消费量较少，其历年消费量均值不足猪肉消费量的 1/5。我国居民对牛羊肉的消费量呈现在波动中不断上升的局面，从整体来看，其需求波动幅度不大，在2016年需求量达到了新高，为每年3.3公斤，较需求量最低年份增加了1.2公斤，如图3－4所示。

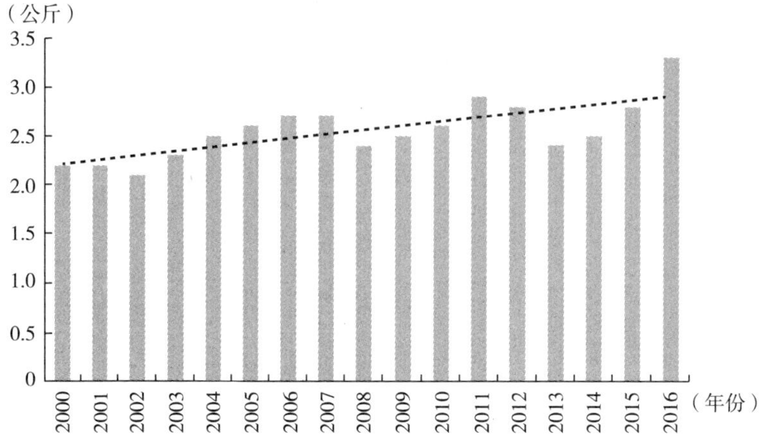

图3－4　我国居民对牛羊肉历年的消费量

（五）禽类需求量快速增长

从整体来看，我国居民对禽类的消费量呈现出较为快速的增长，基本符合一年增一年减的波动式增长。单从增长幅度来看，我国居民对禽类需求量的增长最快，2016年的消费量达到了历史最高为每年9.1公斤，相较于2000年4.1公斤每年的消费量，上涨了2.22倍，如图3－5所示。

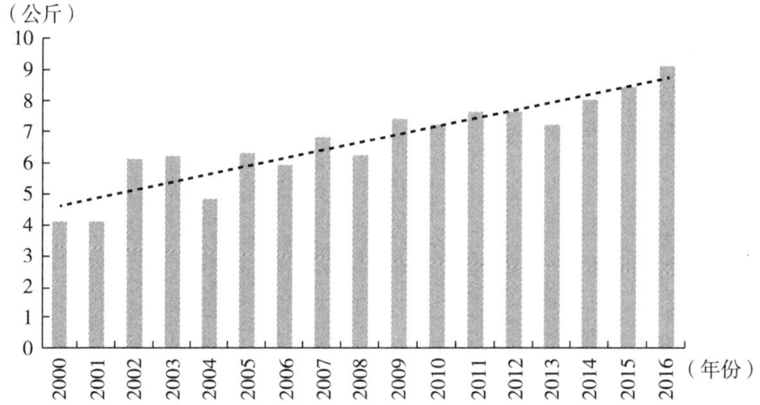

图3－5　我国居民对禽类历年的消费量

（六）水产品消费量稳步提升

2000～2003年，居民对水产品的消费量实现了较为快速的增长，在2004年需求量出现下跌，此后数年间我国居民对水产品的消费量开始稳步增长。2000年的需求量在每年6.9公斤，而2016年的需求量达到了每年11.4公斤，增长量为4.5公斤，增长幅度为165.22%，如图3－6所示。

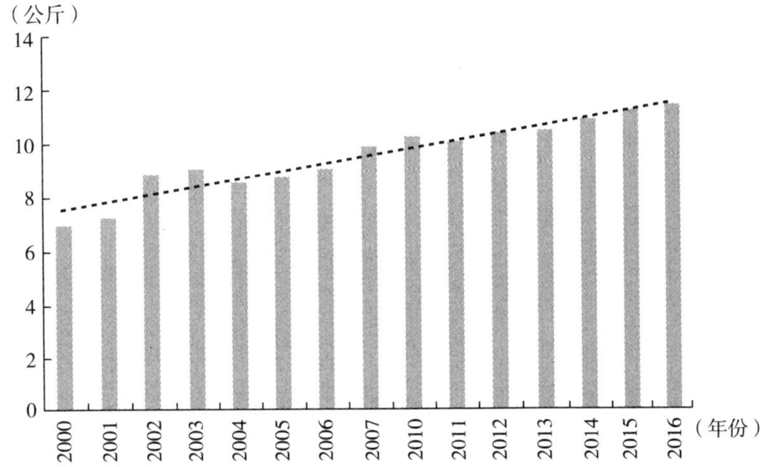

图 3-6　我国居民对水产品历年的消费量

注：由于 2008 年、2009 年统计年鉴缺少城镇居民水产品消费量数据，因而无法计算全部居民消费数据。

二、城镇居民和农村居民生鲜农产品需求差异

城乡居民消费者对生鲜农产品的消费需求具有一定的差异，对于不同类型的生鲜农产品来说，城乡居民之间的消费差异及其趋势均表现出不同的特征。

（一）农村居民鲜菜消费下降速度快于城镇居民

从总体来看，城镇居民和农村居民对鲜菜的消费量都呈现出递减的趋势，在 2000 年，城镇居民和农村居民对鲜菜的消费量差距不到 2 公斤，而在近几年城镇居民和农村居民之间的消费量差距大致在每年 11 公斤，城镇居民每年鲜菜消费量下降了约 11.54 公斤，而农村居民对鲜菜的年消费量下降了 22.28 公斤。2000～2004 年，城镇居民的消费量逐步上升，然而在 2005 年之后，城镇居民对鲜菜的需求量也基本呈现出逐年递减的趋势。相对而言，农村居民的消费量 2000～2012 年逐年降低，2013～2016 年呈现出相对稳定的消费量，如图 3-7 所示。

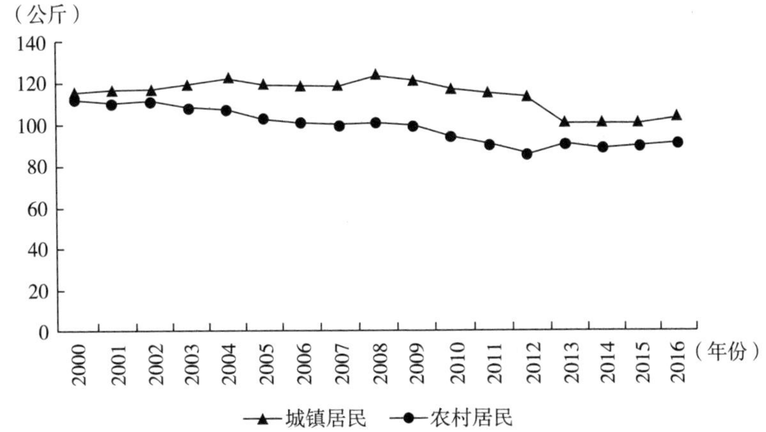

图 3-7　城镇居民和农村居民历年鲜菜消费量

（二）农村居民猪肉消费量增速快于城镇居民

从总体来看，城镇居民和农村居民年均猪肉消费量差距逐步减小，尤其是在2013年之后，城乡之间的差距不足2公斤。17年间，城镇居民消费量增加了3.67公斤，而农村居民的消费量增加了5.42公斤。在2002年，城镇居民消费量有了较为快速的增长，此后在每年20公斤左右这个区间内波动，并在2012年达到了最大值为21.23公斤。2000～2012年，农村居民对猪肉的消费量变化不大，而2013年的消费量较2012年增加了4.7公斤，此后，农村居民对猪肉的消费量稳定在每年19公斤左右，如图3－8所示。

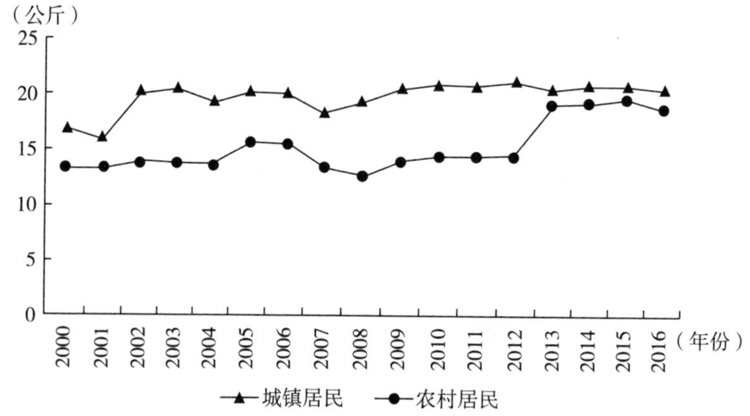

图3－8　城镇居民和农村居民历年猪肉消费量

（三）城镇居民和农村居民牛羊肉消费量都在增加，但是城乡之间的差距并未减少

城镇居民和农村居民对牛羊肉的需求都呈现波动式上涨的趋势，两者之间的需求波动趋势大致相同。17年间，城镇居民的消费量增加了0.97公斤，而农村居民的消费量增加了0.87公斤，在2000年，城镇居民和农村居民的消费差距在每年2.2公斤，而在2016年两者消费量的差距为2.3公斤，因此，从总体来看，二者之间的消费差距并未扩大，如图3－9所示。

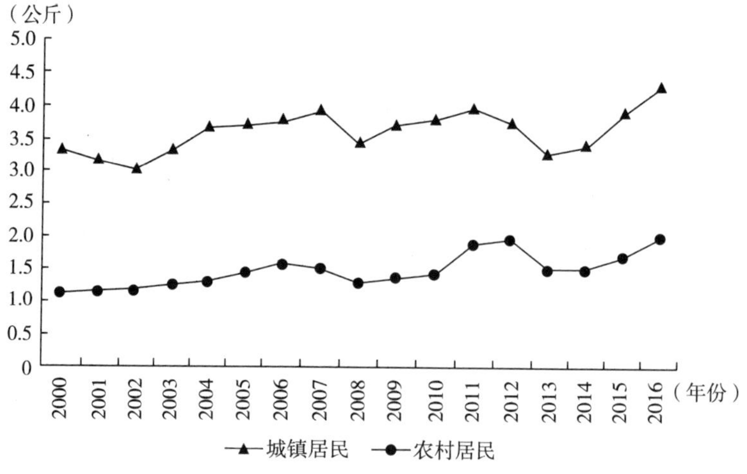

图3－9　城镇居民和农村居民历年牛羊肉消费量

（四）城镇居民呈现波动式上升，而农村居民需求稳步提升

农村居民对禽类的需求量呈现稳步上升的趋势，尤其是在2012年之后需求量增长较快。而城镇居民对禽类的需求呈现波动式上升，且消费量的波动幅度较大。2000年城乡差距为4.76公斤，2000~2012年，城乡居民对禽类的消费量差距逐步扩大，在2013年城镇居民家庭对禽类的消费量出现了较大的下滑，而在同年农村居民的消费量出现较大幅度增加，而在2016年城乡差距为2.3公斤，两者之间的消费量差距逐步减小，如图3-10所示。

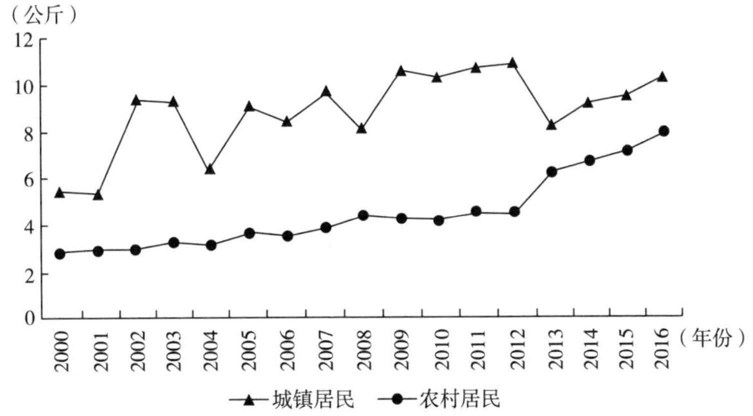

图3-10 城镇居民和农村居民历年禽类消费量

（五）城镇居民消费量轻微下降，而农村居民近些年消费量迅速上升

在2000年，城镇居民与农村居民对鲜瓜果的消费量存在较大差距达到每年39.17公斤，是本书中所统计消费量差距最大的生鲜农产品。城镇居民对鲜瓜果的消费量总体来看呈现下降趋势，但是下降幅度不大，相较于2000年的消费量下降了4.88公斤。而农村居民在2010年后对鲜瓜果的消费量增长较快，相较于2000年消费量增加了15.49公斤，在2016年二者消费量之间的差距为每年18.8公斤，城乡消费差距进一步缩小，如图3-11所示。

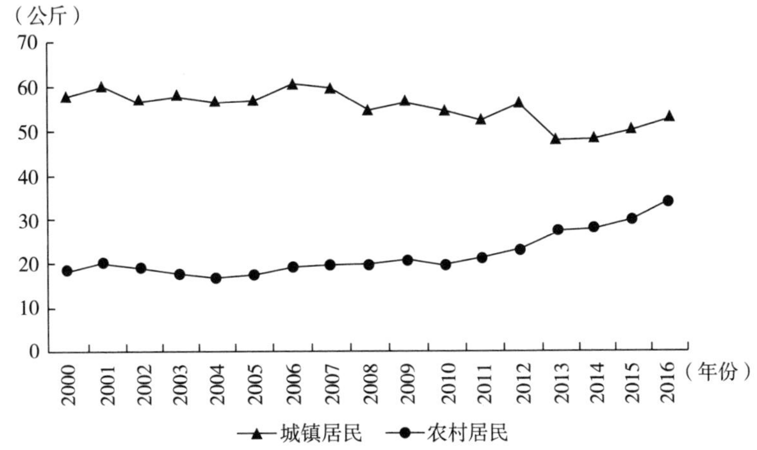

图3-11 城镇居民和农村居民历年鲜瓜果消费量

（六）水产品城乡消费稳步提升

城镇居民对水产品的需求量在波动中上升，而农村居民对水产品的需求呈现稳步增长趋势，2000 年，城镇居民对水产品年均需求量为 9. 87 公斤，而农村居民为 3. 92 公斤，城乡居民之间的消费差距为 5. 95 公斤。2016 年城镇居民对水产品的年均消费量为 14. 8 公斤，17 年间消费量增加了 4. 93 公斤，而农村居民的需求量为 7. 5 公斤，17 年间消费量增加了 3. 58 公斤，城乡居民之间消费差距并未缩减，反而是进一步扩大了，如图 3 – 12 所示。

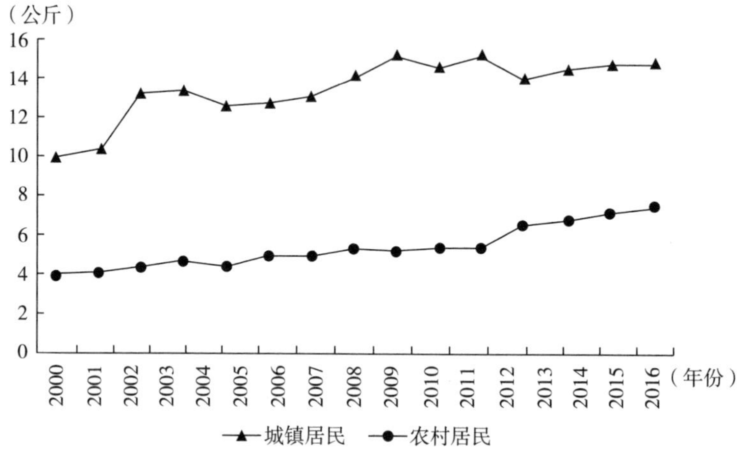

图 3 – 12　城镇居民和农村居民历年水产品消费量

三、不同区域的需求差异

这部分从不同地区的视角来分析我国居民家庭人均主要生鲜农产品的消费量，由于我国幅员辽阔，不同省份和地区的消费者受文化、风俗和收入等因素的影响，其对不同类型生鲜农产品的需求量存在较大的差异。其中较为特殊的省份是西藏，其是蔬菜及食用菌、禽类、水产品和蛋类均为消费量最低的省份，由于风俗和饮食偏好的影响，其对牛肉的消费量较大，全国平均水平是每年 1. 8 公斤，而西藏地区年均消费量是 21. 8 公斤。

表 3 – 9　2016 年我国不同省份居民家庭人均主要生鲜农产品消费量　　单位：公斤

地区	省份	蔬菜及食用菌	猪肉	牛肉	羊肉	禽类	水产品	蛋类	奶类
东部地区	北京	95. 4	13. 1	2. 9	3. 1	5. 7	8. 5	12. 0	23. 2
	天津	127. 5	16. 1	2. 8	3. 3	5. 6	16. 9	17. 8	17. 0
	河北	94. 4	12. 1	1. 4	1. 5	4. 4	6. 0	13. 3	15. 2
	上海	102. 8	20. 2	2. 8	1. 1	13. 3	25. 7	11. 1	21. 0
	江苏	104. 8	19. 1	1. 8	1. 0	11. 1	17. 9	10. 3	15. 8
	浙江	94. 9	21. 5	1. 8	0. 7	10. 6	23. 3	8. 1	12. 0
	福建	91. 7	25. 8	1. 9	0. 8	12. 2	26. 6	8. 8	11. 0

续表

地区	省份	蔬菜及食用菌	猪肉	牛肉	羊肉	禽类	水产品	蛋类	奶类
东部地区	山东	94.4	12.8	1.1	1.3	6.3	11.7	16.7	17.7
	广东	98.7	29.1	1.8	0.8	20.1	22.0	7.0	7.5
	海南	95.3	27.0	1.9	0.7	21.5	26.7	5.0	4.4
中部地区	山西	78.4	9.0	0.7	1.5	2.1	2.2	10.0	14.1
	安徽	97.6	17.8	1.8	1.0	11.9	11.2	11.3	10.5
	江西	112.2	19.9	1.8	0.3	8.5	12.2	6.8	10.1
	河南	86.3	10.8	1.2	1.1	5.7	4.1	12.8	11.0
	湖北	119.7	20.8	1.6	0.8	6.1	15.8	8.4	7.6
	湖南	101.4	25.1	1.8	0.6	10.7	12.3	7.6	5.4
东北地区	黑龙江	89.7	14.2	1.8	1.5	5.5	8.3	9.9	9.8
	辽宁	119.3	18.3	2.6	1.8	5.3	14.8	13.3	14.8
	吉林	101.3	14.2	2.1	1.0	4.8	7.4	10.3	9.5
西部地区	内蒙古	99.8	16.5	4.3	9.9	5.9	5.2	9.3	22.7
	广西	88.9	27.0	1.6	0.7	19.5	10.5	5.3	5.6
	重庆	139.2	33.6	1.4	0.8	11.3	10.0	9.9	16.6
	四川	130.0	33.0	1.3	0.6	11.3	7.3	8.6	11.1
	贵州	89.2	28.0	1.2	0.3	5.4	2.4	4.3	5.5
	云南	98.6	26.2	1.8	0.5	7.9	3.9	4.8	5.3
	西藏	27.4	9.3	21.8	9.6	0.9	0.4	2.9	20.4
	陕西	81.9	10.0	0.6	1.2	2.8	2.2	7.0	13.4
	甘肃	79.4	11.9	1.4	2.8	4.2	2.1	7.1	13.8
	青海	65.3	12.3	5.0	8.0	3.2	2.0	4.6	18.2
	宁夏	89.4	6.7	3.5	5.3	6.1	2.8	5.5	14.4
	新疆	105.4	3.8	4.8	13.1	5.8	3.5	6.6	20.5
全国均值		100.1	19.6	1.8	1.5	9.1	11.4	9.7	12.0

注：本书中东部地区是指北京、天津、河北、上海、江苏、浙江、福建、山东、广东和海南10个省市。中部地区是指山西、安徽、江西、河南、湖北和湖南6个省份。西部地区是指内蒙古、广西、重庆、四川、贵州、云南、西藏、陕西、甘肃、青海、宁夏和新疆12个省份。东北地区主要包括辽宁、吉林和黑龙江3个省。

（一）蔬菜及食用菌

蔬菜及食用菌的消费量最高的省份是重庆，需求量最低的是西藏。重庆与西藏的需求量差异较大，重庆每年消费量为139.2公斤，而西藏每年消费量为27.4公斤，两者差距为每年111.8公斤，需求量差异极大。其中有11个省份消费量大于全国平均消费量。东部、中部和西部地区的居民消费量低于全国居民的平均消费量，其中西部地区的需求量最低，平均为91.21公斤。东北地区的消费量最高，超出全国居民的平均消费量，如图3－13所示。

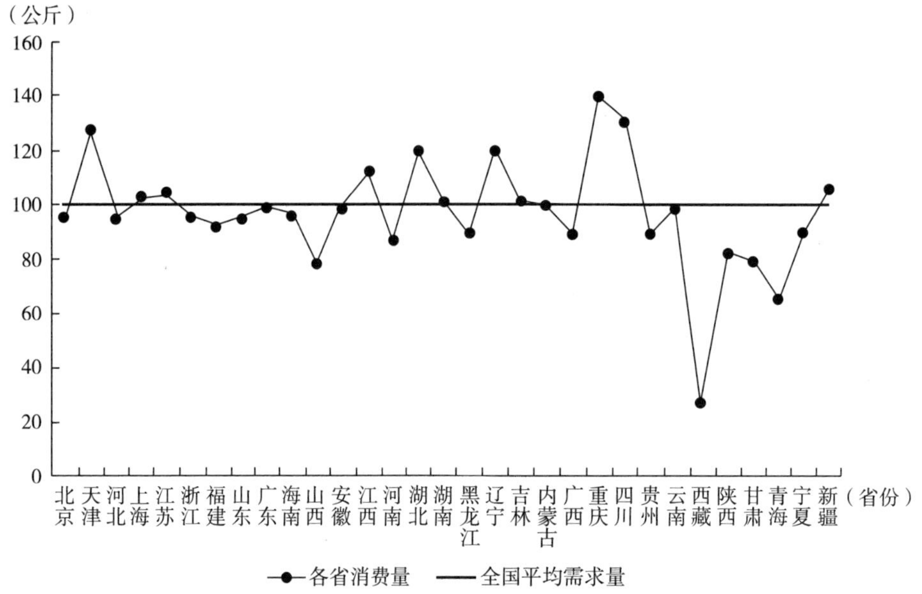

图 3-13　不同省份居民消费者对蔬菜及食用菌的消费量

（二）肉类

我国居民对肉类的消费主要是以消费猪肉为主，其中猪肉消费量最高的是重庆，消费量最低的是新疆，且不同省份之间的消费量差异较大。重庆的猪肉消费量为 33.6 公斤，其中新疆猪肉的消费量全国最低为 3.8 公斤。从整体来看，其中东北地区的平均消费量最低，东部地区的消费量较高，如图 3-14 所示。

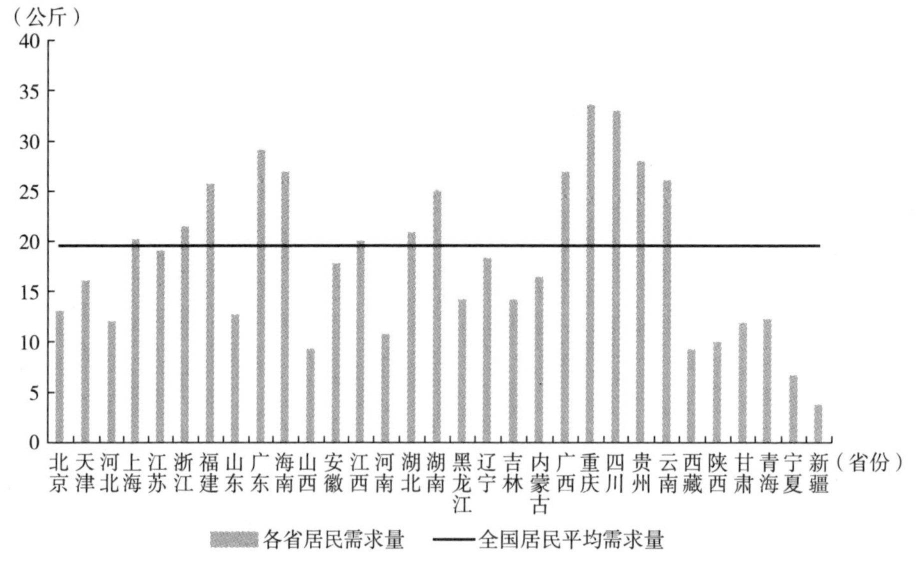

图 3-14　不同省份居民消费者对猪肉的消费量

牛肉消费量最高的是西藏，居民年均消费量为 21.8 公斤，远远高于消费量排名第二的青海。其中消费量较高的有青海、新疆和内蒙古，均为我国西部地区的省份。而其他省份之间的消费量差异则不太大，如图 3－15 所示。

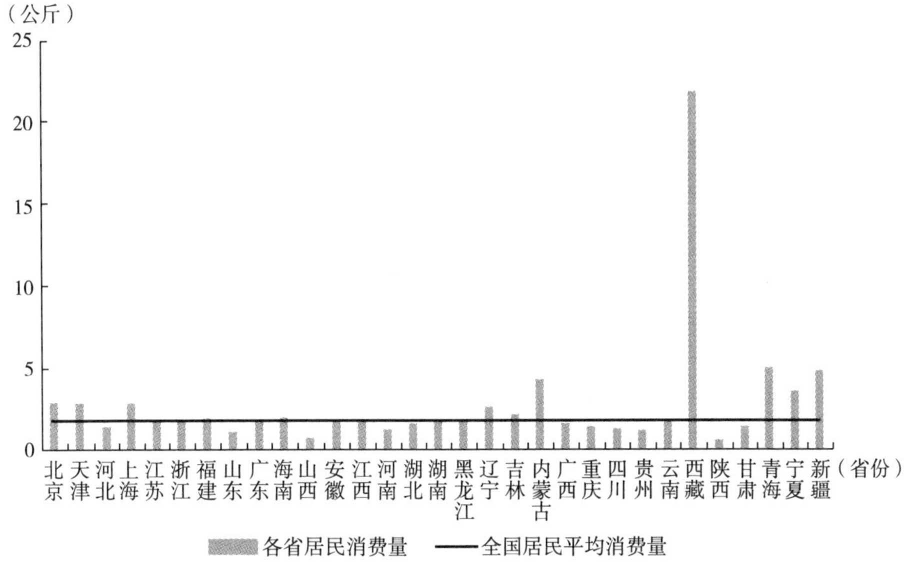

图 3－15　不同省份居民消费者对牛肉的消费量

羊肉消费量最高的省份是新疆为 13.1 公斤，而最低的是贵州和江西两省，人均仅 0.3 公斤。消费量较高的是新疆、内蒙古、西藏、青海和宁夏等西部少数民族，不同地区省份之间的需求量差异较大。东部、中部和东北地区的消费量低于全国平均消费量，而西部地区省份的消费量大约是全国平均水平的 3 倍，如图 3－16 所示。

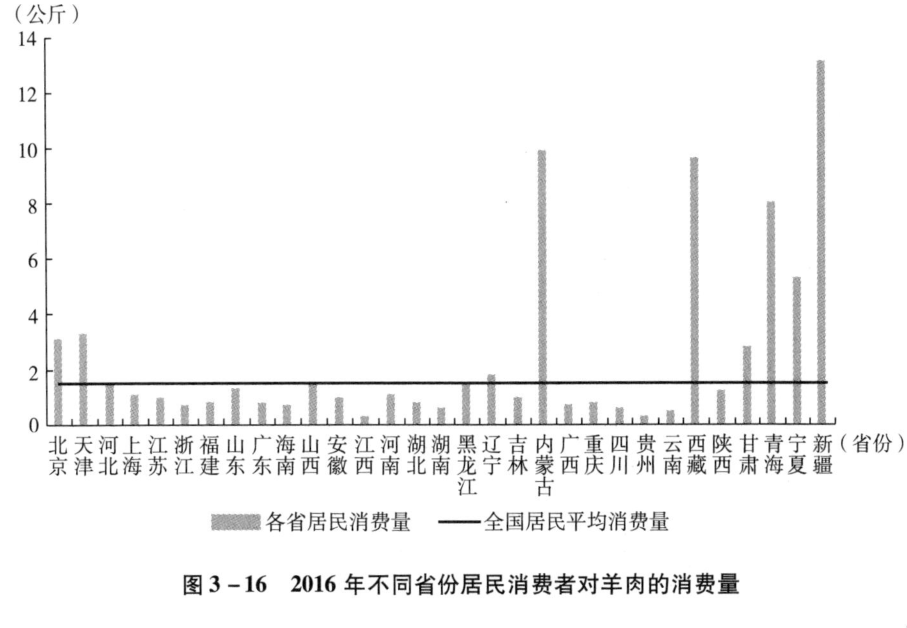

图 3－16　2016 年不同省份居民消费者对羊肉的消费量

（三）禽类

禽类消费量最高的是省份是海南，年均消费量为 21.5 公斤，而最低的是西藏需求量为 0.9 公斤，消费量的差距为 20.6 公斤，其中，南方省份对禽类的需求量大于北方省份的需求量，如图 3－17 所示。

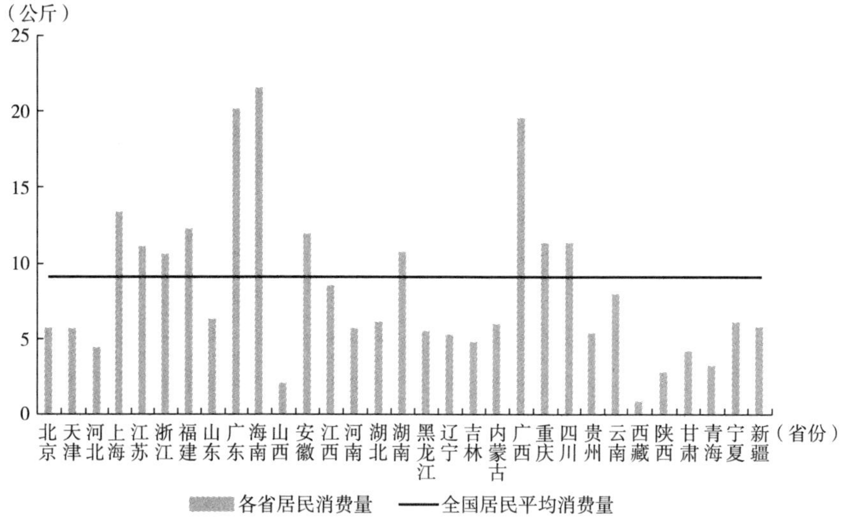

图 3－17　2016 年不同省份居民消费者对禽类的消费量

（四）水产品

水产品消费量最高的省份是海南为每年 26.7 公斤，而最低的是西藏，年均消费量为 0.4 公斤。对水产品的消费主要是集中在海南、福建、江苏、上海和广东等沿海省份，而内陆地区的消费量则较低，尤其是西部地区。东部省份的平均消费量为 18.53 公斤，而西部地区的消费量则最低为 4.36 公斤，如图 3－18 所示。

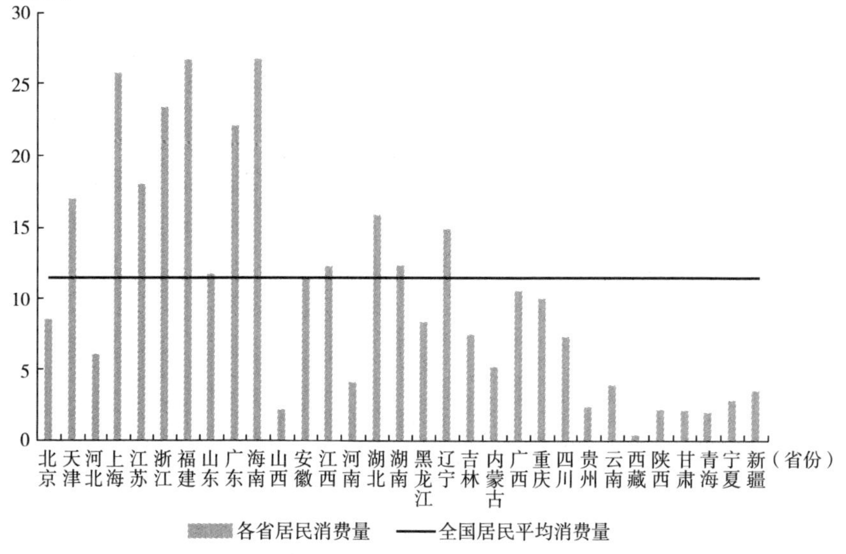

图 3－18　2016 年不同省份居民消费者对水产品的消费量

（五）蛋类

蛋类年均消费量最高的是天津为 17.8 公斤，而西藏的年均消费量最低为 2.9 公斤。其中东北地区的需求量最高为 11.17 公斤，而西部地区的需求量最低为 6.33 公斤，如图 3－19 所示。

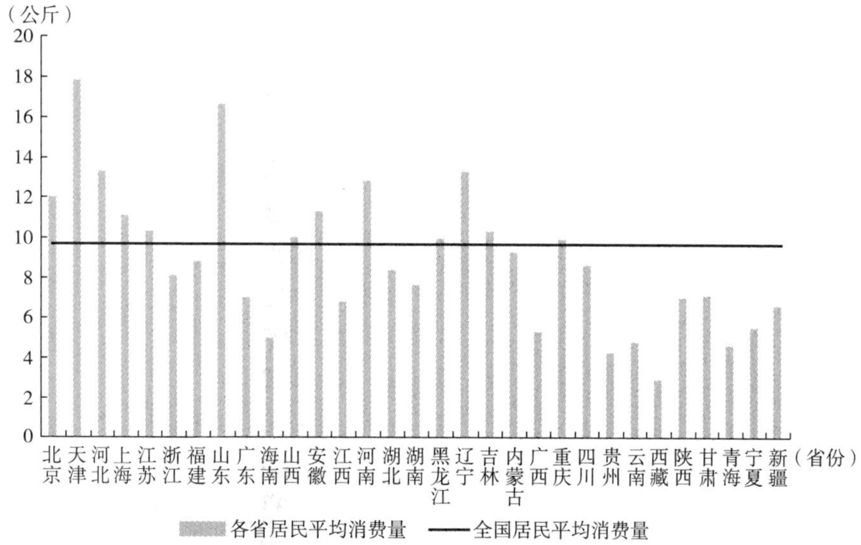

图 3－19　2016 年不同省份居民消费者对蛋类的消费量

（六）奶类

奶类消费量最高的是北京，年均消费量为 23.2 公斤，海南的消费量是最低的为 4.4 公斤。而其中广东、海南、湖南、广西、贵州和云南等几个省份的消费量比较低，北方省份的消费量要大于南方省份的消费量，如图 3－20 所示。

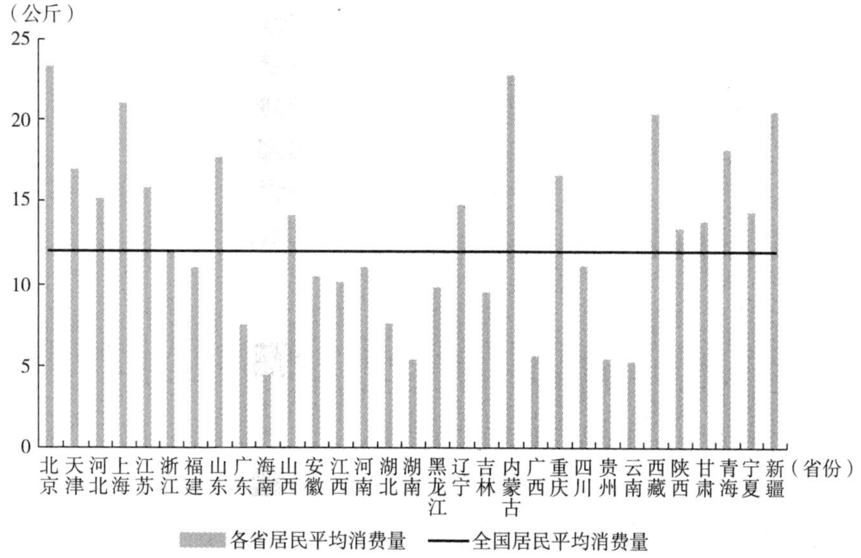

图 3－20　2016 年不同省份居民消费者对奶类的消费量

四、不同收入水平的差异

从长期来看，随着人们收入水平的提升和恩格尔系数的下降，农产品需求的收入弹性呈现下降的趋势，收入增长所带来的需求增长放缓。在消费者收入水平不高的时候，农产品需求的收入弹性较高，收入的增加会带来需求的显著增加。随着收入水平的提高，消费者对农产品的需求达到了饱和状态，收入增加所带来的农产品消费量增加日益减少。在这一阶段，消费者更加关注生鲜农产品的质量、品质、外观、服务和便利程度，需求越发丰富多样，如图 3－21 所示。

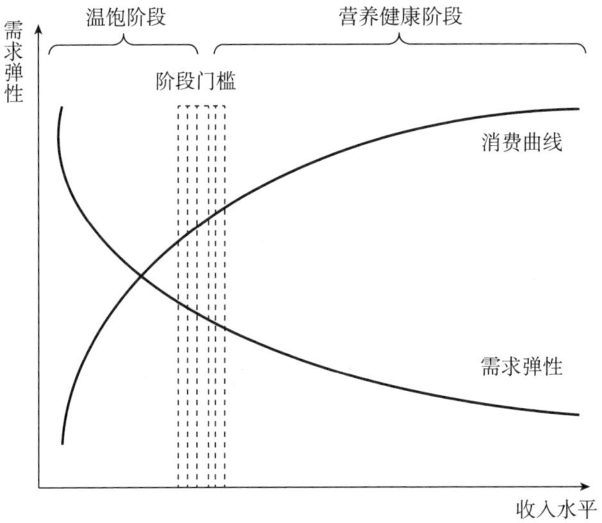

图 3－21　生鲜农产品需求的阶段性特性

资料来源：《农产品运销学》（周应恒等，2016）。

（一）鲜菜：随着收入增加需求不断上升，在最高收入群体开始下降

随着收入水平的提高，在中等收入以下的收入水平消费量增加较快，在中等收入至较高收入这个区间增速放缓，而在最高收入这个阶段消费量出现轻微下降。较高收入户是鲜菜消费量最高的群体，而最低收入户是消费量最低的群体为 93.36 公斤，最高消费量与最低消费量之间相差 29.03 公斤，如图 3－22 所示。

（二）鲜瓜果：随着收入水平的上升，消费量不断地增加

随着收入水平的不断提高，不同收入群体的消费量不断地增加，在最高收入阶层，消费量增长速度放缓。最高收入阶层和最低收入阶层鲜瓜果的消费量差距较大，差距为 35.09 公斤，如图 3－23 所示。

（三）鲜奶：随着收入水平的上升，消费量不断地增加，增长幅度很大

随着收入水平的提高，对鲜奶的消费量不断地增加。最低收入户的消费量为 7.77 公斤，而最高收入户为 19.86 公斤，最高收入群体是最低收入群体消费量的 2.56 倍，如图 3－24 所示。

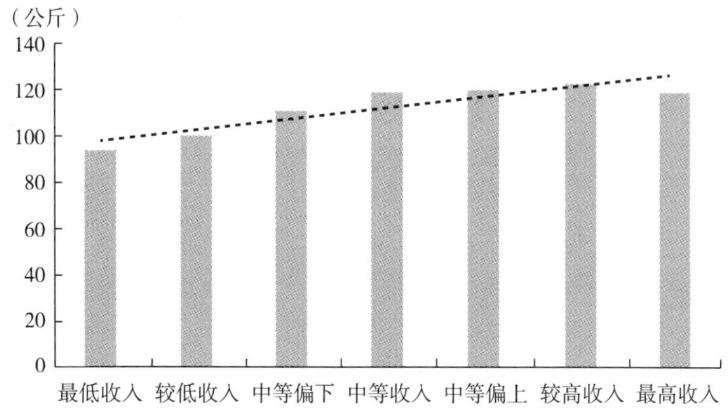

图 3-22　2016 年不同收入水平居民对鲜菜的消费量

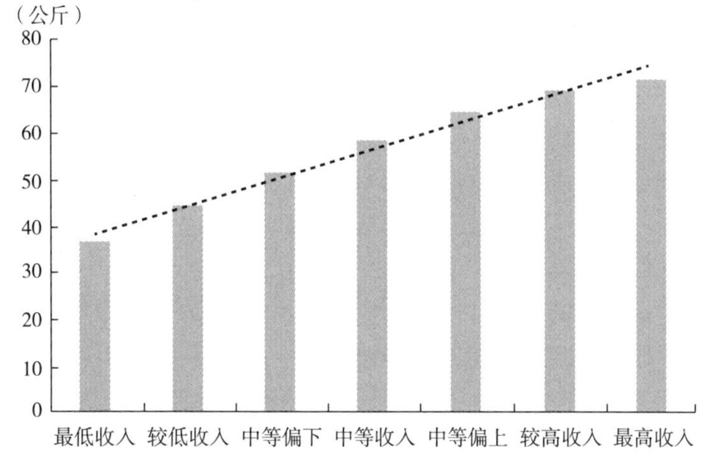

图 3-23　2016 年不同收入水平居民对鲜瓜果的消费量

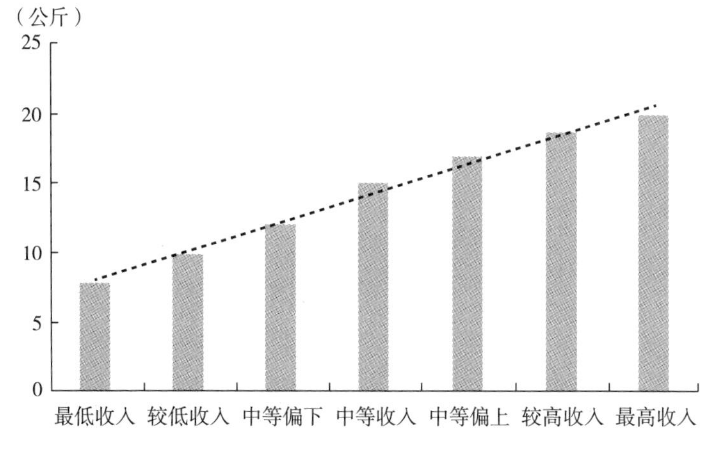

图 3-24　2016 年不同收入水平居民对鲜奶的消费量

（四）鲜蛋：不同阶段增速不同，在收入最高阶段消费量下降

总体呈现需求量上升的趋势，在最高收入阶层需求量出现了下降，需求量最高的收入阶层是较高收入户，每年的消耗量为 11.73 公斤。比最低收入户的年均消费量高出 3.65 公斤。全国的平均消费量是 10.52 公斤，中等收入以上的群体达到了全国平均消费水平，如图 3－25 所示。

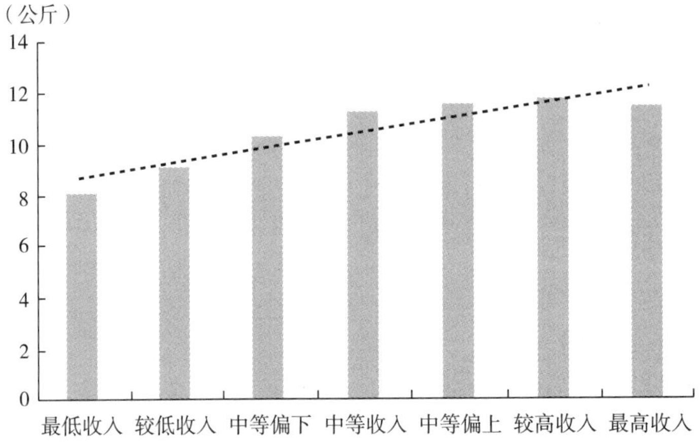

图 3－25　2016 年不同收入水平居民对鲜蛋的消费量

（五）猪肉：随着收入的增加，消费量不断地增加

随着收入水平的提高，消费者需求量稳步提升，在中等收入以上消费量的增速开始降低。最低收入户的年均消费量为 16.04 公斤，最高收入户的需求量为 24.14 公斤，如图 3－26 所示。

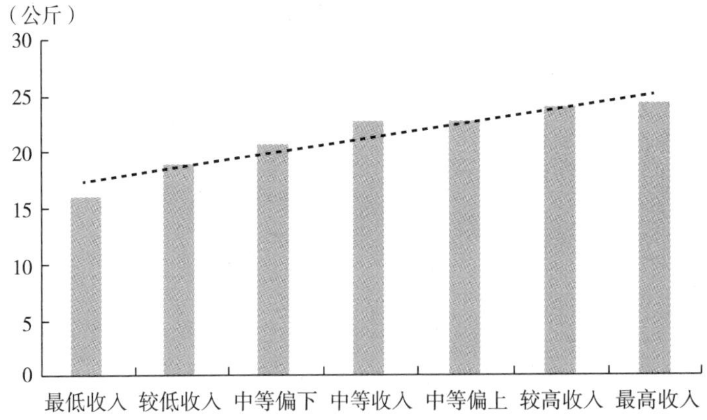

图 3－26　2016 年不同收入水平居民对猪肉的消费量

（六）牛肉：收入增加，消费量增加，但是在低收入阶段增加较多

随着收入水平的提高，需求同步增长，在较低收入和中等偏下收入群体中，随着收入

的增加，需求量增加得较快。在中等收入以上，消费量的增速明显放缓。最高收入阶层是最低收入阶层的1.88倍，如图3－27所示。

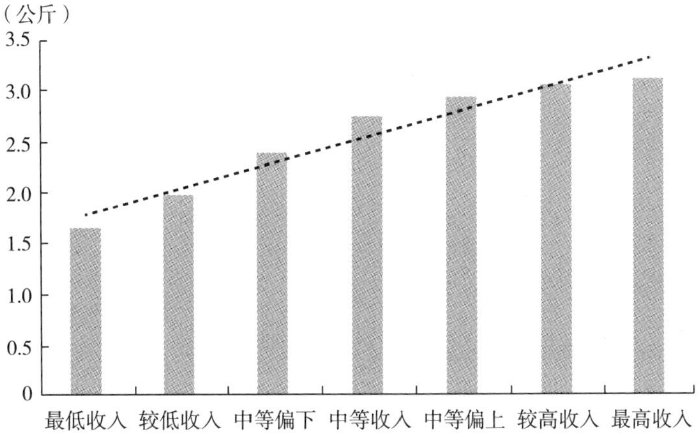

图3－27　2016年不同收入水平居民对牛肉的消费量

（七）羊肉：随着收入增加呈现波动式上升

居民对羊肉的消费呈现出一定的波动，需求量并非随着收入的增加而增加，较低收入群体的消费量相对于最低收入群体有了轻微的下降，此后消费量开始增加，直至最高收入群体消费量又出现下降。最高消费量为1.44公斤，而最低消费量是0.87公斤，最高是最低的1.62倍，如图3－28所示。

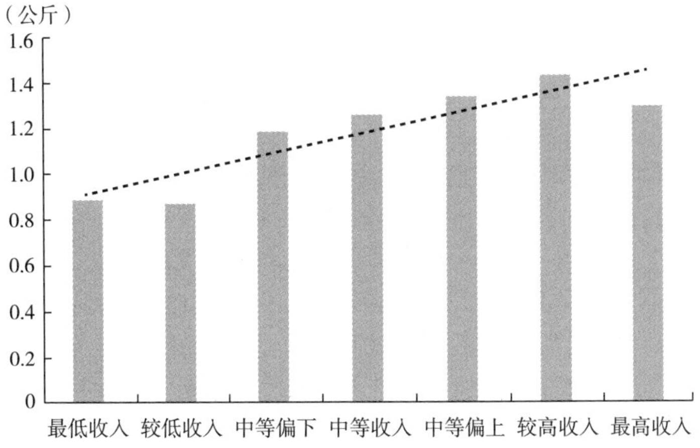

图3－28　2016年不同收入水平居民对羊肉的消费量

第四节　生鲜农产品需求的发展趋势分析

根据前面内容的分析可知，随着外界环境、消费者收入和偏好的不断变化，消费者对生鲜农产品的需求也提出了新的要求。随着基础设施的改善和我国物流体系的完善，地域之间的运输时间在不断缩减，有力地促进了不同国家之间的交流和市场融合，消费者直接面对国际市场和各国产品，加之电子商务的迅速发展和广泛应用，使得消费者选择农产品的范围得到了极大的扩展。这些逐渐改变了消费者生鲜农产品购买消费方式。农产品需求呈现出以下发展趋势。

一、生鲜农产品需求朝着营养优质安全方向发展

长期以来，我国农产品需求处在温饱阶段。为了解决 13 亿人口的吃饭问题，到 20 世纪末中国的食物生产多年来一直把产量增长确定为首要目标，生产什么食物就消费什么食物，没有能力奢求营养合理。21 世纪初，中国农业进入了新阶段，农产品供求实现了总量平衡、丰年有余的历史转变（万宝瑞，2010），人们开始注重农产品品质，追求营养，我国的农产品需求朝着营养优质安全方向发展。经过“十五”到“十二五”近 15 年的发展，居民膳食结构不断优化，拉动了食物生产结构的变化，肉蛋奶、水产品、水果、蔬菜等生鲜粮食的食物产量比重快速上升（万宝瑞，2010）。同时，食品品质与安全也成为生鲜农产品需求的重点。地沟油、染色馒头、问题奶粉等引起了广大消费者高度关注，品质与安全往往成为农产品消费优先考虑因素。以水果消费为例，人们对于水果的消费越来越优先选择优质的进口水果，而不愿意吃国产的水果。

二、生鲜农产品需求的绿色天然健康新趋势

随着全球的绿色有机革命的深入，消费者越来越重视食品健康和绿色消费需求。返璞归真、绿色天然、健康的绿色食品、有机食品更加受到消费者的青睐。根据研究机构尼尔森 2015 年发布的《全球健康饮食报告》显示我国消费者越来越关注食品的安全性，并愿意对安全性更高的食品支付更高的价格。同时在报告中的消费者调查结果表明消费者较为关注无人工色素、非转基因、无人工味素、纯天然和有机等几类食品属性，大约 3/4 的中国受访者非常愿意或一定程度上愿意溢价购买具备健康属性的食品品类。该研究还显示，富含纤维、高蛋白、全麦、维生素、高钙、矿物质、微量营养元素等功能性食品最近也成为消费者的新宠，都被认为是健康食品应该包含的重要因素。与此相对应，食品企业在广告业务中投放大量资金大力宣传食品的健康和安全属性，消费者从“吃饱”向“吃好”的阶段转变，消费者对食品的健康和安全已经越来越普遍化。一些生鲜农产品经营者通过广告宣传了他们的产品益处，提供营养和健康相关信息的新产品的包装数量也在逐年增长，以此迎合消费者对健康的关注。

三、生鲜农产品需求的高档化、品牌化趋势

随着人均收入和消费水平的提高，消费者对生鲜农产品需求结构将逐步趋于高档化。这一趋势在处于高速增长阶段的发展中国家表现得尤为明显（郭桂香，2006）。经过多年的改革和发展和经济增长，2014 年我国人均 GDP 达到了 6747 美元，中国城乡居民的整体消费水平有了较大的提升，恩格尔系数呈不断下降，消费者对食品的需求发生了显著的变化，更加倾向于消费安全的食品。由于品牌农产品反映了生产经营者的实力和产品的优良品质，为此更多的消费者趋向于购买经过加工、具有良好包装与品牌的生鲜农产品。与之相应的是我国农产品加工业的快速发展，2014 年农产品加工业与传统农业产值之比达到 1. 87∶1，已经完全取代了传统农业的地位。农产品的高档化和品牌因素日益成为生鲜农产品消费的重要考虑因素。

四、生鲜农产品需求的趋同化与社会化

随着信息化程度的不断提高，交通运输条件的逐步改善，区域之间的生鲜农产品的运输更加便利。不同地区之间的交流程度日益加深，进一步促进了不同区域之间消费者对生鲜农产品的需求及其口味偏好体现出一定的趋同性，地区差异逐渐缩小。同时各种方便化、标准化的食品不断推向市场，比如超市中各种成品、半成品、速冻食品、方便熟食套餐、连锁点餐服务等的发展使得农产品需求的趋同化与社会化趋势更为明显。

第五节　本章小结

本章主要是从消费者需求视角来分析我国居民对生鲜农产品的需求特性、需求现状及其需求趋势，其主要分析结论如下：

生鲜农产品的需求呈现出不稳定性、季节性、地域性特征，同时生鲜农产品的需求量受到收入、人口、消费者偏好、宗教信仰等因素的影响。

对于生鲜农产品的供给主要是从国内的种养殖情况和生鲜农产品进出口两部分进行分析的。近些年来，我国果蔬类、水产类和畜禽类三类生鲜农产品的种养殖面积逐年提高，且不同品类的产品供给量也在不断提升，单产量也在不断地提升。生鲜农产品的供应能力不断提升。国内外贸易情况，我国对活物、肉及食用杂碎和乳品、蛋品、天然蜂蜜、其他食用动物产品等肉类相关产品的进口增长较快，保持年均 20% 的增速，其中，肉及食用杂碎和乳品、蛋品、天然蜂蜜、其他食用动物产品的进口量要远远大于出口量。水产类生鲜农产品的进出口额都在逐年递增，出口额大于进口额，且贸易顺差逐年递增。就果蔬类生鲜农产品而言，水果的进口额大于出口额，贸易顺差逐年扩大；蔬菜的出口额大于进口额，近些年呈现出一定的贸易逆差。

从城乡居民差异、不同省份和区域的差异以及收入水平的差异三个视角分析我国居民对生鲜农产品的需求情况。我国居民对生鲜农产品的需求量基本呈现出波动式上升的趋势，城乡居民在不同类型生鲜农产品的需求量呈现不一样的发展趋势，不同地区之间的消

费者对生鲜农产品的需求差异较大。一般而言，随着消费者收入水平的提高，其对生鲜农产品的需求量不断在增加。

随着居民收入水平的提升，消费者对生鲜农产品的消费从“吃饱”转向“吃好”的新阶段，其对生鲜农产品的需求朝着营养优质安全、绿色天然健康、需求高档化、品牌化同时需求具有一定的趋同化特性。

第四章　我国生鲜农产品流通渠道的演化分析

近几年，消费者对生鲜农产品种类、质量、购物环境、便利程度的要求提高，对农产品流通效率提出了挑战。我国农产品流通渠道由最初的流动摊贩、农贸市场逐渐向更加多元化的方向转变，目前，我国主要的流通渠道包括农贸市场、超市及电商平台。除此之外，流通环节也逐步缩减，实现了生产终端与消费终端的对接。本章首先介绍了生鲜农产品流通渠道的总体现状，接着再分别分析超市、农贸市场、电商平台三种主要流通渠道的发展进程、现状及未来趋势。

第一节　我国生鲜农产品总体流通现状分析

我国是生鲜农产品生产及消费大国，随着种植、生产技术、交通运输业的高速发展，农产品的生产区域逐渐向全国范围扩张，生鲜农产品的流通范围也逐步扩大，这对农产品流通提出了更高的要求。而由于我国目前物流基础设施建设不完善，组织化程度低、流通环节过多等问题，农产品流通效率还有非常大的增长潜力。

一、农产品物流成本高，损耗严重

农产品物流发展较为缓慢，占社会物流总额的比重偏低。从表 4－1 可以看出，从 2010～2016 年，农产品物流总额逐年增长，从 2010 年的 22355 亿元上升至 2016 年的 36112 亿元，同比增长 4.5%，但是农产品物流比例从 2010 年开始，到 2016 年却在逐步下降，表明农产品物流发展缓慢。

表 4－1　2010～2016 年我国农产品物流情况　　单位：亿元

年份	2010	2011	2012	2013	2014	2015	2016
农产品物流额	22355	23361	28891	31405	33101	34524	36112
社会物流额	1254130	1584000	1773156	1977639	2134534	2192499	2297486
农产品物流比例	1.78	1.47	1.63	1.59	1.55	1.57	1.57

资料来源：《中国物流年鉴》（2011～2017）。

农产品物流成本比重偏高。"根据中国物流与采购联合会调查数据显示，目前我国农产品物流成本占总成本的30% ~40%，其中粮食物流成本比重在40%以上，鲜活产品则占60%左右，而欧美等发达国家不到10%①。"

另外，我国是农业生产和消费大国，目前蔬菜产量约占全球总产量的60%，水果和肉类产量占30%，禽类和水产品产量占40%②。近年来我国生鲜农产品产量快速增加，每年约有4亿吨生鲜农产品进入流通领域，但生鲜农产品具有易腐易烂的属性，在流通过程中容易腐烂变质，而我国的农产品物流以常温物流为主，果蔬、肉类、水产品流通损耗率分别达到20% ~30%、12%和15%，平均损耗率高达27%以上，每年我国果蔬类的腐烂损失超过1000亿元，而发达国家只有5%左右③。

二、农产品流通环节多，组织化低

尽管目前农产品流通趋向于现代化发展，流通环节逐步缩减，但大多数还是要经过产销地的批发、零售等多个环节，其中流通中还会涉及具体程序在不同农产品的流通主体间的重复。从整个农产品流通过程看，各环节之间联系较为松散，组织化程度较低。

在农产品的采购环节，许多农户自产自销，将种植的农产品运送到各地进行出售，自行完成种植、运输、销售等一系列环节，另外，部分农户可能还会对农产品进行初步的分类、加工处理，方便售卖。在这一环节，生产者承担着众多流通主体的角色，这无疑会造成流通效率低下。

在农产品物流环节，专业化的农产品物流很少，我国农产品在运输过程中多采用常温运输。在这一环节中的运输主体多元化，可以使生产者本身承担运输功能，也可以是个体运输户、农产品经纪人、农民专业合作社、农产品加工企业、批发商、第三方物流企业、龙头企业等都可以作为运输主体出现。其中农产品生产者、个体运输户、农产品经纪人作为运输主体，其组织化程度较低、专业化水平较低，难以与销地市场建立稳定的运销渠道。

在农产品批发环节，批发市场是主要的流通主体，承担着市场价格形成及农产品集散的作用。截至2013年底，全国共有农产品批发市场4400多家，其中综合市场数量超过1700家，占比39.6%，果蔬批发市场占比25.7%，肉禽蛋市场占比8.33%④。批发市场年成交总额约37000亿元，年成交量约7.8亿吨；市场总摊位数约246万个⑤。批发市场已具规模，但是当前对于农产品批发市场的规划、监管匮乏，从而导致农产品批发市场发展并不乐观，竞争激烈。

在我国，零售终端较多，包括农贸市场、超市、零散的摊贩、电商等，其中农贸市场是消费者购买农产品的主要场所。自20世纪90年代超市迅速发展至今，农产品在超市的销售比例逐渐增加，这对农贸市场的发展造成较大的冲击。农贸市场作为零售终端，仍然

① 韩喜艳．农产品流通组织化研究［D］．北京：中国农业科学院，2013.

② 国家发展与改革委员会．农产品冷链物流发展规划［EB/OL］．http：//www.moa.gov.cn/ztzl/xxgzhy/gzbsn/201112/t20111229_2448171.htm.

③ 中国物流与采购联合会．2012中国物流年鉴［M］．北京：中国财富出版社，2012.

④ 马增俊．中国农产品批发市场发展30年回顾及展望［J］．中国流通经济，2015，29（5）：5-10.

⑤ 全国城市农贸中心联合会．中国农产品批发市场行业通鉴［N］．北京：中国农业科学技术出版社，2007.

存在着众多问题，农贸市场以个体户销售为主，存在摊位间的竞争，并且产品质量参差不齐，品质无法保障，销售环境普遍较差。

除此之外，我国仍以传统批发、分销、零售模式为主，流通环节较多，而且每个环节都要加价，这样造成流通效率低下，且流通成本较高。在传统农产品流通模式中，农产品从生产端到最终消费端需要经过产地批发市场到销地批发市场，再到各种零售终端，每个环节加价 15% ~20% 不等，餐饮等环节加价更高①。

三、农民组织化程度低

近些年，农民参与合作组织比例逐步提高，但是合作组织的规模仍然较小。农民专业合作社能够带动农业产业或农产品的销售，并且合作社的主要目标是合作社成员的收益，从农产品的生产到销售等各个环节帮扶农民。合作社的良好发展，不仅能够增加农民收益，还能增强农民的谈判能力，使农户在市场交易中不再处于弱势地位，转而拥有更强的话语权。发达国家的农户参与农民专业合作组织的比例很高，比如，日本 97% 的农民都加入“农协”，法国为 90%②。在我国，农民专业合作组织作为新型农业经营主体，发展晚，但在产业扶贫、农业供给侧改革中发挥着重要作用。据国家工商总局最新统计，到 2017 年 8 月底，全国农民专业合作社数量有 193. 3 家，平均每个村有 3 家合作社，入社农户占全国农户的 46. 8%③。从图 4 -1 可以看出，合作社的数量由 2010 年的 37. 91 万家增加至 2016 年的 179. 4 家，前几年增长较为迅速，2014 年后，增长逐步放缓，表明合作社发展已初具规模，且成为我国农产品流通中的重要组织。

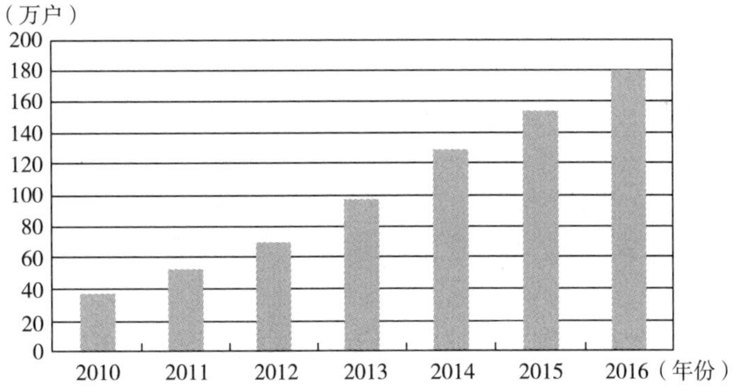

图 4 -1 2010 ~2016 年农民专业合作社数量

资料来源：《中国合作经济发展研究报告（2017）》。

从图 4 -1 中可以看出，我国农产品合作社的数量近些年迅速增加，但是合作社规模

① 品途智库 . 2017 年中国旅游互联网化研究报告［EB/OL］. https：//www. pintu360. com/in107. html，2017 -09 -22. 。

② 王晓严 . 对法国合作社经营模式的思考［J］. 新疆农垦科技，2011（3）：69 -71.

③ 安徽财经大学、中华合作时报社联合专题调研组 . 农民专业合作社发展研究报告［J］. 中国合作经济，2018（1）：20 -26.

大小不一，按照《农民专业合作社法》的要求，成员中农民成员数量比例不能低于80%。从表4-2中可以看出，2009~2016年，农民合作社成员数随着合作社数量迅速增加，从2009年的391.7万户增加至2016年的10800万户，增加了27倍之多，但是平均规模却非常小，到2016年仅有60户，虽然较2009年的15户有了较大的增长，但是相对于庞大的农民专业合作社来说，农民专业合作社入社率比较低，整体规模仍然较小。

表4-2 农民专业合作社成员数量情况

年份	2009	2010	2011	2012	2015	2016
农民专业合作社数量（万户）	24.6	37.99	52.2	68.9	153.1	179.4
成员总数（万户）	391.7	715.6	1196.4	2373.4	10090	10800
平均成员数（户）	15	18	22	34	65	60

资料来源：《中国合作经济发展研究报告（2017）》。

四、农产品冷链物流需完善

随着消费者对于农产品的质量、安全性要求的提高，以及农产品运输范围越来越广泛，对生鲜农产品运输过程中的保鲜变得非常重要。生鲜农产品具有易烂、易腐的特性，在运输过程中极易发生变质、损耗，因此，农产品冷鲜物流出现，不仅能够满足人们对新鲜食品的需求，还能够使食物在运输途中尽量减少损失和浪费①，自21世纪以来，农产品储藏保鲜技术迅速发展，农产品冷链物流发展环境和条件不断改善，冷链物流企业不断涌现，但是当前我国农产品冷链物流尚处于发展阶段，规模化、系统化的冷链物流体系尚未形成②。冷链物流经营主体仍以中小企业为主，第三方冷链物流发展滞后。同时，国内冷链设施和装备严重不足，地区间冷链发展水平差异明显，2014年江苏、上海、山东、湖南和广东冷库容量领先，分别达到320.43万吨、285.88万吨、191.70万吨和113.77万吨，分别占库存总容量的15.7%、14.0%、9.4%、8.0%和5.6%，而其他地区冷库容量较小③。

另外，我国冷链运输车辆继续增加，国内的冷链运输方式主要包括公路、铁路、航空和远洋四种。受国家产业政策拉动和市场需求影响，近年来国内冷藏运输车辆快速增加。表4-3中显示中、美、日冷链物流基数的对比，我国人均冷库容量为0.143立方米，美国人均冷库容量是我国的3倍；我国冷藏保鲜车保有量是11万，美国冷藏保鲜车是我国的将近2倍。以上数据足以说明我国与美、日冷链物流间的差距。

---

① 苏堇，何延海．潍坊，放眼全球农业资源［J］．走向世界，2018（S1）：20-23.

② 国家发展与改革委员会．农产品冷链物流发展规划［EB/OL］．http：//www.moa.gov.cn/ztzl/xxgzhy/gzbsn/201112/t20111229_2448171.htm.

③ 贾敬敦，张东科等．农产品流通蓝皮书：中国农产品流通产业发展报告（2014）［M］．北京：社会科学文献出版社，2015.

表 4-3　中、美、日冷链物流基数对比

国家	预冷保鲜率（%）	综合冷鲜流通率（%）	综合冷藏运输率（%）	人均冷库容量（立方米）	冷藏保鲜车保有量（万辆）
中国	30	19	30	0.143	11
美国	80～100	100	95	0.440	23
日本	80～100	98	90	0.277	12

资料来源：2017 中国农业互联网化研究报告。

五、农产品交易方式落后

自 2003 年后，政府出台一系列措施、政策来推进农产品流通交易方式的现代化进程，进而农超对接、拍卖、期货、电子交易等方式在我国取得一定程度的发展。拍卖与期货交易是国际农产品贸易中最常用的交易方式，其中拍卖有利于农产品质量的提高，期货交易有利于消除市场风险，而我国农产品交易大多采用对手交易，目前我国农产品期货市场也只有郑州和大连两个商品交易所，而这两个农产品期货市场所覆盖的农产品品种也仅仅局限于粮棉油等少数农产品的种类，因此我国农产品期货市场发挥的功能有限①。由于农产品信息化建设落后，物流配套能力低，我国农产品电子商务交易和连锁经营都处于起步阶段。

第二节　超市的发展现状及未来发展趋势

超市作为农产品的流通渠道，起步时间较晚，但发展速度很快，经历过“农改超”“农超对接”政策的实施后，现在已经成为我国生鲜农产品流通的重要渠道。近几年，超市内的生鲜农产品区域逐渐扩大，甚至出现了以生鲜农产品为主打特色的生鲜超市，另外，传统商超也面临着转型，建立自有生产基地和自有生鲜品牌，逐步实现线上线下相融合。

一、超市的发展过程

超市自 20 世纪 90 年代起进入我国，起步较晚，发展较快，正在迅速改变着我国流通业和零售业的格局。从 1991 年起，我国大陆开设第一家超市，到 2015 年，我国连锁零售企业门店总数为 209812 个，年末从业人数为 248.1 万人，零售营业面积为 16862.4 万平方米，年末销售总额为 35400.4 亿元，其中超市（包括一般型超市和大型超市）的发展状况如表 4-4 所示。

① 涂洪波．我国农产品流通现代化的实证研究［D］．武汉：华中农业大学，2013.

表4-4 2005~2015年我国超市的发展状况

年份	超市类型	门店总数（个）	年末从业人数（万人）	年末零售营业面积（万平方米）	年末销售总额（亿元）	占社会商品零售总额比例（%）
2004	超市	14073	51.1	1594.3	2409.9	43.18
2009	超市	33224	48.9	1924.9	2569.5	11.55
	大型超市	2493	32.7	1844.8	2443.5	10.99
2015	超市	33301	43.5	1918.7	3118.1	8.81
	大型超市	8584	55.9	3369.4	4962.9	14.02

资料来源：《中国统计年鉴》（2005~2016）。

超市最初是以传统的日常用品和加工食品的零售为基础，并没有涉及生鲜农产品的销售。到了20世纪90年代中期，在家乐福的带头下，国内超市开始设立生鲜区，将生鲜产品纳入经营范围。随着连锁超市间竞争的加剧，由于生鲜农产品在超市经营中占据越来越重要的地位，在能够带来收益的同时，也能够吸引大量的消费者，因此，超市开始利用生鲜农产品来吸引顾客，提高其竞争力。1995年12月3日，联华超市以菜篮子为突破口进行二次创业，自此超市开始经营销售生鲜农产品。

二、超市流通渠道的总体发展现状

（一）超市行业增速放缓

最初，中国连锁超市的快速发展，在很大程度上依赖于门店增加带动的外延扩张，然而，近年来，一、二线城市超市日趋饱和，超市扩张速度显著放慢。大型连锁超市企业纷纷采取异地扩张战略，三、四线城市逐渐成为连锁超市的主战场，但是期间不少企业深受异地发展困境之苦，甚至出现关店现象。从图4-2中可以看出，近些年来超市行业销售收入增速和门店数量增速均处于逐步放缓的趋势，销售收入增速从2009年的20%逐步下降至2017年的8%，门店数量增速从2009年的20%逐步下降至2017年的6%。随着超市门店的增速放缓，开始转向提高内部管理效率以压缩成本来增加收益，超市企业开始重视精细化管理，通过对超市购物环境、品类管理、营销策略的提升，改善内部管理模式。同时，超市企业也通过在信息化、供应链等方面进一步改善，减少采购环节、有效利用资金、建立高效节能的物流配送网络、搭建先进的信息系统、鼓励员工和管理层的有效沟通，来提高经营效率（张勇，2014）。

（二）超市实现线上线下融合发展模式

由于线下门店扩张速度放缓，且电商企业的迅速发展对超市企业造成一定冲击，超市处于转型发展期，逐步与电商平台合作，将业务涵盖线上平台。例如，苏果超市加入京东到家，实现了线上购物，线下配送的模式。虽然线上超市对传统超市造成一定冲击，但是传统超市也具有自身线下体验的优势，实现线下线上相融合的方式，是传统商超的突破。到2015年，37%的超市企业开展了网络零售业务，平均网络销售额为3767万元，占总销售额的0.9%，虽然较2014上升了0.7%，但是线上销售比重仍然较低，对企业销售额的贡献仍然不足①。

① 中国连锁经营协会.2016中国连锁经营年鉴［M］.北京：中国商业出版社，2016.

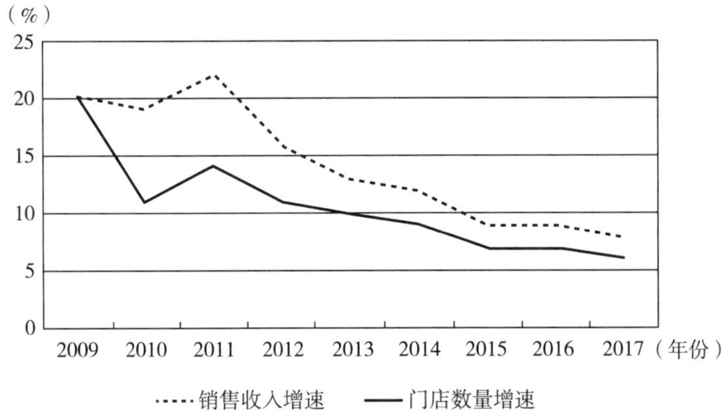

图 4－2　2009～2017 年中国超市行业增速

资料来源：《中国连锁经营年鉴》（2010～2018）。

（三）超市生鲜农产品品牌化

超市内生鲜农产品质量与连锁超市企业的整体形象捆绑在一起，这就要求超市对进入其的农产品提出较高的要求，连锁超市将更加注重品牌和农产品品质，这也成为消费者选择连锁超市购买生鲜农产品的重要原因，超市提供高质量农产品，吸引消费者扩大消费，重复购买。吸引消费者扩大消费。到 2015 年，超市中有 42% 的企业经营自有品牌，自有品牌的销售额占总销售额的 6.4%①。这一数据表明，近一半的超市开始建立自有品牌，但是自有品牌的销售占比仍然较低。

在超市的组织下，通过社会化、专业化的生产，或者对农产品实行加工、分级、分类，可实现农产品的自有品牌化，形成超市的竞争优势。目前，沃尔玛、家乐福、苏果等大型连锁超市都拥有自有品牌，自有品牌的低成本及排他性，对于农业企业与超市都是一种双赢的选择。自有品牌农产品的生产，可以省略许多中间环节，节省大量的流通费用和交易成本，一方面，降低了超市的成本，使得超市的农产品具有价格优势；另一方面，提高了消费者的福利水平。

（四）连锁超市生鲜品类经营规模扩大

超市零售农产品传统以粮油等保质期长的大宗加工类产品为主，生鲜品类由于在采购、储存运输和卖场管理等方面都更为复杂，管理难度大，利润率低，经营规模一直不大。近年来，在超市同质化竞争日趋激烈的背景下，为集聚客流、增加顾客黏性，带动其他高利润率产品的销售，越来越多的超市开始加大生鲜品类经营力度，并通过农超对接、基地直采的方式缩短流通环节，提高流通效率。

相对于农贸市场，连锁超市的生鲜品类更齐全，当前很多大型超市销售的生鲜农产品在价格和品相等方面已经接近甚至超过传统农贸市场的水平。生鲜品类在带动超市利润增长、加快资金周转方面的功能已经逐步凸显出来，未来有良好的发展空间。例如，国内连锁超市物美为了强化生鲜品类的主导作用，成立了生鲜事业部，实现生鲜商品采购、营

① 中国连锁经营协会．2016 中国连锁经营年鉴［M］．北京：中国商业出版社，2016.

运、营销、配送等主要职能部门的一体化，各个流程节点实现无缝衔接，整体效率得到明显提升。自2012年开始，物美针对蔬菜、肉品、水果等生鲜商品逐步建立"基地直采+批发市场补充+品牌专营"的新型采购模式，生鲜拼配的自营销售额占比由此前不足50%提升到近70%。2013年物美生鲜品类的销售收入和综合毛利率都取得了两位数的增长①。

三、超市未来的发展趋势

生鲜农产品已经是超市经营中不可或缺的一部分，甚至会成为某些超市中经营的主要品类。在未来的发展中，主要有以下特点：

第一，小规模的生鲜连锁店将会成为未来发展的主力军。一方面，由于大型超市发展迅速，对部门小规模便利店形成较大冲击，迫使部分便利店向外扩张探索新的出路；另一方面，由于人们生活水平的提高，对于生鲜农产品品质的要求越来越高，同时，对于便利、快捷的购物方式越来越重视。因此，小规模的便利店、生鲜社区超市将成为未来超市生鲜农产品发展的重要方向。从2017年开始，生鲜社区便利店开始层出不穷，如阿里巴巴的盒马鲜生，苏宁的生鲜便利店，云厨一站等。

第二，超市与互联网相融合，实现线上下单，线下配送功能。互联网技术的成熟正逐步改变着消费者的消费方式，这对传统商超提出了转型挑战，同时也提供了发展的契机，只有不断满足消费者需求，才能不被时代所淘汰。这种模式是指消费者在线上APP下单，由物流人员到店取货，再将产品送货上门，商品可在短时间内配送完成。目前，许多超市已经开始与各大电商合作，实现线上线下相融合的模式，满足消费者对于便捷、省时的需求。

第三，超市建立自有生产基地。超市对生鲜农产品的需求量大，且对品质、标准化要求很高。而由于经由批发商、分散的农户进入超市的农产品标准不一，品质参次不齐，超市需要花费大量的人力、物力对农产品进行分拣、分级，大大增加了管理成本；另外，与分散的农户、批发商间的交易并不稳定，长期来看，增加了超市的交易成本。因此，为了降低交易成本、管理成本，保障农产品的品质，现在越来越多的超市选择建立自有生产基地，一方面，能够保障所需农产品的需求，避免供给不足的情况出现。另一方面，方便对上游生产者进行统一管理，提高农产品的标准化，降低各方面的管理成本。

第四，提升自有品牌比例。随着中国连锁超市竞争日趋激烈，商品利润空间缩小，越来越多的超市通过创建自有品牌，依赖其低成本及市场优势，来增加利润。对于消费者来说，自有品牌产品价格更低；对超市来说，自有品牌是超市的核心竞争力所在，除了吸引客流外，还可以缩减流通环节，保证利润。

第三节　批发市场的发展现状及未来发展趋势

农产品批发市场是我国出现较早的生鲜农产品流通渠道，自20世纪70年代出现以

① 贾敬敦，张东科等．农产品流通蓝皮书：中国农产品流通产业发展报告（2014）［M］．北京：社会科学文献出版社，2015.

来，经过多年的发展，规模逐步扩大，且批发市场的基础设施已经逐步完善，全国农产品批发市场网络布局逐步形成，向着规范化、现代化的方向发展。

一、批发市场的发展过程

从历史沿革来看，20世纪70年代末至今，农产品批发市场经历了从无到有、从产地批发市场兴起到产地市场与销地市场并行发展的过程。大致可以分为六个阶段①：

第一阶段，自发萌芽阶段（1978～1984年）。1978年12月，国家开始实施改革开放，城乡集市贸易迅速恢复和发展起来，一些传统集市向批发市场发展，从而孕育出我国最初的批发市场。从1984年开始，大中型城市为了提高居民生活水平、增加农产品供应量，开始着手改革部分农产品统购派购、统一包销、低价分配供应体制。1984年3月，山东寿光蔬菜批发市场的建立是批发市场成立的转折点。

第二阶段，快速发展阶段（1985～1990年）。随着流通体制的改革步伐加快，1985年初，宣布废止已实施三十多年的统购统派政策，农产品自由产销全面推开，农贸市场得到了快速的发展，一些大规模的市场开始有了农产品批发市场的雏形。除棉花等极少数品种外，批发市场成长为农产品批发流通的主渠道。据工商部门统计，农产品批发市场1986年有892个，总成交额28.35亿元，平均每个市场成交额317.8万元。到1990年发展到1340个，是1986年的1.5倍，总成交额115.79亿元，是1986年的4倍多，平均每个市场成交额864.1万元，是1986年的2.7倍多。

第三阶段，盲目发展阶段（1991～1995年）。这一阶段，我国农产品流通总体发展由计划经济转向市场经济。全国各地出现了盲目建设批发市场的热潮，此阶段形成了以大中型城市为核心、遍布城乡、多层次、多门类的市场体系，农产品批发市场由1991年的1590个增长到1995年的3517个，连续5年递增率超过两位数，但同时，由于盲目跟风建设，也出现了部分有场无市的批发市场。

第四阶段，规范发展阶段（1996～2001年）。根据国家工商行政管理总局的相关要求，工商部门和其经营的农贸市场脱钩，工商部门只作为管理方，不再参与批发市场的经营，从根本上完善了农贸市场管理体系，使得批发市场的竞争更加规范。据工商部门统计，农产品批发市场数量1996年为3844个，总成交额为1906亿元；2001年是4351个，总成交额为3423.1亿元，市场数量、总成交额都是逐年小幅增加。到2001年市场数量比2000年减少了181个，首次在市场数量上呈现负增长，说明批发市场的数量已逐渐平稳。

第五阶段，质的提升阶段（2002～2008年）。加入WTO之后，经济发展客观上要求农产品批发市场进一步实现规范化、制度化和法制化，实现质的提升。从2002年开始，商务部等有关部门先后启动了"国债项目""标准化市场工程""三绿工程""双百市场工程""升级拓展5520工程"等，支持农产品批发市场的提档升级和规范化。从此阶段开始，我国各地的农产品批发市场开始全面升级改造。

第六阶段，集团化发展阶段（2009年至今）。这一阶段，我国农产品批发市场发展呈现出一系列新特征，一些有实力的批发市场趋向于集团化发展。2012年12月，商务部出台《关于加快推进鲜活农产品流通创新指导意见》，提出"鼓励鲜活农产品流通企业跨地

① 全国城市农贸中心联合会．中国农产品批发市场行业通鉴［M］．北京：中国农业科学技术出版社，2007.

区兼并重组和投资合作，提出高产业集中度”，进一步加快了批发市场集团化发展的步伐。

二、农产品批发市场的发展现状

（一）批发市场规模稳步扩大，成交额减少

从图4－3中看出，截止到2016年，全国农产品批发市场共有966家，2008～2016年，农产品批发市场的个数从921上涨至1044个，之后又逐渐减少至966个。从图4－4中看出，农产品批发市场的营业面积由2008年的33692221平方米增加至2016年的43718321平方米，且呈现逐年递增的趋势。从以上数据可以看出，农产品批发市场由于兼并重组等原因，市场数量在近几年有所下降，但是整体的营业面积仍在上升。另外，由于受到其他多元化的流通模式的影响，其成交额正呈现逐步下降的趋势。

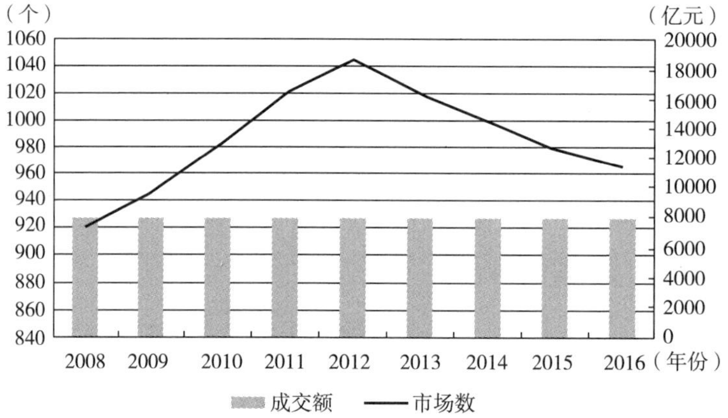

图4－3　2008～2016年农产品市场规模发展情况

资料来源：《中国商品交易市场统计年鉴》（2009～2017）。

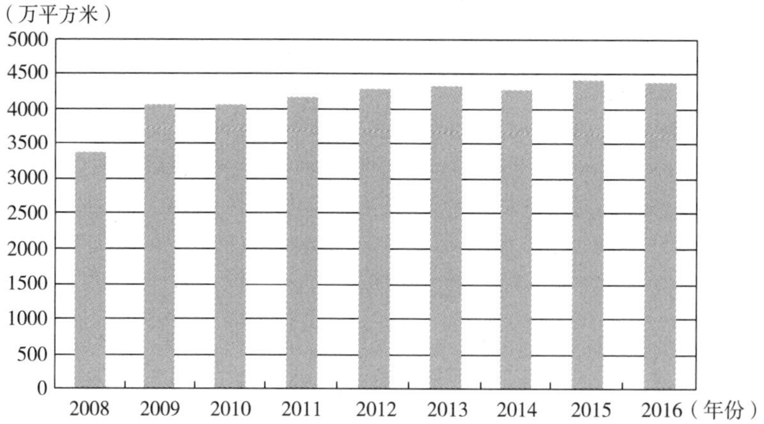

图4－4　2008～2016年农产品营业面积情况

资料来源：《中国商品交易市场统计年鉴》（2009～2017）。

（二）市场网络体系基本形成

经过30多年的发展，全国农产品批发市场已基本覆盖全国，业态多样，品种齐全，形成了产地、销地、集散地市场并举的市场网络体系。不同类型的农产品批发市场，例如综合市场、肉禽市场等，均得到不同程度的发展，并且内部结构趋于完善。农产品批发市场网店分布覆盖了全国所有省市，形成了东、中、西部地区并行发展且地区之间交易频繁的局面，中国东部地区农产品批发市场较中西部地区具有数量多、规模大的特点（马增俊，2015）。

（三）基础设施、信息化水平提高

随着经济的发展，国家对于批发市场各方面的规范加强，农产品批发市场的基础设施水平不断提高、交易方式不断创新、管理模式日益规范、市场服务功能逐步完善（李志博，2014）。2014年，我国2/3的农产品批发市场建有检验检测中心，53%的市场建有信息中心，42%的市场建有废弃物处理中心，29.8%的市场建有电子结算中心。全国冷库总容量3320万吨，公路冷藏车7.5万辆，同比增长分别为24%和39%①。农产品批发市场利用场地搬迁的机会，对农产品批发市场内部的各基础设施都进行了修整、完善，并配备现代化的监控、信息、质量安全等系统，以及现代化的冷藏设施。交易手段也由原来的现金交易变为拍卖交易、电子交易、期货交易等。

三、农产品批发市场未来的发展趋势

第一，农产品批发市场趋于公益化。随着人均GDP的快速增加，消费者对农产品的需求从数量要求转向质量要求，对于优质农产品的需求增加。在这种背景下，由于农产品流通环节较长，造成交易成本、运输成本、人工成本不断增加，物流损耗较大，最终导致农产品价格较高；另外，我国食品质量安全事件频发，严重危害着广大居民的身体健康。为了保障农产品质量，同时降低流通成本，农产品批发市场需要承担一定的公益性职能，作为农产品价格形成地，需要通过调节供需市场价格，推动农产品的良性流通，同时需要严格监管农产品品质，推动优质农产品的流通。

第二，农产品批发市场与互联网相融合。通过建立批发市场流通大数据平台，应用网络的智能化服务将市场中的优势资源进行整合，形成健全的网络化、信息化交易体系，满足了流通参与者随时随地了解鲜活农产品信息的需求（陈红，2018）。依据实时的流通大数据，深度了解市场价格、供需情况，这将便于政府、管理者制定合理的政策，推动农产品市场的良性发展。将“互联网+”战略精确对准农产品批发市场，将为农产品流通体系带来巨大的潜力，向现代化、规范化的方向快速发展。一方面，利用实时的供需数据，政府可以制定宏观政策，调整全国层面的生产决策，调整种养植结构，真正从供给侧改变农产品结构；另一方面，根据真实、大量的市场交易数据，可以及时、有效地对市场价格进行合理调整，便于市场稳定发展，保障农民利益，实现农产品批发市场的规范化运营，深化其价格形成职能。

第三，全国农产品批发市场网络布局逐步形成、完善。根据商务部2015年发布的

① 商务部市场体系建设司．全国农产品市场体系发展规划［EB/OL］．http：//scjss. mofcom. gov. cn/article/cx/201508/20150801097335，shtml，2015－08－31.

《全国农产品市场体系发展规划》，到2020年，形成八大骨干市场集群和100个左右全国骨干农产品批发市场，依托市场集群，形成“三纵三横”的连接东西、贯穿南北、辐射内外的全国农产品流通骨干网络。八大市场集群包括京津冀市场、东北市场、长三角市场、珠三角市场、中原市场、长江中游市场、成渝市场、陕甘宁市场；“三纵”为哈广通道、京琼通道、兰昆通道，“三横”为京疆通道、长江通道、闽昆通道。通过政府规划引导，推进农产品市场体系健康发展。

第四节　生鲜电商的发展现状及未来发展趋势

生鲜电商是起步最晚的农产品流通渠道，但其借助互联网高速发展的趋势，凭借其品类多、便捷、低价的优势，正逐步改变消费者的购物方式。近几年，我国生鲜电商的交易规模逐步增加，但是由于生鲜农产品经营难度较大，电商平台的盈利较低，且不同地区、不同平台间存在较大的差异。

一、生鲜电商的发展过程

第一阶段为2005～2012年，这是生鲜电商发展的初步阶段。2005年出现了生鲜品类的电子商务企业易果生鲜；2009年，专业面向上海外籍人士的甫田网正式上线；2010年，沱沱工社和优菜网分别开始运营。[①] 但是，在最初的几年，市场发展处于初步阶段，各方面还不成熟，并且进行生鲜经营的均为小型电商平台，因此，生鲜电商的发展有很大的局限性，难以在全国形成规模。

第二阶段为2013年至今，经历第一阶段生存下来的生鲜电商，不仅获得了大量的资金注入，并且都形成了自身独特的资源优势。另外，各商家依托互联网工具，将B2C、C2C、O2O等营销模式发挥得淋漓尽致。在此阶段，人们对生鲜产品的消费观也逐渐向电商转变，同时生鲜品类也越来越丰富。2013年底，天猫和京东也相继进入生鲜电商的领域。

二、生鲜电商的发展现状

（一）我国生鲜电商总交易逐年稳步递增

由图4－5可知，我国生鲜电商处于逐年稳步递增的态势。2013年我国生鲜电商市场交易规模总额为126.7亿元，到2017年已增长为1391.3亿元，五年间增长了1264.6亿元，年均增长316.15亿元。从增长率方面来看，增长率处于逐年下降的态势。2013年生鲜电商市场交易规模增长率为255.9%，后逐年递减，到2017年，增长率减少为59.7%。其中，2013～2014年增长率降低较为明显，降低了138.9%。2015～2017年增长率逐年递减但减少的幅度有所放缓。综上所述，我国生鲜电商市场交易规模总体处于逐年稳步递增的状态。

① 李博．生鲜电商行业发展研究［D］．北京：中国社会科学院研究生院，2014.

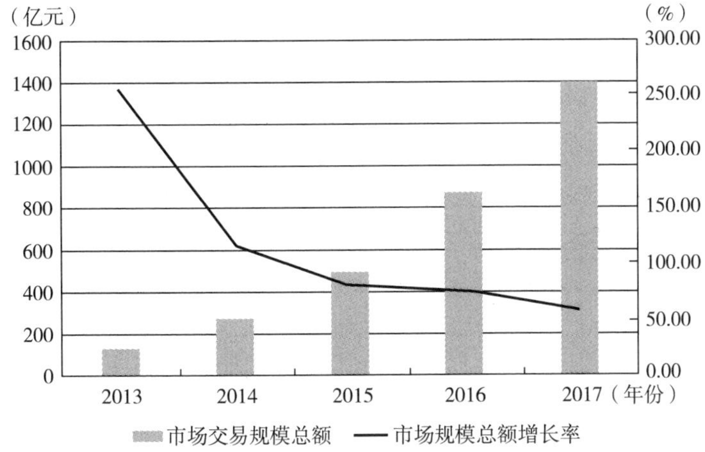

图4-5　2013~2017年中国生鲜电商市场交易规模

资料来源：艾瑞咨询：《中国生鲜电商行业消费洞察报告》。

（二）生鲜电商盈利率较低

由于农产品电子商务涉及农业生产、加工、物流、营销及网站建设等多个方面，导致其经营难度较大，政府扶持与监管困难①。且农产品在网络零售总体中的比例还很小，专门从事生鲜农产品电子商务的网站影响力也非常有限。② 根据中国电子商务研究中心发布的《2016年度中国网络零售市场数据监测报告》显示，在2016年国内生鲜电商的整体交易额约913亿元，同比2015年542亿元增长了80%③。尽管交易数量逐年递增，盈利却是一个长期困扰生鲜电商企业的问题。据2016年8月28日《北京晨报》数据显示，全国4000多家生鲜电商实现盈利的只有1%，4%基本持平，88%略亏，7%处于巨亏状态。因此，尽管生鲜农产品电商近年发展较为迅速，炙手可热，但是发展状况并不乐观。比如，2013年1月，由于融资困难，生鲜电商优菜网宣布转让；2013年5月，永辉超市旗下生鲜类网站"半边天"上线不足百日悄然下线④；2016~2017年短短一年时间，吉哆生鲜、鲜品会、美味七七、花样生活、果食帮、本来便利、抢鲜购等十几个生鲜电商平台纷纷下线。因此，生鲜电商虽然企业多，市场份额较大，但净利润由于种种原因一直都很低，近几年许多小型电商企业也纷纷遭遇倒闭的困境。

（三）生鲜电商平台融资稳步推进

表4-5展示了2017年一年中各大生鲜平台的融资情况以及主要投资方。其中，易果生鲜在2017年8月获得了天猫的3亿美元的投资，这也是阿里巴巴对于易果生鲜的第四次投资。2017年12月，每日优鲜将旗下"便利购"拆分出来独立运营。便利购获得了2

① 刘建鑫，王可山，张春林. 生鲜农产品电子商务发展面临的主要问题及对策［J］. 中国流通经济，2016，30（12）：57-64.

② 何德华，韩晓宇，李优柱. 生鲜农产品电子商务消费者购买意愿影响因素研究［J］. 西北农林科技大学学报（社会科学版），2014（7）：85-91.

③ 中国电子商务研究中心. 2016年度中国网络零售市场数据监测报［EB/OL］. http：//www.100ec.cn/zt/wllsbg/，2017-05-17.

④ 杨柳. 新泰市农产品电子商务模式的研究与实践［D］. 济南：山东农业大学，2014.

亿美元的 A + B 轮融资，腾讯领投 5300 万美元，这也是腾讯集团第三次对每日优鲜进行的投资。从生鲜电商的融资方面来看，生鲜电商将是几大零售巨头未来比拼零售业务的主战场之一。

表 4 - 5　2017 年生鲜电商平台融资情况

平台	融资时间	融资金额	投资方
每日优鲜	2017 年 3 月	2.3 亿美元	Tiger Global、元生资本、时代资本
多点	2017 年 3 月	2.3 亿美元	—
本来生活	2017 年 5 月	1.17 亿美元	中城联盟、上海南都、信中利资本、九阳股份共同投资
易果生鲜	2017 年 8 月	3 亿美元	天猫
天天果园	2017 年 8 月	1 亿元人民币	张江高科参股的基金管理公司
果小美	2017 年 11 月	3 亿元人民币	—
每日优鲜便利购	2017 年 12 月	2 亿美元	腾讯领投 A 轮，鼎晖领投 B 轮

资料来源：速途研究院：《2017 年国内生鲜电商市场研究报告》。

（四）不同电商平台占比差异明显

由图 4 - 6 可以看出 2016 年生鲜农产品线上交易各个平台所占比例。占比最多的是天猫喵鲜生，为 27%，京东到家占比和天猫喵鲜生很相近，所占比例为 25%。其中天天果园、中粮我买网、本来生活和顺丰优选分别为 7%、6%、6% 和 6%。一号果园、每日优选、许鲜网等占比均少于 5%。由此可见，我国不同的生鲜电商平台发展状况和市场占有率是大相径庭的。仅天猫喵鲜生和京东到家就占据了生鲜农产品电商销售量的 52%，其他近 4000 家电商企业则共同占有剩余的 48% 的市场。我国生鲜电商各个平台之间的差异十分明显，人们对于生鲜电商平台的选择具有一定的忠诚度。对于占比较大的，如阿里系和京东系这“两超”来说，主要在于如何继续留住客户以及拓展市场，而对于近 4000 家市场占有率较少的电商企业来说，如何扩大客户群体、提高自身的市场占有率以及如何在激烈的竞争中保持自身优势，是各个小电商企业当务之急。

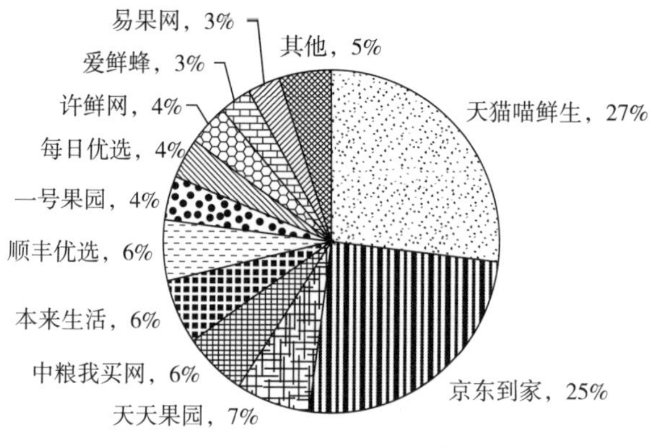

图 4 - 6　2016 年各生鲜平台销售占比

资料来源：速途研究院：《2016 年 Q3 生鲜电商市场报告》。

（五）全国不同地区之间差异明显

根据《阿里农产品电子商务白皮书（2016）》数据显示，我国农产品电子商务销售额在全国范围内分为五个梯队。位于第一梯队的是江苏省和浙江省。两省在2016年一年间在阿里平台的农产品销售额均超过100亿元，江苏省略高于浙江省。位于第二梯队的是广东省、上海市、安徽省、山东省以及福建省。其中，第一梯队和第二梯队竞争较为激烈，与上年相比位次出现更替。在2016年一年间，农产品网络消费领域又出现了不同的地区分布特征。全国阿里销售平台农产品消费额最高的五个省分别为广东省、浙江省、江苏省、上海市和山东省。从增速方面来看，2016年全年增速最快的前五个省份分别为贵州、西藏、上海、安徽和甘肃。

三、生鲜电商未来的发展趋势

目前全国经由农产品批发市场交易的农产品比重高达80%以上，并且这一比例仍在继续升高。据艾瑞咨询报告显示，2017年中国生鲜电商市场交易规模约为1391.3亿元，同比增长59.7%，而目前，农产品类电子商务的渗透率还不到1%，农产品电商存在着巨大的机会，在优化自身运营效率，寻找最优路径中还有两步要走。

第一步，生鲜电商行业将持续高速发展。生鲜电商的发展受到了国家的高度重视。2012年底，商务部发布《关于加快推进鲜活农产品流通创新的指导意见》，文件中正式提出鼓励现代化、智能化的技术，提出将线上线下相结合的方式来发展农产品销售，拓宽销售渠道。2013年中央一号文件《中共中央国务院关于加快发展现代农业进一步增强农村发展活力的若干意见》中强调“发展农产品冷冻贮藏、分级包装、电子结算。健全覆盖农产品收集、加工、运输、销售各环节的冷链物流体系。大力培育现代流通方式和新型流通业态，发展农产品网上交易、连锁分销和农民网店”。国家的大力支持推动了生鲜电商渗透率的增长，催生了更多新模式。另外，生鲜行业具有万亿级别的市场规模，而目前市场渗透率不高，市场潜力巨大。国家的大力支持及目前良好的市场环境将推动生鲜电商行业持续高速发展。

第二步，O2O模式将成为生鲜电商的主要应用模式。该模式解决了生鲜电商的一个劣势，即生鲜电商需要将每个订单单独配送，无法实现批量包装、配送的问题。生鲜电商可以跟社区进行合作，实现社区消费者在线上下单，线下自提货，提升即时配送和高频配送的效率，降低冷链仓储和配送成本。同时对于传统线下生鲜零售企业，可以通过与电商企业合作，依托线下店面的优势，同时结合电商的互联网技术，实现线下线上相融合，更容易满足用户消费习惯和需求，带来更高的消费体验。

第五节 消费者生鲜农产品购买渠道的变迁分析

根据调查结果，不同生鲜农产品的购物渠道虽存在差异，但均表现出以超市为主要的购物渠道，且在近十年间，多数消费者正逐步从其他购物渠道转向超市，而电商平台作为新兴的流通渠道，对消费者也具有较大的吸引力。目前，影响消费者选择购物渠道的主要因素因消费群体的基本特征、职业、收入等的不同存在差异。

一、资料来源

本次调研调查了江苏省南京市和扬州市的两个城市不同居住地的消费者。其中南京市为江苏省的省会，是江苏省的政治经济文化中心，是本书中大城市的代表。而扬州市是江苏省新近发展较快的一个城市，是中小城市的代表。由于集贸市场和超市是目前城市居民购买生鲜农产品的主要场所，因此，对于具体的调研地点，选择了销售生鲜农产品的超市及邻近的集贸市场。在南京市，选择的超市是苏果超市社区店。为了避免样本的重复性，在南京市的三个城区中各随机选取了一个社区店，并把其邻近的集贸市场相应地作为调研点。由于扬州市是一个中小城市，此次调研选择了扬州市区及宝应县两地各一个超市及其附近的农贸市场作为调研对象。本次调研共收集有效问卷 242 份，如表 4 –6 所示。

表 4 –6　调研问卷基本情况

调研地区	问卷数量（份）	比例（%）
南京市玄武区	54	22.31
南京市建邺区	59	24.38
南京市高淳区	47	19.42
扬州市市区	42	17.36
扬州市宝应县	40	16.52
合计	242	100

资料来源：根据调研数据整理获得。

二、消费者基本信息分析

本次调研共收集 242 份有效问卷，其中男性 74 份，女性 168 份，女性参与调研的比例约占到 70%。调查地区选择了经济发展有显著差异的南京市、扬州市的市区、县城、街道及农村，其中市区参与调研人数为 118 人，占比为 48.76%，县城调研人数为 44 人，占比为 18.18%，街道参与调研人数为 48 人，占比为 19.83%，农村参与调研人数为 32，占比为 13.22%。本次调研将家庭月收入分为六个阶段，其中月收入在 8001 ~12000 元的人数最多，为 70 人，占比为 28.93%，月收入在 4000 元以下的人数最少，为 20 人，占比为 8.26%。调研中将样本的教育水平分为初中及以下、高中、专科、本科、研究生及以上共五类，其中本科人数最多为 98，占比为 40.50%，其次是研究生及以上，人数为 86，占比为 35.54%，这一数据表明，消费者整体教育水平较高。本次调查人员中 50.41% 以上人员为国家机关、企业、事业单位人员、白领；26.45% 为在校大学生；13.22% 为自由职业者等，可以看出覆盖范围较广泛，如表 4 –7 所示。

表4-7　消费者基本信息

选项	分类	小计	比例（%）
性别	男	74	30.58
	女	168	69.42
居住地区	农村	32	13.22
	街道	48	19.83
	县城	44	18.18
	市区	118	48.76
家庭月收入	4000元以下	20	8.26
	4001~8000元	54	22.31
	8001~12000元	70	28.93
	12001~16000元	30	12.40
	16001~20000元	24	9.92
	20001元以上	44	18.18
教育水平	初中及以下	8	3.31
	高中	18	7.44
	专科	32	13.22
	本科	98	40.50
	研究生及以上	86	35.54
职业类型	在校大学生	64	26.45
	国家机关、企业、事业单位人员、白领	122	50.41
	自由职业者	32	13.22
	离退休人员	4	1.65
	其他	20	8.26

资料来源：根据调研数据整理获得。

三、消费者生鲜农产品购买渠道分析

（一）消费者对不同类型生鲜农产品的购买渠道分析

消费者对不同类型生鲜农产品的购买渠道存在差异，从表4-8中可以看出，超市和农贸市场是肉类、水产品及蔬菜三种生鲜农产品的主要购买渠道，两种购买渠道在消费者中的占比累计超过60%，且农贸市场均是肉类、水产品及蔬菜三类农产品的首要购买渠道，其中34%的消费者在农贸市场购买蔬菜，33%的消费者在农贸市场购买水产品，31%的消费者在农贸市场购买肉类。30%的消费者选择在超市购买肉类、水产品及蔬菜，10%的消费者选择在电商平台购买肉类、水产品及蔬菜。对于肉类和水产品，选择在便利店购买的消费者比例高于生鲜农产品专卖店和流动摊贩，对于蔬菜，选择在流动摊贩处购买的消费者比例高于便利店和生鲜农产品专卖店。水果的购买渠道与肉类、水产品、蔬菜差异较大，31%的消费者在水果店购买水果，26%的消费者在超市购买，15%的消费者在电商平台购买，在农贸市场市场购买的比例较小，仅为8%。总体来看，肉类、水产品、蔬菜的购买渠道存在很大的相似性，水果与其他三类农产品的购买渠道差异明显。

表4-8　消费者对不同生鲜农产品的购买渠道占比　　单位:%

购买渠道	肉类	水产品	蔬菜	水果
超市	30	30	30	26
农贸市场	31	33	34	8
电商平台	10	10	10	15
水果店	—	—	—	31
便利店	12	10	7	—
水果品牌专卖店（如百果园）	—	—	—	9
生鲜农产品专卖店（如云厨一站）	8	9	6	—
流动摊贩	7	6	12	11
其他	2	2	1	—

注：不同种类生鲜农产品在购物渠道上存在差异，“—”表示对应的生鲜农产品没有该购物渠道。
资料来源：根据调研数据整理获得。

（二）消费者近十年对不同生鲜农产品购买渠道的变迁

1. 生鲜农产品购买渠道变迁分析

随着社会的变迁，人们的消费方式发生了巨大变化，本次调研中对消费者近十年对不同生鲜农产品购买渠道的变化进行调查，表4-9中显示消费者对四类生鲜农产品的购买渠道在近十年均存在较大的变化。其中81.82%的消费者在购买肉类时渠道发生变化，78.51%的消费者在购买水产品时渠道发生变化，85.95%的消费者在购买蔬菜时渠道发生变化，87.6%的消费者在购买水果时渠道发生变化，如表4-9所示。

表4-9　消费者近十年对不同生鲜农产品购买渠道变化情况

	有变化	比例（%）	没有变化	比例（%）
肉类	198	81.82	44	18.18
水产品	190	78.51	52	21.49
蔬菜	208	85.95	34	14.05
水果	212	87.60	30	12.40

资料来源：根据调研数据整理获得。

消费者购买生鲜农产品的渠道在近十年逐渐改变，且不同种类生鲜农产品购买渠道变迁存在显著差异。根据生鲜农产品分类70%以上的消费者购买肉类、水产品、蔬菜均转向超市，其次增加购物频率最多的渠道是电商，最少的是农贸市场；而消费者购买水果的渠道变迁与前三类种类有差异，在电商平台购买水果的频率增加得最多，其次是超市，最少的是农贸市场。近十年来，超市作为生鲜农产品流通渠道的作用越来越明显，电商平台广受消费者喜爱。

2. 不同居住地间生鲜农产品购物渠道变迁分析

根据表4－10可知，消费者对生鲜农产品的购买近十年间均最多地转向超市，超市成为消费者购买生鲜农产品的重要渠道。对于农村和街道地区的消费者，在近十年间购买生鲜农产品的渠道更多地转向农贸市场，而对于县城和市区的消费者，则更多地增加了在电商平台购买生鲜农产品的频率。

表4－10　生鲜农产品购买渠道变迁情况　　单位:%

	肉类	水产品	蔬菜	水果
农贸市场	25.62	30.58	35.54	18.18
超市	70.25	73.55	72.73	49.59
电商平台	38.02	33.88	36.36	55.37

资料来源：根据调研数据整理获得。

关于肉类农产品，随着居住地的不同和时代的变迁，消费者在近十年间转向超市购买肉类产品的频率最高，但在地区间存在一些差异。农村地区中93.75%的消费者近十年选择超市购买肉类农产品的频率有所增加，其次是农贸市场，但是在电商平台买肉类产品的情况较少。街道地区中66.67%的消费者表示增加了在超市购买肉类产品的频率，其次是农贸市场，增加购买频率最小的是电商渠道。县城、市区的消费者，在电商平台购买肉类产品的频率增加更多，在农贸市场购买肉类的频率相对较低。

关于水产品，各居住地区的消费者在近十年间均在超市购买水产品的频率增加最多，其次发展更快的县城和市区消费者在电商平台购买水产品的频率增加高于农贸市场，而发展较为落后的农村和街道地区消费者表现相反。农村地区近十年来93.75%的消费者在超市购买水产品的频率增加最多，其次43.75%的消费者增加了在农贸市场购买水产品的比例，而购买频率增加最少的渠道是电商平台。街道地区66.67%的消费者整体上在超市购买水产品的频率增加最多，其次是农贸市场，购买水产品中增加频率最少的是电商平台。县城地区63.64%的消费者表示近10年增加了在超市购买水产品的频率，59.09%的消费者表示增加了在电商平台购买水产品的频率。市区中67.8%消费者表示近十年增加了在超市购买水产品的频率，其次38.98%的市区消费者增加了在电商平台购买水产品的频率。

关于蔬菜产品，超市仍是所有居住地消费者购买生鲜农产品变迁的最主要渠道，对于农村地区而言，其次是农贸市场，对于街道、县城、市区消费者而言，第二变迁渠道是电商平台。其中农村地区中93.75%的消费者表示近十年增加了在超市购买蔬菜的频率，62.5%的农村地区消费者增加了在农贸市场购买蔬菜的频率。街道地区66.67%的消费者表示近十年增加了在超市购买蔬菜的频率，其次是电商平台。县城地区72.73%的消费者表示近十年增加了在超市购买蔬菜的频率，其次50%的消费者表示增加了电商平台购买蔬菜的频率。市区中69.49%的消费者表示近十年中增加了在超市购买蔬菜的频率，35.59%的消费者表示在电商平台购买蔬菜的频率有所增加。

关于水果产品，不同居住地的消费者均表示超市为购买水果产品变迁的最主要渠道，农村地区消费者的第二变迁渠道是农贸市场，街道地区消费者在电商平台和农贸市场购买水果的增加频率相同，县城、市区消费者的第二变迁渠道是电商平台。其中，农村地区中

87.5%的消费者表示近十年增加了在超市购买水果的频率，62.5%的消费者在农贸市场购买水果的频率有所增加。街道地区中70.83%的消费者表示近10年增加了在超市购买水果的频率，37.5%的消费者表示在电商平台购买水果的比例有所增加。县城地区中54.55%的消费者表示近十年增加了在超市购买水果的频率，其次是增加频率最多的购物渠道是电商平台，这一消费者比例是45.45%。市区中77.97%的消费者表示近十年增加了在超市购买水果的频率，30.51%的市区消费者表示增加了在电商平台的购买频率，如表4-11所示。

表4-11　不同居住地间生鲜农产品购物渠道变迁情况　　单位:%

种类	居住地	农贸市场	超市	电商
肉类	农村	43.75	93.75	18.75
	街道	33.33	66.67	29.17
	县城	22.73	63.64	59.09
	市区	18.64	67.8	38.98
水产品	农村	43.75	93.75	18.75
	街道	33.33	66.67	29.17
	县城	22.73	63.64	59.09
	市区	18.64	67.80	38.98
蔬菜	农村	62.5	93.75	18.75
	街道	29.17	66.67	37.50
	县城	27.27	72.73	50.00
	市区	33.90	69.49	35.59
水果	农村	62.50	87.50	25.00
	街道	37.50	70.83	37.50
	县城	18.18	54.55	45.45
	市区	23.73	77.97	30.51

资料来源：根据调研数据整理获得。

综上所述，居住地、生鲜农产品的种类的不同均会影响到消费者在近十年中购物渠道的转变，但是整体上，从农村到市区均呈现出近十年间大量消费者增加在超市购买生鲜农产品的频率，由于农村地区发展较为落后，消费者在电商平台购物的频率仍然不高，而县城地区、市区的大量消费者增加了在电商平台购物的频率。

3. 不同职业类型间购物渠道的变迁情况

不同职业类型的消费者在近十年间购买生鲜农产品的渠道多转向超市，超市逐渐成为购买生鲜农产品的重要渠道，但是不同种类农产品间在购物渠道的变迁上存在差异。

关于肉类，不同职业类型的消费者均在近十年间在超市购买肉类产品的频率增加最多。其次，在校大学生、国家机关、企业、事业单位人员、白领类型的消费者在电商平台购买肉类产品的频率高于农贸市场，自由职业者相反。离退休人员由于仅有两个样本，对农贸市场和电商平台均未选择。其中，68.75%的在校大学生，68.85%的国家机关、企业、事业单位人员，81.25%的自由职业者，50%的离退休人员在近十年间增加了在超市购买肉类的频率；46.88%的在校大学生，44.26%的国家机关、企业、事业单位人员增加了在电商平台购买肉类的频率；50%的自由职业者增加了在农贸市场购买肉类的频率。

关于水产品，不同职业类型的消费者均在近十年间在超市购买肉类产品的频率增加最多。其次，在校大学生，国家机关、企业、事业单位人员、白领类型的消费者在电商平台购买水产品的频率高于农贸市场，自由职业者相反。离退休人员由于仅有两个样本，对农贸市场和电商平台均未选择。其中，78.13%的在校大学生，72.13%的国家机关、企业、事业单位人员，75%的自由职业者，50%的离退休人员在近十年间增加了在超市购买水产品的频率；46.88%的在校大学生，39.34%的国家机关、企业、事业单位人员增加了在电商平台购买水产品的频率；50%的自由职业者增加了在农贸市场购买水产品的频率。

关于水果，不同职业类型消费者近十年间在购买水果的渠道变迁中存在较大差异，其中，在校大学生，国家机关、企业、事业单位人员在电商平台购买水果的频率增加最多，而自由职业者、离退休人员则是在超市购买水果的频率增加最多。其中，62.5%的在校大学生表示有增加在电商平台购买水果的频率，显著高于在超市购买水果的增加频率的在校大学生消费者比例；63.93%的国家机关、企业、事业单位人员表示有增加在电商平台购买水果的频率；68.75%的自由职业者表示有增加在超市购买水果的频率，显著高于在电商平台购买水果的增加频率的消费者比例。

关于蔬菜，不同职业类型的消费者均在近十年间在超市购买肉类产品的频率增加最多。其次，在校大学生，国家机关、企业、事业单位人员、白领类型的消费者在电商平台购买水产品的频率高于农贸市场，自由职业者相反。离退休人员由于仅有两个样本，对农贸市场和电商平台均未选择。其中，78.13%的在校大学生，73.77%的国家机关、企业、事业单位人员，56.25%的自由职业者，50%的离退休人员表示增加了在超市购买蔬菜的频率；40.63%的在校大学生，40.98%的国家机关、企业、事业单位人员表示增加了在电商平台购买蔬菜的频率；50%的自由职业者表示增加了在农贸市场购买蔬菜的频率，如表4-12所示。

表4-12　不同职业类型间生鲜农产品购物渠道变迁情况　　单位：%

种类	职业类型	农贸市场	超市	电商平台
肉类	在校大学生	25.00	68.75	46.88
	国家机关、企业、事业单位人员、白领	18.03	68.85	44.26
	自由职业者	50.00	81.25	6.25
	离退休人员	0	50.00	0
	其他	40.00	70.00	30.00

续表

种类	职业类型	农贸市场	超市	电商平台
水产品	在校大学生	31.25	78.13	46.88
	国家机关、企业、事业单位人员、白领	26.23	72.13	39.34
	自由职业者	56.25	75.00	6.25
	离退休人员	0	50.00	0
	其他	20.00	70.00	10.00
蔬菜	在校大学生	37.50	78.13	40.63
	国家机关、企业、事业单位人员、白领	29.51	73.77	40.98
	自由职业者	50.00	56.25	18.75
	离退休人员	0	50.00	0
	其他	50.00	80.00	30.00
水果	在校大学生	18.75	37.50	62.50
	国家机关、企业、事业单位人员、白领	18.03	52.46	63.93
	自由职业者	18.75	68.75	31.25
	离退休人员	0	50.00	0
	其他	20.00	40.00	30.00

资料来源：根据调研数据整理获得。

综上所述，第一，职业类型、生鲜农产品类型的不同会影响到消费者对转变购物渠道的选择，近十年水果的购物渠道变迁与肉类、水产品、蔬菜的购物渠道有较大不同，消费者在电商平台购买水果的频率增加明显高于其他种类的生鲜农产品。第二，在校大学生和国家机关、企业、事业单位人员近十年在超市购买生鲜农产品的频率的增加要高于自有职业者和离退休人员购买频率的增加，自由职业者近10年购买生鲜农产品的购物渠道变化主要集中在农贸市场和超市。

（三）选择购买渠道的影响因素分析

1. 生鲜农产品购物渠道的影响因素分析

消费者在选择生鲜农产品的购物渠道时，会考虑到包括质量、价格、环境等各方面的信息，并根据整体信息选择购物渠道，购买不同种类的生鲜农产品需要考虑的因素也有所不同。本次调研将影响购买生鲜农产品的因素归纳为产品质量、位置方面、价格便宜、购物环境、高效便捷等，购买四种生鲜农产品时的第一因素均是质量，32%的消费者购买肉类时考虑产品质量，34%的消费者购买水产品时考虑到产品质量，33%的消费者购买蔬菜、水果时考虑产品质量。消费者购买肉类时考虑的第二因素是位置方面，而购买水产品、蔬菜、水果时考虑的第三因素是价格便宜。对购买生鲜农产品影响相对较小的第四因素和第五因素是购物环境和高效便捷，如表4－13所示。

表 4 - 13　影响购买生鲜农产品的因素　　单位:%

影响因素	肉类	水产品	蔬菜	水果
产品质量	32	34	33	33
位置方面	21	19	19	19
价格便宜	17	20	24	25
购物环境	14	14	12	10
高效便捷	12	11	10	11
其他	4	2	2	2

资料来源：根据调研数据整理获得。

2. 不同居住地间生鲜农产品购物渠道的影响因素分析

总体来看，不同居住地间的消费者购买生鲜农产品的渠道的第一影响因素是产品质量，但是其他因素对不同地区的消费者的影响存在差异，农村地区的消费者相对于其他居住地的消费者更关注农产品的价格便宜，市区消费者在购物环境和高效便捷两个因素中，更关注高效便捷，而其他居住地的消费者则更关注购物渠道的购物环境。

关于肉类，不同居住地区间均认为产品质量是第一影响购物渠道选择的因素，但是影响消费者购物渠道的第二影响因素在不同地区消费者区间具有明显的差异，在收入较低的农村地区，价格便宜是影响消费者的第二重要因素，而对于收入水平较高的其他地区，位置方面是消费者选择购物渠道的第二因素。农村地区 26. 33% 的消费者认为价格便宜是其购买肉类产品的第二影响因素。10. 47% 的消费者认为高效便捷是其选择购买肉类渠道最小的影响因素。街道地区 22. 46% 的消费者认为位置方面是第二影响因素，认为位置方面影响其选择购买渠道，影响程度最小的是高效便捷。县城地区 18. 30% 的消费者认为位置方面是第二影响因素，认为位置方面影响其选择购买渠道，影响最小的是购物环境，14. 13% 的消费者认为购物环境对其选择购物渠道有影响。对于市区消费者，23. 59% 的消费者认为位置方面是其选择购买渠道的影响因素，高效便捷是影响最小的因素。

关于水产品，产品质量在不同居住地区间仍是最重要的影响其购买渠道的因素。对于农村和街道地区的消费者，价格便宜是他们考虑的第二因素，高效便捷是影响程度最小的因素。对于县城和市区消费者，位置方面是他们考虑的第二因素，购物环境是影响程度最小的因素。其中，30. 88% 的农村地区消费者选择产品质量作为购买渠道的第一影响因素，26. 73% 的农村地区消费者认为价格便宜是其购物渠道选择的第二影响因素；34. 04% 的街道地区消费者认为产品质量是其选择购买渠道的第一影响因素，21. 57% 的街道地区消费者认为价格便宜是选择购买渠道的第二影响因素；33. 90% 的县城地区消费者认为产品质量是其选择购买渠道的第一影响因素，22. 14% 的县城地区消费者认为位置方面是其选择购买渠道的第二影响因素；34. 25% 的市区消费者认为产品质量是其选择购买渠道的第一影响因素，19. 06% 的市区消费者认为位置方面是其选择购买渠道的第二影响因素。

关于蔬菜，产品质量在不同居住地区间仍是第一影响因素，价格便宜是不同居住地间消费者考虑的第二影响因素。对于农村、街道、县城地区消费者选择蔬菜购买渠道影响最小的因素是高效便捷，而对市区的消费者，影响程度最小的因素是购物环境。其中，32. 06% 的农村地区消费者、32. 69% 的街道地区消费者、36. 34% 的县城地区消费者、32. 84% 的市区消费者将产品质量作为其购买蔬菜时选择购物渠道的第一影响因素。

31.63%的农村地区消费者、24.31%的街道地区消费者、25.14%的县城地区消费者、21.59%的市区消费者认为价格便宜是其选择购买渠道的第二影响因素，且农村地区的消费者占比更高，表明其更在意价格。

关于水果，产品质量仍是不同居住地区间消费者考虑的第一影响因素，第二影响因素是价格便宜，第三影响因素是位置方面。对于农村、街道和县城地区的消费者而言，高效便捷这一因素对消费者选择购物渠道的影响最小，而对于市区的消费者而言，购物环境对其选择购物渠道的影响最小。其中，34.82%的农村地区消费者、29.70%的街道地区消费者、37.00%的县城地区消费者、33.18%的市区消费者将产品质量作为其购买水果时选择购物渠道的第一影响因素。27.51%的农村地区消费者、28.29%的街道地区消费者、24.27%的县城地区消费者、23.85%的市区消费者将价格便宜作为其购买水果时选择购物渠道的第二影响因素，如表4-14所示。

表4-14　不同居住地间生鲜农产品购买渠道的影响因素　　单位:%

种类	影响因素	农村	街道	县城	市区
肉类	产品质量	30.61	32.69	33.62	33.46
	价格便宜	26.33	19.14	16.51	15.32
	购物环境	17.84	13.55	14.13	13.72
	位置方面	13.20	22.46	18.30	23.59
	高效便捷	10.47	8.84	15.32	12.31
	其他	1.55	3.32	2.11	1.60
水产品	产品质量	30.88	34.04	33.90	34.25
	价格便宜	26.73	21.57	20.68	17.12
	购物环境	16.85	13.05	10.94	13.58
	位置方面	14.42	20.99	22.14	19.06
	高效便捷	9.08	7.29	11.20	13.58
	其他	2.04	3.06	1.14	2.41
蔬菜	产品质量	32.06	32.69	36.34	32.84
	价格便宜	31.63	24.31	25.14	21.59
	购物环境	17.19	11.45	13.32	10.73
	位置方面	12.50	20.63	18.03	20.49
	高效便捷	5.06	9.51	6.22	12.15
	其他	1.56	1.41	0.96	2.20
水果	产品质量	34.82	29.70	37.00	33.18
	价格便宜	27.51	28.29	24.27	23.85
	购物环境	14.95	21.57	19.07	18.21
	位置方面	12.17	9.81	11.80	9.14
	高效便捷	8.93	8.67	6.67	13.74
	其他	1.62	1.95	1.20	1.88

资料来源：根据调研数据整理获得。

3. 不同职业类型间生鲜农产品购物渠道的影响因素分析

总体来看，不同职业类型的消费者购买生鲜农产品的渠道的第一影响因素是产品质量，其他因素对不同地区的消费者的影响存在差异，对于收入水平较低的在校大学生、自由职业者、离退休人员，价格便宜对这些类型的消费者影响较大，而对于收入水平较高的国家机关、国企、事业单位人员，位置方面对其影响较大。

关于肉类，产品质量是所有职业类型选择肉类购物渠道的第一影响因素，尤其是对于离退休人员，50.00%的离退休人员认为产品质量是其购买肉类产品考虑的第一影响因素，其他职业类型的消费者中选择产品质量这一因素的样本比例均低于40.00%。对于在校大学生和国家机关、国企、事业单位人员购物渠道的位置方面因素的重要性要高于价格便宜，20.02%的在校大学生、22.70%的国家机关、国企、事业单位人员认为位置方面影响其选择购物渠道，而对于自由职业者和离退休人员，价格便宜的影响程度要高于位置方面，18.26%的自由职业者、20.83%的离退休人员表示价格影响其选择购物渠道，这可能与不同职业类型消费者的时间成本不同相关。

关于水产品，产品质量是所有职业类型选择水产品购物渠道的第一影响因素，31.84%的在校大学生，33.89%的国家机关、国企、事业单位人员32.64%的自由职业者，50.00%的离退休人员表示产品质量影响其选择购物渠道；价格便宜是在校大学生、自由职业者和离退休人员考虑的第二因素，位置方面是国家机关、国企、事业单位人员考虑的第二因素，这与不同职业类型间消费者的收入相关；对于国家机关、国企、事业单位人员而言，高效便捷的购物渠道比购物环境更重要，而对其他职业类型的消费者，购物环境更重要。

关于蔬菜，产品质量是所有职业类型选择蔬菜产品购物渠道的第一影响因素，30.40%的在校大学生，32.17%的国家机关、国企、事业单位人员，37.77%的自由职业者，52.38%的离退休人员表示产品质量影响其选择购物渠道；价格便宜是在校大学生，国家机关、国企、事业单位、自由职业者考虑的第二因素，位置方面是离退休人员购买水产品考虑时的第二因素。对所有职业类型消费者影响最小的因素均是高效便捷。

关于水果，不同职业类型消费者对于影响因素的选择一致性较高，产品质量是所有职业类型选择水果购物渠道的第一影响因素，31.70%的在校大学生，33.23%的国家机关、国企、事业单位人员，34.52%的自由职业者，57.14%的离退休人员表示产品质量影响其选择购物渠道，其中离退休人员中选择产品质量的消费者比例最高；第二影响因素是价格便宜，自由职业者中选择价格便宜的消费者比例最高；第三影响因素均是位置方面，选择这一因素的不同职业类型的消费者比例均小于20%。对于在校大学生、国家机关人员高效便捷比购物环境更重要，而对于自由职业者恰好相反，如表4－15所示。

表4－15 不同职业类型间生鲜农产品购买渠道的影响因素 单位：%

种类	影响因素	在校大学生	国家机关、国企、事业单位	自由职业者	离退休人员
肉类	产品质量	31.76	32.35	36.53	50.00
	位置方面	20.02	22.70	17.29	16.67

续表

种类	影响因素	在校大学生	国家机关、国企、事业单位	自由职业者	离退休人员
肉类	价格便宜	18.15	17.49	18.26	20.83
	购物环境	14.40	14.17	15.75	0.00
	高效便捷	13.97	11.54	10.15	0.00
	其他	1.69	1.76	2.03	12.50
水产品	产品质量	31.84	33.89	32.64	50.00
	位置方面	21.10	18.94	24.04	20.83
	价格便宜	14.79	12.56	14.44	0.00
	购物环境	19.20	19.93	14.90	16.67
	高效便捷	10.00	13.16	11.06	0.00
	其他	3.07	1.53	2.92	12.50
蔬菜	产品质量	30.40	32.17	37.77	52.38
	价格便宜	25.42	23.32	26.30	19.05
	购物环境	14.47	10.79	12.46	0.00
	位置方面	17.05	20.87	16.28	28.57
	高效便捷	10.08	11.24	5.73	0.00
	其他	2.58	1.61	1.45	0.00
水果	产品质量	31.70	33.23	34.52	57.14
	价格便宜	24.84	24.74	33.49	23.81
	购物环境	8.00	11.33	10.32	0.00
	位置方面	18.87	17.94	14.26	19.05
	高效便捷	13.61	11.46	5.44	0.00
	其他	2.99	1.30	1.97	0.00

资料来源：根据调研数据整理获得。

综上所述，第一，生鲜农产品的产品质量是对于所有职业类型的消费者而言都是最重要的；第二，国家机关、企业、事业单位人员对购物渠道的高效便捷要求更高，这与这类消费者的时间成本较高相关。

（四）对现有购买渠道的改进意见

1. 生鲜农产品购物渠道的改进分析

不同种类的生鲜农产品，消费者注重的改进意见有所不同。对于肉类，产品来源可追溯是消费者最希望改进的，选择这一选项的消费者比例为67.77%；72位消费者认为肉类产品品质需要提升；其中消费者对于肉类产品的价格比较满意，仅有32位消费者认为肉类产品价格较高。对于水产品，70位消费者认为最需要改进的是产品品质，68位消费者认为水产品来源可追溯方面需要改进，消费者相对关心较少的是服务质量的提升。对于蔬菜，86位消费者认为蔬菜产品品质需要得到进一步提升，70位消费者认为蔬菜产品种类需要增加，关心较少的仍然是服务质量。对于水果，82 位消费者认为水果的产品品质需要提升，68 位消费者认为水果种类需要增加，而消费者相对关心较少的是服务质量提升。整体上，消费者认为生鲜农产品需要改进的是产品品质，而关心较少的是服务质量，如表 4 – 16 所示。

表 4 – 16　对生鲜农产品购买渠道的改进意见

选项	肉类	水产品	蔬菜	水果
产品品质提升	72	70	86	82
产品种类增加	54	62	70	68
产品来源可追溯	82	68	65	67
购物环境改善	44	53	54	40
提高便捷性	43	33	44	33
产品价格较高	32	37	51	54
服务质量提升	39	30	31	32

资料来源：根据调研数据整理获得。

2. 不同地区间对生鲜农产品购物渠道改进分析

总体来看，不同居住地间的消费者对不同种类生鲜农产品的购物渠道改进意见存在显著差异，发展较为落后的农村地区对于生鲜农产品的改进需求多集中在产品品质提升、产品种类增加等基础需求方面，而发展较为迅速的县城、市区消费者则更关注生鲜农产品的质量安全问题，更多地希望增加农产品来源可追溯，保障农产品的安全性。

关于肉类产品，农村地区消费者与其他居住地消费者间存在较为显著的差异。对于农村地区消费者，最需要改进的是肉类产品品质提升，其次是产品种类增加、产品来源可追溯；对于街道、县城和市区的消费者，最需要改进的是产品来源可追溯，其次是产品品质提升。这表明相对于生活水平较高的地区，农村地区的肉类种类较为单一，不能满足农村消费者的需求，而生活水平较高的地区，更加关注肉类产品的安全问题。

关于水产品，不同地区消费者对购物渠道的改进有不同意见，农村地区的消费者表示第一需要改进的是水产品种类增加，第二是产品品质提升；而其他居住地区的消费者表示第一需要改进的是产品品质提升，第二是产品来源可追溯。87. 5% 的农村地区消费者表示需要增加水产品种类，62. 5% 的农村地区消费者表示需要提升水产品品质；50. 00% 的街道地区消费者认为首先需要提高产品品质，降低水产品的价格，其次 45. 84% 的街道地区消费者表示需要增加水产品来源可追溯，改善购物环境。72. 73% 的县城消费者表示需要提供产品来源可追溯、提高水产品品质。市区消费者最关心的是水产品来源可追溯问题，54. 24% 的消费者表示需要增加产品可追溯。通过表 4 – 17 的数据可以发现，不同居住地的消费者均开始关注水产品来源可追溯问题，表明消费者对于水产品的安全问题非常重视。

关于蔬菜，增加产品种类均是所有居住地区消费者最希望改进的方面，其中农村地区的消费者需求更迫切，93. 75% 的调查者表示希望增加蔬菜产品的种类。农村地区消费者第二改进的方面是提升产品品质，62. 5% 的农村地区消费者表示希望提升蔬菜产品品质，而其他居住地区消费者更关注蔬菜产品来源可追溯问题，37. 50% 的街道地区消费者、

50.00%的县城地区消费者、35.59%的市区消费者表示希望增加蔬菜产品来源可追溯。

关于水果，不同居住地的消费者对生鲜农产品需要改进的方面存在显著差异，农村地区消费者首先希望改进的是增加产品种类，其次是提升产品品质，街道地区消费者对提升产品品质、增加产品种类、增加产品来源可追溯、降低产品价格的诉求程度一样，均有50.00%的街道消费者提出这些方面的改进意见。县城及市区消费者首先希望改进的是提升水果产品品质，68.18%的县城消费者希望增加产品来源可追溯，57.63%的市区消费者希望增加水果产品种类，如表4－17所示。

表4－17　不同居住地区间消费者对生鲜农产品购物渠道的改进意见　　单位:%

种类	选项	农村	街道	县城	市区
肉类	产品品质提升	75.00	54.17	50.00	61.02
	产品种类增加	62.50	29.17	45.45	45.76
	产品来源可追溯	62.50	62.50	59.09	74.58
	购物环境改善	43.75	41.67	40.91	30.51
	提高便捷性	50.00	33.33	50.00	27.12
	产品价格较高	31.25	37.50	22.73	22.03
	服务质量提升	50.00	29.17	31.82	28.81
水产品	产品品质提升	62.50	50.00	72.73	54.24
	产品种类增加	87.50	37.50	40.91	50.85
	产品来源可追溯	50.00	45.83	72.73	55.93
	购物环境改善	43.75	45.83	54.55	38.98
	提高便捷性	31.25	16.67	31.82	28.81
	产品价格较高	50.00	50.00	27.27	18.64
	服务质量提升	37.50	16.67	36.36	20.34
蔬菜	产品品质提升	62.50	29.17	27.27	33.90
	产品种类增加	93.75	66.67	72.73	69.49
	产品来源可追溯	18.75	37.50	50.00	35.59
	购物环境改善	37.50	12.50	22.73	15.25
	提高便捷性	18.75	25.00	22.73	18.64
	产品价格较高	12.50	25.00	18.18	28.81
	服务质量提升	62.50	29.17	27.27	33.90
水果	产品品质提升	62.50	50.00	72.73	74.58
	产品种类增加	68.75	50.00	50.00	57.63
	产品来源可追溯	43.75	50.00	68.18	55.93
	购物环境改善	62.50	29.17	27.27	28.81
	提高便捷性	18.75	20.83	45.45	25.42
	产品价格较高	56.25	50.00	36.36	42.37
	服务质量提升	37.50	16.67	31.82	25.42

资料来源：根据调研数据整理获得。

综上所述，第一，农村地区消费者对生鲜农产品渠道的改进意见中提高产品品质占据首要位置。第二，市区消费者更关注产品的安全性，即提出实现农产品来源可追溯的改进要求。

3. 不同职业类型间消费者对生鲜农产品购物渠道改进分析

总体来看，不同职业类型间的消费者对生鲜农产品改进需求存在显著差异，对于收入水平较高的职业类型消费者，首要关注生鲜农产品的食品安全问题，希望增加产品来源可追溯，对于降低农产品价格的需求较低；对于收入水平较低的职业类型消费者，首要关注的是提升产品品质、种类，对于降低产品价格的需求较高。

关于肉类，不同职业类型间的消费者对肉类产品的改进方面存在显著差异，在校大学生，国家机关、企业、事业单位人员、白领，自由职业者最想改进的是产品来源可追溯，离退休人员最想改进的是提升产品品质。其中，在校大学生中 68.75% 的消费者提出改进肉类产品来源可追溯的需求，56.25% 的在校大学生希望增加产品种类。国家机关、企业、事业单位人员、白领中 75.41% 的调查者提出改进产品来源可追溯的需求，40.98% 该职业类型的消费者提出增加产品种类的需求，而对提升服务质量的需求并不高。自由职业者中 50.00% 的被调查者提出提升产品品质、改进产品来源可追溯的需求，对改善购物环境的需求最低。离退休人员对提升产品品质提出较高需求。不同职业类型间的较高比例的消费者均希望改进产品来源可追溯和提升产品品质，而对渠道的改善购物环境需求并不高。

关于水产品，不同职业类型间消费者在购物渠道改进方面存在差异。收入水较低的在校大学生、自由职业者、离退休人员最想改进的是增加产品种类和提升产品品质，对提高便捷性关注程度最低，收入水平较高的国家机关、企业、事业单位人员、白领最想改进的是产品来源可追溯方面，对降低产品价格关注程度最低。其中，65.63% 的在校大学生希望改进产品种类，28.13% 的在校大学生希望提高便捷性；67.21% 的国家机关、企业、事业单位人员、白领希望增加产品来源可追溯，27.87% 的国家机关、企业、事业单位人员、白领希望降低产品价格；50.00% 的自由职业者希望提升产品品质，6.25% 自由职业者希望提高便捷性；100% 的离退休人员希望提升产品品质。

关于蔬菜，不同职业类型的消费者希望改进的方面存在较强的相似性，不同职业类型的消费者最想改进的方向均是提升产品品质，其次是增加产品种类，而对于提升服务质量的改进需求均较低。消费者对品质、种类的改进需求存在一定的局限性，主要由于蔬菜易烂、易腐及明显的季节性限制了它在不同季节的销售种类，并且由于冷链物流的不完善，蔬菜损耗较大，导致品质难以保证。

关于水果，不同职业类型的消费者对于水果产品改进需求存在显著差异。在校大学生最想改进的是增加产品种类，其次是提升产品品质。国家机关、企业、事业单位人员、白领，自由职业者，离退休人员最想改进的是提升产品品质。其中，75.00% 的在校大学生希望改进的是增加产品种类，70.49% 的国家机关、企业、事业单位人员、白领，50.00% 的自由职业者，50.00% 的离退休人员希望改进的是提升产品品质。而所有职业类型的消费者均对提升服务质量方面需求较低，如表 4－18 所示。

表 4-18 不同职业类型间消费者对生鲜农产品购物渠道的改进意见 单位:%

种类	选项	在校大学生	国家机关、企业、事业单位人员、白领	自由职业者	离退休人员
肉类	提升产品品质	53.13	62.30	50.00	100.00
	增加产品种类	56.25	40.98	31.25	0.00
	产品来源可追溯	68.75	75.41	50.00	50.00
	改善购物环境	40.63	42.62	18.75	0.00
	提高便捷性	40.63	37.70	25.00	0.00
	降低产品价格	37.50	21.31	31.25	50.00
	提升服务质量	34.38	36.07	25.00	0.00
水产品	提升产品品质	62.50	57.38	50.00	100.00
	增加产品种类	65.63	47.54	37.50	50.00
	产品来源可追溯	56.25	67.21	25.00	0.00
	改善购物环境	56.25	44.26	25.00	0.00
	提高便捷性	28.13	34.43	6.25	0.00
	降低产品价格	31.25	27.87	37.50	50.00
	提升服务质量	15.63	29.51	25.00	0.00
蔬菜	提升产品品质	78.13	73.77	56.25	100.00
	增加产品种类	78.13	57.38	37.50	0.00
	产品来源可追溯	62.50	57.38	31.25	0.00
	改善购物环境	50.00	49.18	31.25	50.00
	提高便捷性	37.50	44.26	12.50	0.00
	降低产品价格	40.63	40.98	50.00	50.00
	提升服务质量	21.88	32.79	6.25	0.00
水果	提升产品品质	68.75	70.49	50.00	50.00
	增加产品种类	75.00	55.74	25.00	0.00
	产品来源可追溯	62.50	62.30	18.75	0.00
	改善购物环境	43.75	36.07	18.75	0.00
	提高便捷性	28.13	31.15	18.75	0.00
	降低产品价格	53.13	40.98	37.50	50.00
	提升服务质量	25.00	31.15	18.75	50.00

资料来源：根据调研数据整理获得。

综上所述，第一，不同职业类型间的消费者对于生鲜农产品改进意见存在差异，且对不同的生鲜农产品种类间的改进意见也存在差异。第二，整体上，不同职业类型间的消费者均对购物渠道的提升服务质量需求较低。

第六节 本章小结

随着消费者生活、消费方式的转变，我国生鲜农产品流通渠道正逐步向现代化的方向转型，目前从农产品的生产到流通，到消费的过程中仍然存在较多的问题。互联网的出现和发展为农产品流通领域开启了新的机遇和挑战，各流通渠道间的融合发展还需要更多的转变。

第一，农产品流通效率整体偏低。一方面，现阶段农业生产仍以家庭承包为主，趋于分散，集中化程度低，规模效应小，且各区域经济发展水平、基础设施等流通条件存在差异。另一方面，目前中国农业流通方式仍以传统批发/分销、零售模式为主，流通环节较多，而且每个环节都要加价，这些成本都要转嫁到零售价格中，造成流通效率低、成本高。

第二，农产品标准化与品牌化发展滞后。由于我国农产品具有小农生产的特点，导致农产品难以实现品牌化、标准化的发展，农产品标准化是现代农业的重要标志，也是农产品品牌化的基础；中国在农产品尤其是鲜活农产品的品牌和标准化生产体系建设上一直相对滞后，已成为制约农业发展的一个重要问题。

第三，"互联网+"开启农业新机遇。自 2015 年提出"互联网+"战略以来，政府旨在大力推进"互联网+"现代农业，推动农业电商发展。据 2017 年中国农业互联网化研究报告，中国农业市场规模达 10 万亿元，而电商渗透率不足 1%，未来农业电商市场潜力巨大。超市可以通过与电商企业合作，实现线上线下同时销售、配送的模式；批发市场通过采用互联网技术，实现对批发、销售等海量信息的掌握，从而提高流通效率。

第四，农产品流通中基础设施落后。"需要加强农产品流通基础设施建设，重点加强全国性、区域性农产品产地、集散地和销地批发市场，具有国际影响力的农产品交易中心以及物流节点建设。需要加快农产品产地预选分级、加工配送、包装仓储等基础设施建设，强化农产品产地集配中心、田头市场的仓储、物流、冷链设施建设"①。相对于国外发达国家，我国冷链基础设施仍处于初步发展阶段，距离满足冷链需求还有一段距离，需要加大农产品冷链物流基础设施建设力度，鼓励大型农产品批发市场、连锁超市、农产品流通企业推广现代冷链物流管理理念、标准和技术，建设具有集中采购和跨区域配送能力的农产品冷链物流集散中心，配备预冷、低温分拣加工、冷藏运输、冷库等冷链设施设备，建立覆盖农产品生产、加工、运输、储存、销售等环节的全程冷链物流体系②。鼓励各地建设或改造农贸市场、菜市场、社区菜店、生鲜超市等农产品零售市场网络基础设施建设，完善农产品零售网络。

---

① 严先锋."互联网+"背景下生鲜农产品多流通渠道的转型升级与融合发展研究［J］. 经济研究导刊，2018（1）：19-22+85.

② 商务部，国家开发银行. 关于共同推进全国农产品流通骨干网建设的通知［EB/OL］. http：//www.mofcom.gov.cn/article/h/redht/201610/20161001411217.shtml，2016-10-17.

第五，我国社会化服务体系薄弱，“在‘互联网+’时代，需要加快移动互联网、物联网、二维码、无线射频识别等信息技术在农产品流通领域的应用，发展‘互联网+农产品流通’，促进农产品商流、物流、信息流、资金流四流融合”①。完善农产品的生产、流通、消费等各体系的现代化信息管理服务系统，实现农产品从生产到消费端的信息共享，建成现代化农产品流通体系。在此基础上，根据海量供需数据，不断优化市场结构，稳定市场供需，解决“农民贱卖”和“消费者买贵”等实际热点问题。鼓励有条件的地区和农产品流通企业建立区域性农产品信息数据库和企业网上信息平台。

第六，超市成为消费者购买生鲜农产品的重要场所，电商平台作为生鲜农产品购买渠道的作用逐渐显现。自农改超、农超对接等政策实施以来，生鲜超市、便利店等便捷等零售业态的发展、兴起，购物渠道变得多样化，不同居住地、不同职业类型的消费者均表现出购物渠道的转变，即从以往的农贸市场、小摊贩购物转向新型的超市、电商平台。加之近几年互联网技术的迅速发展，超市、电商平台均向新零售即线上线下融合的方式转型，为消费者提供线上下单，线下配送的服务，充分满足现代消费需求，在未来具有良好的发展前景。

① 田爱国．“互联网+农业”战略下我国农产品流通问题研究［J］．黑龙江粮食，2017（3）：31-36.

第五章　我国生鲜农产品不同流通模式的比较分析

我国生鲜农产品的流通依然面临着小农生产与大市场之间的矛盾，流通的不同环节有着不同的主体在提供运销服务，学界依然有很多观点指出我国农产品的流通渠道冗长，流通效率低下问题，本章从组织结构视角来分析及对比我国生鲜农产品流通中批发市场、超市和电商平台三种渠道。首先对三种主要流通模式的渠道特征和渠道组织结构进行分析，其次根据产业组织理论对三种模式的横向竞争程度进行刻画，最后从供应链视角对三种不同流通模式的纵向合作关系进行分析。

第一节　不同流通渠道的模式特征和渠道结构比较

本节重点关注批发市场、超市和电商平台三种流通渠道的模式特征，不同的流通渠道结构及其特征都存在差异，进一步从主体特征、适用产品、流通效率、渠道势力等几个方面对以上三种模式进行比较分析。

一、不同渠道的流通模式分析

我国农业生产受制于农产品的小规模分散生产，小农在市场交易中存在信息不对称和交易成本过高等情况，小农生产难以融入大市场，同时由于产量较少在市场交易中也缺乏议价能力，农户只能作为市场价格的被动接受者，小农生产与大市场之间的矛盾制约着我国生鲜农产品的有效流通。在此情况下，需要流通中介主体来帮助生产者与销售者之间现实有效对接，突破小农与大市场之间的鸿沟。与农户直接参与市场流通相比，农产品经纪人既具有丰富的交易经验和交易技巧，又拥有集中的市场信息，信息对称性强，搜寻成本低，因而可以比较顺利地开展中介业务，以理想的价格、最短的时间沟通交易，从而大大加快了农产品的流通速度（侯建昀、霍学喜，2015）。

解决小农生产融入大市场另一种可能的方法就是提高农民的组织化程度成立农民合作社（Markelova et al. ，2009），合作社是农户利益之间的连接，渠道关系较为稳定，在市场交易中小农户缺乏议价的话语权，合作社的成立可以提高农户的组织化程度，有效地降低两者之间的交易成本。

在生产环节大多是依靠经纪人和合作社在田间地头或者是合约来完成货源的收购，此后进入批发市场、超市或者是电商平台三种流通渠道进行零售阶段。三种模式中，批发市场的组织化程度最低，而超市和电商平台的渠道组织化程度则较高，如图5－1所示。

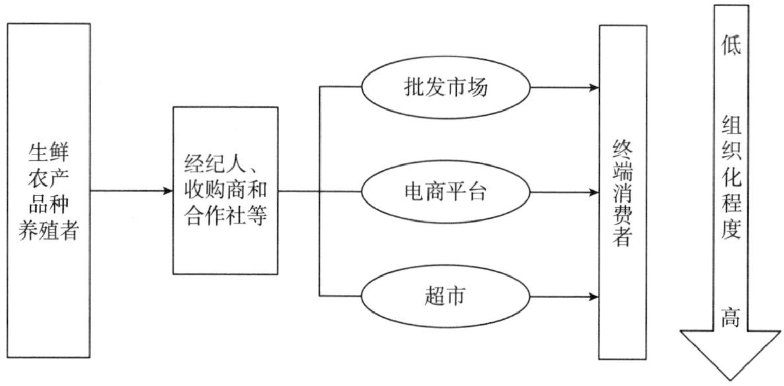

图5－1　我国生鲜农产品流通示意

（一）批发市场

以批发市场为交易载体的流通渠道是现阶段我国生鲜农产品流通渠道中最为关键的一种，批发市场也是其他渠道商品的来源之一。批发市场的基本功能之一是集散货物、协调供求和生鲜农产品价格的形成，这一功能为其他市场所不可替代。批发市场的运营主体并不参与生鲜农产品的买卖，只是提供场地给批发商进行交易，其主要运行模式是经纪人或是合作社等中介主体将农产品从农户处收集后，运送到产地批发市场后出售给批发商，批发商再将商品从产地市场运输到销地批发市场，到达销地批发市场后，生鲜农产品则进入零售环节，主要是通过农贸市场、零售商和超市等渠道将产品出售给终端消费者，如图5－2所示。

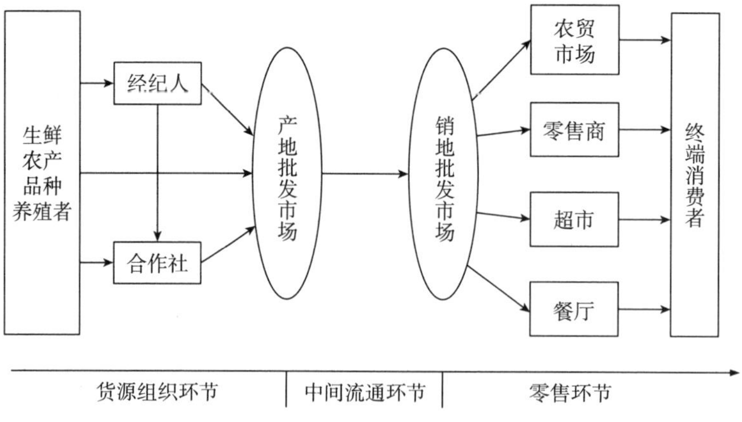

图5－2　以批发市场为主导的流通渠道

批发市场可以大致分为产地批发市场、中转批发市场和销地批发市场三种，而现阶段我国的农产品市场建设偏重于销地批发市场的建设。因此，由于产地收购市场建设滞后，"最前一公里"的农产品流通基本上由经纪人主导（王秀杰，2017），大多数是经纪人和合作社直接将生鲜农产品运送至销地批发市场。根据上述流通过程的分析，以批发市场为主导的流通渠道最少要经过种养殖者到经纪人、经纪人到销地批发市场、销地批发市场到零售商、零售商到消费者四道流通环节，产品流通环节较多，这种流通模式无疑也是流通效率较低的一种。

（二）超市

超市自20世纪90年代开始进入国内市场之后，在消费者日常购物中占据着越发重要的位置。依托超市已建立的销售网络来销售生鲜农产品，这一模式的出现就是对农户批发市场这一低效渠道模式的改进。

超市所销售的产品来源主要有三种：一是直接与合作社对接，即近些年国家推广的农超对接模式；二是如传统渠道一般从批发市场进货；三是自建生鲜农产品生产基地。批发市场进货模式是一种较为传统的模式，随着近些年农超对接模式的推进和自建生产基地的发展，批发市场进货只是在货源短缺的情况下继续使用，正常情况下所销售生鲜农产品来自合作社和自有生产基地。

超市模式的流通环节相比于批发市场的流通模式，其流通环节实现了精简，尤其是国家最近提倡的农超对接模式，超市与合作社之间的直接对接，避开了批发市场这一流通环节，提高了生鲜农产品的流通效率。合作社的存在一方面与超市签订合约确定生鲜农产品生鲜的品质和数量标准，能够有目的性地进行生产，另一方面在生产过程中合作社能够为农户提供服务，以此提高了小农的组织化程度，提高了其交易过程中的议价能力，同时从总体上减少了其交易成本。从超市视角而言，合作社的存在便于超市对原产地农产品质量的控制，这一模式实现了农户与超市的双赢。

超市流通渠道的出现为消费者提供了良好的购物环境，为消费者提供更为优质的生鲜农产品，为消费者提供了一站式购物的机会，有利于消费者降低其购物成本，如图5-3所示。

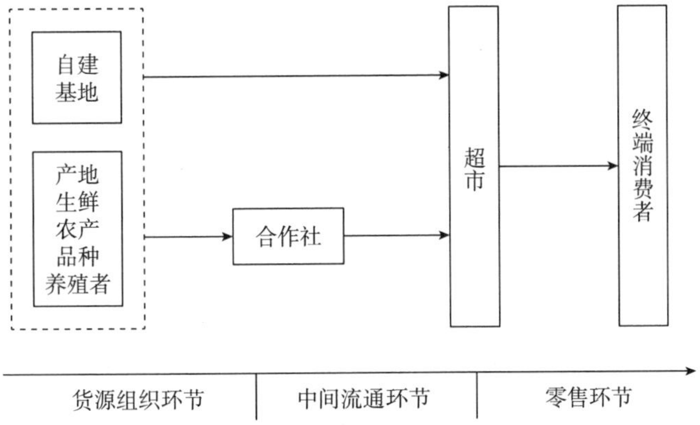

图5-3 以超市为主导的流通渠道

（三）电商平台

电商平台是近些年兴起的生鲜农产品销售模式，市场占有份额较低，但却是我国生鲜农产品流通未来发展的趋势。随着电子商务在零售业的不断普及，逐步向生鲜农产品的销售环节渗透。现阶段我国生鲜电商主要分为两类大的模式：一类是进驻天猫、京东或是苏宁等大型电商平台，借助平台的流量进行产品销售；另一类是相关企业成立专门的生鲜网站进行产品销售。

前一种模式大多是种养者借助电商平台的低进入壁垒直接进入销售环节，电商平台使小农生产融入大市场、生产与销售一体化成为可能。这一类模式销售的生鲜农产品较为单一，大多数为销售以水果这类无须冷链运输的生鲜农产品为主。而相对来说，企业独立运营成立的专门生鲜电商平台占据主要地位，专业生鲜电商网站销售的生鲜农产品品类较为全面齐全，可以实现范围经济和规模经济，同时需要在全国大城市建立基地和物流中心，因此需要较高的投资成本。

电商平台的商品来源类似于超市，独立自营的电商平台产品来源于合作社、自建基地、批发市场和国外生产基地等几种，且电商平台对产品质量的要求较为严格。电商平台模式的中间流通环节较短，在运送至平台仓库后即可进入销售环节，总体来看流通环节较少。超市和批发市场只能够覆盖局部市场，然而电商平台极大地扩展了产品市场销售范围，有效地拓展了市场，且在零售环节的交易成本较低，如图5－4所示。

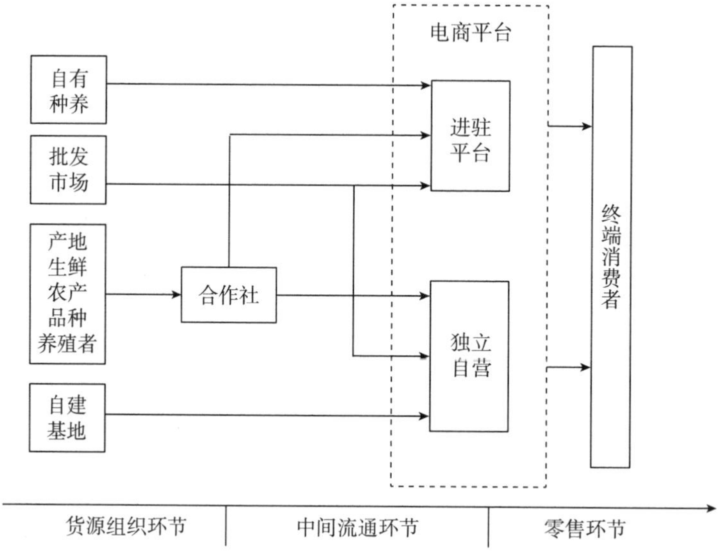

图5－4　以电商平台为主导的流通渠道

在公司型电商平台中，不同的企业具有不同的经营模式，具体的经营模式有综合平台型、垂直电商型、线下门店型和物流电商型，如表5－1所示。

表 5-1　不同模式的电商平台及其模式特点

类型	物流方式	代表企业	模式特点
综合平台型	自营物流或第三方物流	天猫、京东、苏宁易购	市场范围广阔、消费者忠诚度高、以平台流量吸引生鲜商家入驻，市场占有率高，难以有效管理、质量难以保证
垂直电商型	自营物流或第三方物流	中粮我买网、天天果园、每日优鲜、沱沱工社	针对性强、有精准的定位和切入点、部分有自建冷链体系，知名度弱、成本高、区域性较强、辐射范围小
线下门店型	第三方物流	永辉超市、大润发、沃尔玛	群众认可度高、知名度大，线下为主，线上为辅
物流电商型	自营物流	顺丰优选	物流体系完备，配送效率高，成本高、投入资金大

二、不同流通渠道的主体特征分析及比较

（一）主体构成

批发市场的运营企业本身不参与批发市场的内部交易，只是负责相关批发市场的运营，生鲜农产品的交易主要是由批发市场内部的批发商来完成。超市则是由相关企业专业化运营，其主体是企业。而电商平台中，入驻大型电商平台的店铺是由相关私营企业主、合作社或者是种养殖者在经营，而大型生鲜农产品电商平台都是由专业化的企业运营。可见，三种不同模式的主体构成均不相同，批发市场和超市的主体较为单一，而电商平台的主体构成则较为多元化。

（二）适用产品

批发市场具有不同类型，产地批发市场主要是为当地生鲜农产品的集散提供平台，经营的主要是当地所生产的生鲜农产品，而相对而言，销地批发市场的主要功能是满足周边城市生鲜农产品的稳定供给，因此批发市场销售的产品主要是满足消费者日常需求的生鲜农产品，产品种类多而全。超市和农贸市场是城市消费者购买生鲜农产品最为主要的途径，超市提供了较为齐全的生鲜农产品。在销售基本当季和必备生鲜农产品的基础上，超市会提供绿色、有机和一定品牌知名度的生鲜农产品，所提供的产品更加注重品质和包装。电商流通渠道的流通环节虽然较短，但是其运营模式决定了较高的产品配送成本，因此电商平台难以以销售普通生鲜农产品来维持企业的存活，其主要是以销售高附加价值的生鲜农产品为主，例如美国加州车厘子、新西兰奇异果、澳洲龙虾和三文鱼等。由此可见，三种不同的流通模式的适用产品具有一定的差异，批发市场销售品类大而全的生鲜农产品，以大路货为主；超市逐步提供绿色、有机和有品牌的生鲜农产品，而电商平台则以销售高附加价值的生鲜农产品为主。

（三）价值增值

从价值增值的角度来看，批发市场的流通环节较多，每一次产品的转手都会增加运输费用、场地、人工和相应的利润，因此流通环节的增加，不同的流通主体提供了相应的服务，这些服务的增值最后也会相应地反映在生鲜农产品最终的售价上。相对于农贸市场等消费者日常购买生鲜农产品的渠道，超市提供了较为全品类的购物渠道，消费者可以实现一站式购物，降低了消费者的购物成本，同时超市具有更为优越的购物环境，同时产品质

量相较于农贸市场更加安全和可保证。因此，通过超市这一渠道的生鲜农产品的售价较高，产品能够实现更好的溢价。电商平台所提供的产品以高附加值为主，且能够提供产品的送货上门，且其所针对的服务人群不同，产品的售价较高。因此，价值增值程度较高。

（四）流通效率

对于不同流通渠道流通效率的测度并没有一个科学的指标，主要有流通成本、流通费用率、利润率、生产者分得比等几种衡量方式，但是结果因为研究对象或者流通渠道的差异，其研究结果并不一样。批发市场的流通渠道因为流通环节多，损耗高等特性导致其流通效率是最低的一种，而超市和电商两种模式避开了批发市场与产地合作社或是经纪人合作，其流通效率得到了提升，尤其近些年开始自有生产基地的建设，流通实现纵向一体化，其流通效率进一步提升。

（五）流通损耗

批发市场的流通环节较多，流通环节的运输并未实现全程冷链运输，尤其是果蔬类生鲜农产品的运输基本以“货车＋棉被”的传统运输方式为主，因此每一道流通环节的增加都会增加其损耗率。超市虽然缩减了流通环节，其在运输途中的损耗有所降低，但是消费者会挑选较为优质的产品进行购买，且受到农贸市场和果蔬专卖店的竞争，很难将产品完全出售完，其零售环节的损耗率较高。对于电商平台而言，受冷链配送覆盖率低和冷链配送高成本的影响，现阶段难以保证商品全程实现冷链运输，与超市流通渠道类似，其零售环节的损耗较高。因此，批发市场在运输环节的损耗率较高，而超市和电商平台在零售环节的损耗较高。

（六）渠道关系

在批发市场流通渠道中，农户和经纪人、经纪人与批发商、批发商与零售商之间的大多数属于一次性交易，出售商品给出价较高者，因此，批发市场模式的渠道关系不够稳定。超市和电商平台的产品来源大多来自合作社和农产品龙头企业，或是自建种养基地，以上合作都是基于相关契约而进行的。因此，相对而言渠道关系较为稳定。

（七）流通成本

批发市场呈现流通环节多，流通环节的损耗较高，每一道流通环节的增加都会增加损耗、运输费用、相关场地及服务费用的增加，依托批发市场流通的渠道流通成本较高已是业界公认。通过与合作社和自建生产基地，在货源组织和运输阶段的流通费用不算高，但是在零售环节的损耗高，相关场地和运营费用较高，其流通成本大多数来自零售环节，因此超市渠道的流通成本也不低。电商平台为消费者提供国内外的优质生鲜农产品，由于受到产品冷链配送的影响，其运输成本较高，同时在零售环节较高的损耗率，导致了其流通成本较高。

（八）政策扶持

20 世纪 90 年代中期，我国具有公益性质的“官办”批发市场经过市场化改革，已转型为股份制企业或民营企业。2015 年，商务部重启公益性农产品批发市场的试点建设，确保批发市场的公益性职能（王秀杰，2017）。从 2008 年开始农超对接试点工作，推广农产品基地直采，减少流通环节，降低流通成本，而后在 2010 年全面推行农超对接模式，2015 年提出支持各地发展农社对接、农超对接、直销直供等现代流通新业态。随着“互联网＋”政策的出台，利用电商流通渠道破解生鲜农产品流通的困局。现有的生鲜农产品的流通政策，主要是以减少流通环节，降低流通成本为主要目的，引导三种不同流通模式的良性发展，流通渠道模式的特征比较如表 5－2 所示。

表 5－2 流通渠道模式的特征比较

模式特征 \ 渠道模式	批发市场渠道	超市渠道	电商平台渠道
主体构成	批发商	企业	企业
适用产品	产品类型大而全，以大路货为主	绿色、有机和品牌生鲜农产品	高附加价值生鲜农产品
价值增值	多	一般	高
流通效率	低	较高	较高
流通损耗	运输环节损耗高	零售环节损耗高	零售环节损耗高
渠道关系	不稳定	相对稳定	相对稳定
流通成本	高	一般	高
政策扶持	低	一般	一般

第二节 不同流通渠道的横向竞争程度比较

我国生鲜农产品流通的市场竞争程度是指市场中相关主体竞争和垄断的程度。运用产业组织理论中的市场集中度和进入壁垒两个指标的综合分析来判别我国生鲜流通渠道主体的竞争程度。进入壁垒与市场集中是相互关联的，两者共同影响着市场内部的竞争程度。这表现为市场进入壁垒越高，相关企业主体越少，市场集中度也越高（王俊豪，2000），市场竞争度则越低，反之亦然。

一、进入壁垒

在产业组织理论中进入壁垒是衡量市场结构的重要概念之一，进入壁垒的高低可以近似地衡量产业竞争状况，进入壁垒越低表示能够进入市场的企业越多，因此可以理解为市场竞争激烈。

对于进入壁垒这一概念的界定，产业组织理论中的不同流派对其有不同的认识，从不同的视角对其进行分析，也得出了不一样的结论。哈佛学派的 Bain（1956）认为，进入壁垒是产业内在位企业相对于潜在进入企业所具有的优势，这一优势使得在位厂商可以将价格持续地提高到竞争性价格水平之上而不会招致新厂商的进入，强调进入壁垒是由产业内在位者企业相对于潜在进入者的优势所决定的。依据这一分析思路，Bain（1956）认为，进入壁垒主要有规模经济壁垒、产品差异壁垒和绝对成本壁垒。芝加哥学派的 Stigler

(1968) 则从生产成本的角度来理解进入壁垒，是指产业内潜在进入企业必须负担的而在位企业无须负担生产成本。他认为规模经济壁垒、产品差异壁垒和绝对成本壁垒三类经济性壁垒无法代表进入壁垒，而是由于政府管制而形成的人为性的进入壁垒。

学界大多是从以上两个视角对进入壁垒进行分析的（Broadman，2000；于良春、王冠，2007），常规做法是从经济性进入壁垒和制度性壁垒两个方面来衡量分析进入壁垒。因此，本章将从规模经济壁垒、产品差异壁垒、绝对成本壁垒和制度性壁垒四个方面对我国生鲜农产品流通市场的竞争程度进行分析。

（一）规模经济壁垒

Bain（1956）认为，存在规模经济的行业均存在一个最小经济规模，即进入该行业的新企业所必须具备的资本量以及相应的技术力量，它们往往成为阻止新企业进入的重要因素。当新进入企业在非最优规模生产，其生产成本将会增加，不利于企业发展和与市场中在位企业竞争。而企业想要达到最小规模经济，则需要解决资金、技术和人才等方面的壁垒。

1. 批发市场

对周边城市生鲜农产品的供应起到保障作用，批发市场一般是辐射本地区的生鲜农产品供应，所以一般农产品批发市场的规模较大，投资金额较高，同时需要相关的专业团队来做运营。批发市场主要是向零售商提供生鲜农产品，当经营品种较少时，不利于吸引相关零售主体集中采购，因此批发市场的经营规模一般较大，经营着品类较为齐全的生鲜农产品。批发市场如果不形成规模，很难吸引相关批发商的进驻，只有形成一定的规模才能够降低相关经营费用，为批发市场内的经营主体提供竞争力。批发市场的经营存在一定的规模经济，能够不断吸引批发商的集聚，以便于共享外部性。因此，批发市场的规模经济壁垒较高。

2. 超市

超市的规模经济壁垒较高，生鲜部是超市之间竞争的一大关键点，同时超市生鲜部经常打折促销，以便吸引客流量，面临着一定的亏损。超市的投资额较大，超市可以分为便利店、标准超市、大超市和综合超市。一般只有较大规模的超市才会有生鲜农产品销售。超市的优势是可以一站式购物，减少消费者多次购物的成本。生鲜部门存在亏损的情况，只为吸引消费者进店，通过购买其他品类的产品从而带动销售利润的增加，当超市的经营规模较小时，其无法经营品类较为齐全的生鲜农产品，只经营少数的生鲜农产品，很难吸引消费者前来购物。同时，单个超市的销售量有限，只有达到一定的经营规模存在规模经济从而有助于降低成本。因此，超市行业的规模经济壁垒较高。

3. 电商平台

从现有层面看，我国的生鲜农产品平台大致可以分为两种类型：一是综合性电商平台，一般以大公司直营为主，经营着品类较为齐全的生鲜农产品；二是某一品种生鲜农产品商家进驻综合性电商平台如京东和天猫，借助大平台的流量来销售生鲜农产品，这种类型主要是以销售水果为主，且规模较小，借助平台的低进入壁垒，便于众多生产者和批发商进入，主要是增加其产品销售的渠道，因此其规模经济壁垒较低。大型电商平台的成立需要在销售城市布局冷链配送网络，而冷链物流的配送网络的布局投资成本极高，因此其存在一个最小适度规模，只有布局配送网络城市较多才会降低其平均成本，同时还需要专业的电商人才运营。因此，电商平台的规模经济壁垒较高。

（二）产品差异壁垒

消费者对某一产品“品牌”的偏好，以及在位者已占领的合适的市场位置和产品空间，使得新进入企业在竞争中处于不利地位，进一步提高其生产成本（汪伟、史晋川，2005）。产品差别化较高时，消费者对已有商品的偏好已经形成，这种偏好可能是由于产品本身的品质形成的，也可能是由于加诸在产品身上不同的服务而造成的，比如，广告和促销等。潜在进入者想要克服这一壁垒，要么增大投入使产品一开始就具有较高的品质；要么在服务项目上投入更多，比如投入更多的广告费用来宣传自己的产品要么降低价格，使自己的产品价格对消费者更有吸引力，可是不管使用哪种方法，对于新进入企业来说不是利润的减少就是成本的增加。形成产品差异的因素可以是因为产品本身质量上的差别；也可以是因为广告、商标、包装、销售、商誉等产品物质本身以外的活动等，可以使同行业中不同企业的同类产品在消费者消费观念上留下偏好差别和主观印象差别，其中广告促销起着相当大的作用（王娜，2012）。

1. 批发市场

批发市场以经营着品类较为齐全的生鲜农产品的销售，满足周边城市农产品的供应，经营品种受到当地消费者的需求影响，不同批发市场的经营品种一般差异不大，同时产品本身的差异也不会太大。因此批发市场的产品差异壁垒可能更多地来自批发市场所能提供的服务、地理区位等因素的影响，但是总体来说不同批发市场之间的差异不大，因此，本书认为批发市场的产品差异壁垒较低。

2. 超市

由于超市的经营场地受限，其市场覆盖范围较小，其经营的产品更加基于周边消费者的偏好，同时不同的超市可能经营着不同种类的商品，近些年逐步经营一些来源地不同的品牌生鲜农产品和一些有机的生鲜农产品。因此不同超市的生鲜农产品经营品种不一，经营的品牌不同，有的超市还提供配送服务，因此，超市流通渠道的产品差异壁垒较高。

3. 电商平台

电商平台经营着品类较为齐全的生鲜农产品，由于电商流通较高的物流成本，因此电商平台主要是经营附加价值较高的生鲜农产品，更加注重产品来源地和具有品牌的生鲜农产品，为消费者提供国内外较为优质的生鲜农产品，如阳澄湖大闸蟹、美国车厘子、新西兰猕猴桃等。不同平台销售的产品品牌不一样，产品来源地不同，具有较大差异，如褚橙只在未来生活网和天猫平台销售，而其他平台无法销售。在不同平台消费具有一定的忠诚度，新进入企业需要花费较多的资金进行宣传搞促销，投入成本较高。最后现阶段电商平台的生鲜农产品配送模式不一，如每日优鲜通过在不同城市建立配送仓，承诺 2 小时内送达，如天猫和京东仍需要依靠传统物流体系运送，最快能够次日到达。因此，电商平台的产品差异壁垒较大。

（三）绝对成本壁垒

绝对成本壁垒是指由于在位企业的已有规模和长期的经营，它们在获取资本、技术、原材料等方面比潜在进入企业具有明显的成本优势。这种在成本上的绝对优势越大，潜在进入厂商进入时面临的壁垒就越高。具有绝对成本优势的企业可以获取超额利润，而不必担心其他企业的进入，甚至还可以用压低价格的办法阻止其他企业的进入（汪伟、史晋川，2005）。造成这种成本优势的因素有很多，比如在位厂商先进入后可以优先选择更接近于优良的生产和经营资源的地理区位，在一定程度上降低长期生产和经营成本。再比如在位厂商因为长期的经营，在购买投入要素时可以从买家享受到一定的折扣，对市场上的同类产品的价格也已经具备一定的影响力等。除了相对于在位厂商的这些劣势，潜在进入厂商在筹措资金方面也往往面临重重障碍，规模和声誉上的劣势会使新进入厂商支付更高的利息，增大其成本。此外行业的沉淀成本越高，比如投资设备的专用性越强，行业的进入壁垒就越高，原因是行业进入时需要考虑进入不成功而退出时的损失，而沉淀成本是这损失中的一部分（王娜，2012）。

1. 批发市场

批发市场的形成关键在于众多批发商的进驻，在较好的经营现状下，在位的批发市场经营者具有更为成熟和完善的运营模式，批发市场经营者与批发商之间具有较为稳定的合作关系。新批发市场的建立需要组织大量批发商进驻，需要给予批发商一定幅度的优惠。从以上分析可知，批发市场的绝对成本壁垒不高。

2. 超市

现阶段超市主要是采取与合作社或者相关供货商长期合作，与合作社建立的长期合作关系，有利于超市获取成本更低、质量更高的货源。早期进入的超市可能选取客流量较大的地段，消费者购物更加便利。根据消费者长期的消费数据统计，早期进入的超市更加了解区域内消费者的消费偏好，有利于合理安排所销售的产品种类。由以上分析可知，超市渠道的绝对成本壁垒一般。

3. 电商平台

电商平台的产品来源较为多元化，基本上是基地直采的模式，基于长期的合作关系，因此在位企业的生鲜农产品获取成本可能会更低。电商虽然是未来流通的发展趋势，但是尚未成为消费主流，投资高、风险高，相对来说，在市场竞争中获取一定市场份额的企业更易获取投资，所以在位企业融资的成本较低。由于消费者对已有购物渠道的忠诚度，因此新进入的电商平台需要投资较高的营销费用来吸引消费者。由此可知，电商平台的绝对成本壁垒较高。

（四）制度性壁垒

制度性壁垒主要指潜在进入者想要进入市场时所面临的制度约束，主要包括行政审批制度和许可证制度这些政府用来限制不符合投资标准的新企业进入的制度。具体来说它主要是通过对企业经营最低资本金规定设置、行业内企业数量限制、企业经营范围控制和一系列的有关产品质量和安全标准等来实现（王娜，2012）。

我国批发市场的建设主要是来源于政府的相关规划，然后再采取招标的形式，由企业或者是政府与企业共同管理运行，企业无法随意地进入市场成立批发市场，因此，批发市场存在较高的制度性壁垒。超市和电商平台的进入基本不受政府相关制度的约束，企业通过正常的申报流程及进入市场，制度性壁垒比较低。

从进入壁垒的视角来看，批发市场、超市和电商平台三种模式在不同的方面，其进入壁垒存在差异。批发市场的规模经济壁垒和制度性壁垒较高，而产品差异壁垒和绝对成本壁垒较低；超市和电商平台的情况类似，规模经济壁垒和产品差异壁垒较高，而绝对成本壁垒和制度性壁垒较低。三种流通渠道的进入壁垒对比，如表 5－3 所示。

表 5-3　三种流通渠道的进入壁垒

进入壁垒	批发市场	超市	电商平台
规模经济壁垒	高	高	高
产品差异壁垒	低	较高	高
绝对成本壁垒	一般	一般	较高
制度性壁垒	高	低	低

二、市场集中度

产业集中度（市场集中度）是衡量市场结构的一种重要量化指标，是决定市场结构最基本的因素之一，产业集中度具体的计算公式如下：

$$CR_n = \frac{\sum_{i=1}^{n} X_i}{\sum_{i=1}^{N} X_i} = S_1 + S_2 + \cdots + S_n = \sum_{i=1}^{n} S_i \qquad (5-1)$$

（一）批发市场

2016 年我国前四家农产品综合市场分别是北京新发地农副产品批发市场中心、南京众彩农副产品批发市场、成都濛阳农副产品综合批发交易市场、常州凌家塘农产品市场。

2016 年我国共有农产品市场 966 个，交易总额为 17466.5 亿元，2016 年北京新发地农副产品批发市场中心的销售额为 816 亿元，2016 年南京众彩农副产品批发市场半年交易额为 486.54 亿元，成都濛阳农副产品综合批发交易市场销售额为 360 亿元，常州凌家塘农产品市场交易额达到 330.88 亿元，2016 年前四大批发市场的销售额为 1993.42 亿元，其 CR_4 为 11.41%。由此看来，我国批发市场流通渠道的市场集中度较低，行业内的竞争程度较为充分，一个可能的原因是批发市场基本是供应周边城市的农产品，较少有批发市场能够辐射全国，这是导致我国批发市场集中度较低的一个原因。但是从局部地区来看，批发市场还是占当地交易量的绝大部分份额，垄断地位明显，如表5-4 所示。

表 5-4　2016 年我国批发市场销售额排名　　单位：亿元

排名	批发市场名称	所属地	交易额
1	北京新发地农副产品批发市场中心	北京	816.00
2	南京众彩农副产品批发市场	南京	486.54
3	成都濛阳农副产品综合批发交易市场	成都	360.00
4	常州凌家塘农产品市场	常州	330.88

注：排名数据来自《中国商品交易市场统计年鉴》，而交易额数据来自笔者自行整理。

（二）超市

2016 年超市总体市场销售额为 8175.2 亿元①，而前四家连锁超市的年销售额为 3332.68 亿元，CR_4 为 40.77%，市场集中度较高。几大连锁超市占据着较高的市场份额，

① 中华人民共和国国家统计局.2016 中国统计年鉴［M］. 北京：中国统计出版社，2016.

说明超市行业的竞争程度不高。

表5-5　2016年我国连锁超市市场交易额排名　　单位：亿元，个

排名	超市名称	2016年交易额	门店数	店均交易额
1	华润万家	1034.95	3224	0.32
2	大润发	932.9	368	2.54
3	沃尔玛中国	766.98	439	1.75
4	联华超市	597.85	3648	0.16
5	永辉超市	544.08	487	1.12
6	家乐福中国	504.75	319	1.58
7	中石化易捷	351	25000	0.01
8	步步高	321.45	590	0.54
9	物美超市	299.03	566	0.53
10	农工商超市	276.56	2317	0.12

资料来源：《中国连锁经营协会（CCFA）发布“2016年中国连锁百强”名单》。

（三）电商平台

由图5-5可以发现，天猫喵鲜生和京东占据市场份额的52%，而其他电商平台所占市场份额的比重较低，前四大企业的市场份额为65%，市场集中度较高。天猫喵鲜生和京东处于市场垄断地位，从市场集中度的视角来看，电商平台市场竞争程度较低，垄断特征明显。

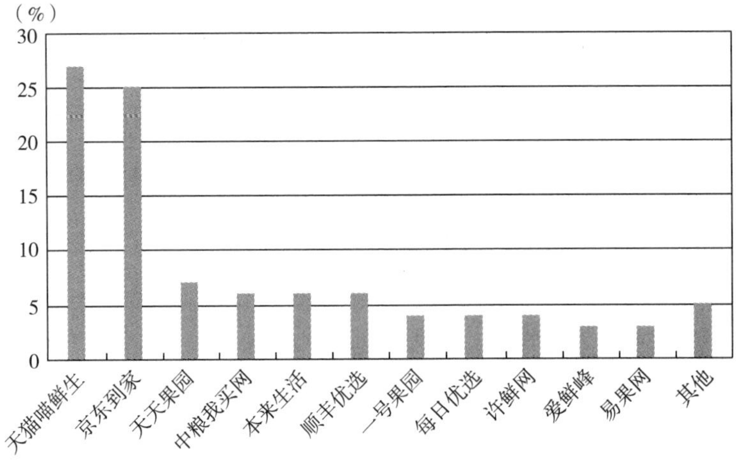

图5-5　2016年我国生鲜电商企业市场份额

注：数据来自速途研究院：《2016年Q3生鲜电商市场报告》。

第三节　不同流通渠道纵向合作关系的比较分析

批发市场主要是以经纪人为中介连接农户与批发市场的，而超市和电商平台主要是以合作社为主，或者是自建生鲜农产品生产基地实现纵向一体化的流通模式。本节从流通渠道纵向组织关系入手，对批发市场、超市和电商平台三种模式中不同的纵向合作关系进行总结，进一步对不同模式主体与农户的纵向合作关系进行比较分析。

一、不同流通渠道纵向组织关系的主要模式

我国生鲜农产品流通渠道的纵向合作关系是指不同渠道中供应链上下游各类参与主体之间协调各方利益的方式。目前生鲜农产品流通渠道中的参与主体有种养殖户、经纪人、批发商、种养殖生产基地、合作社、批发市场、超市和电商平台等。在不同的销售渠道中，不同的主体之间又会形成不同的纵向合作形式，其大致可以分为市场交易、契约销售、纵向一体化三种形式。

市场交易是指种养殖户在收获农产品之后去附近集贸市场上交易或者是等待经纪人上门收购，前种销售途径种养殖户的收益完全由市场的供求关系决定，而后者则基本由经纪人决定，种养殖者缺乏与经纪人之间议价的能力，是价格的被动接受者。

契约销售大多数是指超市和电商平台基于市场需求而与合作社或是种养殖者所签订的销售合约，合约中就生鲜农产品的种类、数量、质量、价格、交易时间等具体信息进行详细的规定。从一定程度上来讲，农户专业合作组织也是一种纵向合作，该组织是由一个地区内种养殖户在自愿的基础上加入并在民主原则下共同管理的组织，合作社会对种养殖者在生产环节中的种苗选取、农药化肥施用标准和种养新技术运用等提供相关服务，对生产环节规范产品质量具有积极的效果。

纵向一体化则是指超市和电商平台采取自建生产基地的方式，采取“种养殖户 + 生产基地 + 企业”的纵向一体化合作模式，将种植、运输、加工、销售等供应链上的环节都纳入企业的内部管理之中（陈昱，2014），根据市场需求合理地安排生鲜农产品的生产，可以从源头上控制生鲜农产品的质量，同时也降低了交易成本。

二、不同流通模式与农户纵向合作关系的比较分析

以批发市场为主导的流通渠道：批发市场内的批发商与农户之间的连接是依托经纪人作为纽带的，经纪人通过收购农户所生产的农产品再运到批发市场出售，在这种交易关系中，经纪人占有较大优势，在这种优势下经纪人相比于农户具有更强的议价能力，同时因为经纪人需要承担农产品的价格波动风险，因此经纪人倾向于压低收购价格，农户只是销售价格的被动接受者，农户的利益无法得到保证。

超市和电商平台大多选择和合作社直接对接，其主要有以下几点优势：第一，保持了家庭经营的独立性，建立了农户利益的自我保护和激励机制，使农户分享到销售环节带来的利润，提高了农户经营效益（姜海燕，2008）；第二，中介组织的出现使契约的不完备

性减弱，内部交易成本降低；第三，委托—代理关系的引入决定了超市或电商平台和农户之间的利益联结机制可以更具有稳定性，风险分担机制初步建立；第四，从某种程度上克服了经纪人与农户之间交易成本过高的弊端，通过合作社的协调使农户在交易中的地位不再悬殊，合作社作为农户的代理人（侯淑霞，2007），增强其在交易过程中的话语权，可以在一定程度上保障了农户的利益。农户通过合作社为集体进入销售环节，即交易内部化，较之经纪人与农户之间的交易活动，以内部化的组织形式替代市场交易关系，能够克服信息的不对称性，降低市场交易中的不确定性（侯淑霞，2007），能够增强议价能力、降低交易费用。然而，由于我国合作社发展并不规范，从某种意义上来说，并无真正的合作社（邓衡山等，2015），以合作社为中介的纵向组织关系组织结构较松散，合作社发展不够成熟，同时也受到资金、技术、管理能力等条件的影响，合作社的规模难以扩大（姜海燕，2008）。同时，由于信息的不对称性和契约的不完备性，使得双方都有违约的动机，为了防止这种行为发生，双方又不得不投入人力、物力进行监督，监督成本又使产业组织内部的交易成本增加（侯淑霞，2007）。因此，以合作社为中介的纵向组织关系并没有建立起稳定的风险分担和利益共享机制，纵向关系稳定性和合作性较差。

以建立生产基地为基础实现一体化的纵向组织模式具有以下几个特点：第一，超市和电商平台可以根据市场的需求，基于当地的自然资源禀赋，按需生产；第二，相对而言，超市和电商平台具有较多的资金，可以引进新品种、先进的种养技术和绿色的种养殖方式引入生鲜农产品的生产过程中，提升农业生产的现代化水平，提升产品品质，增强其竞争实力；第三，合作社一体化纵向的组织关系在二者之间建立了有效的风险分担机制，成员合作的积极性得到了有效提高，从而专用资产投资能力也进一步提高。三种纵向组织关系比较如表 5 -6 所示。

表 5 -6　三种纵向组织关系的比较

比较内容 \ 渠道模式		“经纪人 + 农户”	“合作社 + 农户”	“公司 + 生产基地 + 农户”
交易成本	交易成本类型	搜寻成本	契约成本	契约成本
	交易成本	高	中	中
纵向合作关系	关系稳定性	低	一般	极高
	成员合作性	低	一般	极高
	风险分担机制	无	弱	一般
农户利益	收入的稳定性	低	一般	较高
	农户承担风险	大	一般	较低

第四节　本章小结

本节针对批发市场、超市和电商平台三种不同流通渠道从总体、横向竞争程度和纵向合作关系三个维度来进行比较分析，其分析结论如下：

（1）三种流通渠道在主体构成、适用产品、价值增值、流通效率、流通损耗等方面存在较大的差异，且不同流通渠道在不同方面各有优缺点。

（2）从横向层面分析三种流通渠道的竞争程度，如果三种不同流通行业内部均是达到竞争状态，则说明在不同的流通环节有不同的主体在提供有价值的运销服务，因此可以认为该流通渠道效率较高。然而从进入壁垒的视角来看，三种流通渠道均存在一定的垄断特征，从市场集中度的视角来看，批发市场的市场集中度较低，超市和电商平台的市场集中度较高，说明超市和电商平台行业内部的竞争程度较低，具有一定的垄断性。从这一层面说明现阶段的流通渠道效率不高。

（3）从纵向层面分析三种流通渠道的合作关系，批发市场主要是“经纪人 + 农户”的合作模式，超市、电商平台主要是“合作社 + 农户”和“公司 + 生产基地 + 农户”的模式，其中“公司 + 生产基地 + 农户”的纵向合作关系最为稳定，农户与企业之间的合作程度最高，而相对来说，“经纪人 + 农户”这一模式则稳定性最低，且两者之间成员合作性较低，风险分担程度较低，不利于农户收入的稳定增加。

第六章　超市为主导的生鲜农产品流通渠道分析

专题　超市和农贸市场生鲜蔬菜经营的市场竞争分析

——基于质量与价格差异的视角

一、超市与农贸市场的竞争格局分析

（一）超市和农贸市场生鲜蔬菜经营的调研概况

本书对江苏省南京市的主要超市和农贸市场内零售商进行实地调研，主要从以下三方面考虑将南京市选为调研地点：一是从蔬菜生产角度来看，地处温带的南京市常年阳光、雨水适中，有利于蔬菜生产，当地产蔬菜品种丰富多样，并且在全国主要大中城市中南京“本地郊区菜＋外地菜”的蔬菜生产和流通格局具有一定的代表性；二是从蔬菜流通角度来看，南京市作为江苏省的省会，市内有沃尔玛、家乐福、金润发、麦德龙、欧尚、苏果、华联等多家经营生鲜农产品的中外连锁超市，农贸市场更是遍布市内各街道，这种中外超市与农贸市场并存，同时销售生鲜农产品的情况在全国各大中城市非常普遍；三是从消费考虑，江苏省是中国经济最为发达、人均收入较高的省份之一，南京市是江苏省的省会城市，是江苏省的政治经济文化中心，《南京市2014年国民经济和社会发展统计公报》显示，全年全体居民人均可支配收入37283元，在全国处于上游。南京市消费者对食品质量安全的要求会比较高，这种需求会直接影响零售商，进而影响其食品质量控制行为。

具体抽样包括对超市的选择和对农贸市场内零售商的选择：

超市的选择。南京市场上经营生鲜农产品的超市很多，包括沃尔玛、家乐福、金润发、麦德龙、欧尚、苏果、华联、好又多等，不同类型超市的资本背景、经营理念、进场标准、采购体系、经营模式等都有显著区别，这些都是影响其食品质量安全程度的重要因素。有些超市将生鲜柜台整体外包，自己仅定期进行质量监管；有些超市则设立专门的生鲜部，负责生鲜品，包括蔬菜的采购、物流及销售。本书主要选取南京市场上生鲜蔬菜销售比较活跃，交易量相对较大，市场认可度较高的沃尔玛、家乐福、金润发、苏果、欧尚、麦德龙进行调查，这几家超市基本涵盖了南京开设生鲜蔬菜区的超市，进一步剖析其

生鲜蔬菜经营方式。参考各大超市在南京网点布局的开设情况，本书在六大主城区共抽样选取34家超市，其中苏果18家，欧尚2家，麦德龙2家，金润发3家，家乐福4家，沃尔玛5家。

农贸市场内零售商的选择。南京市的农贸市场遍布城区各主要街道，为了避免样本的重复性，本书根据南京市农贸市场协会的名单，在南京市的6个主城区中各随机选取靠近样本超市的2个农贸市场作为调研点。在农贸市场内选择主要经营蔬菜业务的2~3个零售商为调查对象。

问卷主体由四部分构成：第一部分是被访超市或农贸市场生鲜经营的基本信息，内容包括营业时间、店址布局、生鲜蔬菜零售种类、生鲜蔬菜区面积、提供的特色服务；第二部分是生鲜蔬菜的经营模式；第三部分是生鲜蔬菜的采购渠道及配送模式；第四部分是对生鲜蔬菜的保鲜措施及认证情况。由于蔬菜种类繁多，无法全部涵盖，在实际调研中，结合考虑园艺学的蔬菜分类和调研期间的可获得性，以青菜代表叶菜类蔬菜、黄瓜代表瓜菜类蔬菜、萝卜代表根茎类蔬菜、番茄代表茄果类蔬菜、大葱代表葱蒜类蔬菜、四季豆代表豆类蔬菜、土豆代表薯芋类蔬菜，共七种。

蔬菜价格和质量信息的跟踪观察期间是2015年12月5日至2016年1月2日，对拟调研的超市和农贸市场，调研员每隔一周去一次进行跟踪记录，一般都是选择上午时段，每组调研员同时去到邻近的超市和农贸市场，尽量控制时间差。在超市中，七种蔬菜的所有样本都需观察，而在农贸市场中则随机选取20%的蔬菜摊位，记录下选取的蔬菜摊位编号以便每周都能定点跟踪观察。每种蔬菜的一组价格和质量视为一个样本。

（二）超市和农贸市场生鲜蔬菜经营的基本信息

表6-1比较了超市和农贸市场这两种零售业态生鲜经营的基本信息。农贸市场一般都是独立开设在居民区附近，这类店址选择模式适合于最常用的生鲜农产品经营，一是最能深入居民生活区，对该区内的消费者喜好、每天销售量、销售品种能做到心中有数，便于市场内零售商组织货源经营；二是交易关系稳定，客源基本固定，所组织的货源也基本稳定，便于形成习惯性购买。而超市经常选择依附于大型购物中心或是商场，有53.33%的被调研超市是在商场内部开设的，一般而言，大型购物中心或商场的消费群覆盖面较广，顾客来源于不同的层次，其消费习惯、消费心理等都有差异性，来源广、购买者众多，同时由于商场产品齐全，会引出许多连带顾客，有些不准备购买生鲜农产品的消费者也会实施附带购买，但这种店址选择离消费者居住地有较远的距离。

从营业时间来看，超市平均每天营业15小时，农贸市场平均每天营业14小时，同时超市的开始营业时间和停止营业时间相对于农贸市场要晚1.5小时和2.5小时。这样对于那些生活工作节奏快、习惯下班之后购物买菜的消费者来说，超市显得更为便利。而由于超市一般离居民区较远，相应地不少超市也提供购物班车服务（26.67%）和停车场服务（66.67%），这样平常空闲时间较多的老年人可以搭乘班车来超市购买生鲜蔬菜，离得远的消费者也可自行开车到超市。

生鲜蔬菜作为聚客手段具有很高的购买频次，渐渐成为超市的发力焦点，超市生鲜蔬菜的经营面积有所增加，销售种类增多。超市蔬菜区面积平均为108.73平方米，而农贸市场内单个零售商的经营面积平均为11.61平方米，超市显著大于农贸市场内零售商，这是因为超市自身经营规模大，而农贸市场内零售商数量多，导致单个零售商占据的经营面积较小。从蔬菜种类来看，被调研超市的平均销售蔬菜 81 种，而农贸市场平均销售 32 种，说明超市生鲜蔬菜品种较农贸市场更齐全。

表 6－1 超市与农贸市场生鲜经营的基本信息

基本信息	超市	农贸市场
开设在商场里（%）	53.33	0.00
开始营业时间（上午）	7：00	5：30
停止营业时间（下午）	10：00	7：30
生鲜蔬菜种类（种）	81	32
蔬菜区面积（平方米）	108.73	11.61
购物班车服务（%）	26.67	0.00
停车场服务（%）	66.67	0.00

资料来源：根据调研数据整理获得。

（三）超市和农贸市场生鲜蔬菜的经营模式

生鲜蔬菜经营主要包括自营、联营、出租三种模式。自营模式就是自己经营，员工和设备都属于经营者自己所有，如果选择生鲜自营模式，在运营前期设备投入必不可少，从采购到销售涉及的各个部门和各个环节也需要设备支持，此外还要管理库存和损耗控制等现场问题，日常营运费用偏高。但自营模式能较好地控制质量，商品采购、定价灵活，有比较充分的主动权。联营模式是指将生鲜蔬菜柜台（场地）租赁给联营商，仅是收取租金和提成，经营风险完全转移外包给了联营商，同时也基本放弃了在商品选择、质量、定价、库存控制和促销等方面的主导权，也不承担人力成本和损耗。出租模式则是仅收取租金而无提成，收益相较于前两种模式稳定。

表 6－2 比较了超市和农贸市场生鲜蔬菜的经营模式。农贸市场主要是将场内摊位出租给个体零售商，个体零售商则全部采用自营方式销售生鲜蔬菜。超市则与之不同，66.67% 的超市完全自营，29.63% 的超市是自营与联营相结合，而只有 3.7% 的超市以完全联营方式销售生鲜蔬菜。在自营与联营方式共存的超市中，自营比例在 50% ～80% 不等，或与联营比例持平，或显著高于联营比例，表明超市生鲜蔬菜的经营模式中自营居多，且存在联营不断转变为自营的可能性。

表 6－2 生鲜蔬菜的经营模式比较

经营模式（%）	超市	农贸市场
完全自营	66.67	100.00
完全联营	3.70	0.00
自营与联营共存	29.63	0.00
出租	0.00	0.00
其他	0.00	0.00
合计	100.00	100.00

资料来源：根据调研数据整理获得。

（四）超市和农贸市场生鲜蔬菜的采购渠道及配送模式

从 20 世纪 90 年代以来，我国超市的农产品采购模式共经历了四个阶段：第一阶段（1990～1998 年），超市开始涉及农产品经营，销售品种和数量相对有限，在这一时期超市主要从农产品批发市场进行采购便可满足销售需求；第二阶段（1999～2002 年），超市快速发展，规模不断扩张，为减少农产品采购和配送成本开始采用供应商方式部分替代批发市场采购；第三阶段（2003～2006 年），为了进一步减少中间环节的采购时间和采购成本，超市不断地降低从批发市场采购的比重，从以批发市场为主向以供应商为主的供货方式转变；第四阶段（2007 年以来），农超对接这种新兴流通方式伴随着超市发展应运而生，家乐福和麦德龙等外资超市直接从农户或者农民专业合作社进行农产品采购，减少中间流通环节、降低流通成本，成为“农超对接”的率先示范（卢凌霄等，2014）。目前前述几种采购模式均存在，因此本书将生鲜蔬菜的采购渠道做了如下区分，如图6－1 所示：

- 生鲜蔬菜的采购渠道
  - 产地直采
    - 非自有生产基地
      - 农民专业合作社
      - 优质农产品生产基地（战略合作）
    - 自有生产基地
  - 中间商环节
    - 批发市场
    - 专业供应商（贩销户）
  - 自产自销

图 6－1　生鲜采购渠道

一般情况下，超市和农贸市场内零售商可同时选择从几种渠道采购生鲜蔬菜，因此该问题采用多选形式。由表 6－3 可知，农贸市场内零售商有两种采购渠道，90.24% 的零售商有从批发市场采购，12.2% 的零售商有自产自销方式。相较而言，除了自产自销外，其他采购渠道超市均有涉及，采用比例居前三位的分别是专业供应商（贩销户）（53.57%）、批发市场（46.43%）、自有生产基地（32.14%）。

表 6－3　生鲜蔬菜的采购渠道比较　　单位：%

采购渠道	超市	农贸市场
自有生产基地	32.14	0.00
农民专业合作社	3.57	0.00
优质农产品生产基地（战略合作）	14.29	0.00
批发市场	46.43	90.24
专业供应商（贩销户）	53.57	0.00
自产自销	0.00	12.20

资料来源：根据调研数据整理获得。

由表 6－4 可知，农贸市场内零售商不论是从批发市场采购还是自产自销，均由其自行运输。基于不同的采购模式，超市则存在由物流中心配送（53.33%）、供应商自行运输配送（43.33%）、第三方物流配送（43.33%）三种配送模式，在调研超市中，目前只有苏果超市建立了自己的物流中心，向各门店进行配送。

表 6－4　生鲜蔬菜的配送模式比较

单位:%

配送模式	超市	农贸市场
物流中心	53.33	0.00
供应商自行运输	43.33	0.00
零售商自行运输	0.00	100
第三方物流	43.33	0.00

资料来源：根据调研数据整理获得。

（五）超市和农贸市场生鲜蔬菜的保鲜措施及认证情况

蔬菜的新鲜程度是体现其质量的重要方面，现场管理对保持蔬菜的新鲜度有重要作用，如何有效地保鲜、控制损耗也是超市和农贸市场内零售商面临的一大难题。目前常见的保鲜措施有冷藏保鲜设备、自动加湿设备、冰冷水处理、保鲜膜包装和常温五种，农贸市场内零售商经营规模较小，一般采用冰冷水处理（29.27%）或常温保鲜（100.00%）。调研中所有超市均有常温摆放销售的蔬菜品种，76.67%的超市采用保鲜膜包装，63.33%的超市有冷藏保鲜设备，26.67%的超市有自动加湿设备并在使用，另外有20.00%的超市会用冰冷水处理部分蔬菜以保持新鲜度，如表6－5所示。

表 6－5　生鲜蔬菜的保鲜措施比较

单位:%

保鲜措施	超市	农贸市场
冷藏保鲜设备	63.33	0.00
自动加湿设备	26.67	0.00
冰冷水处理	20.00	29.27
保鲜膜包装	76.67	0.00
常温	100.00	100.00

资料来源：根据调研数据整理获得。

从表6－6中可以看出，农贸市场内零售商所销售的生鲜蔬菜均无任何认证，基本都是从批发市场采购的普通蔬菜。被调研超市的生鲜蔬菜中则或多或少存在无公害产品、绿色食品、有机食品和超市自我认证四种认证，前三种认证的标准要求逐项递增，相应地有这三种认证蔬菜的超市比例逐项递减，分别为55.17%、27.59%、6.90%，值得注意的是一半以上的超市有自己的专柜品牌认证，表明超市在生鲜蔬菜经营中开始注重设立私人标准，加强质量控制。

表 6-6 生鲜蔬菜的认证情况比较 单位:%

认证情况	超市	农贸市场
无公害产品	55.17	0.00
绿色食品	27.59	0.00
有机食品	6.90	0.00
超市自我认证	51.72	0.00
无认证	0.00	100.00

资料来源：根据调研数据整理获得。

二、超市销售环节质量与价格的比较分析

(一) 超市和农贸市场生鲜蔬菜的质量比较

人们通过观察蔬菜的色泽、形状、大小、新鲜度等外表特征，即蔬菜的搜寻品属性，基本能把握蔬菜的质量，外形相同的蔬菜其内在质量基本相同。由于农产品市场信息不对称现象较为严重，受到广泛关注的蔬菜农药残留属于信用品属性，其识别只能通过检测，而检测不仅需要专门的仪器设备，而且需要检测人员具备专门知识，绝大多数消费者不可能具备相关的专门知识，所以蔬菜中农药残留是否超标由消费者自己来甄别，不仅信息获取的成本高昂，而且绝大多数情况下不可能实现。因此，在本书中，蔬菜质量定义为一系列可观测的搜寻特征的集合，因为在这样的研究中很难加入无法观测的信任（经验）属性。那些已被人们认识和掌握的、与内在质量密切相关并具规律性的外观因素，而且基于消费者认为重要的产品特性，才能被确定为评价指标。因此，在实际调研之前组织调研员和蔬菜消费者进行了一次关于生鲜蔬菜质量评价的讨论会，在超市和农贸市场选取七种蔬菜的部分样本中，每位参与者分别评价这些蔬菜的质量优劣程度，并给出具体的评价指标，经过讨论一致后确定七种生鲜蔬菜的质量属性特征（见表6-7~表6-13)。

七种蔬菜的质量属性可分为产品属性和销售属性，前者包括新鲜程度和色泽等，后者包括包装和标签等。对于青菜，新鲜程度通过叶子和茎柄来判断，其他产品属性还有色泽、病虫害程度、是否连根卖；对于黄瓜，新鲜程度通过硬实程度判断，其他产品属性还有色泽、瓜把长度、瓜身均匀程度、机械伤害；对于萝卜，新鲜程度通过表皮和硬实程度来判断，其他产品属性还有色泽、大小、机械伤害；对于番茄，新鲜程度通过表皮和硬实程度来判断，其他产品属性还有色泽、大小、成熟度、机械伤害；对于大葱，新鲜程度通过叶子和茎柄来判断，其他产品属性还有色泽、机械程度、是否连根卖、清洁度；对于四季豆，新鲜程度通过硬实程度来判断，其他产品属性还有色泽、表面斑点、机械伤害；对于土豆，新鲜程度通过表皮和硬实程度来判断，其他产品属性包括色泽、大小、机械伤害、清洁度、发芽程度。对于七种蔬菜，本书共同考虑的销售属性包括是否有包装、是否有标签、是否有品牌认证。

表6-7列举比较了以青菜为代表的叶菜类蔬菜在超市和农贸市场的质量差异。从产品属性来看，病虫害程度在10%水平下有显著差异，且超市青菜的病虫害程度低于农贸市场。是否连根卖在1%水平下有显著差异，且农贸市场青菜连根卖的比例高于超市。虽然两者在色泽、叶子新鲜程度、茎柄新鲜程度均无显著差异，但在子样本中色泽为深绿或暗

绿的青菜比例超市显著低于农贸市场，叶子相当新鲜和茎柄相当新鲜的青菜比例超市显著高于农贸市场。从销售属性来看，超市青菜有标签、带包装、有品牌认证的比重均显著高于农贸市场。从总体感官质量来看，在正常及以上水平的青菜比例超市稍高与农贸市场，但不显著。

表 6-7　叶菜类蔬菜（青菜）的质量比较　　单位：%

青菜	超市（n=309）	农贸市场（n=266）	超市与农贸市场间的差异
色泽			
正常绿	87.97	83.17	
深绿/暗绿	12.03	16.83	*
病虫害程度			*
没有	42.11	46.28	
很少	51.13	42.39	**
25%	6.77	11.00	*
50%	0.00	0.32	
叶子新鲜程度			
非常新鲜	24.06	27.51	
相当新鲜	42.11	35.28	*
一般新鲜	27.07	29.45	
不是很新鲜	6.77	7.12	
不新鲜	0.00	0.65	
茎柄新鲜程度			
非常新鲜	22.56	26.86	
叶子新鲜程度			
相当新鲜	45.86	38.83	*
一般新鲜	26.32	28.16	
不是很新鲜	5.26	5.83	
不新鲜	0.00	0.32	
根部			***
带根	2.27	9.02	***
不带根	97.73	90.98	***
标签			***
有	47.90	0.00	***
没有	52.10	100.00	***
品牌认证			***
有	11.97	0.00	***
没有	88.03	100.00	***

续表

青菜	超市（n = 309）	农贸市场（n = 266）	超市与农贸市场0间的差异
包装			***
有	45.31	0.00	***
没有	54.69	100.00	***
总体感官质量			
很好	21.36	19.55	
好	39.16	43.61	
正常	29.45	27.07	
不是很好	9.39	9.77	
不好	0.65	0.00	

注：*、**、*** 分别表示各子样本的均值在10%、5%、1%水平下有显著差异，此处百分比数值是基于独立虚拟变量得来，故差异检验使用卡方检验，资料来源于调研整理。

表6-8列举比较了以黄瓜为代表的瓜菜类蔬菜在超市和农贸市场间的质量差异。从产品属性来看，机械伤害在5%水平下有显著差异，色泽、瓜身均在1%水平下有显著差异，且超市黄瓜在这三个特征上均优于农贸市场，相对于农贸市场，超市黄瓜的机械伤害程度较低、色泽正常、瓜身较均匀。瓜把、硬实程度均无显著差异，但超市黄瓜较农贸市场硬实比例略高、瓜把长度适中。从销售属性来看，超市黄瓜有标签、带包装、有品牌认证的比重均显著高于农贸市场。从总体感官质量来看，超市黄瓜与农贸市场间无显著差异。

表6-8　瓜菜类蔬菜（黄瓜）的质量比较　　单位：%

黄瓜	超市（n = 276）	农贸市场（n = 232）	超市与农贸市场间的差异
色泽			***
正常绿	79.31	73.56	***
浅绿/深绿暗绿	16.38	23.55	**
硬实程度			
比较硬实	76.81	76.72	
一般硬实	22.10	20.69	
有点酥软	1.09	2.59	
瓜把			
短	34.48	32.97	
中等	43.10	36.96	
略长	22.41	30.07	*
机械伤害			**
没有	67.75	62.93	
很少	27.17	25.86	
25%	5.07	9.48	*

续表

黄瓜	超市（n=276）	农贸市场（n=232）	超市与农贸市场间的差异
50%	0.00	1.72	**
瓜身			***
条直均匀	72.46	52.59	***
一般均匀	27.17	45.69	***
弯曲不均匀	0.36	1.72	
标签			***
有	59.42	0.00	***
没有	40.58	100.00	***
品牌认证			***
有	14.13	0.00	***
没有	85.87	100.00	***
包装			***
有	64.49	0.00	***
没有	35.51	100.00	***
总体感官质量			
很好	19.93	22.41	
好	46.01	42.24	
正常	27.90	28.45	
不是很好	6.16	6.03	
不好	0.00	0.86	

注：*、**、*** 分别表示各子样本的均值在10%、5%、1%水平下有显著差异，此处百分比数值是基于独立虚拟变量得来，故差异检验使用卡方检验，资料来源于调研整理。

表6-9列举比较了以萝卜为代表的根茎类蔬菜在超市和农贸市场间的质量差异。从产品属性来看，色泽、大小在5%水平下有显著差异，表皮、硬实程度、机械伤害在1%水平下有显著差异，且在这五种属性特性下超市萝卜要优于农贸市场。从销售属性来看，超市萝卜有标签、带包装、有品牌认证的比重均显著高于农贸市场。从总体感官质量来看，超市在1%水平下显著优于农贸市场。

表6-9 根茎类蔬菜（萝卜）的质量比较 单位:%

萝卜	超市（n=202）	农贸市场（n=226）	超市与农贸市场间的差异
色泽			**
有一定光泽	45.13	32.18	***
光泽度一般	42.48	50.50	*
无光泽	12.39	17.33	

续表

萝卜	超市（n=202）	农贸市场（n=226）	超市与农贸市场间的差异
大小			**
大小适宜	60.18	50.00	**
个头不均匀	39.82	50.00	**
表皮			***
较平整光滑	46.90	23.76	***
一般光滑	47.79	49.01	
不光滑	5.31	27.23	***
硬实程度			***
比较硬实	77.88	68.32	**
一般硬实	20.35	21.78	
有点酥软	1.77	9.90	***
机械伤害			***
没有	36.28	18.32	***
很少	45.13	43.56	
25%	15.04	26.24	***
50%	2.65	9.41	***
50%以上	0.88	2.48	
标签			***
有	21.29	0.00	***
没有	78.71	100.00	***
品牌认证			***
有	8.42	0.00	***
没有	91.58	100.00	***
包装			***
有	14.36	0.00	***
没有	85.64	100.00	***
总体感官质量			***
很好	26.55	13.37	***
好	38.94	20.79	***
正常	30.09	42.08	**
不是很好	4.42	23.27	***
不好	0.00	0.50	

注：*、**、***分别表示各子样本的均值在10%、5%、1%水平下有显著差异，此处百分比数值是基于独立虚拟变量得来，故差异检验使用卡方检验，资料来源于调研整理。

表6-10列举比较了以番茄为代表的茄果类蔬菜在超市和农贸市场间的质量差异。从

产品属性来看，表皮、硬实程度、机械伤害在5%水平下有显著差异，色泽、大小、成熟度均在1%水平下有显著差异，且超市番茄在这六种属性特征下均优于农贸市场。从销售属性来看，超市番茄有标签、带包装、有品牌认证的比重均显著高于农贸市场。从总体感官质量来看，超市番茄在5%水平下显著优于农贸市场。

表6-10　茄果类蔬菜（番茄）的质量比较　　单位:%

番茄	超市（n=347）	农贸市场（n=270）	超市与农贸市场间的差异
色泽			***
粉红	91.11	78.39	***
深红/暗红	8.89	21.61	***
大小			***
大小适宜	67.15	56.30	***
个头不均匀	32.85	43.70	***
表皮			**
较平整光滑	64.44	59.65	
一般光滑	33.33	33.72	
不光滑	2.22	6.63	**
硬实程度			**
比较硬实	60.00	56.20	
一般硬实	34.81	32.56	
有点酥软	5.19	11.24	**
机械伤害			**
没有	65.19	54.34	***
很少	28.15	34.39	*
25%	5.19	9.25	*
50%	1.48	1.16	
50%以上	0.00	0.87	
标签			***
有	42.36	0.00	***
没有	57.64	100.00	***
品牌认证			***
有	12.39	0.00	***
没有	87.61	100.00	***
包装			***
有	44.96	0.00	***
没有	55.04	100.00	***
成熟度			***
不够成熟	7.41	8.93	

续表

番茄	超市（n＝347）	农贸市场（n＝270）	超市与农贸市场间的差异
成熟度			***
成熟适中	88.89	80.98	
成熟过度	3.70	10.09	***
总体感官质量			**
很好	24.44	14.41	***
好	42.96	43.23	
正常	24.44	29.39	
不是很好	7.41	12.39	**
不好	0.74	0.58	

注：*、**、***分别表示各子样本的均值在10%、5%、1%水平下有显著差异，此处百分比数值是基于独立虚拟变量得来，故差异检验使用卡方检验，资料来源于调研整理。

表6－11列举比较了以大葱为代表的葱蒜类蔬菜在超市和农贸市场间的质量差异。从产品属性来看，仅色泽在10%水平下有显著性差异，超市大葱正常绿的比例要高于农贸市场，机械伤害、叶子新鲜程度、茎柄新鲜程度、清洁程度等属性在超市与农贸市场间均无明显差异。从销售属性来看，超市大葱有标签、带包装、有品牌认证的比重均显著高于农贸市场。从总体感官质量来看，超市大葱在正常及以上水平的比例略高于农贸市场，但不显著。

表6－11 葱蒜类蔬菜（大葱）的质量比较　　　　单位：%

大葱	超市（n＝181）	农贸市场（n＝111）	超市与农贸市场间的差异
色泽			*
正常绿	81.98	70.72	*
绿中泛黄	18.02	29.28	**
机械伤害			
没有	35.14	34.81	
很少	42.34	41.44	
25%	16.22	17.68	
50%	6.31	3.31	
50%以上	0.00	2.76	*
叶子新鲜程度			
非常新鲜	20.72	13.81	
相当新鲜	32.43	30.94	
一般新鲜	35.14	37.02	
不是很新鲜	11.71	16.02	
不新鲜	0.00	2.21	

续表

大葱	超市（n＝181）	农贸市场（n＝111）	超市与农贸市场间的差异
茎柄新鲜程度			
非常新鲜	20.72	15.47	
相当新鲜	39.64	43.65	
一般新鲜	36.94	35.91	
不是很新鲜	2.70	4.42	
不新鲜	0.00	0.55	
根部			***
带根	47.51	89.19	***
不带根	52.49	10.81	***
标签			***
有	26.52	0.00	***
没有	73.48	100.00	***
品牌认证			***
有	7.73	0.00	***
没有	92.27	100.00	***
包装			***
有	28.73	0.00	***
没有	71.27	100.00	***
清洁程度			
比较清洁	41.99	32.43	
一般清洁	40.33	45.05	
不太清洁	17.68	22.52	
总体感官质量			
很好	14.36	14.41	
好	37.02	36.94	
正常	35.91	33.33	
不是很好	11.05	15.32	
不好	1.66	0.00	

注：*、**、*** 分别表示各子样本的均值在10%、5%、1%水平下有显著差异，此处百分比数值是基于独立虚拟变量得来，故差异检验使用卡方检验，资料来源于调研整理。

表6－12列举比较了以四季豆为代表的豆类蔬菜在超市和农贸市场间的质量差异。从产品属性来看，硬实程度、表面斑点在5%水平下有显著差异，且超市四季豆较农贸市场比较硬实、表面斑点少的比例更多，在色泽、机械伤害方面的差异不显著。从销售属性来看，超市四季豆有标签、带包装、有品牌认证的比重均在1%水平下显著高于农贸市场。从总体感官质量来看，超市四季豆在10%水平下显著优于农贸市场。

表6-12 豆类蔬菜（四季豆）的质量比较　　单位:%

四季豆	超市（n=176）	农贸市场（n=198）	超市与农贸市场间的差异
色泽			
正常绿	97.98	95.46	
绿中泛黄	2.02	4.54	
硬实程度			**
比较硬实	78.79	67.05	**
一般硬实	20.20	28.98	*
有点酥软	1.01	3.98	*
机械伤害			
没有	74.75	67.61	
很少	24.24	29.55	
25%	1.01	1.14	
50%	0.00	1.70	*
表面斑点			**
没有	48.48	51.14	*
很少	47.47	38.07	**
25%	4.04	9.66	
50%	0.00	1.14	
标签			***
有	65.34	0.00	***
没有	34.66	100.00	***
品牌认证			***
有	18.18	0.00	***
没有	81.82	100.00	***
包装			***
有	68.18	0.00	***
没有	31.82	100.00	***
总体感官质量			*
很好	36.36	25.00	**
好	41.41	43.18	
正常	18.18	27.27	**
不是很好	4.04	4.55	

注：*、**、*** 分别表示各子样本的均值在10%、5%、1%水平下有显著差异，此处百分比数值是基于独立虚拟变量得来，故差异检验使用卡方检验，资料来源于调研整理。

表6-13列举比较了以土豆为代表的薯芋类蔬菜在超市和农贸市场间的质量差异。从产品属性来看，仅清洁程度在1%水平下有显著差异，超市土豆较农贸市场更洁净，色泽、

大小、表皮、硬实程度、机械伤害、发芽程度等属性特征均不存在显著差异，但在子样本中机械伤害很少的土豆比例超市在10%水平显著高于农贸市场。从销售属性来看，超市土豆有标签、带包装、有品牌认证的比重均在1%水平下显著高于农贸市场。从总体感官质量来看，土豆在超市与农贸市场之间不存在显著差异。

表6-13　薯芋类蔬菜（土豆）的质量比较　　单位:%

土豆	超市（n=260）	农贸市场（n=250）	超市与农贸市场间的差异
色泽			
正常土黄	93.60	90.77	
有青头	6.40	9.23	
大小			
大小适宜	48.80	46.72	
个头不均匀	51.20	53.28	
表皮			
平整光滑	58.40	54.23	
凹凸不平	41.60	45.77	
硬实程度			
比较硬实	79.23	77.60	
一般硬实	18.85	21.60	
有点酥软	1.92	0.80	
机械伤害			
没有	45.38	51.20	
很少	38.85	31.20	*
25%	13.46	14.40	
50%	1.54	3.20	
50%以上	0.77	0.00	
标签			***
有	44.23	0.00	***
没有	55.77	100.00	***
品牌认证			***
有	15.38	0.00	***
没有	84.62	100.00	***
包装			***
有	39.62	0.00	***
没有	60.38	100.00	***

续表

土豆	超市（n = 260）	农贸市场（n = 250）	超市与农贸市场间的差异
清洁程度			***
比较清洁	38.46	24.80	***
一般清洁	40.00	44.00	
不太清洁	21.54	31.20	**
发芽程度			
没有	79.23	78.40	
很少	18.46	18.40	
25%	2.31	3.20	
总体感官质量			
很好	25.60	21.54	
好	34.40	38.08	
正常	31.20	29.62	
不是很好	8.00	10.00	
不好	0.80	0.77	

注：*、**、*** 分别表示各子样本的均值在10%、5%、1%水平下有显著差异，此处百分比数值是基于独立虚拟变量得来，故差异检验使用卡方检验，资料来源于调研整理。

表6－14汇总了超市与农贸市场生鲜蔬菜在各质量属性特征下的比较情况。七种蔬菜中仅萝卜和番茄在其适用的所有产品属性上，超市显著优于农贸市场。

在色泽属性上，超市黄瓜、萝卜、番茄、大葱显著优于农贸市场，青菜、四季豆、土豆与农贸市场无显著差异。在大小属性上，超市土豆与农贸市场个头均匀的比例差不多。在表皮属性上，超市土豆与农贸市场平整光滑的比例无显著差异。瓜把和瓜身属性只适用于黄瓜，超市黄瓜的瓜把长度和农贸市场无显著差异，而其瓜身较农贸市场更条直均匀。根部、叶子新鲜程度、茎柄新鲜程度三种属性只适用于青菜和大葱，超市青菜和大葱不带根的比例显著高于农贸市场，但叶子和茎柄新鲜程度无差别。在硬实程度属性上，超市四季豆显著优于农贸市场，而黄瓜和土豆差异不大。在机械伤害属性上，超市黄瓜、萝卜、番茄较农贸市场机械伤害比例少，大葱、四季豆、土豆的机械伤害程度在超市和农贸市场间差异不显著。表面斑点属性只适用于四季豆，超市四季豆显著优于农贸市场。在清洁程度属性上，超市土豆显著优于农贸市场，而大葱的清洁程度则无明显差别。发芽程度属性只适用于土豆，超市与农贸市场间差异不大。病虫害程度属性只适用于青菜，超市显著优于农贸市场。

表6－14　超市与农贸市场生鲜蔬菜质量比较汇总

质量属性	青菜	黄瓜	萝卜	番茄	大葱	四季豆	土豆
色泽	0	+	+	+	+	0	0
大小			+	+			0
表皮			+	+			0

续表

质量属性	青菜	黄瓜	萝卜	番茄	大葱	四季豆	土豆
瓜把		0					
瓜身		+					
根部	+				+		
成熟度				+			
硬实程度		0	+	+		+	0
机械伤害		+	+	+	0	0	0
表面斑点						+	
清洁程度					0		+
发芽程度							0
病虫害程度	+						
叶子新鲜程度	0				0		
茎柄新鲜程度	0				0		
标签	+	+	+	+	+	+	+
包装	+	+	+	+	+	+	+
品牌认证	+	+	+	+	+	+	+
总体感官质量	0	0	+	+	0	+	0

注：+、-、0分别表示超市生鲜蔬菜在该质量属性下优于、劣于、不优于农贸市场，空格处表明生鲜蔬菜不适用于该质量属性，资料来源于调研整理。

从销售属性来看，农贸市场中出售的七种生鲜蔬菜均无标签、包装和品牌认证，这是因为零售商或自产自销或从批发市场进货，大多都是普通蔬菜品种。超市中带包装和标签的生鲜蔬菜有较大比重，同时也有一定小比例的品牌认证蔬菜。因此，在销售属性上超市生鲜蔬菜显著优于农贸市场。

从总体感官质量来看，不同生鲜蔬菜在超市和农贸市场间的差异表现不完全一致。从表6-14中可看出，超市萝卜、番茄和四季豆的总体感官质量显著高于农贸市场，而青菜、黄瓜、大葱和土豆的总体质量评价与农贸市场持平。

（二）超市和农贸市场生鲜蔬菜的价格比较

为了反映出超市与农贸市场生鲜蔬菜目前的价格差异特征，我们简单比较了两者之间最小值、最大值、平均值及其差异程度（见表6-15）。从表中可以看出，七种蔬菜在超市的平均价格均在1%水平下显著高于农贸市场，青菜、黄瓜、萝卜、番茄、大葱、四季豆、土豆的价格溢出分别为64.23%、70.69%、42.38%、52.01%、52.96%、38.26%、48.94%，价格溢出幅度较大，说明生鲜蔬菜经营中超市相对于农贸市场不具有价格竞争优势，但值得注意的是，萝卜和土豆在超市的价格最小值比农贸市场还低。

一方面，超市蔬菜整体的价格水平高居农贸市场之上。虽然超市和农贸市场的蔬菜价格形成均依据"成本+费用+利润"的原则，但是超市蔬菜经营的损耗、耗材、设备和人工等费用支出要远远高于农贸市场，所以其整体价格水平要更高。另一方面，超市某些蔬菜的价格在一些特定的时段也可能比农贸市场更低，例如在节假日、店庆时，超市通常会选择若干种消费者价格敏感度高、周转快的应季蔬菜，为其制定低于农贸市场甚至低于成本的价格，以作为集客源吸引顾客、带动其他商品销售。此外，一些超市的大批量采购所带来的低成本优势，也会使一些低损耗的蔬菜（如萝卜、土豆等）能以低于农贸市场的价格销售。

表 6－15　超市与农贸市场生鲜蔬菜的价格比较

蔬菜类别	超市		农贸市场	超市与农贸市场间的差异（%）	
	价格	样本数	价格		
青菜					
最小值	2.10		1.50		
最大值	14.80		7.00		
平均值	6.29	309	3.83	266	64.23***
黄瓜					
最小值	3.00		2.10		
最大值	25.96		6.50		
平均值	7.63	276	4.47	232	70.69***
萝卜					
最小值	0.49		0.80		
最大值	11.60		2.00		
平均值	2.15	202	1.51	226	42.38***
番茄					
最小值	2.38		2.00		
最大值	15.96		5.00		
平均值	5.67	347	3.73	270	52.01***
大葱					
最小值	2.99		1.50		
最大值	12.80		10.00		
平均值	5.95	181	3.89	111	52.96***
四季豆					
最小值	1.98		1.50		
最大值	16.80		8.00		
平均值	8.24	176	5.96	196	38.26***
土豆					
最小值	0.79		0.80		
最大值	5.61		5.00		
平均值	4.20	260	2.82	250	48.94***

注：*、**、*** 分别表示价格均值在10%、5%、1%水平下有显著差异，此处价格为连续型变量，故差异检验使用T检验，价格单位为：元/斤。超市与农贸市场间的差异用价格溢出来表示：[（Ps－Pw）/Pw]×100%，其中Ps为超市蔬菜的价格，Pw为农贸市场蔬菜的价格，资料来源于调研整理。

三、超市与农贸市场蔬菜差异化经营的实证分析

（一）模型设定与变量选择

Hedonic 模型重在考察产品各个特征而非产品本身之于消费者的效用值，进而推算出产品属性对价格的影响程度，即特征的市场隐含价格，这一隐含价格的符号与程度反映了在同等条件下，该特征对于产品整体价格的市场溢价（折价）水平。在估计特征的市场隐含价格时，选择合适的模型函数形式也至关重要，其中最为常见的是线性形式，以及通过一定转化的双对数形式与半对数形式，除此之外，还有 Goodman 在 1977 提出的 Box - Cox 变换。在本章中，考虑到自变量的设置，主要为虚拟型变量，因而参考 Schipmann（2011）也采用线性函数，具体函数如下：

$$p_h = \sum_{k=0}^{N} \beta_{kh} X_h^k + v \qquad (6-1)$$

其中，p_h 为第 h 种生鲜农产品的价格（单位：元/斤），x_h^k 为该产品第 k 种特征属性的取值，而 β_{kh} 为第 k 种特征属性的隐含价格，v 为随机扰动项。

运用 Hedonic 模型分析质量属性对蔬菜价格的影响，因变量为每种蔬菜的价格（单位为：元/斤），自变量包括前述内容中提到的产品质量属性和销售属性，以虚拟变量的形式引入模型。基于生鲜蔬菜在每种产品质量属性不同水平下的样本分布情况，本书将每种产品质量属性转换为两个或三个层级的虚拟变量。由于农贸市场中的蔬菜观测样本中均无标签、包装、品牌认证，因此这三个引入模型的虚拟变量只适用于超市。同时在所有模型中加入观测样本所属的时间虚拟变量以分析时间推移带来的价格波动。另外，加入南京市各主城区的城镇居民月平均收入，虽然地区收入水平不是蔬菜质量属性，但其衡量了各超市和农贸市场所在的居民社区范围的平均生活水平，蔬菜零售商在某些程度上可能根据平均购买力和目标消费者群体的价格敏感度适当地调整零售价格。南京市分区的城镇居民人均可支配收入资料来源于《南京统计年鉴》，除以 12 即得到月平均收入。具体的变量定义、描述及预期作用如表 6 - 16 所示。

表 6 - 16　变量设定

变量	变量符号	定义	预期方向
色泽	color	1 = 正常绿（红/光泽/黄），0 = 暗绿（红/光泽/黄）	+
大小	size	1 = 大小适宜，0 = 个头不均匀	+
表皮	skin	1 = 平整光滑，0 = 不光滑（凹凸不平）	+
瓜把	carpopodium	1 = 短，2 = 适中，3 = 略长	-
瓜身	melon body	1 = 弯曲不均匀，2 = 一般均匀，3 = 条直均匀	+
根部	root	1 = 带根，0 = 不带根	-
成熟度	mature	1 = 成熟适中，0 = 不够成熟/成熟过度	+
硬实程度	hardness	1 = 硬实，0 = 酥软	+
机械伤害	damage	1 = 没有，2 = 很少，3 = 25% 及以上	-
表面斑点	spot	1 = 没有，2 = 很少，3 = 25% 及以上	-

续表

变量	变量符号	定义	预期方向
清洁程度	cleanness	1 = 比较清洁，0 = 不太清洁	+
发芽程度	germination	1 = 没有，2 = 很少，3 = 25% 及以上	-
病虫害程度	disease	1 = 没有，2 = 很少，3 = 25% 及以上	-
叶子新鲜程度	leaf	1 = 不新鲜，2 = 一般新鲜，3 = 很新鲜	+
茎柄新鲜程度	stem	1 = 不新鲜，2 = 一般新鲜，3 = 很新鲜	+
标签	label	1 = 有，0 = 无	+
包装	package	1 = 有，0 = 无	+
品牌认证	brand	1 = 有，0 = 无	+
月平均收入	income	连续型变量（单位：千元）	+
样本所属时段	week	1 = 第一周，2 = 第二周，3 = 第三周 4 = 第四周，5 = 第五周	不确定

（二）模型结果分析

七种生鲜蔬菜的质量属性不完全相同，因此本书分别对七种蔬菜采用独立的 Hedonic 模型。不同零售渠道的样本数据能否混合在同一模型中，即在超市和农贸市场蔬菜质量属性的价格效应是否有相似性。为此，我们进行了邹氏检验，结果显示来自超市和农贸市场的两组样本数据存在结构差异，不能混合于同一个模型中，这也暗示了超市和农贸市场为满足消费者生鲜蔬菜质量需求有不同的侧重点。因此，对每种生鲜蔬菜同时运行两个模型，一个针对超市样本，另一个针对农贸市场样本，模型回归结果见表 6－17～表 6－23。

表 6－17 列出了青菜的回归结果，在超市中，只有根部、品牌认证和包装三个质量属性通过了显著性检验，对青菜价格有显著影响。带根的青菜与其价格呈负相关，没有经过初加工（去根）的青菜价格将会降低 2.79 元，品牌认知和包装均与青菜价格呈正相关，分别将提高 7.56 元、2.44 元。月平均收入变量与超市青菜价格正相关，说明位于高人均收入水平地区的超市青菜零售价格也高。

在农贸市场中，只有色泽和根部两个质量属性通过了显著性检验，对青菜价格有显著影响。色泽好、正常绿的青菜价格将提高 0.26 元，带根属性对价格的负向影响与在超市模型的结果一致，不过减少的青菜价格为 0.46 元。同时还可以看到时间虚拟变量对青菜价格有显著影响，在超市模型中不存在明显的价格波动，说明超市相对于农贸市场能更好地控制青菜价格，而农贸市场更多地受到市场供求状况的影响。

表 6－17 叶菜类蔬菜（青菜）的 Hedonic 模型多元回归结果

变量	超市（n＝309）		农贸市场（n＝266）	
	系数	标准差	系数	标准差
色泽	0.1277	0.3551	0.2570 *	0.1412
根部：带根	－2.7944 ***	1.0608	－0.4647 **	0.2087
标签	－0.2951	0.5866		

续表

变量	超市（n=309）		农贸市场（n=266）	
	系数	标准差	系数	标准差
品牌认证	7.5573***	0.5129		
包装	2.4410***	0.6001		
病虫害程度：没有	0.3989	0.5586		
病虫害程度：很少	-0.2113	0.5386	0.1418	0.1260
病虫害程度：25%及以上			0.2587	0.2518
叶子：很新鲜	0.7539	0.6902	0.6822	0.4291
叶子：一般新鲜			0.2032	0.3501
叶子：不新鲜	1.2880	0.9525		
茎柄：很新鲜	1.4121	1.2474	0.0273	0.4600
茎柄：一般新鲜	1.1664	1.0372	-0.3143	0.3864
茎柄：不新鲜				
第一周			-0.6469***	0.1954
第二周	0.4816	0.5335		
第三周	0.0745	0.5142	-0.0068	0.1899
第四周	0.2320	0.5387	-0.5201***	0.1910
第五周	-0.2455	0.5249	-0.0841	0.1882
月平均收入	1.5504**	0.6479	-0.3493	0.2472
常数项	-4.4385	3.0670	4.9128***	1.1354
F统计量	29.18***		5.68***	

注：*、**、***分别表示在10%、5%、1%水平下显著。

表6-18列出了黄瓜的回归结果，在超市中，瓜把、瓜身、标签和品牌认证均通过了显著性检验，瓜把短、带标签、有品牌认证均对黄瓜价格有正向影响，分别能提高价格0.95元、1.92元、4.31元，瓜身不均匀对黄瓜价格有负向影响，将降低价格2.06元或2.56元。

在农贸市场，各种质量属性中只有硬实程度通过了显著性检验，硬实的黄瓜价格比有点酥软的黄瓜高出0.74元。月平均收入变量与黄瓜价格正相关，说明位于高人均收入水平地区的农贸市场黄瓜零售价格也高。时间虚拟变量均对黄瓜价格有显著影响，这在之前的青菜模型中已有所体现。

表6-18　瓜类蔬菜（黄瓜）的Hedonic模型多元回归结果

变量	超市（n=276）		农贸市场（n=232）	
	系数	标准差	系数	标准差
色泽	-0.1376	0.3665	0.1216	0.1079
瓜把	0.9495**	0.4441	-0.0077	0.1106

续表

变量	超市（n=276）		农贸市场（n=232）	
	系数	标准差	系数	标准差
标签	1.9208***	0.5418		
品牌认证	4.3051***	0.5348		
包装	0.3621	0.5932		
硬实程度：比较硬实			0.7389**	0.3098
硬实程度：一般硬实	-0.1603	0.5306	0.7417**	0.3146
硬实程度：有点酥软	-0.8659	1.8096		
瓜身：条直均匀			0.0862	0.1377
瓜身：一般均匀	-2.0587***	0.4477	0.0854	0.1227
瓜身：弯曲不均匀	-2.5567***	0.5291		
机械伤害：没有	-0.5293	0.9092	-0.2367	0.1899
机械伤害：很少	-0.6632	0.8776	-0.2934	0.2091
第二周	0.3116	0.5694	-0.3561***	0.1606
第三周	0.5538	0.5625	-0.9377***	0.1495
第四周	0.2687	0.5478	-1.0215***	0.1522
第五周	-0.1758	0.5542	-1.5123***	0.1482
月平均收入	-1.2842	0.8227	0.0540***	0.2098
常数项	12.5731***	3.8096	4.3507***	1.0845
F 统计量	17.43***		11.38***	

注：*、**、*** 分别表示在 10%、5%、1% 水平下显著。

表 6-19 列出了萝卜的回归结果，在超市中，色泽、品牌认证、机械伤害三个属性对萝卜价格有显著性影响，具有光泽、品牌认证与萝卜价格正相关，带来的价格溢出分别为 0.55 元、4.01 元，而机械伤害会对萝卜价格有负向影响。在农贸市场中，机械伤害和硬实程度两个质量属性影响显著，机械伤害程度越大，价格降低越多，比较硬实的萝卜会带来正的价格溢出 0.11 元，而有点酥软的萝卜则使价格减少 0.29 元。从表中可以看出，时间虚拟变量对超市和农贸市场萝卜价格带来的波动较小。

表 6-19　根茎类蔬菜（萝卜）的 Hedonic 模型多元回归结果

变量	超市（n=202）		农贸市场（n=226）	
	系数	标准差	系数	标准差
色泽	0.5475**	0.2713	-0.0845	0.0605
表皮	-0.0730	0.2663	0.0306	0.0660
标签	0.3143	0.4301		
品牌认证	4.0056***	0.5531		
包装	0.6249	0.5937		

续表

变量	超市（n=202）		农贸市场（n=226）	
	系数	标准差	系数	标准差
机械伤害：很少	-0.5676*	0.3071	-0.0847**	0.0325
机械伤害：25%及以上	-0.4572	0.3242	-0.0995*	0.0521
硬实程度：比较硬实	-0.0009	0.2660	0.1093***	0.0377
硬实程度：有点酥软	-0.1367	0.4055	-0.2932***	0.0723
第一周	-0.7435**	0.3442		
第二周	-0.5066	0.3340	0.0068	0.0463
第三周	-0.2219	0.3391	-0.0031	0.0436
第四周	-0.2087	0.3467	-0.0297	0.0453
第五周			-0.0919**	0.0456
月平均收入	-0.5609	0.4505	-0.0653	0.0604
常数项	4.2933**	1.9815	1.8508***	0.2999
F统计量	15.19***		6.24***	

注：*、**、***分别表示在10%、5%、1%水平下显著。

表6-20列出了番茄的回归结果，在超市中，大小、硬实程度、标签、品牌认证和包装五种质量属性均对价格有显著性影响，呈正相关关系，大小适宜、比较硬实、带标签、品牌认证、包装给番茄带来的价格溢出分别为0.58元、0.88元、0.71元、3.34元、1.15元。

在农贸市场中，表皮、硬实程度、机械伤害三种质量属性均对价格影响显著，表皮光滑、比较硬实、无机械伤害能给番茄带来的价格溢出分别为0.57元、0.38元、0.23元。与超市模型结果不同的是，时间虚拟变量给农贸市场内番茄价格带来的波动非常显著，进一步说明了农贸市场在价格控制上处于被动。

表6-20　茄果类蔬菜（番茄）的Hedonic模型多元回归结果

变量	超市（n=343）		农贸市场（n=270）	
	系数	标准差	系数	标准差
色泽	-0.3149	0.2658	-0.0304	0.0818
大小	0.5796**	0.2570	0.1299	0.0923
表皮	0.1358	0.5135	0.5672**	0.2617
硬实程度	0.8819*	0.3917	0.3760**	0.1841
成熟度	0.1900	0.3105	0.0649	0.1354
标签	0.7083*	0.3755		
品牌认证	3.3380***	0.3593		
包装	1.1507***	0.4000		
机械伤害：没有	0.4082	0.4473	0.2337***	0.0880

续表

变量	超市（n=343）		农贸市场（n=270）	
	系数	标准差	系数	标准差
机械伤害：很少	0.1990	0.4418		
机械伤害：25%及以上			-0.2053	0.1729
第一周			0.5980***	0.1226
第二周	0.3099	0.3511	0.5490***	0.1189
第三周	0.1980	0.3411	0.4101***	0.1201
第四周	0.3680	0.3448	0.2037*	0.1214
第五周	0.0032	0.3311		
月平均收入	0.2943	0.4720	0.2577	0.1688
常数项	1.4527	2.1610	1.0752	0.7850
F统计量	23.02***		6.43***	

注：*、**、***分别表示在10%、5%、1%水平下显著。

表6-21列出了大葱的回归结果，在超市中标签、品牌认证、包装、叶子新鲜程度四种质量属性对价格有显著影响，有标签、品牌认证、包装给大葱带来的价格溢出分别0.87元、4.26元、0.60元，而叶子不新鲜的大葱价格会减少0.88元。

在农贸市场中，根部、茎柄新鲜程度、机械伤害三种质量属性对价格有显著影响，带根、有机械伤害会带来负的价格溢出分别为0.94元、0.43元，茎柄部分越新鲜，带来的正向价格溢出越多，茎柄一般新鲜和很新鲜能使价格提高2.05元和2.17元。同样地，时间虚拟变量对农贸市场内大葱价格有显著影响。

表6-21　葱蒜类蔬菜（大葱）的Hedonic模型多元回归结果

变量	超市（n=181）		农贸市场（n=111）	
	系数	标准差	系数	标准差
色泽	0.1582	0.3040	0.3797	0.3758
根部：带根	0.2752	0.2501	-0.9378**	0.3769
清洁程度	0.1850	0.3043	-0.0404	0.2686
标签	0.8735**	0.3529		
品牌认证	4.2630***	0.5038		
包装	0.5976*	0.3229		
叶子：很新鲜			0.0831	0.3982
叶子：一般新鲜	-0.2536	0.3581		
叶子：不新鲜	-0.8761**	0.4229	0.4246	0.4304
茎柄：很新鲜	0.0244	0.3113	2.1698**	0.8210
茎柄：一般新鲜			2.0451***	0.7396
茎柄：不新鲜	-0.3001	0.4144		

续表

变量	超市（n=181）		农贸市场（n=111）	
	系数	标准差	系数	标准差
机械伤害：很少	0.0550	0.2781	-0.4309*	0.2500
机械伤害：25%及以上	-0.0143	0.3317	-0.1935	0.3721
第一周	-0.0782	0.3578	-0.1447	0.3975
第二周	0.1651	0.3542		
第三周			-0.6573*	0.3829
第四周	0.0759	0.3585	-0.8107**	0.3862
第五周	0.1546	0.3554	0.1844	0.3851
月平均收入	-0.6533	0.4908	-0.3423	0.4223
常数项	7.8867***	2.1476	4.3236**	2.1783
F统计量	13.48***		2.19**	

注：*、**、***分别表示在10%、5%、1%水平下显著。

表6-22列出了四季豆的回归结果，在超市中，机械伤害、品牌认证、包装三种质量属性对价格有显著影响，品牌认证、包装给四季豆带来的价格溢出分别为2.13元、2.43元，没有机械伤害的四季豆会比有机械伤害的价格高出1.23元。在农贸市场中，所有质量属性对价格没有显著影响，月平均收入变量与四季豆价格正相关，说明位于高人均收入水平地区的农贸市场四季豆零售价格也高。同样，时间虚拟变量对农贸市场内四季豆价格有显著影响。

表6-22　豆类蔬菜（四季豆）的Hedonic模型多元回归结果

变量	超市（n=176）		农贸市场（n=197）	
	系数	标准差	系数	标准差
色泽	0.0763	1.1140	0.2526	0.5220
硬实程度	-1.1683	1.2020	0.7764	0.7363
标签	0.4815	0.7387		
品牌认证	2.1267***	0.5769		
包装	2.4291***	0.7426		
表面斑点：没有	-1.0732	0.8438	0.2373	0.4425
表面斑点：很少	-0.6934	0.8217	-0.0661	0.4373
表面斑点：25%及以上				
机械伤害：没有	1.2256**	0.5187	-0.0270	0.1912
机械伤害：很少				
机械伤害：25%及以上	-1.4911	1.3563	-0.4272	0.8437
第一周	-0.2630	0.7043		
第二周	-0.5144	0.6899	0.5180**	0.2535

续表

变量	超市（n=176）		农贸市场（n=197）	
	系数	标准差	系数	标准差
第三周	0.3060	0.6639	0.3791	0.2604
第四周			0.1452	0.2459
第五周	-0.7014	0.6895	-0.5576**	0.2569
月平均收入	0.7087	0.9039	0.6591**	0.3006
常数项	4.0669	4.1818	1.8966	1.6722
F统计量	5.93***		3.94***	

注：*、**、***分别表示在10%、5%、1%水平下显著。

表6-23列出了土豆的回归结果，在超市中，表皮、品牌认证、包装三种质量属性对价格有显著性影响，表皮光滑、品牌认证、有包装对土豆的价格溢出分别为0.91元、5.04元、1.65元。在农贸市场中，清洁程度、机械伤害、发芽程度三种质量属性对价格影响显著，比较清洁、没有发芽的土豆价格要高出0.21元、0.42元，而机械伤害在25%及以上会使价格下降0.41元。同样地，时间虚拟变量对农贸市场内土豆价格有显著影响，随着时间推移价格波动较大。

表6-23 薯芋类蔬菜（土豆）的Hedonic模型多元回归结果

变量	超市（n=259）		农贸市场（n=250）	
	系数	标准差	系数	标准差
色泽	0.1210	0.6209	-0.1697	0.1397
表皮	0.9071**	0.4389	-0.1935	0.0978
硬实程度	1.4266	1.3300	0.4210	0.3688
大小	0.2890	0.4175	0.1306	0.0851
清洁程度	-0.4633	0.4737	0.2109***	0.0758
标签	0.6253	0.6693		
品牌认证	5.0356***	0.5730		
包装	1.6462**	0.7392		
机械伤害：没有	-0.2774	0.5825	-0.1703	0.0857
机械伤害：很少	0.0398	0.5356		
机械伤害：25%及以上			-0.4074***	0.1090
发芽程度：没有	0.7550	1.1984	0.4220***	0.1022
发芽程度：很少	0.1075	1.2154		
发芽程度：25%及以上			0.2048	0.2033
第一周	0.0618	0.5589	-0.2254**	0.1061
第二周	-0.5761	0.5778		
第三周	0.4493	0.5697	-0.1599	0.1047

续表

变量	超市（n = 259）		农贸市场（n = 250）	
	系数	标准差	系数	标准差
第四周			-0.3273***	0.0989
第五周	-0.7839	0.5641	-0.6612***	0.0996
月平均收入	0.6651	0.7897	0.1658	0.1399
常数项	-2.5077	4.3052	1.8295**	0.7475
F 统计量	16.67***		6.62***	

注：*、**、*** 分别表示在 10%、5%、1% 水平下显著。

综合以上七种蔬菜的回归结果，可以看出价格反映了部分质量差异，这与 Vandeplas 等（2009）对马达加斯加和印度的大米、番茄的研究，Minten 等（2010）对印度不同果蔬的研究以及 Schipmann 等（2011）对泰国两种蔬菜的研究结论一致。同时除了蔬菜本身的质量属性外，诸如标签、包装和品牌认证等销售属性也能给蔬菜价格带来显著的价格溢出，这主要体现在超市中。

总体来说，如同前文所描述的超市能比农贸市场提供更高质量的生鲜蔬菜，且零售价格更高，那么超市与农贸市场间的质量差异能否完全解释两者间的价格差异？为此，本书引入零售渠道虚拟变量，取值为 1 表示超市，取值为 0 表示农贸市场，将来自超市和农贸市场的样本数据混合在一个模型中进行回归分析。之前的邹氏检验表明在不同零售渠道中质量属性的价格效应不一致，所以在混合数据的模型中我们难以解释出各种质量属性对价格的边际效应，仅作为控制变量引入，因此在表 6－24 中未列出产品属性、销售属性、地区平均收入、时间等变量。

表 6－24　混合数据的 Hedonic 模型多元回归结果

蔬菜类别	超市 vs 农贸市场			
	系数	标准差	t 值	p 值
青菜（n = 575）	0.5043**	0.2150	2.35	0.019
黄瓜（n = 508）	0.7001**	0.2940	2.38	0.018
萝卜（n = 428）	-0.0265	0.1135	-0.23	0.816
番茄（n = 613）	0.7398***	0.1542	4.80	0.000
大葱（n = 292）	1.4181***	0.1845	7.69	0.000
四季豆（n = 373）	-0.0913	0.3275	-0.28	0.781
土豆（n = 509）	-0.3508	0.2145	-1.64	0.103

注：*、**、*** 分别表示在 10%、5%、1% 水平下显著。

从表 6－24 中可以看出，控制质量差异后超市和农贸市场间的价格差异在不同蔬菜中表现不完全一致，其中萝卜、四季豆和土豆三种蔬菜在超市和农贸市场的价格已无显著差异，而超市青菜、黄瓜、番茄和大葱四种蔬菜价格还要分别高出农贸市场 0.50 元、0.70

元、0.74 元、1.42 元，控制质量差异前的价格溢出分别为 2.46 元、3.16 元、1.94 元、2.06 元，说明质量差异在较大程度上解释了蔬菜价格差异，剩余的差异可能由超市较农贸市场提供更多便利服务（“一站式”购物环境、营业时间长、停车场服务等）来解释。

结合前述分析，超市生鲜蔬菜质量显著高于农贸市场，但价格普遍也高于农贸市场，说明超市在生鲜蔬菜经营中并不直接与农贸市场进行价格竞争，而是主要定位于高品质、高价格的蔬菜零售。在控制质量差异后，可以发现超市仍有部分蔬菜价格显著高于农贸市场，说明两者之间除质量差异外，超市较农贸市场存在的诸如品种、便利、环境、特色服务等差异化优势也可能带来了价格溢出。同时，超市土豆、萝卜等部分大宗菜的价格最小值比农贸市场还低，蔬菜低价可能来源于超市与供应商之间的谈判结果，或者来源于利用周转资金大量进货，薄利多销。因此综合分析，超市生鲜蔬菜经营定位于价格高和低两端，农贸市场定位于消费者生鲜蔬菜偏好的中心，在收入约束下的效用最大化购买决策下有相对大的消费者群体，超市尚不具备成为生鲜零售主导业态的条件。两者的市场定位不同，竞争策略由此也不同，事实上并未形成互竞性市场细分，更多的是一种互补的经营形态。

四、小结

一方面通过对超市生鲜负责人和农贸市场经营者的访谈描述分析其各自生鲜蔬菜的经营模式及质量控制措施，另一方面通过问卷调研比较超市和农贸市场七种蔬菜的质量与价格差异，并结合 Hedonic 模型进一步分析得出这两种零售渠道在生鲜蔬菜经营上的市场定位与竞争策略，研究得出以下结论：

（一）超市在蔬菜采购渠道、经营品种、质量控制等方面显著优于农贸市场

从营业时间来看，超市开始营业时间和停止营业时间都比农贸市场晚一些，每天的总营业时长多于农贸市场，这为工作生活节奏快、习惯在下班后购买蔬菜的消费者提供了时间上的便利。由于超市自身规模较大，不总是开设在居民社区附近，但为了吸引客源而提供购物班车、停车场等特色服务。超市所经营的生鲜蔬菜种类齐全，且品种丰富多样，既有当地产的时令蔬菜，又有全国各地的名优蔬菜，且含有一定比例的经过质量认证的优质蔬菜，而农贸市场内零售商经营面积较小，经营品种有限，一般适宜于经营大众化生鲜蔬菜。

从采购渠道和配送模式来看，农贸市场内零售商大部分是从批发市场采购并自行配送运输，还有少数是自产自销模式。从早期的相关研究可知，超市在发展初期也统一从批发市场采购，到目前逐渐演化成多种采购渠道，采用比例居前三位的分别是专业供应商或贩销户（53.57%）、批发市场（46.43%）、自有生产基地（32.14%）。基于不同的采购模式，超市则存在由物流中心配送（53.33%）、供应商自行运输配送（43.33%）、第三方物流配送（43.33%）三种配送模式。

从现场质量控制措施来看，农贸市场内有 29.27% 的零售商会采取冰冷水保鲜，多数只是常温销售蔬菜。超市则采用保鲜膜包装（76.67%）、冷藏保鲜设备（63.33%）、自动加湿设备或保鲜喷雾器（26.67%）、用冰冷水处理（20%）等措施以保持新鲜度，可见质量控制意识要高于农贸市场内小规模零售商。

（二）生鲜蔬菜经营中超市具有质量优势，而农贸市场具有价格优势

本书主要选取了青菜、黄瓜、萝卜、番茄、大葱、四季豆和土豆七种代表性蔬菜，将其各自的质量属性分解为不同的产品属性和销售属性，在超市和农贸市场间进行比较分析。从销售属性来看，农贸市场中出售的七种生鲜蔬菜均无标签、包装和品牌认证，这是因为零售商或自产自销或从批发市场进货，大多都是普通蔬菜品种。超市中带包装和标签的生鲜蔬菜有较大比重，同时也有一定小比例的品牌认证蔬菜。因此，在销售属性上超市生鲜蔬菜显著优于农贸市场。只有萝卜和番茄在其适用的所有产品属性上，超市显著优于农贸市场。总体上，超市萝卜、番茄和四季豆的感官质量显著高于农贸市场，而青菜、黄瓜、大葱和土豆的质量评价与农贸市场持平，因此在生鲜蔬菜经营中超市具有质量优势。

对超市和农贸市场七种蔬菜价格进行比较，结果表明七种蔬菜在超市的平均价格均在1%置信水平下显著高于农贸市场，青菜、黄瓜、萝卜、番茄、大葱、四季豆、土豆的价格溢出分别为 64.23%、70.69%、42.38%、52.01%、52.96%、38.26%、48.94%，价格溢出幅度较大，由此农贸市场具有明显的价格优势。

（三）质量差异可以部分解释价格差异，农贸市场价格随时间波动大

从 Hedonic 模型的实证分析可以得出，不论是在超市还是在农贸市场，蔬菜的质量差异均只能部分解释价格差异，即有些表现优良的质量属性对蔬菜价格的影响并不显著，说明目前生鲜蔬菜尚未完全达到优质优价。在超市中，蔬菜标签、包装和品牌认证三种销售属性的价格效应尤为突出，而在农贸市场中，时间虚拟变量对价格的影响显著，随着时间推移价格波动较大，蔬菜价格对市场供求状况较为敏感，农贸市场内零售商一般只能被动地接受价格。

进一步将超市和农贸市场样本数据混合后做 Hedonic 模型，质量属性仍作为控制变量引入，结果显示在控制质量差异后萝卜、四季豆和土豆三种蔬菜在超市和农贸市场的价格已无显著差异，而超市青菜、黄瓜、番茄和大葱四种蔬菜价格仍要显著高于农贸市场，但价格溢出效应较控制质量差异前有所减少。

（四）超市与农贸市场生鲜蔬菜经营定位存在差异性，形成互补性市场细分

结合前述分析，超市生鲜蔬菜质量显著高于农贸市场，同时价格也普遍比农贸市场高，说明超市在生鲜蔬菜经营中并不直接与农贸市场进行价格竞争，而是主要定位于高品质、高价格的蔬菜零售。在控制质量差异后，可以发现超市仍有部分蔬菜价格显著高于农贸市场，说明两者之间除质量差异外，超市较农贸市场还存在诸如品种、便利、环境、特色服务等差异化优势。

同时，超市土豆、萝卜等部分大宗菜的价格最小值比农贸市场还低，蔬菜低价可能来源于超市与供应商之间的谈判结果，或者来源于利用周转资金大量进货，薄利多销。因此综合分析，超市生鲜蔬菜经营定位于价格高和低两端，农贸市场定位于消费者生鲜蔬菜偏好的中心，在收入约束下的效用最大化购买决策下有相对大的消费者群体，超市尚不具备成为生鲜零售主导业态的条件。两者的市场定位不同，竞争策略由此也不同，实际上超市和农贸市场之间尚未构成竞争式的市场细分，在更大程度上是处于互补的状态。

第七章　批发市场为主导的生鲜农产品流通渠道分析

第一节　生鲜农产品批发市场的市场竞争格局分析

按照区域位置、辐射范围和职能差异可以将农产品批发市场分为产地批发市场、销地批发市场和集散地批发市场，集散地批发市场不仅吸收当地农产品、销至当地，还收集全国各地的农产品，分配至全国各地。通常来说，这类批发市场规模更大、品类丰富、运营时间更长。批发市场本质是为农产品交易提供的场所，市场内包含了不同交易主体（耿献辉、陈凯渊，2015），如承担收集、运输和分配功能的批发商、采购农产品的零售商或下一级批发商等。实际上大部分批发市场内的交易方式都是一致的，即上下游主体直接进行交易，批发商赚取差价。市场管理者通常收取固定摊位的租金以及农产品的进场费来维持批发市场的日常运营，包括农产品质量抽检、协调批发商之间的矛盾等。

由于历史沿革原先农产品市场数量较大，在经过一轮合并后，农产品批发市场数量趋于稳定。目前，一个城市通常拥有 1～2 个核心批发市场，有的城市可能还包括二级批发市场、季节性批发市场等。本书着重对武汉白沙洲农副产品大市场进行调研，在 2014 年的基础上于 2017 年 10 月再次对其进行调研，通过深度访谈收集问卷 40 份。武汉白沙洲批发市场与其他批发市场不同，地理位置处在九省通衢的湖北武汉，其成交规模处在全国农产品批发市场前列，是典型的集散地批发市场。有关蔬菜交易，分为本地菜区和全国菜区两块。本地菜的交易方式通常是批发商从生产者手中收集后进行销售，以赚取差价为目的。全国菜的交易方式通常是商行代销，商行承接全国各地收集而来的蔬菜，与二级批发商或零售商进行交易，按照数量收取佣金不参与利润分成。

这种代销模式在全国范围内的农产品交易过程中较少存在，这不是普遍现象。起初市场管理者在选择商行时，通常选择资金实力雄厚、批发经验丰富的个体或联合体。商行从市场管理者手中租借摊位后帮助上游客户向下游客户代销。规模较大的商行会雇佣职业经理人，每位职业经理人负责销售不同品种的蔬菜，由此形成较高的专业化分工。商行群体的存在使得上下游主体并不直接进行交易，整个交易由商行和下游买方进行，在信任的前提下上游主体甚至不直接来批发市场，与商行电话联系商谈好后将蔬菜从全国各地运送至武汉批发市场内后，交由商行代销。商行按照成交数量收取佣金不参与利润分成，也不承担亏损。交易过程中一旦发生卖不出去或者低于成本价卖出，则由上游主体承担亏损。

第二节 流通主体的渠道关系比较

农产品交易关系是指农产品卖方和买方之间围绕农产品交易所发生的一系列经济、社会、法律关系。交易关系与交易数量、规格、价格、结算方式等交易内容以及买卖双方自身所具备的交易主体特征存在密切联系。影响交易关系质量和交易关系稳定的因素包括：满意、依赖、冲突与信任。渠道关系理论最早是由关系营销理论发展而逐渐得出来的研究议题，营销渠道关系主要研究的是组织之间的各种关系，属于不同企业法人之间，不包括企业内部的相关问题。另外，关系营销作为组织间的文化和价值导向，不仅强调指导组织间的关系，还在个人行为方面的人际关系上发挥作用。渠道关系四种主要的关系形态分别是：横向关系、纵向关系、类型间关系和多渠道关系（赵月，2017）。而在现实的研究中，我们一般研究渠道的纵向关系。自20世纪80年代以来的营销渠道理论的研究重点主要放在了关系型渠道模式上（Wilkinson，2001），关系型渠道模式包含了松散的管理和战略联盟式的不同关系程度。最后关系型渠道综合来看会受到外部系统环境、中间环境和内部环境三个方面的影响，且三者之间是相互影响的。

考察流通环节的渠道关系，目标还是在于了解流通主体间的交易、合作与信任关系。为此在访谈与问卷中涉及了如下问题：一方面是商行与上游供应商之间的关系，包括建立固定供货关系比重、与供应商发生冲突的频率、是否签订购买合同、是否能从供应商那儿赊账、是否能及时获得货物、对供应商的议价能力等。另一方面是商行与下游购货方之间的关系，包括建立固定销售关系比重、与下游发生冲突频率、是否与下游签订销售合同、下游能否赊账、能否及时购得货物、对下游的议价能力等。此外，还有一些补充性访谈内容关于市场内同行关系的问题。

根据调研结果可知，武汉白沙洲农副产品批发大市场内的商行与上游供应商建立固定销售关系的比重在90%以上，两者之间的关系较为稳定。商行与上游基本不发生冲突，由于商行是接受委托代为销售上游供应商的蔬菜，因此诚信和责任是长期合作的前提。商行与上游供应商基本不签订书面合同，两者通过电话沟通达成口头协定。商行与上游供应商之间是委托代销模式，所以不存在赊账等问题。商行面临数量较多的蔬菜供应商，24小时都在进行货物周转，因此可以及时获得货物。商行与供应商之间的议价能力则体现在佣金的谈判上，通常情况下，拥有长期合作关系、互相信任程度较高的供应商，商行会适当调低佣金比例；拥有普通合作关系、信任程度一般的供应商，商行则会收取正常的佣金比例。

商行与下游购货方建立固定销售关系的比重差异较大，大型商行达到90%，小型商行在60%以上。商行面临数量众多的下游购货方，包括下一级批发商、集贸市场经营者、超市、餐馆或其他集团采购方等，因此不同商行拥有不同的下游客户群体。商行与下游发生冲突频率较低，主要存在于价格谈判方面。商行与下游购货方签订书面合同，这是市场制度的要求，一方面商行代收下游购货方的进场费，另一方面也是作为商行向上游委托方收取佣金的凭证。大部分下游购货方不能在商行处赊账，基本遵循钱货两清的交易规则，但根据购货方采购规模、信用程度等存在少数可以短期赊账的情况。下游可以及时购得货物，市场内货源充足。商行对下游购货方的议价能力一般，与商行规模大小相关性较低，主要还是受供需关系的影响。由于货源充足、同质程度较高，通常情况下商行的市场势力较低，只有当货物存在显著的质量差异情况下，商行对下游购货方的谈判势力较高。此外，市场内商行之间的竞争是不可避免的，主要是关于市场份额的竞争，但基本不存在恶性冲突。

第三节 批发环节的流通效率测度

流通效率是衡量流通效果的一个重要指标，但缺少权威一致性。可以用流通产品的总价值与流通总成本的比值来界定，数值越大表示效率越高（Shepherd，1963）。这种测量方法缺乏客观的比较标准，还隐含着任何流通成本的增加或流通产品价值的降低都会引起效率降低的含义。流通效率可以分为两种类型：技术效率和经济效率（许文富，1997）。经济效率指产品价格的增加有多大程度的自由并能准确体现产品本身价值的增值，以及在营销和分配中如何让不同的利益主体接受。影响流通效率的因素包括市场控制力、外部性和信息可获得性，流通渠道绩效包括效果、公平、效率（Stern，1977）。生鲜农产品流通渠道的效率可以从组织结构角度进行分析，如组织制度、流通系统运行的政策限制等（Rauser，1987）。

本书基于一手调研资料考察批发环节的流通效率，采用价差结构的分析方法对蔬菜批发环节的成本构成进行分解。蔬菜批发环节的成本构成主要包括采购成本即进价、进场费、包装费、服务代理费、运输费、佣金、损耗等费用。由于武汉白沙洲农副产品批发大市场采用的是代销制度，商行仅负责销售对前端的采购成本、运输费、包装费等信息了解不够全面，因此以常州凌家塘农副产品批发市场的调研为准。调研过程中采用访谈加问卷形式收集数据，在此选择部分蔬菜品种进行成本结构分析，包括四季豆、包菜、土豆、蒜、姜、葱六类。

表 7-1 六种蔬菜批发环节价差结构分析 单位：元/斤

	四季豆	包菜	土豆	蒜	姜	葱
采购价格	5	0.1	1.1	2.23	8.5	0.8
进场费	0.04	0.02	0.03	0.05	0.07	0.03
运输费	0.07	0.09	0.15	0.12	0.1	0.08
损耗率	4%	5%	0	0	0	0
总成本	5.32	0.22	1.28	2.4	8.7	0.91
平均售价	5.5	0.37	1.35	2.6	9.5	0.95
成本费用率	96.7%	59.5%	94.8%	92.3%	91.6%	95.8%

资料来源：根据调研数据整理获得。

第一是四季豆，产地为常州本地。采购价格是5元/斤、进场费是0.04元/斤，运输费是0.07元/斤，损耗率为4%，售价为5.5元/斤。四季豆批发环节的总成本为5.32元/斤，成本费用率为96.7%。第二是包菜，产地为张家口。采购价格是0.1元/斤，进场费是0.02元/斤，运输费是0.09元/斤，损耗率为5%，售价为0.37元/斤。包菜批发环节的总成本为0.22元/斤，成本费用率为59.5%。第三是土豆，产地是山东。采购价格是1.1元/斤，进场费是0.03元/斤，运输费是0.15元/斤，损耗忽略不计，售价为1.35元/斤。土豆批发环节的总成本是1.28元/斤，成本费用率为94.8%。第四是蒜，产地为山东。采购成本是2.23元/斤，进场费是0.05元/斤，运输费是0.12元/斤，损耗忽略不计，售价为2.6元/斤。蒜批发环节的总成本为2.4元/斤，成本费用率为92.3%。第五是姜，产地为山东。采购价格是8.5元/斤，进场费是0.07元/斤，运输费是0.1元/斤，损耗忽略不计，售价是9.5元/斤。姜批发环节的总成本是8.7元/斤，成本费用率为91.6%。第六是葱，产地为江苏兴化。采购价格是0.8元/斤，进场费是0.03元/斤，运输费是0.08元/斤，损耗忽略不计，售价为0.95元/斤。葱批发环节的总成本是0.91元/斤，成本费用率为95.8%。

第四节　本章小结

小生产与大市场的供需格局仍未改变，农产品批发环节的集散功能仍发挥着商品配置的重要作用。大棚栽培、异地供给等方式解决了蔬菜的周年性供应问题，不同时间段内来自全国各地的蔬菜品种丰富多样。随着基础设施建设的不断完善，蔬菜的广域物流配送呈现更强的时效性。以冬季为例，入冬后大部分地区不再供应叶菜、茄果、瓜果类蔬菜，而基本从云南、广州等气候温暖地区流通至全国各地。此外，大棚栽培技术也能供应反季节蔬菜，一般而言，大棚种植的蔬菜大多处于市郊，离城市居民聚居地不会太远。中间商群体依然在流通链中居重要地位，包括农村收购商、产销地批发商、零售商等都是蔬菜流通过程中的中间商群体。他们发挥着蔬菜的收集、分配等流通职能。由于蔬菜生产以小规模农户为主，小农在知识水平、市场信息、抗风险能力方面都存在缺陷，面临大市场需求环境，无法直接出售至消费者手中。因此，农村经纪人和产地批发商在这个过程中承担了蔬菜的收集职能，同样经纪人与产地批发商在面临大市场需求环境时，也无法凭个人之力完全将蔬菜出售到消费者手中，因此，产地批发商和零售商承担了蔬菜的分配职能。销地批发商和零售商将蔬菜有效分散分配至个体消费者手中，由此完成整个蔬菜流通过程。

本书在实地调研的基础上考察了批发市场为主导的蔬菜流通现状，发现一个城市通常只有1~2家一级批发市场，其运营模式以买断式交易为主，批发商承担蔬菜的收集与分配，通过赚取差价获得利润。但也有少数批发市场以委托代销式交易为主，商行通过连接上游供应商和下游购买商进行蔬菜的收集与分配，按销售数量赚取佣金。代销模式在一定程度上有利于上下游主体间渠道关系的稳定，促进流通渠道的顺畅。商行的市场势力与自身规模相关性不大，价格波动主要受蔬菜品质差异以及供需变化影响。基于6种蔬菜的批发环节流通价差结构分析，结果表明批发环节的利润水平整体不高，批发主体承担蔬菜的收集和分配职能，将全国各地蔬菜的生产和消费进行有效的中转与匹配，薄利多销实现收益。

专题Ⅰ 蔬菜批发市场调研报告
——基于南京、常州和武汉的批发主体数据

为了解蔬菜批发市场的交易方式与运营现状。课题组于2014年9月至10月前往南京市农副产品物流中心（众彩物流）、常州市凌家塘农副产品批发市场、武汉市白沙洲农副产品大市场，对市场内的蔬菜批发主体进行访谈与问卷调查，获取了有关个体特征、经营概况、经营策略以及整体市场运营的信息，样本总量为114份，其中南京32份、常州34份、武汉48份。

课题组所选的南京市农副产品物流中心、常州市凌家塘农副产品批发市场、武汉市白沙洲农副产品大市场都是首批全国集散地农产品批发市场，蔬菜年成交总量与总额位于全国前列，在“西菜东运”“北菜南运”中发挥了重要作用。因而对上述三家批发市场的调研具有代表性，调研结果有利于客观地了解蔬菜批发市场的运营现状，并针对问题给出改进建议。

一、交易方式、收费制度与主体职能

（一）南京农副产品物流中心

南京市农副产品物流中心又称江苏众彩物流中心，主要经营蔬菜、水产、果品和副食品、肉类商品，4个交易区总占地面积为33.78公顷。其中蔬菜交易区占地10.27公顷，占比30.4%。众彩物流的发展目标是成为面向东部地区的现代化菜篮子中心，整个规划中一期主要建设蔬菜、水产等专业市场交易区，二期则致力于建设粮油、蔬菜加工区、综合物流区和配送中心（耿献辉、陈凯渊，2015）。

众彩物流市场内的蔬菜交易采用当面议价、现金结算的传统方式。下游采购商对商品进行询价和讨价还价，议价成功后以钱货两清的方式当场支付现金并获取商品。市场管理者向批发商收取的费用分为场地租金和进场费两个部分。一部分，场地租金的收取是固定的，按照批发商所占场地的大小收取费用，场地大小以车位来衡量，通常单个场地能容纳2~4个车位。另一部分，进场费是按照不同的蔬菜品种收取不同费用。所有市场费用的承担者都是批发商，而对下游采购商不收取任何费用。

众彩物流市场内的批发商大部分是产地经纪人，自主决策、自负盈亏，流动性较低。他们在产地向种植蔬菜的农户手中直接收购或者从一级产地经纪人手中收购蔬菜，然后将蔬菜运送至批发市场内进行自主销售。蔬菜从产地运送至批发市场过程中的交通工具以15吨、20吨和30吨的大中型货车为主，大部分批发商选择租车运送，极少数批发大户自己拥有货车，而这些批发大户往往资金实力雄厚，年交易量和交易金额都远超同行。众彩物流的批发商常年固定在该市场内进行销售。

（二）常州凌家塘农副产品批发市场

常州凌家塘农副产品批发市场内的蔬菜交易同样采用当面议价、现金结算的传统方式。下游采购商对商品进行询价和讨价还价，议价成功后以钱货两清的方式当场支付现金并获取商品。市场管理者向批发商收取的费用分为场地租金和进场费两个部分。一部分，场地租金的收取是固定的，按照批发商所占场地的大小收取费用，场地大小以车位来衡量，通常单个场地能容纳 2 ~ 3 个车位，户均场地面积略低于众彩物流。另一部分，进场费是按照不同的蔬菜品种收取不同费用。所有市场费用的承担者都是批发商，而对下游采购商不收取任何费用。

凌家塘农副产品批发市场内的批发商大部分也是产地经纪人，自主决策、自负盈亏，单流动性比众彩物流要高。他们在产地向种植蔬菜的农户手中直接收购或者从一级产地经纪人手中收购蔬菜，然后将蔬菜运送至批发市场内进行自主销售。蔬菜从产地运送至批发市场过程中的交通工具以 15 吨、20 吨和 30 吨的大中型货车为主，大部分批发商选择租车运送，极少数批发大户自己拥有货车。然而凌家塘批发市场内的批发商流动性要更强些，他们根据各地区蔬菜价格的不同，选择卖价更高地区的批发市场进行销售。

（三）武汉白沙洲农副产品大市场

武汉白沙洲农副产品大市场是武汉地区规模最大的农产品批发市场，2012 年实现全年交易总量 350 万吨，交易总额 240 亿元。蔬菜在农产品交易中占有较大的份额，批发市场内部设有蔬菜北交易区和蔬菜南交易区，每个大交易区下包括了 10 个交易小区，每个交易小区内部包含了 10 余家商行。白沙洲农副产品大市场主要经营水产批发、粮油批发和蔬菜批发，而蔬菜南、北交易区总的占地规模将近是整个批发市场的 1/2。

武汉白沙洲农副产品大市场内的蔬菜交易同样采用当面议价、现金结算的传统方式。下游采购商对商品进行询价和讨价还价，议价成功后以钱货两清的方式当场支付现金并获取商品。但其收费制度与前两者有较大差异，一共分为卖方进场费、场地租金和买方进场费三部分。第一部分，卖方进场费是向把货物运送进批发市场的产地经纪人收取的，收费标准按照货物重量而计以吨为单位。第二部分，场地租金是向批发市场内的商行收取的，同样按照面积大小，单个场地通常容纳 2 ~ 4 个车位。第三部分，买方进场费是向下游采购商收取的，以件为单位（件通常是包装货物的小箱子）与蔬菜种类、箱子大小和重量无关，由商行代为收取。因此，批发市场实行的是对买方和卖方的双向收费制度。

武汉白沙洲农副产品大市场内的批发商存在产地经纪人和商行两类群体。产地经纪人负责从产地收集货物，并将货物运送至批发市场内。商行则负责销售产地经纪人运送过来的货物。商行按销售量提取固定比例的代销费，但并不参与蔬菜销售利润的分成，所有利润归产地经纪人所有。但是当有剩余货物未销售成功时，商行并不需要承担责任，所有损失由产地经纪人承担。三个批发市场特征比较如表 7 - 2 所示。

表 7 - 2　南京、常州、武汉蔬菜批发市场特征比较

	南京众彩物流	常州凌家塘	武汉白沙洲
交易方式	当面议价、现金结算	当面议价、现金结算	当面议价、现金结算
收费制度	卖方单向收费	卖方单向收费	买卖方双向收费

续表

	南京众彩物流	常州凌家塘	武汉白沙洲
主体职能	批发商负责货物的收集、运送、销售	批发商负责货物的收集、运送、销售	产地经纪人负责货物的收集、运送；商行负责货物的销售
运营特点	批发商自主决策、自负盈亏	批发商自主决策、自负盈亏	批发商的分工细化；商行只收取代销费、不参与利润分成；有利于促进蔬菜流通

资料来源：调研资料整理获得。

二、批发市场主体特征、经营概况

（一）批发商户主以男性居多，平均年龄39.8岁，学历以初高中为主

总体样本显示，78.2%的批发商户主为男性，21.8%的批发商户主为女性；批发商户主的最小年龄为21岁，最大年龄为61岁，平均年龄为39.8岁；批发商户主学历最低为未上过学，最高学历为本科，主要学历占比从高到低依次为初中36%、高中25.4%、小学14.9%。

分地区样本显示，南京众彩物流的被访批发商户主中59.4%为男性、平均年龄在41.6岁、初中学历占比最高为50%；常州凌家塘市场的被访批发商户主中82.4%为男性、平均年龄在39.7岁、高中学历占比最高为29.4%；武汉白沙洲市场的被访批发商户主中81.3%为男性、平均年龄在38.8岁、初中学历占比最高为33.3%。

（二）批发主体户均经营面积200.45平方米，户主平均拥有11.54年的蔬菜批发经验，户均3.55位劳动力

总体样本显示，批发商户的摊位面积最低为20平方米，最高为1200平方米，平均面积为200.45平方米；批发商户主从事蔬菜批发业务最低年数为2年，最高年数为32年，平均为11.54年；批发商户拥有长期劳动力数最低1人，最高14人，平均为3.55人。

分地区样本显示，南京众彩物流的被访批发商户的平均经营面积为298.7平方米，被访户主从事蔬菜批发业务的平均年数为13年，平均拥有长期劳动力为3.53人；常州凌家塘市场的被访批发商户的平均经营面积为53.9平方米，被访户主从事蔬菜批发业务的平均年数为10.1年，平均拥有长期劳动力为4.6人；武汉白沙洲市场的被访批发商户的平均经营面积为239.6平方米，被访户主从事蔬菜批发业务的平均年数为11.5年，平均拥有长期劳动力为3.55人。

（三）66.7%批发商户直接向产地农户收购蔬菜，62.3%批发商户的下游最大客户为次级批发商

总体样本显示，66.7%批发商户的货物来源是产地农户，11.4%是中间商，7%是合作社；62.3%批发商的下游最大采购商为次级批发商，25.4%是集贸市场，8.8%是超市。

分地区样本显示，南京众彩物流市场中批发商户的货物75%来源于产地农户，下游最大客户56.3%为次级批发商；常州凌家塘市场中批发商户的货物70.6%来源于产地农户，下游最大客户70.6%为次级批发商；武汉白沙洲市场中批发商户的货物58.3%来源于产地农户，下游最大客户60.4%为次级批发商。

（四）批发商户平均同时销售3.92种蔬菜，85.6%的蔬菜来自外地，单次进货成本为8.2万元

总体样本显示，批发商户最低同时销售1种蔬菜，最高20种；所销售的蔬菜平均

85.6%来自于外地；采购蔬菜时，单次的进货成本最多为50万元，平均达8.2万元。

分地区样本显示，南京众彩物流市场中批发商户平均同时销售2.6种蔬菜，销售的蔬菜95.3%来自外地，单次的进货成本平均为8.1万元；常州凌家塘市场中批发商户平均同时销售4.5种蔬菜，销售的蔬菜87.4%来自外地，单次的进货成本平均为6.9万元；武汉白沙洲市场中批发商户平均同时销售4.6种蔬菜，销售的蔬菜77.8%来自外地，单次的进货成本平均为9.6万元。

（五）批发商户年均销售蔬菜11067吨，年均销售金额2794万元

总体样本显示，批发商户年销售蔬菜量最低10吨，最高360000吨，平均销售蔬菜11067吨；批发商户年销售蔬菜金额最低76万元，最高72000万元，平均销售蔬菜金额2794万元。

分地区样本显示，南京众彩物流市场批发商户年均销售蔬菜3805.6吨，年均销售金额1212万元；常州凌家塘市场批发商户年均销售蔬菜14484吨，年均销售金额2423万元；武汉白沙洲市场批发商户年均销售蔬菜13359吨，年均销售金额3850万元。

（六）批发商户选择蔬菜品种时，主要考虑是否有稳定的购货渠道、对该类蔬菜的了解程度；报价时，主要考虑当日批发市场内的行情、进货的成本费用

总体样本显示，在选择蔬菜品种时，60.5%批发商户认为有稳定的购货渠道重要，60.5%批发商户认为对该蔬菜的了解程度重要；在报价时，81.6%批发商户认为当日批发市场内的行情重要，69.3%批发商户认为进货的成本费用重要。

分地区样本显示，南京众彩物流市场批发商户认为在选择蔬菜品种时，主要考虑对蔬菜的了解程度；在报价时，主要考虑当日批发市场内的行情、进货的成本费用；常州凌家塘市场批发商户认为在选择蔬菜品种时，主要考虑是否有稳定的供货渠道、对蔬菜的了解程度；在报价时，主要考虑当日批发市场内的行情、进货的成本费用；武汉白沙洲市场批发商户认为在选择蔬菜品种时，主要考虑是否有稳定的供货渠道、对蔬菜的了解程度；在报价时，主要考虑当日批发市场内的行情、进货的成本费用。

三、结论与相关建议

针对南京、常州、武汉三地批发市场的整体分析，得出了以下几点结论：第一，在交易方式上，三家批发市场仍然采用传统的当面议价、现金结算的形式。第二，在收费制度上，南京众彩物流和常州凌家塘市场都采取卖方收费制度，而武汉白沙洲采取买卖方双向收费制度。第三，在主体职能上，南京众彩物流和常州凌家塘市场的批发商户负责货物的产地收集、运送、销售，而武汉白沙洲市场的批发商户存在产地经纪人和商行两类群体，产地经纪人负责货物的收集和运送，商行负责货物的销售。第四，在运营特点上，南京众彩物流和常州凌家塘市场的批发商户自主决策、自负盈亏，而武汉白沙洲市场的两类批发商户显示出分工细化的特点，商行仅收取代销费而不参与利润分成的做法，有利于蔬菜销售份额的扩大，促进蔬菜的产销流通。

针对南京、常州、武汉三家批发市场商户的个体特征、经营概况、经营策略的数据分析，得出了以下几点结论：第一，批发商户主以男性居多，平均年龄为39.8岁，学历以初高中为主。第二，批发主体户均经营面积200.45平方米，户主平均拥有11.54年的蔬菜批发经验，户均3.55位劳动力。第三，66.7%批发商户直接向产地农户收购蔬菜，

62.3%批发商户的下游最大客户为次级批发商。第四，批发商户平均同时销售3.92种蔬菜，85.6%的蔬菜来自外地，单次进货成本为8.2万元。第五，批发商户年均销售蔬菜11067吨，年均销售金额2794万元。第六，批发商户在选择蔬菜品种时，主要考虑是否有稳定的购货渠道、对该类蔬菜的了解程度；在报价时，主要考虑当日批发市场内的行情、进货的成本费用。

基于上述对批发市场的整体分析和批发商户的个体分析所得的结论，为市场及政府管理部门提供如下建议：

（一）借鉴武汉白沙洲的商行代销模式，促进蔬菜流通份额的提升

在南京、常州、武汉三家批发市场中，武汉白沙洲农副产品大市场的蔬菜流通份额最高，除了方便的交通和优越的地理位置外，其商行代销模式是一大亮点，产地经纪人负责货物的收集、运送，商行负责货物销售，两者职能分工明确，商行按销售数量收取代销费，而不参与利润分成的做法吸引了更多的产地经纪人将货物运送至白沙洲市场内让商行代销，客观上促进了蔬菜的流通。

（二）参考向买卖双方收取进场费的模式，逐步替代卖方单向收费制

武汉白沙洲农副产品大市场推行的双向收费制度，是按照货物重量向产地经纪人收取进场费，按照件为单位（包装货物的箱子）向下游采购商收取进场费。南京众彩物流和常州凌家塘批发市场推行的是卖方单向收费制，是对不同的蔬菜品种按重量收取进场费。然而，武汉白沙洲市场向买卖双方收取进场费的总额并不高于南京和常州的批发市场，将进场费在买卖双方之间分配的做法降低了批发商的销售成本，有利于促进蔬菜流通份额的提升。

（三）保证蔬菜价格信息的实时更新，实现各地蔬菜价格信息共享

绝大多数的蔬菜批发商户认为当日批发市场内的价格行情对他们当日的报价影响很大，而当日的市场行情取决于当日市场内的供需。调研结果反映了批发商户会依据各地批发市场蔬菜价格的高低而选择去较高价格的市场销售，所以当蔬菜价格信息更新滞后时，会导致供给突然增多，价格急剧下降。因此，批发市场管理者应当实时更新蔬菜价格信息，相关的政府部门应当加大对价格数据信息平台建设的投入力度，并且协调各方尝试搭建各地蔬菜批发市场的价格信息平台，以平抑蔬菜价格的剧烈波动。

专题Ⅱ　蔬菜零售价格对上游市场价格波动的反应机制
——基于零售渠道差异的比较分析

农贸市场（或称为集贸市场、菜市场）是我国蔬菜零售的主要渠道，农业部2012年统计数据显示，我国经营蔬菜的农贸市场20000余家，蔬菜经农贸市场渠道零售率占80%。而根据发达国家的经验，80%～95%的生鲜农产品通过超市和食品商店销售。2012年我国连锁超市门店总数已达到31016个，随着城镇居民生活水平的提高，对舒适购物环境的偏好增加，通过大型连锁超市购买生鲜蔬菜逐渐成为一种趋势。越来越多的超市开始经营生鲜蔬菜，一些沿海大中城市从2002年起开始对农贸市场实行了超市化改造，我国

鲜活农产品零售业态在悄然发生变革，虽然目前大中城市经超市零售的蔬菜仅占15%，但其发展趋势不容忽视。蔬菜零售价格对上游市场价格变动反应迅速，是市场运作效率的体现，关系到消费者的福利。因此，本书将在分析农贸市场和超市的零售价格形成机制的基础上，实证研究不同零售渠道下的蔬菜零售价格对上游市场价格变动的反应机制，以比较两种零售渠道的市场运作效率及其对消费者福利的影响，为制定相关政策提供理论依据。

一、不同零售渠道下的蔬菜零售价格形成机制分析

在纵向市场价格关系上，上游产品价格的变动将以下游环节成本的形式凝结在下游产品中向下游传递，因此，下游市场价格会对上游市场价格变化有所反应。以大城市为依托的销地批发市场交易规模大，辐射能力强，信息体系建设较为先进，其蔬菜来源于全国各商品蔬菜基地，具有价格形成中心地位，其价格变化可以反映蔬菜零售市场的上游市场行情。就零售市场蔬菜来源渠道而言，一方面，大中城市农贸市场中的小规模摊贩，其蔬菜基本上全部来自销地批发市场；另一方面，由于我国农户蔬菜生产规模小、组织化程度低，难以满足超市对量、品种上的常年性要求，农超对接推广较为困难，用农超对接方式进行蔬菜销售的比例并不高，销地批发市场仍是目前超市蔬菜的重要货源地（杨志宏、翟印礼，2011；任兴洲、邵挺，2012）。因此，下游农贸市场和超市的蔬菜零售价格会反映上游主销地批发市场蔬菜价格的变动。

农贸市场和超市作为蔬菜零售渠道，两者之间存在差异。第一，超市相对于农贸市场具有较好的购物环境及“一站式”的购物休闲服务，这也使得超市渠道下的蔬菜产品相对农贸市场渠道具有一定的“附加价值”，其价格可能会略高于农贸市场；第二，一些超市布局比较稀疏，而农贸市场布局较密，一般而言去超市采购蔬菜需要付出更多的时间和交通成本，且超市购物排队支付也需要花费更多的时间；第三，营业时间段存在差异。超市的开门营业时间通常在早上9点之后，但晚上关门时间也较迟，而农贸市场通常营业时间较早，但晚上打烊时间也较早。居民会权益其成本和收益，以选择不同的零售渠道，通常两种渠道会拥有各自稳定的客户数量，两个市场上的需求均较为稳定。

两种零售渠道的价格形成机制也存在差异，不同的零售渠道其价格对上游销地批发市场价格变动的反应会存在差异。具体来讲，农贸市场的零售主体——小摊贩数量较多，虽然市场整体需求较稳定，但对某一个摊贩而言，其所面对的需求曲线是较富有弹性的，当上游市场价格下降，其价格下降幅度小于其他摊贩时，或者当上游市场价格上涨，其价格上涨幅度大于其他摊贩时，均会导致其销售量大减，利润减少。因此，对于单个的零售摊贩而言价格控制能力弱，只能采取竞争导向的价格制定策略，买卖双方均为价格接受者，无论上游市场价格上涨或下降，其均能够较快地反映在集贸市场价格上。在超市价格形成机制上，由于消费者的搜寻成本，超市的辐射能力随着其交易半径的增加而逐渐减少，从而决定了在不同区域的超市之间竞争关系弱化，在某一区域内的超市客户数量较为稳定，其所面对的需求曲线缺乏弹性，其价格调整所引起的销售量变化也较小。因此，超市为了取得利润最大化，当上游蔬菜批发价格上涨，成本上升时，超市会将其迅速转嫁给消费者，而当上游市场价格下降时，超市会推迟降价或减小降价幅度。

综上所述，农贸市场和超市的价格形成机制存在差异，针对上游销地批发市场价格的变动，不同零售渠道的价格对上游市场价格变动的反应机制也会存在差异，下文将对此进

行实证分析。

二、零售市场价格对上游市场价格波动的反应机制实证分析

(一) 数据基本情况

本专题以北京市场上的大白菜、土豆和番茄为研究对象，3 种蔬菜分属叶菜类、根茎类和果菜类。时间跨度为 2011 年 1 月 1 日至 2014 年 6 月 30 日，数据频率为旬数据，共 126 个样本，来源于北京市价格监测中心网站，3 种蔬菜的销地批发市场、农贸市场、超市价格波动情况如图 7－1 所示。

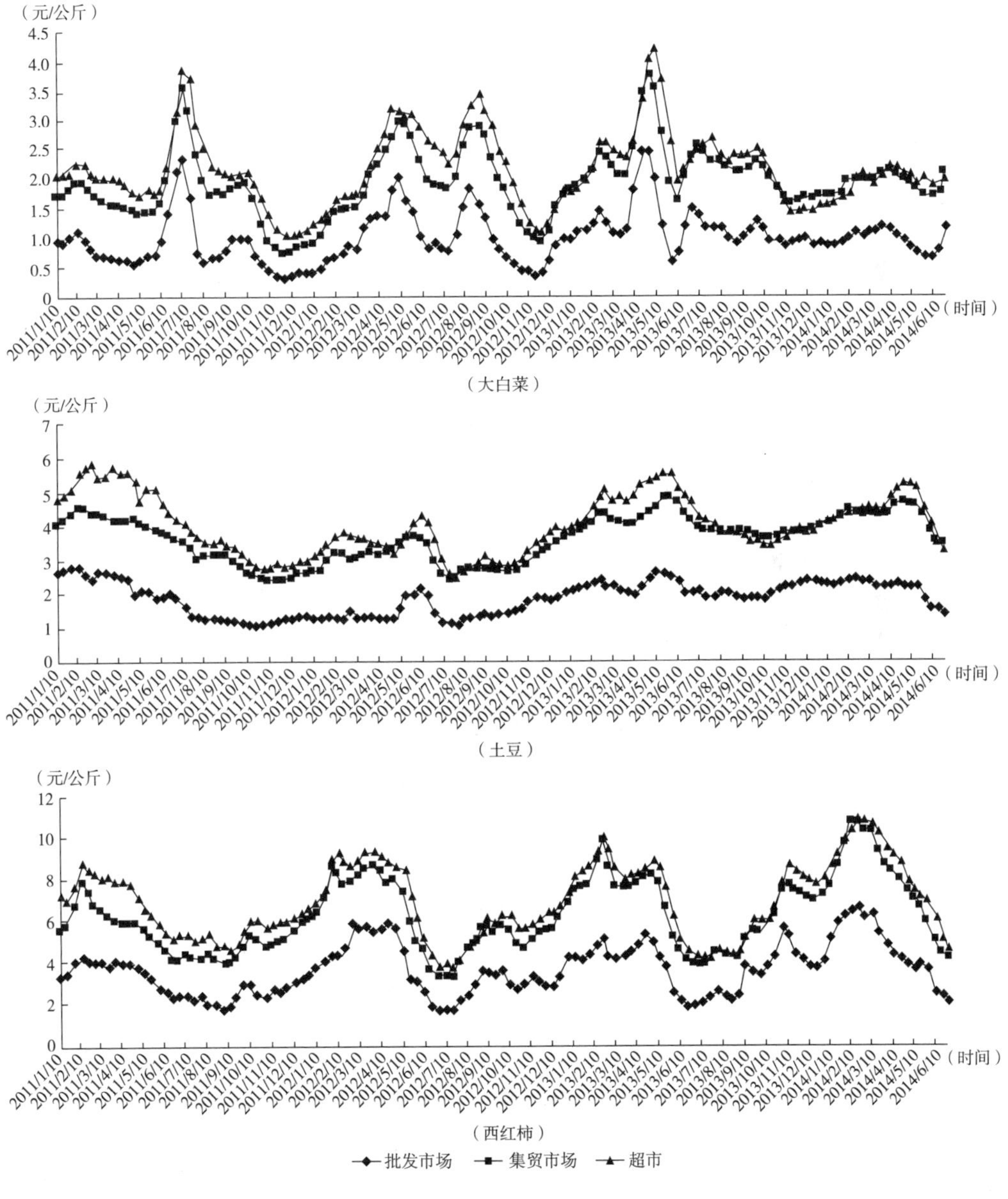

图 7－1　三种蔬菜的销地批发市场、农贸市场、超市蔬菜旬价格变化趋势

从表 7－3 中可以得到以下结果：一是 3 种蔬菜农贸市场价格、超市价格均高于销地批发市场价格，农贸市场与销地批发市场价格差分别为 0.91 元/公斤、1.73 元/公斤、2.52 元/公斤，占农贸市场零售价格的比例分别为 47.64%、48.19%、40.98%，超市与销地批发市场价格差分别为 1.18 元/公斤、2.17 元/公斤、3.32 元/公斤，占超市零售价格的比例在 54.13%、53.85%、47.77%；二是超市平均价格高于农贸市场平均价格，3 种蔬菜的超市价格分别高于农贸市场价格 0.27 元/公斤、0.44 元/公斤、0.80 元/公斤。实际上，目前我国大部分超市蔬菜零售渠道仅是一个规模扩大了的传统零售商，农超对接发展缓慢，超市并没有利用其优势进行蔬菜直采，仍然以销地批发市场作为其主要蔬菜来源，超市上游流通环节数量与集贸市场摊贩相比并无实质性减少，采购成本降低幅度有限，并不能有效地降低超市零售价格。

表 7－3　三种蔬菜的销地批发市场、农贸市场、超市蔬菜价格

品种	销地批发市场	农贸市场	超市	数值	农贸市场－销地批发市场占农贸市场价格比重（%）	数值	超市－销地批发市场占超市价格比重（%）
大白菜	1.00	1.91	2.18	0.91	47.64	1.18	54.13
土豆	1.86	3.59	4.03	1.73	48.19	2.17	53.85
番茄	3.63	6.15	6.95	2.52	40.98	3.32	47.77

（二）实证分析

V. Cramon－Taubadel（1998）最早建立了基于协整的非对称价格传递误差修正模型（APT－ECM），并用来分析德国猪肉的农户价格和批发市场价格间的垂直传递。已有研究表明在价格数据协整的情况下，采用 APT－ECM 模型分析价格非对称传递更为恰当，本实证基于此建立的 APT－ECM 模型具体形式如下：

$$\Delta P_t^r = \alpha_0 + \alpha_{1i}\sum_{i=1}^{M}\Delta P_{t-i}^r + \sum_{i=0}^{N}\alpha_{2i}^+\Delta P_{t-i}^{w+} + \sum_{i=0}^{N}\alpha_{2i}^-\Delta P_{t-i}^{w-} + \alpha_3^+ECM_{i-1}^+ + \alpha_3^-ECM_{i-1}^- + \upsilon_t \tag{7-1}$$

该模型表示，零售价格波动受到滞后期的零售价格波动、当期和滞后期的销地批发市场价格波动（包括上涨和下跌变量）影响，$\alpha_3^+ECM_{i-1}^+$、$\alpha_3^-ECM_{i-1}^-$ 为误差修正项，分别表示零售市场价格对销地批发市场价格上涨和下降的调整速度和幅度。实证过程中，由零售市场价格和销地批发市场价格的协整方程获得 ECM，然后进行变量分离获得 ECM_{t-1}^+、ECM_{t-1}^-。方程的零假设 H_0：$\sum_{i=0}^{1}\alpha_{2i}^+ = \sum_{i=0}^{1}\alpha_{2i}^-$，且 $\alpha_3^+ = \alpha_3^-$，对该假设采用参数约束 Wald 法进行检验，若拒绝零假设，那么就认为销地批发市场、零售市场间价格传递具有非对称特征。

蔬菜作为生鲜农产品，难以贮藏，旺季集中上市时价格下跌，淡季产量减少价格上涨。季节性因素会对价格传递检验的结果产生影响，因此本专题首先利用移动平均差分法计算季节影响因子，进一步得出季节调整后序列，并考虑到直接使用该序列可能带来的异方差，实证模型中数据均采用季节调整后数据的对数序列。构建 APT－ECM 模型时，数据序列需要同阶单整，所以先对季节调整后的 3 种蔬菜的销地批发市场价格、农贸市场价格、超市价格进行平稳性检验，ADF 单位根检验结果显示，均为一阶单整序列。在此基础上进行批零市场价格协整检验，结果显示在95%置信度水平下，3种蔬菜的农贸市场价格、销地批发市场价格，以及超市价格、销地批发市场价格均存在协整关系，因此可以建立 APT - ECM 模型（由于篇幅有限不在此列出检验结果）。

根据 AIC 和 SC 取值最小的模型滞后期选择标准，确定滞后1期为基准模型，从方程实证结果可知，模型拟合情况比较理想，调整后的 R^2 均在0.485以上，AIC 和 SIC 具有较低的值，满足优度准则。无论农贸市场、销地批发市场价格间的 APT - ECM 模型，还是超市、销地批发市场价格间的 APT - ECM 模型，ECM^+_{t-1}、ECM^-_{t-1} 系数均为负，表明零售市场、销地批发市场价格长期均衡状态在短期内受到外部冲击被打破后，有向长期均衡修正的机制，如表7-4所示。

表7-4 零售市场价格对销地批发市场价格上涨和下跌的反应

变量	系数	农贸市场			超市		
		大白菜	土豆	番茄	大白菜	土豆	番茄
C	α_0	-0.016***	0.010*	0.004	-0.010	0.023**	0.012*
ΔP^r_{t-1}	α_{11}	0.313***	0.299***	0.144**	0.406***	0.171**	0.211***
ΔP^{w+}_t	α^+_{20}	0.313***	0.125	0.422***	0.221***	0.099	0.218***
ΔP^{w+}_{t-1}	α^+_{21}	0.169***	-0.042	0.116	0.159***	0.036	0.191***
ΔP^{w-}_t	α^-_{20}	0.234***	0.374***	0.460***	0.097**	0.405***	0.301***
ΔP^{w-}_{t-1}	α^-_{21}	0.075	0.089	0.199***	-0.036	0.336***	0.263***
ECM^+_{t-1}	α^+_3 ♂	-0.070	-0.110*	-0.173*	-0.140***	-0.156**	-0.214***
ECM^-_{t-1}	α^-_3 ♂	-0.199	-0.089	-0.203*	-0.071**	-0.005	-0.067
Adjusted R^2	0.876	0.563	0.761	0.736	0.485	0.762	
DW	2.026	1.946	1.795	2.146	2.159	1.973	
AIC	-3.993	-4.163	-3.486	-3.511	-3.299	-3.766	
SC	-3.851	-3.981	-3.304	-3.370	-3.117	-3.584	
F值	181.843	23.677	56.836	72.666	17.563	57.297	
Wald检验：χ2	3.681	3.191	0.759	10.111***	9.608***	4.898*	
是否对称	对称	对称	对称	正非对称	正非对称	正非对称	

注：*、**、***分别表示估计量在10%、5%、1%的水平下显著。

在农贸市场、销地批发市场价格间的 APT - ECM 模型中，除大白菜外，其他2种蔬菜的 ECM^+_{t-1} 系数的绝对值均大于 ECM^-_{t-1} 系数的绝对值，但是采用参数约束 Wald 法对3种蔬菜的农贸市场、销地批发市场价格间的非对称性传递结论进行联合检验，3种蔬菜的 χ^2 值分别为3.681、3.191、0.759，在10%的显著性水平下均不能拒绝原假设，因此3种蔬菜在农贸市场、销地批发市场间的价格传递是对称的（见表7-4）。该结果表明，无论上游销地批发市场价格的上涨还是下跌，集贸市场价格的调整速度和幅度是一致的。

在超市、销地批发市场价格间的 APT - ECM 模型中，3种蔬菜的 ECM^+_{t-1} 系数的绝对值均大于 ECM^-_{t-1} 系数的绝对值，采用参数约束 Wald 法对3种蔬菜的超市、销地批发市场价格间传递的非对称性结论进行联合检验，结果显示，3 种蔬菜的 χ^2 值分别为 10.111、9.608、4.898，在 10% 的显著性水平下均可以拒绝原假设，因此这 3 种蔬菜的超市、销地批发市场间的价格传递具有非对称性（见表 7－4），超市价格对销地批发市场价格的上涨反应较大，而对销地批发市场价格下跌反应较小。该结果表明超市价格针对销地批发市场价格的上涨和下降，其调整的速度和幅度存在差异：当上游蔬菜批发价格上涨，成本上升时，超市会将其迅速转嫁给消费者，而当上游市场价格下降时，超市会推迟降价或减小降价幅度，这也使得超市购买者并未从上游价格下降中获得较完全的福利。

三、研究结论与政策建议

本专题以北京市场上的大白菜、土豆、番茄为对象，采用 APT－ECM 模型，实证分析了不同零售渠道下的蔬菜零售价格对上游市场价格变动的反应机制，结果发现：对于农贸市场，无论上游销地批发市场价格是上涨还是下跌，农贸市场价格的调整速度和幅度都是一致的；对于超市，当上游蔬菜批发价格上涨，超市会将其迅速转嫁给消费者，而当上游市场价格下降时，超市会推迟降价或减小降价幅度，这也使得超市购买者并未从上游价格下降中获得较完全的福利。

本专题的政策建议主要有以下三个方面：

第一，加快农贸市场购物环境改造升级，增加有较好购物环境的零售场所的供给。目前，农贸市场仍为居民选购优质价廉蔬菜的便捷渠道，超市尚无法取代，但是通过超市选购蔬菜的居民数量稳定，这说明消费者对这种附加有“较好购物环境”蔬菜产品的偏好，因此，政府要加快农贸市场购物环境改造升级，增加有较好购物环境的零售场所的供给。由于农贸市场的公益属性，其改造升级应由政府投资推动，避免将升级改造成本转嫁到农贸市场的蔬菜零售价格上。

第二，推进超市的前向一体化经营，以降低超市蔬菜采购成本，逐步使超市成为低价优质的蔬菜零售平台。由于目前农户生产规模小、组织化程度低以及蔬菜生产存在淡旺季特征，少数农户或某一主产区很难满足超市对量、品种上的常年性要求，农超对接的交易成本比较高，笔者并不主张力推农超对接。但政府可以积极培育一批大型运销配送企业，支持其直接从各产地采购，具备较为齐全的蔬菜品种，并进一步推进该类型大型运销配送企业与各超市对接，使其成为超市的供应商。

第三，政府物价部门应加强蔬菜零售价格监管。一方面，政府应加强价格监管，引导商家合理定价，守法诚信经营；另一方面，政府应将收集的各零售市场（农贸市场、超市）价格信息，通过政府相关部门网站、主流媒体以及其他现代信息渠道，免费向市民发布，使市民可以有效选择低价优质的蔬菜零售市场，弱化各零售市场的价格垄断地位。

专题Ⅲ　我国蔬菜产地价格的非对称反应：理论与实证分析

蔬菜产地价格对销地价格下跌的反应大于对其上涨的反应会致使农户利益受损，本专题分析了蔬菜产地集中度与产地价格非对称反应之间的关系。利用非对称价格传递误差修正模型（APT-ECM）的检验结果显示：在每年的1月至6月以及10月至12月，耐寒易种植蔬菜包菜、芹菜、大白菜产地集中度低，其产地价格对销地价格的下降的反应要大于对其上涨的反应，产地价格呈现非对称反应；而在每年的12月至次年的4月，喜温果菜类黄瓜、番茄、青椒和豇豆生产集中度较高，产地价格对销地价格的上涨和下跌反应呈对称性。

一、引言

1978年我国开始以市场化为导向的农业体制改革，为了应对当时市场上蔬菜供应短缺、季节性供需失衡，在较长时期中政府政策目标主要以保障城市消费供应为重点。1988年开始实施的“菜篮子”工程要求各城市对保障菜篮子供应实行市长负责制，此后政府采取了一系列的生产促进政策和流通改善政策。20世纪90年代末期，我国蔬菜供求形势基本由长期短缺转向供求基本平衡，2012年，我国年蔬菜总产量达到52801.63万吨，稳居世界首位，总产量是1990年的3.63倍，基本解决了蔬菜供应总量短缺的问题。

随着我国由低收入国家跃升至中等收入国家，农民相对贫困问题引起了政府和社会的关注，而蔬菜价格波动引起的“菜贱伤民”事件成为社会舆论热议的话题。当前增加处于相对贫困中的农民收入不仅是经济问题，更是政治问题，其事关城乡协调发展和全面建成小康社会宏伟目标的最终实现。在2010年国务院下发的《统筹推进新一轮菜篮子工程建设的意见》中也明确提出了在新一轮菜篮子工程建设中要强调产区利益，既要保障城市居民的消费需求又要促进农民持续增收。目前，蔬菜产业已经成为一些主产地农业农村经济发展的支柱产业，蔬菜产地价格波动关系到主产地农民增收问题。

目前蔬菜供销格局也由“生产导向”转向了“需求导向”，在价格形成机制中显示出消费市场价格主导农户市场价格的特征。但是，在近年来蔬菜价格暴涨和暴跌事件中，媒体、政府和学者常常注意到这样一种现象：蔬菜产地价格对销地价格的下跌的反应要大于对其上涨的反应，即销地价格下降相对于上涨会更迅速和更大幅度地传递至产地，造成农户不能从价格上涨中增加更多的收益而在价格下跌中却损失惨重。李圣军（2011）发现近年来蔬菜消费价格涨幅和波动幅度超过生产价格，其理论分析认为蔬菜流通不畅、政府调控不力、农户“按需定产”能力不高是目前蔬菜“卖贱买贵”问题的内在根源。高扬（2011）指出蔬菜流通过程中非竞争的市场结构可能是我国蔬菜价格传导的非均衡性的原因。张晓敏、周应恒（2012）理论和实证分析发现蔬菜易腐性是农户价格非对称反应的重要原因之一。

综上所述，现有文献对我国蔬菜产地价格非对称反应进行实证研究的较少。本专题将从我国蔬菜产销的现实特征出发，理论和实证分析引起我国蔬菜产地价格非对称反应的原因，进而提出相应的政策建议。

二、分析框架

新古典经济理论通常在假定生产者直接面对消费者的条件下分析局部市场的均衡问题，但现实中由于交易成本的存在，生产者和消费者直接面对的市场演变为中间商存在的纵向市场体系。在存在纵向关联的市场体系中，某一环节市场价格对上下游市场价格波动的反应机制受各市场主体价格行为的影响，而市场竞争结构特征是决定市场主体价格行为的重要因素。在不完全竞争市场中，具有市场势力的市场主体会利用其市场势力，操纵价格呈非对称反应以获取垄断利润。

在农业领域常常有研究发现，当农产品加工和流通部门具有较高的集中度时，农户市场与食品市场间价格会存在非对称反应，这会导致处于营销链最前端的农户或者末端的消费者利益受到损害。20 世纪 80 年代我国开始以市场化为导向的蔬菜流通体制改革，出现了大量活跃在全国各地进行长途贩运的运销商，目前，蔬菜流通已打破了各地自给自足、基本封闭的供应方式，蔬菜广域流通格局基本形成。我国蔬菜流通行业的进入门槛低，从广域范围内的运销商数量来看是难以形成垄断势力的。但囿于交易成本的存在（如运输成本、信息收集成本），市场往往具有一定的区域性，市场竞争程度可能会因为市场的区域性而降低，会存在区域性的买方或卖方市场势力。

交通运输业的快速发展缩短了新鲜蔬菜从远距离农区运到大中城市的运输时间，在全国各地的长途运销商的作用下，使得处于远离城市的农区农户种植蔬菜的积极性提高。特别是一些对种植技术、气候条件要求不高的蔬菜，如耐寒蔬菜结球甘蓝（别称包菜、圆白菜或卷心菜）、芹菜、大白菜、莴笋等，各地区农户在利益驱动下竞相种植，产地相对分散。当前我国蔬菜市场信息服务体系不完善，产地分散使得信息更加分散，经营者难以全面把握市场信息，运销商、农户间信息不对称性增强。当某一分散产地产品集中上市信息不能有效传递至更多的运销商，会使得该地区的运销商数量不能增加，该地区较少的运销商对急于出售产品的农户压价的行为便会发生。同时，由于分散产地交易规模小，会影响产地集中交易市场的形成，运销商与农户分散议价的交易过程中，分散的小规模农户会处于弱势地位。综上所述，产地分散会使得在产地交易中运销商会具有买方市场势力。上述关于产地交易中运销商买方市场势力的产生机制如图 7－2 所示。

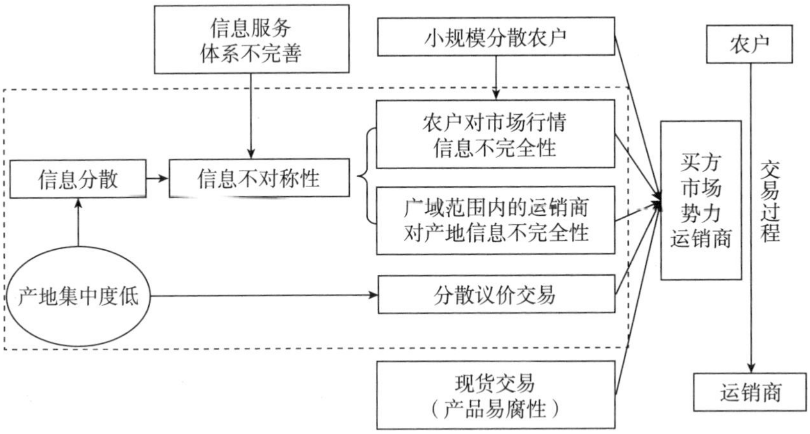

图 7－2　产地交易中运销商买方市场势力产生机制

也就是说在产地分散条件下，容易在产地形成不完全竞争性的市场结构，运销商利用其市场势力操纵价格呈非对称反应以获取垄断利润，导致蔬菜产地价格对销地价格的下降反应大于对其上涨的反应，即相对于销地价格上涨，销地价格下降会更大幅度地引起产地价格下降。

在下文中将选择产地相对分散的蔬菜种类，如结球甘蓝、芹菜、大白菜，实证考察其产地价格对销地价格上涨和下跌的反应特征，同时选择产地相对集中的蔬菜种类作为对照分析，以解释当前我国蔬菜产地价格非对称反应这一现象。

三、蔬菜产地集中现状：基于不同蔬菜、不同季节的比较

受各地区气候特征以及各种蔬菜对种植气候、技术要求差异，不同种类的蔬菜在不同季节其生产集中度存在差异：

耐寒蔬菜如结球甘蓝、芹菜、大白菜等，其对栽培技术要求低，较耐寒。在华南与西南地区，除去每年 4 ~ 10 月炎热、台风、多雨的季节，三种蔬菜均可露地生产；长江流域各地区如湖北、湖南、江苏中南部、安徽南部、上海各产地在每年 1 ~ 6 月以及 10 ~ 12 月均可露地栽培上市；在黄淮海与环渤海湾地区的辽宁、河北、山东、河南、安徽中北部、江苏北部地区在冬季及早春可用塑料大棚或日光温室进行生产，其他时节均可露地生产供应。由于各地区在大部分时间均可生产，上市期较为重合，不易形成大规模的集中产地，生产集中度低。

喜温果菜类如番茄、黄瓜、青椒、茄子、豇豆，其对栽培技术要求高，对温度要求也较高，在每年 12 月至次年 4 月，其生产供应主要集中在两个地区：以山东为主的黄淮海与环渤海湾地区的日光温室是喜温果菜类主产区，2011 年统计数据显示，该地区拥有日光温室面积 303 余万亩，占全国日光温室的 53%[①]，而华南地区的广西、海南、广东、福建和云南南部冬春季气候温暖，有“天然温室”之称，1 月平均气温大于 10℃，可进行喜温果菜露地生产，主要产品有豇豆、菜豆、丝瓜、苦瓜、西甜瓜、番茄、辣椒、茄子等。在以山东为主的黄淮海与环渤海湾地区以及以广西、海南为主的华南地区形成了规模较大的全国性冬春蔬菜产地，是长江流域城市以及“三北地区”城市喜温果菜的重要供应地。

我国并没有各种蔬菜季节性产量的统计数据，从各省区年度产量数据中也可以看到两类蔬菜的生产集中差异。以耐寒叶菜结球甘蓝为例，生产规模排在前 5 位的省份依次为河北、湖北、河南、山东、湖南，产量规模指数分别为 14.97%、8.21%、7.50%、7.01%、6.71%，5 省规模指数占全国的 44.40%，赫芬达尔指数（HHI）为 0.077[②]。而喜温果菜黄瓜，依据产量规模指数，生产主要集中在河北、山东、河南、辽宁、江苏 5 省份，其产量规模指数分别为 18.73%、16.55%、14.39%、7.64%、3.96%，5 省规模指数占全国的 61.27%，赫芬达尔指数（HHI）为 0.100。可见，我国黄瓜生产集中度要高于结球甘蓝，再从两种蔬菜的各省区区位商（LQ 指数）来看，山东省黄瓜生产的区位商为 1.16，这高于山东省结球甘蓝的区位商 0.49，表明山东省在生产黄瓜的专业化程度上要高于结球甘蓝。

四、样本选择、资料来源及模型构建

（一）样本选择与资料来源

城镇是我国商品蔬菜消费的主要区域，我国城镇化在空间上呈现出非均衡性，在京津

① 中国农业机械工业协会. 2011 中国农业机械工业年鉴［M］. 北京：机械工业出版社，2012.

② 中华人民共和国农业部. 中国农业统计资料 2012［M］. 北京：中国农业出版社，2013.

冀、长江三角洲和珠江三角洲三大城市群，在2.8%的国土面积上集聚了18%的人口，形成了商品蔬菜消费的重要集中地。对于这些蔬菜消费较为集中的区域，供应更加依赖于外埠农区蔬菜，形成了一批交易量大，辐射范围广的销地集散批发市场，其市场价格甚至成为全国范围内的价格形成中心，其对产地价格的形成有重要的影响。因此，本专题选择京津冀和长三角城市群的中心城市北京、上海批发市场价格作为销地价格。在选取相对应的产地时，依据各种蔬菜生产布局现状，尽可能地使产销地间有产品流通。所选择的样本基本情况如表7-5所示。

表7-5 样本基本情况

产地集中度低					产地集中度高				
品种	时期	产地	销地	样本数	品种	时期	产地	销地	样本数
结球甘蓝	3~6月	山东	北京	305	黄瓜	12~次年4月	山东	北京	197
结球甘蓝	3~6月	河南	北京	305	黄瓜	12~次年4月	山东	上海	254
结球甘蓝	1~4月	湖北	上海	212	番茄	12~次年4月	山东	北京	240
芹菜	3~6月	山东	北京	315	青椒	12~次年4月	山东	北京	291
芹菜	3~6月	河南	北京	315	青椒	12~次年4月	山东	上海	290
大白菜	10~12月	山东	北京	276	豇豆	12~次年4月	广西	北京	267
大白菜	10~12月	河北	北京	206	豇豆	12~次年4月	广西	上海	267

研究所截取的蔬菜产销地价格序列的时间跨度为2011年1月1日至2014年6月30日，数据频率为日数据，来源于中华人民共和国商务部百家农副产品批发市场日报监测系统网站，即产销地价格数据用批发市场价格数据代替（由于文章篇幅问题产销地价格波动图在此不一一列出）。

（二）模型构建

V. Cramon - Taubadel（1998）最早建立了基于协整的非对称价格传递误差修正模型（APT - ECM），用来分析德国猪肉的农户价格和批发市场价格间的垂直传递。已有研究表明，在价格数据协整的情况下，采用APT - ECM模型分析价格非对称传递更为恰当。

本实证采用的基于协整的非对称价格传递误差修正模型（APT - ECM）如下：

$$HHI_j = \sum_{i=1}^{i}\left(\frac{e_{ij}}{E_j}\right)^2 \tag{7-2}$$

$$LQ_{ij} = \left(\frac{e_{ij}}{e_i}\right)/\left(\frac{E_j}{E}\right) \tag{7-3}$$

$$\Delta P_t^{FW} = \alpha_0 + \sum_{i=1}^{M}\alpha_{1i}\Delta P_{t-i}^{FW} + \sum_{i=0}^{N}\alpha_{2i}^{+}\Delta P_{t-i}^{CW+} + \sum_{i=0}^{N}\alpha_{2i}^{-}\Delta P_{t-i}^{CW-} + \alpha_3^{+}ECM_{i-1}^{+} + \alpha_3^{-}ECM_{i-1}^{-} + \upsilon_t \tag{7-4}$$

其中，因变量ΔP_t^{FW}表示产地价格波动值，$\sum_{i=1}^{M}\alpha_{1i}\Delta P_{t-i}^{FW}$表示产地价格波动滞后期变量，$\sum_{i=0}^{N}\alpha_{2i}^{+}\Delta P_{t-i}^{CW+}$表示销地价格当期和滞后期上涨变量，$\sum_{i=0}^{N}\alpha_{2i}^{-}\Delta P_{t-i}^{CW-}$表示销地价格当期和滞后

期下跌变量，$\alpha_3^+ ECM_{i-1}^+$、$\alpha_3^- ECM_{i-1}^-$为误差修正项，分别表示产地价格对销地价格上涨和下降的调整幅度，由产地价格和销地价格的协整方程得到 ECM，然后进行变量分离获得 ECM_{t-1}^+、ECM_{t-1}^-。方程的原假设 $H0$：$\sum_{i=0}^{T} \alpha_{2i}^+ = \sum_{j=1}^{1} \alpha_2^- i$，且 $\alpha_3^+ = \alpha_3^-$，对该假设的检验采用参数约束 Wald 法进行检验。若不能拒绝原假设，则认为产地价格对销地价格的上涨和下跌反应是对称的。若可以拒绝原假设，那么就认为产地价格对销地价格的上涨和下跌反应是非对称的。

考虑到直接使用原始数据序列可能带来的异方差，实证模型中数据均采用对数序列。ADF 单位根结果显示，14 对产销地价格均为一阶单整序列即 I（1）序列；分别对 14 对蔬菜产销地价格序列进行 Johansen 协整检验，在 0.05 显著性水平下，14 对蔬菜产销地价格序列迹检验、最大特征根检验均表明有一个协整关系（由于文章篇幅问题检验结果在此不一一列出）。上述协整检验结果表明 14 对蔬菜的产销地价格存在长期均衡关系，故可以建立 APT－ECM 模型。

五、实证结果

构建误差修正模型存在一个重要的问题，就是滞后阶数的确定，滞后阶数足够大可以反映所构造模型的动态特征，但是同时需要估计的参数也越多，模型自由度就会减少。考虑生鲜蔬菜易腐性，其流通过程较为快速，确定了滞后 1 期为最优滞后期，此时各拟合方程中赤池信息值（AIC）在 －0.361 ~ －2.062，施瓦茨信息值（SC）在 －0.242 ~ －1.932，AIC 和 SIC 具有较低的值，满足优度准则；调整后的判断系数（Adjusted R^2）在 6.5% ~62.7%（由于本专题使用的是日数据，对于高频数据而言，这个值是在合理范围之内的），方程拟合优度（F 值）在 2.448 ~47.514，拟合情况较好（如表 7－6 所示）。

在表 7－6 中，各样本产地与销地价格的 APT－ECM 中，ECM_{t-1}^+、ECM_{t-1}^- 系数均为负，说明产地价格、销地价格均衡状态短期内受到外部冲击后有向长期均衡修正的机制。

在 7 对产地集中度较低的蔬菜产地价格、销地价格 APT－ECM 中，ECM_{t-1}^+ 系数的绝对值均小于 ECM_{t-1}^- 系数的绝对值，即产地价格对主销地价格的下跌反应较大，而对销地价格上涨反应较小。对 7 对蔬菜产地价格、销地价格的 APT－ECM 的非对称性结论得出采用 Wald 法对 H0 假设进行联合检验，如表 7－6 所示，χ^2 值分别为 5.978、6.388、4.015、12.529、3.848、4.887、5.002，在 10% 的显著性水平下均可以显著地拒绝原假设，这表明 3 种产地集中度较低的蔬菜种类，其产地价格对销地价格的反应具有非对称性，即产地价格对销地价格下跌的反应要大于对销地价格上涨的反应。

在 7 对产地集中度较高的蔬菜产地价格、销地价格间的 APT－ECM 中，有 4 对 ECM_{t-1}^+ 系数的绝对值小于 ECM_{t-1}^- 系数的绝对值，分别为山东产地、上海销地黄瓜价格，山东产地、上海销地青椒价格，广西产地、北京销地豇豆价格，广西产地、上海销地豇豆价格，但采用 Wald 法对 H0 假设进行联合检验，如表 7－6 所示，χ^2 值分别为 2.604、1.899、1.518、4.157，在 10% 的显著性水平下均不可以显著地拒绝原假设，因此产地价格对销地价格上涨和下跌的反应是对称性的。有 3 对 ECM_{t-1}^+ 系数的绝对值大于 ECM_{t-1}^- 系数的绝对值，分别为山东产地、北京销地黄瓜，山东产地、北京销地番茄，山东产地、北京销地青椒，但采用 Wald 法对 H0 假设进行联合检验，χ^2 值分别为 0.849、0.228、

表 7－6　产地价格对销地价格上涨和下跌的反应

系数	产地集中度低							产地集中度高						
	结球甘蓝			芹菜		大白菜		黄瓜		番茄	青椒		豇豆	
	山东	河南	湖北	山东	河南	山东	河北	山东	山东	山东	山东	山东	广西	广西
	北京	北京	上海	北京	北京	北京	北京	北京	上海	北京	北京	北京	北京	上海
C	-0.018	-0.031	-0.002	-0.032	-0.033	-0.004	-0.008	-0.016	-0.008	0.012	0.012	0.008	-0.003	-0.013
ΔP_{t-1}^{FW}	-0.101*	-0.004	-0.050	-0.153**	0.016	-0.096	-0.100	0.102	0.112*	-0.165***	0.052	0.046	0.080	0.100
ΔP_{t}^{CW+}	0.124	0.643***	-0.012	0.746***	0.651***	0.352***	0.542***	1.129***	0.314**	0.130	0.418***	0.233**	0.035	-0.145
ΔP_{t-1}^{CW+}	0.169	-0.299**	-0.034	0.146	-0.256**	-0.213**	0.118	-0.133	0.062	-0.001	0.080	-0.061	-0.011	-0.255**
ΔP_{t}^{CW-}	0.112	0.082	-0.006	0.125	0.017	0.313***	0.337**	0.053	0.016	0.790***	0.632***	0.327**	0.363**	0.089
ΔP_{t-1}^{CW-}	0.030	0.436**	-0.051	-0.009	0.207	0.131	-0.123	0.165	-0.009	0.167	0.150	0.191	-0.002	-0.282**
ECM_{t-1}^{+}	-0.099	-0.040	-0.266***	-0.093	-0.119	-0.174**	-0.429**	-0.254**	-0.137*	-0.140**	-0.215***	-0.091	-0.077	-0.048
ECM_{t-1}^{-}	-0.201***	-0.341***	-0.282***	-0.107**	-0.351***	-0.340***	-0.465***	-0.200**	-0.172***	-0.094	-0.153**	-0.114**	-0.120**	-0.217***
Adjusted R^2	11.9%	20.6%	13.5%	20.4%	20.5%	20.1%	27.5%	62.7%	7.4%	22.7%	23.7%	7.2%	6.5%	12.1%
DW	1.983	2.023	1.994	1.963	2.000	1.988	2.010	1.922	1.980	2.034	1.9713	1.980	1.896	1.864
AIC	-0.926	-0.361	-2.062	-0.619	-0.408	-1.576	-1.113	-2.013	-1.766	-1.179	-1.6594	-1.560	-1.742	-1.801
SC	-0.960	-0.242	-1.932	-0.518	-0.307	-1.465	-0.960	-1.879	-1.653	-1.082	-1.5561	-1.457	-1.632	-1.691
F 值	6.848	9.533	5.542	11.522	11.621	10.112	9.683	47.514	2.757	13.975	13.4782	3.041	2.488	4.925
Wald 检验：$\chi 2$	5.978*	6.388**	4.015*	12.529***	3.848*	4.887*	5.002*	0.849	2.604	0.228	1.848	1.899	1.518	4.157
对称性结论	非对称	非对称	非对称	非对称	非对称	非对称	非对称	对称	对称	对称	对称	对称	对称	对称

注：*、**、*** 分别表示估计量在 10%、5%、1% 的水平下显著。

1.848，在10%的显著性水平下均不可以显著地拒绝原假设，因此产地价格对销地价格上涨和下跌的反应是对称性的。总之，当产地集中度较高时，产地价格对销地价格上涨和下跌的反应呈现出对称性的特征。

六、结论与政策启示

本专题利用非对称价格传递误差修正模型（APT－ECM）探讨了蔬菜产地集中度与蔬菜产地价格非对称反应之间的关系。研究发现：在每年的1～6月以及10～12月，一些耐寒易种植蔬菜如包菜、芹菜、大白菜，产地相对较分散，其产地价格对主销地价格的下降反应要大于对其上涨的反应，也就是说相对于主销地价格上涨，其下降会更大幅度地引起产地价格下跌，致使蔬菜从生产领域进入流通领域的交易过程中农户利益受到损害；而在每年的12月至次年的4月，一些喜温果菜类产地集中度较高，产地价格对销地价格上涨和下跌的反应呈现出对称性的特征。

本专题的政策启示有：

（1）优化蔬菜生产区域布局，继续推进蔬菜生产向优势产区集中，提高各主产区蔬菜专业化程度。统筹推进蔬菜主产地批发市场建设，以在产地形成集中交易市场，这有利于在主产地形成竞争性的市场价格。

（2）加强信息收集和发布，减弱产销地信息不对称程度，以降低农户在交易中所面对的买方势力。政府应加紧建立垂直管理的信息采集、发布模式，这有利于信息采集的公正性、权威性和准确性，信息采集覆盖范围要全面，信息发布应通过政府相关部门网站、主流媒体以及其他现代信息渠道，保证各个交易主体能够及时地获取信息。

（3）加快培育组织化、规模化的生产、流通主体。一方面，可以通过组建农民专业合作组织，提高生产主体组织化程度，通过促进土地流转，推广蔬菜生产机械以培养生产规模化，可以消除小规模农户进入市场时的弱势地位。另一方面，培育组织化、规模化的生产、流通主体，有利于推广订单生产，这样可以消除由于产品易腐性导致的现货交易时农户的弱势。

专题Ⅳ 农产品批发市场电子结算使用意愿的影响因素分析

自我国的第一家农产品批发市场创建以来，农产品批发市场发展迅速，交易规模飞速扩大，传统的面对面现金交易模式已经不能满足市场的需要。近几年我国把在农产品批发市场上推广电子结算方式作为市场转型的一大重点，但是电子结算交易方式在我国农产品市场上推行并不顺利。本专题利用合肥百大周谷堆农产品批发市场204位批发商户的微观调查数据，构建结构方程模型，从用户的感知安全性、感知有用性和感知易用性3个角度探索其是否影响用户的电子结算使用意愿。结果表明，账单可查、安全承诺和国资背景3个因素对用户的感知安全性有显著影响；节约时间精力、方便业务管理、增加市场收益与用户的感知有用性正向相关；容易学习、使用简单、清晰的结算过程均对用户的感知易用性产生积极影响；而这些因素间接影响用户的使用意愿。并根据分析结论，提出有效的政策建议。

一、引言

（一）选题背景

自1984年我国建立了第一个农产品批发市场以来（依绍华，2014），农产品批发市场的发展势头迅猛，年成交额超亿元的农产品交易市场稳定在5000个左右，年成交额更是高达10万亿元（冉隆楠，2018）。国家统计局数据显示，到2016年底，我国有不同种类的农贸市场2.7万个，农产品中经由批发市场进行流通所实现的交易额达到3万亿元，交易量占农产品总产值的70%（雷敏，2016）。

传统的农产品批发市场进行交易主要依据现货和现金交易（牛文旭，2016），它表明，在大多数批发市场中，交易是以实物进行的，所有交易货物都在市场上堆积；采购商在验货后进行讨价还价，最终以现金收付实现交易。传统的面对面现金结算交易流程简单、过程步骤少、速度快（卢凌霄，2010），但农产品批发市场的规模猛增，市场内交易金额巨大、品种多且繁杂、交互人员复杂程度上升。这就导致难以确定市场管理方收取的费用，更难以确保交易双方的财产不受损失，且经营商和采购商不能同时生成结算信息。需要市场管理人员进行实地考察并确定价格后，才能得到有关结算数量和结算价格的信息，可能会损害市场管理方进行运营决策、国家实施宏观调控的效果。因此如何加快农产品批发市场的交易速度，提高资金安全，减轻管理压力，已经成为绝大多数批发市场需要迫切解决的问题（邹旸，2016）。

2013年，商务部发布《关于加强集散地农批市场建设的通知》，提出在2020年之前，全国各地的农批市场上均要推广应用电子结算系统，推动电子验证和电子分类账购销的实现，增加信息的真实性和价格的有效性。2015年8月，商务部再次发布《全国农产品市场体系发展规划》，规划中继续推广电子结算方式，将其作为一大转型重点。

伴随着农产品批发市场的全面调整提高，在农批市场上进行结算交易时，电子结算方式和现代网络信息技术均得到了一定程度的推动和完善，一些大规模的农批市场已采用电子结算方式作为市场交易的首要方式。但是，电子结算方式对应的交易体系在我国农产品市场上推行屡屡受阻。市场监管不到位、技术水平的匮乏、结算系统本身的漏洞、推行过程中商户的抵触，都导致我国农产品批发市场现阶段的电子结算系统覆盖水平距离预期尚有差距。调查发现，许多农产品批发市场的电子结算系统非常先进，但有些处于非常低的利用率状态（马增俊等，2011）。还有一些直接闲置，严重影响了交易的便捷程度和市场升级的效率。

（二）研究意义

目前我国农产品进行流通的范围里，农产品批发市场的比重占据了很大一部分。大约70%的农产品最终通过多层次的批发市场体系进入消费行业，因此，批发市场在农产品分销中的重要性尤为突出。同时，我国农产品批发市场的交易方式使对其运行效率产生了显著区别。解决电子结算系统的低效率和市场的低渗透率是当今社会迫切需要考虑的问题。在此背景下，探讨影响农产品批发市场的电子结算使用意愿的诸多因素，对于我国农产品批发市场的稳健发展和转型具有前瞻性的理论和现实意义（贾晓，2016）。

安徽省在我国的农业生产方面占有一定比例，农产品产量可观，种类丰富，且处于我国中部，交通运输方便，是南菜北运的重要中转分拨地。同时，安徽省各县市农产品批发市场规模大、品种多、流动性强，十分具有代表性。本专题选取研究对象——合肥周谷堆农产品批发市场，与市场上农产品结算系统的固定用户进行现场访谈和问卷调查，在此基础上对影响用户对电子结算系统使用意愿的因素进行计量分析，并探究影响在农产品批发市场上用户对电子结算系统使用意愿的影响因素。

（三）本专题的研究方法和内容安排

1. 研究方法

本专题在研究分析过程中使用了统计分析法、问卷调研法，以及定性分析和定量分析法。

本专题以通用的统计分析软件 SPSS17.0 及 AMOS22.0 为工具分析数据，对调查所获数据进行描述性统计分析、有效性、可靠性分析、结构方程建模、模型拟合和数据处理，进行实证分析，进一步探讨各变量间的关系，确定它们对用户在农产品批发市场上的电子结算使用意愿的影响并进行分析，最后对建立的模型的假设进行检测，进而验证检验模型以及相关假设，并最终得出研究结论。

2. 内容安排

第一部分是绪论。介绍本专题的研究背景及意义，阐述研究用户对农产品批发市场上电子结算的使用意愿及影响因素的动机。然后，提出本专题的研究方法、内容和章节安排。

第二部分是概念界定与文献综述。本专题对农产品批发市场的电子结算系统做了概念性阐述，介绍电子结算系统的使用流程，再对国内外学者针对电子结算使用情况及影响因素的研究进行了总结。同时参考已有成果、研究理论，选取研究模型——结构方程模型，作出一系列研究假设。

第三部分是模型构建。定义研究所需的操作性变量，做出了相关假设，对模型进行尝试构建。

第四部分是实证分析。描述性地对原始数据进行统计分析，依次进行可靠性和有效性的检验，再对初步建立的结构方程模型进行拟合和校正，并利用模型对研究做出的所有假设进行验证，最后分析数据，探讨了农产品批发市场电子结算使用意愿及其影响因素的关系。

第五部分是结论与建议。基于第四章实证分析的结果，对本专题的主要研究内容做总结，提出合理的政策建议；最后指出了本专题的一些不足之处。

（四）本专题创新点与不足

1. 本专题创新点

本专题创新性地选取合肥周谷堆农产品批发市场作为研究对象，从批发市场上的商户处收集数据，该实证对象在现有的文献及相关资料中尚未见到。本专题在进行数据分析和资料查阅后，决定构建结构方程模型，从三个方面分析影响农产品批发市场上用户电子结算使用意愿的有关因素，从而在农产品批发市场方面丰富用户的电子结算使用意愿领域的学术研究，为市场上电子结算使用方式的推广扩展提供对策建议，并为该方向现有的研究成果提供参考。

2. 本专题不足

尽管本专题研究模型的假设得到了数据支持和模型验证，也最终得到了一些研究结论，但是本专题仍存在着不少的缺陷。第一，使用意愿与真正的使用行为并不相同。研究模型中不包括用户的实际使用行为，然而对使用意愿和真正的使用行为的实证表明，两者之间密切相关。第二，本专题仅从感知安全性、感知有用性、感知易用性 3 个方面来验证了影响因素的影响。另有一些层面的因素如制度、文化、社会影响等外部原因未被包含在模型中，而这些可能会对用户选择行为造成一定的影响。第三，问卷调查采用了方便抽样方法。收集调查问卷时，由于时间不足、精力有限，被调查对象为市场上的采购商与经营户，样本数量有限，取样的不足有可能会对本专题的研究结论带来影响。若可以扩大问卷样本调查范围，增加样本覆盖层次和广度，研究结果的可参考性会更强。另外，细化用户类型，针对不同用户独有的人口统计学特征进行分类研究，找出影响不同用户类型的因素，更好地满足用户需求，推进该方式在农产品行业的快速成长与逐渐普及。

据本专题探讨可知，感知安全性、感知有用性和感知易用性共同解释了 77% 的电子结算使用意愿，说明还存在其他一些重要的因素对使用意愿有一定影响，值得进一步探讨。此外，后续研究可以考虑在不同情形下对此模型进行检验，从而为电子结算系统市场服务商提供更实际的启示。

尽管本专题存在诸多不足，但是加深了我们对电子结算方式使用意愿影响因素的思考，进一步丰富了我国对农产品批发市场上电子结算使用情况的相关研究，仍具有一定的参考价值。

二、概念界定与文献综述

（一）概念界定

农产品批发市场上的电子结算方式是指农产品批发市场或银行等第三方金融机构或非金融机构的一种电子化结算，为在场内进行商品交易的双方提供服务（丁宁，2015）。此结算过程主要通过计算机网络系统，同时结合 IC 卡系统、结算系统和自助交易终端（如智能电子秤、磅秤、手持读写终端等设备）等，为实现场内交易的电子化进行服务。结算系统包含一系列基本功能：品种管理、统计分析、查询来源、结算金额、账户记录等。

合肥周谷堆农产品批发市场着力发展电子结算这一流通方式，通过对信息手段的灵活运用，委托百大周谷堆公司进行肉菜电子结算，形成具有可追溯性，查证对象可确定和责任性的质量和安全追溯体系。消费者在农产品批发市场购买蔬菜和肉类产品时，经营商在电子秤上对商品进行称重，随时打印出蔬菜、肉类农产品的追溯码，相应的农产品产地、品质、供应商、流通商等信息被全部录入购物小票（王秀杰，2015）。消费者可以通过手机短信、小票上的追溯码进行查询，全面获取产品的品种、生产时间、生产地点等相关信息。采购商和经营户具体应用该方式的交易流程如图 7 - 3 所示：

（1）进入市场后，采购商和经营者必须到结算中心的注册办公室登记，并在交易前注册有效的身份证明和填写开户表格。领取交易 IC 卡，再设置六位数字密码。采购商同时需要向买方卡中存入一定数目的金额。

（2）采购商需要在进场之前，先持卖方卡对商品称重并登记，记录商品分类，随后进场准备进行交易。

（3）当买卖双方确定进行交易后，双方进行协商议价，之后当面过磅，过磅完成后，经营商在追溯电子秤上刷卡，输入品名及单价并点击确认，随后采购商在电子秤上刷卡，输入六位密码完成交易。交易完成后，刷卡机器可以随时打印出交易小票，一部分交由采购商作为交易凭证，另一部分由经营商保管，需要在结算大厅进行取款时出示。

（4）完成交易后，采购商可以从结算中心取出交易 IC 卡内的余款，或者暂时不取出留存在卡里，继续用于下一次交易。

（5）在完成交易后，运营商必须将交易 IC 卡和交易单向结算中心出示，并输入密码后完成取款。

在农产品批发市场上经营业务的核心步骤要经由电子结算系统完成，系统包含批发市场中用户的全部信息、市场交易信息和供求信息，推广电子结算方式可以提供给采购商和经营户各种服务。方便建立起严谨、即时、高效和公平安全的交易体系，容易为市场管理方提供清晰的交易、供求信息（区晶莹，2006）。电子结算方式的普及与推广不仅能够增加商户对农批市场的信任感，对农批市场进行规范可靠的管理，还可促进农产品销售流程的现代化。同时它也是批发市场信息化系统的组成部分之一，有助于提升市场的管理水平和效率。

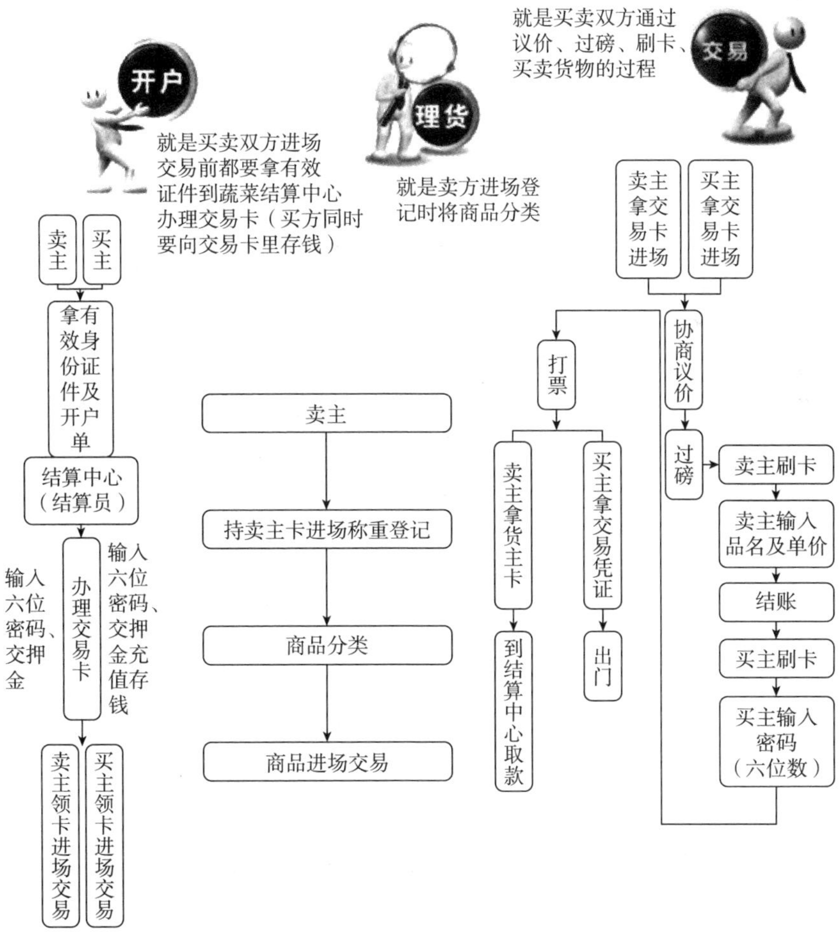

图 7－3　用户使用电子结算方式的交易全过程

(二) 文献综述

1. 国外研究现状综述

近年来，我国农批市场上广泛推广的电子结算属电子交易方式的一种。在对影响消费者使用电子结算系统的因素方面，Sultanf（2002）认为，影响消费者使用电子结算系统的因素包括网站的特点（如隐私、安全、网站品牌、系统导航等）和消费的特点（如人口因素、消费者的在线购物体验等）。Leemko（2001）认为，影响消费者使用电子结算方式的因素包括零售商的信誉、用户的信任感以及购物媒介的可信度。Corritbj（2003）认为，影响用户使用电子结算的因素包括网上卖家的定位程度、感知风险、供应商的网站质量、消费者的在线体验和技术可信度。Featherman（2003）研究技术接受模型时发现，感知安全可以积极地影响用户的使用意愿，用户十分重视在使用电子结算系统进行交易时个人信息是否安全。影响消费者通过电子交易方式支付的因素主要有感知安全性、现行法律法规对消费者权益的保护程度、使用便利性、对消费者隐私的保护程度、使用成本、感知有用性几个方向。

2. 国内研究现状综述

在已有的文献中，研究农产品批发市场的资料主要集中在以下几方面：一是对农产品批发市场的发展现状、运营方略、提升空间等进行探究，例如：冉隆楠（2018）、卢凌霄等（2010）、吕靖烨（2017）分别对如今农产品批发市场上发现的缺陷和改造推广模式进行了探讨，李光集（2017）对农产品批发市场的行业发展前景进行了分析，丁建吾（2011）对农产品批发市场发展模式及战略规划进行了研究；二是研究农产品批发市场的公益性，例如：徐柏园（2011），李志博、米新丽等（2013）从各个角度分别阐释了农产品批发市场的特征，并强调了在农产品批发市场上公共福利的重要性；三是关于农产品批发市场上对交易方式的研究，例如：王志刚、祝倩宜（2006）对选择农产品批发市场交易方式的理论进行了诠释，李文静（2015）对农产品批发市场的交易效率进行了研究。与众多研究农批市场上的各种课题不同，由于我国农批市场上对推广和应用电子结算方式刚刚开始实施，目前关于农批市场上应用电子结算的资料较少，仅有区晶莹等（2006）、徐文（2008）、石旸（2009），对农产品批发市场上电子结算系统的设计给出了相应的模型，进行研究与数据分析得出结论，而有关于农产品批发市场上进行电子结算的影响因素进行分析的文献尚未见到。

而在其他种类商品的批发市场的电子结算方式应用上，焦春伟（2003）对我国粮食批发市场电子交易的未来发展方向进行了深入研究；邹旸（2016）对面食批发市场上电子结算系统进行了研究。然而目前影响农产品批发市场上关于电子结算使用意愿的因素仍为空白，具有深度探究的必要。

上述的影响因素可能在农产品批发市场上也会对用户的电子结算使用意愿带来影响，但这些研究并未在农产品批发市场上对电子结算的使用意愿影响因素进行具体实证。基于此，本专题将详细研究农产品批发市场上用户的电子结算使用意愿的可能影响因素，希望从中得出全面的影响因素分析，并为农批市场的进一步发展与推广该措施做出一定贡献。

三、理论分析与模型构建

（一）理论分析及研究假说

1. 感知安全性因素

在已有学者的研究中有一部分理论来解释用户使用电子支付技术的行为，如应用技术可接受模型。感知安全性本身还包括与一些使用的主观感知。艾瑞研究了电子支付行业的调研报告，发现单个用户较为担心使用电子支付方式进行交易的安全性，这也是一个最为重要的影响原因。Featherman（2003）研究技术接受模型时发现，感知安全可以积极地影响用户的使用意愿，用户十分重视在使用电子结算系统进行交易时个人信息是否安全。另外，市场管理方所做出的一些相关措施、系统的决定也有可能影响用户的选择。因此，用户个人账户的交易对账单可长期保存在系统供其查询，市场管理方向用户介绍过系统的安全措施并作出安全承诺，市场管理方的大股东具有国资背景值得信赖，都是可能影响用户的感知安全和隐私保护的一些因素。在影响电子结算意愿的诸多因素中，两个变量是最重要的：①财产的损失。②隐私的丢失。使用电子支付时，与这两个参数相关的安全和有关于隐私性的问题，几乎都需要用户自己的授权，并且与技术直接相关。基于对这两个概念的理解，我们可以进一步分析与感知安全和隐私保护相关的基本类别，这是影响电子结算意愿的基本因素之一。

假设1：用户感知的安全和隐私保护对他们使用电子结算系统的意愿具有积极的影响。

我们继续假设用户的感知安全性和隐私保护可能对他们使用电子结算系统的意愿产生积极的影响，作出假设：

假设2：用户认为交易对账单长期可查对其感知安全性会产生正向影响。

假设3：市场管理部门的安全承诺将对用户的感知安全和隐私保护产生积极的影响。

假设4：大股东的国有资产背景将对用户的感知安全性产生显著影响。

2. 感知有用性与感知易用性因素

Davis提出了技术接受模型（TAM）这一概念，试图对单个用户采用技术系统的接受、使用进行分析和预测。该技术接受模型同时提出以下的可能假设：①感知有用性（PU），它反映了用户认为使用某一系统使其效率提高的程度；②感知易用性（PEOU），反映了用户在使用系统时认为其易用性的水平。技术接受模型如图7－4所示：

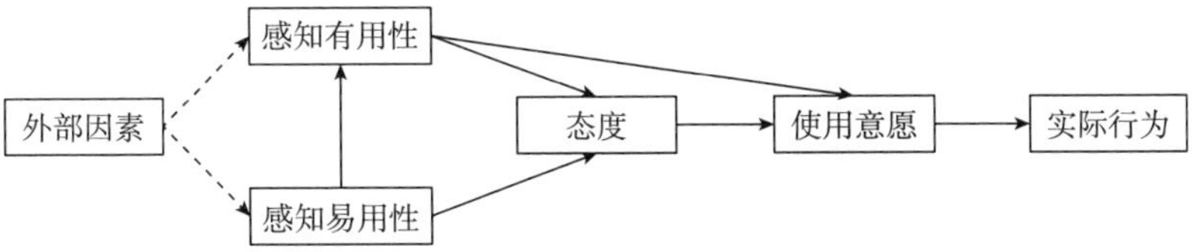

图7－4 技术接受模型

（1）感知有用性因素。感知有用性是指在使用一个信息技术系统时，用户感受到的个人绩效大小。Suh（2004）对用户进行线上购物这一行为进行探析，发现用户的感知有用性与其使用意愿正相关。Davis的技术接受模型中，感知有用性是用户是否采纳新技术的重要原因，感知有用性会对消费者的消费选择和使用意愿带来影响。Pavlou（2003）在研究 B2B 在线交易时的解释表明，感知有用性与使用意愿之间正相关。用户使用电子账单越可以帮助提高自己付款性能，他们就越有可能使用它。

我们假设用户的感知有用性对他们使用电子结算系统的意愿有重大影响，并作出以下假设：

假设 5：用户的感知有用性对他们使用电子结算系统的意愿有显著的正向影响。

假设 6：用户认为节省使用电子结算的时间和精力会正向影响其感知有用性。

假设 7：用户认为电子结算方式有利于业务管理，并会积极影响其感知有用性。

假设 8：用户认为电子结算可以提高市场收益，并对其感知有用性会产生正向影响。

（2）感知易用性因素。感知易用性描述了用户可以轻松学习并使用一种未接触过的信息技术系统的便利性。本专题中则指用户在农产品批发市场上学习并使用电子结算方式时所需人力和资金。Davis 在另一研究中发现，若选用一种未被使用过的服务方式，得到同样的满意程度需付出时间相对较少，用户对其有更积极的使用感。随后不少学者在对技术接受模型进行实践时，也得出了相同的结论。

基于上述因素，我们假设用户的感知易用性对其电子结算系统的使用意愿有明确影响，并提出假设：

假设 9：用户的感知易用性其使用电子结算系统的意愿有显著的积极影响。

假设 10：用户认为电子结算方式易于学习，并对他们感知的易用性产生积极的影响。

假设 11：用户认为电子结算方式的简单使用会对其感知的易用性带来正向影响。

假设 12：用户认为电子结算系统结算过程清晰对其感知易用性会产生显著影响。

（二）模型构建

本专题研究的用户对电子结算方式的使用意愿属用户的主观感受，基本特征是变量难以测量和必然存在主观误差。结构方程模型（SEM）采用独特的分析方法和工具，可以将很难直接观测和处理的潜变量合理地纳入模型之中。为此，本专题应用这一模型进行展开，对影响农产品批发市场上用户电子结算的主要因素进行分析。

SEM 可分为两部分：结构模型和测量模型，分别用来反映潜变量之间、可测变量和潜变量间的关系。一般模型由三个方程表示：

$$\eta = B\eta + \Gamma\xi + \zeta \tag{7-5}$$

$$Y = \lambda y\eta + \zeta \tag{7-6}$$

$$X = \lambda x\xi + \sigma \tag{7-7}$$

方程（7-5）是一个结构模型，其中 ξ 是一个外生潜变量，η 是一个内生潜变量，η 通过系数矩阵 B 和 Γ、误差向量 ζ 将内生潜变量和外源潜变量关联；方程（7-6）和方程（7-7）是测量模型，X 为外源潜变量的可测量变量，Y 为内生潜变量的可测量变量，λx 和 λy 分别为外源潜变量、内生潜变量和可测变量的相关系数矩阵。通过测量模型，可测量变量可以反映潜变量。

本专题 SEM 中的估计参数包括：可测量变量、潜变量测量系数、外生和内生潜变量结构方程系数、外生潜变量的方差、可测误差和误差项间的协方差。

采用结构方程模型可以将农产品批发市场上用户电子结算的使用意愿影响因素表示成如表 7-7 所示。

表 7-7 结构方程评估的各变量定义

潜变量	可测变量	指标含义	指标赋值
感知安全性	账单可查	交易对账单可长期保存供用户查询	非常不同意 =1，不同意 =2，比较同意 =3，同意 =4，非常同意 =5
	安全承诺	市场管理方作出安全承诺	
	国资背景	市场管理方的大股东具有国资背景	
感知易用性	节约时间精力	电子结算节约用户的时间精力	
	方便业务管理	电子结算方便市场上的业务管理	
	增加市场收益	电子结算杜绝抹零，增加收益	
感知有用性	容易学习	学习使用电子结算很容易	
	使用简单	使用电子结算进行交易很简单	
	结算清晰	电子结算系统结算过程清晰明了	
用户使用意愿	继续使用	用户会继续使用电子结算方式进行交易	
	推荐他人使用	用户乐于将电子结算方式向他人推荐	

图 7-5 显示了结构方程模型的图形表示：

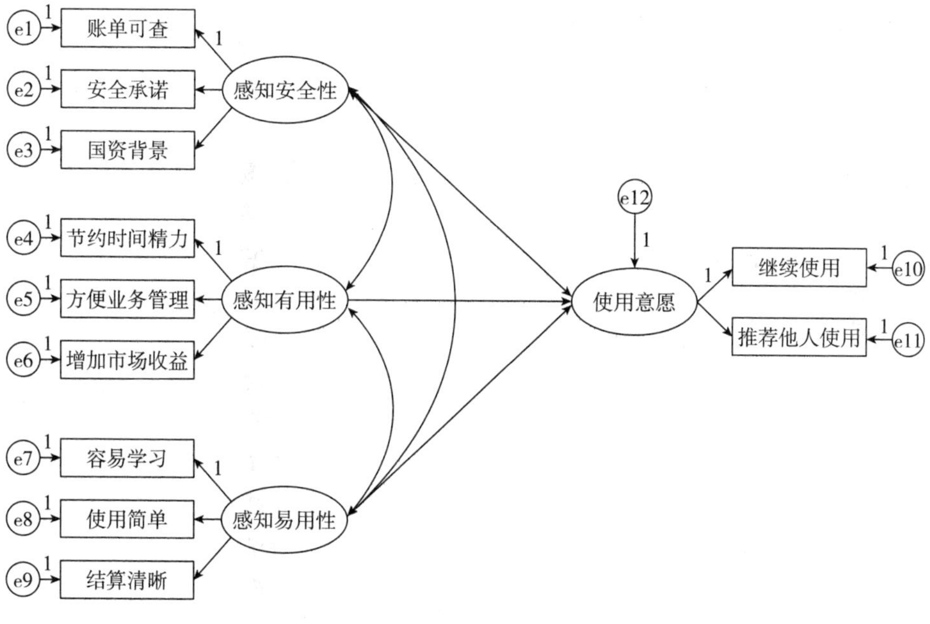

图 7-5 用户电子结算使用意愿的结构方程评价模型

基于文献综述，以往的分析结果和本专题的主要目的，本专题以 TAM 为基础框架，结合感知安全性、感知有用性、感知易用性的相关理论、用户的若干特征变量构建本专题的概念模型。本专题将影响用户使用电子结算意愿的因素分为两个模块：外部影响部分和主体部分。

外部影响包括电子结算系统用户的一些个人特征，本专题选用性别、年龄和受教育程度三方面。

在模型的主体部分，因变量是用户的使用意愿。本专题验证其是否会受到用户感知安全性、感知有用性和感知易用性的影响。这一实证研究主要考虑了可能对用户使用电子结算意愿有一定影响的九个因素。

四、实证分析

（一）描述性统计分析

本专题在综述有关用户电子结算使用意愿的参考文献和前人结论的基础上，结合我国农批市场的独有特征与未来前景，将可能会影响农批市场上电子结算使用意愿的因素进行了系统归类和整理。同时，在对周谷堆农产品批发市场进行预调查的基础上，根据实际情况进一步整合问卷。调查问卷有两大部分：前一部分调查用户的个人特征，包括年龄、性别和受教育程度；后一部分调查用户对使用电子结算方式的感知安全性、感知有用性、感知易用性、个人使用意愿的28个题项。

本次调查选取合肥周谷堆农产品批发市场为研究对象，在市场上采用随机抽样的方式发放调查问卷，获得原始数据。此次调查共得到226份问卷，筛选出数据缺失和有固定作答倾向的问卷22份，仍有204份有效问卷，问卷回收率为90.27%。本专题采用SPSS17.0软件对个人特征、感知安全性、感知有用性、感知易用性等潜变量及可观测变量进行描述性统计分析。表7-8列出了调查样本特征的统计数据。其中，男性168人，女性36人，年龄在29岁以下者占30.39%，学历在大专及以上者占总人数的13.73%。

表7-8　样本个人特征统计情况（N=204）

	变量	变量赋值	样本量	比例（%）	均值	标准差
个人特征	性别	男性=0	168	82.35	1.18	0.382
		女性=1	36	17.65		
	年龄	20岁以下=1	4	1.96	3.04	0.909
		20~29岁=2	58	28.43		
		30~39岁=3	78	38.24		
		40~49岁=4	54	26.47		
		50岁及以上=5	10	4.90		
	受教育程度	小学及以下=1	14	6.86	2.62	0.807
		初中=2	78	38.24		
		高中=3	84	41.18		
		大专及以上=4	28	13.73		

本专题中，问卷以利科特五级量表形式设计，对各变量问题选项的“非常不同意”至“非常同意”的程度，分别对应1~5分的数值。将描述性统计用于调查问卷所有变量，结果如表7-9所示。

表 7 - 9 各变量问项的均值与标准差

	极小值	极大值	均值	标准差	方差
账单可查	1	5	3.79	0.957	0.916
安全承诺	1	5	3.55	0.989	0.977
国资背景	1	5	3.74	0.828	0.686
节约时间精力	1	5	4.00	0.860	0.739
方便业务管理	1	5	4.09	0.777	0.603
增加市场收益	1	5	4.09	0.866	0.751
容易学习	2	5	3.84	0.753	0.566
使用简单	1	5	3.87	0.798	0.638
结算清晰	2	5	3.99	0.739	0.547

（二）信度分析

信度分析检测数据的一致性、可靠性和平稳性。它除了需要检测全部数据的各项指标之外，还需要分别检验单个因素对应的数据表。Cronbach’s α 系数被用作可靠性测试的测量指标。该参数的系数值高于 0.7、在 0.35 ~ 0.7 和小于 0.35 时，分别对应信度较高、信度一般和信度较低。

表 7 - 10 显示，感知安全性、感知有用性、感知易用性所对应的系数均大于 0.7，说明这三个变量所对应的问卷选项的信度合适。同时，所有问题的总体可靠性系数为 Cronbach’s α = 0.824，拟合程度符合研究标准。综上所述，本专题研究所选用的各个指标和所对应的因素具备适宜的信度，有理由继续进行下一步。

表 7 - 10 研究变量的 Cronbach’s α 系数表

	项数	Cronbach’s α 系数	总体的 Cronbach’s α 系数	标准化后的 Cronbach’s α 系数
感知安全	3	0.847	0.824	0.828
感知有用性	3	0.769		
感知易用性	3	0.794		

（三）效度分析

效度（Validity）是指最终结论的有效程度，即潜变量与各个变量指标之间的相互关系。整体数据的有效性分析包括结构效度（Construct Validity）和内容效度（Content Validity），本专题的整体数据在反复检验后，内容效度已经符合要求，接下来是验证整体数据的结构效度。现在对整体数据进行了结构效度的分析。在选取因子进行分析前，需要对所收集的问卷数据进行 KMO 样本测量和巴特利球体检验（Bartlett’s Sphericity Test），判断在 3 个因素中相对应的问卷选项之间会不会存在正向关系，观察其分析适合度。

KMO 测度的判断标准是：当 KMO 高于 0.9 时，做因子分析非常适合；0.7 ~ 0.9，做因子分析比较合适；0.5 ~ 0.7，可以接受做因子分析；当 KMO 小于 0.5 时，不可以进行因子分析（马庆国，2002）；Bartlet 球体测试的分析范围为系数矩阵，把与之有关的系数矩阵假设为单位矩阵，若统计值显著性小于 a，则可以因子分析。因子分析结果如下：

1. 感知安全性的因子分析

进行了 KMO 测度和 Bartlett 球体测试，以检查与感知安全性相关的几个因素。结果为：因子载荷均大于 0.5，KMO 值为 0.731，Bartlett 球体检验值为 260.953，sig 的显著性概率小于 0.01，表明数据是相关的，变量的结构有效性是可接受的。具体结果如表 7－11 所示。

表 7－11　感知安全性指标分析

因子	指标	因子载荷
感知安全性	账单可查	0.787
	安全承诺	0.753
	国资背景	0.770
KMO＝0.731，Bartlett 球体检验值＝260.953，sig＝0.000，自由度为 3		

2. 感知有用性的因子分析

进行了 KMO 测度和 Bartlett 球体测试，以检查与感知有用性相关的几个因素。结果反映：因子载荷大于 0.5，KMO 值为 0.697，Bartlett 球体检验值为 159.156，sig 的显著性概率小于 0.01，表明数据是相关的，变量的结构有效性是可接受的，具体结果见表 7－12。

表 7－12　感知有用性指标分析

因子	指标	因子载荷
感知有用性	节约时间精力	0.686
	方便业务管理	0.714
	增加市场收益	0.658
KMO＝0.697，Bartlett 球体检验值＝159.156，Sig.＝0.000，自由度为 3		

3. 感知易用性的因子分析

进行了 KMO 测度和 Bartlett 球体测试，以检查与感知易用性相关的几个因素。结果证明：因子载荷均大于 0.5，KMO 值为 0.696，Bartlett 球体检验值为 187.335，sig 的显著性概率小于 0.01，表明数据是相关的，变量的结构有效性是可接受的。具体结果见表 7－13。

表 7－13　感知易用性指标分析

因子	指标	因子载荷
感知易用性	容易学习	0.736
	使用简单	0.746
	结算清晰	0.643
KMO＝0.696，Bartlett 球体检验值＝187.335，sig＝0.000，自由度为 3		

（四）模型拟合

对数据进行可靠性分析之后，数据基本符合要求，可以继续对模型进行拟合。本专题采用用于结构方程的 AMOS22.0 软件，在建立完成基本的理论模型之后，本专题要选择相应的结构方程模型的评价指标来对该模型进行必要的分析，确保模型可以进行拟合的同时进行必要的修正。这一步骤也是在应用结构方程模型过程中不可或缺的一步。本专题将使用若干的拟合指标来判断模型的拟合情况：GFI（Goodness Fit Index，拟合优度）、$\chi 2/df$、NFI（Normed Fit Index，常规拟合度）、CFI（Comparative Fit Index，比较拟合指数）、RMSEA（Root Mean Square Error Approximation，近似误差均方根）、AGFI（Adjusted Goodness Fit Index，调整拟合优度）。由于本专题中一共有 9 个测量指标，且每个指标的误差与其他指标互不相关，只测量一个因子，本专题的结构方程模型可以识别。在得出结论的过程中，本模型中各选项的测量方法采取固定方差法，然后用最大似然法估计参数。模型拟合结果如表 7－14 所示：

表 7－14 测量模型拟合指数

拟合指数	建议值	测量模型结果
$\chi 2/df$	$1<\chi 2/df<2$	1.785
常规拟合指数（NFI）	>0.9	0.934
比较拟合指数（CFI）	>0.9	0.969
拟合优度（GFI）	>0.9	0.944
调整拟合优度（AGFI）	>0.9	0.903
近似误差均方根（RMSEA）	<0.05	0.062

由上述指标的建议值来看，在 6 个指标中除了 RMSEA 值略高于建议值外，其余各项均满足建议值的规定范围内（$\chi 2=67.657$，$df=38$，$\chi 2/df=1.785$；NFI＝0.934，CFI＝0.969，GFI＝0.944，AGFI＝0.903，RMSEA＝0.062），因而可以认为研究提出的结构模型与实际数据拟合较好，可以进行下一步分析。

（五）结果分析

进行 AMOS22.0 软件的分析后，研究结果如表 7－15 所示。结果显示，感知安全性、感知有用性和感知易用性的估计参数显著性均低于 0.05，通过了统计测试。正如之前所做的假设，用户的使用意愿受到感知安全性和隐私保护、感知有用性、感知易用性 3 个变量的共同影响。

表 7－15 测量模型拟合指数

可观测变量	路径	潜变量	未经过标准化的路径系数	S. E.	C. R 值	P	标准化系数
继续使用	<－－－	使用意愿	1.000	—	—	—	0.855
愿意推广	<－－－	使用意愿	1.033	0.104	9.925	***	0.837
账单可查	<－－－	感知安全	1.000	—	—	—	0.839

续表

可观测变量	路径	潜变量	未经过标准化的路径系数	S. E.	C. R 值	P	标准化系数
安全承诺	< - - -	感知安全	0. 961	0. 082	11. 686	***	0. 780
国资背景	< - - -	感知安全	0. 834	0. 069	12. 093	***	0. 809
节约时间精力	< - - -	感知有用	1. 000	—	—	—	0. 754
方便业务管理	< - - -	感知有用	0. 873	0. 097	8. 970	***	0. 728
增加市场收益	< - - -	感知有用	0. 936	0. 107	8. 712	***	0. 700
容易学习	< - - -	感知易用	1. 000	—	—	—	0. 787
使用简单	< - - -	感知易用	1. 053	0. 105	10. 005	***	0. 781
结算清晰	< - - -	感知易用	0. 862	0. 095	9. 111	***	0. 691
使用意愿	< - - -	感知安全	0. 219	0. 080	2. 750	0. 006	0. 265
使用意愿	< - - -	感知有用	0. 261	0. 124	2. 117	0. 034	0. 255
使用意愿	< - - -	感知易用	0. 283	0. 121	2. 339	0. 019	0. 252

结构模型直观表示出各变量的关系。感知安全性作用于用户的电子结算方式使用意愿的路径系数是0. 22，显著性水平为1%。感知有用性作用于用户的电子结算方式使用意愿的路径系数是0. 26，显著性水平为1%。感知易用性作用于用户电子结算的使用意愿的路径系数是0. 28，显著性水平为1%。这3个潜在变量与用户的电子结算系统使用意愿呈正向相关，即假设2、假设5、假设9已成立。同时可见，用户越受到感知易用性、感知有用性、感知安全性所影响，其对电子结算方式的使用意愿就越强烈。同时可以看出，感知易用性对用户电子结算方式的使用意愿影响最为明显。

观察模型标准化后的路径系数图，结合模型进行路径分析，并得出结论：

在反映感知安全性的3个可观测指标中，账单可保存并随时查询、股东的国资背景、市场管理方的安全承诺都对用户的感知安全性有显著影响，这些指标与用户的感知安全性的标准化路径系数依次减小，分别为0. 84、0. 81、0. 78。也就是说，交易对账单的可查业务越完善，市场做出的安全承诺越可信，大股东的背景与地位越高，用户的感知安全的能力就越强。因此假设4成立。

在反映感知有用性的3个可观测指标中，对用户的感知有用性影响由大到小的变量分别是节约时间精力、方便业务管理、增加市场收益。这3个指标的标准化路径系数分别为0. 75、0. 73、0. 70。可以看出，能否节约时间精力是影响感知有用性的首要因素。同时可以得出结论，假设8成立。

在反映感知易用性的三个可观测指标中，对用户的感知有用性影响的程度由大到小排序即为容易学习、使用简单、结算清晰明了。这3个指标的标准化路径系数分别为0. 79、0. 78、0. 69，即前面的假设10至假设12成立。同时也可得出结论，在本专题研究的所有影响因素中，清晰明了的结算过程是对感知易用性影响最小的因素。如图7－6、图7－7所示。

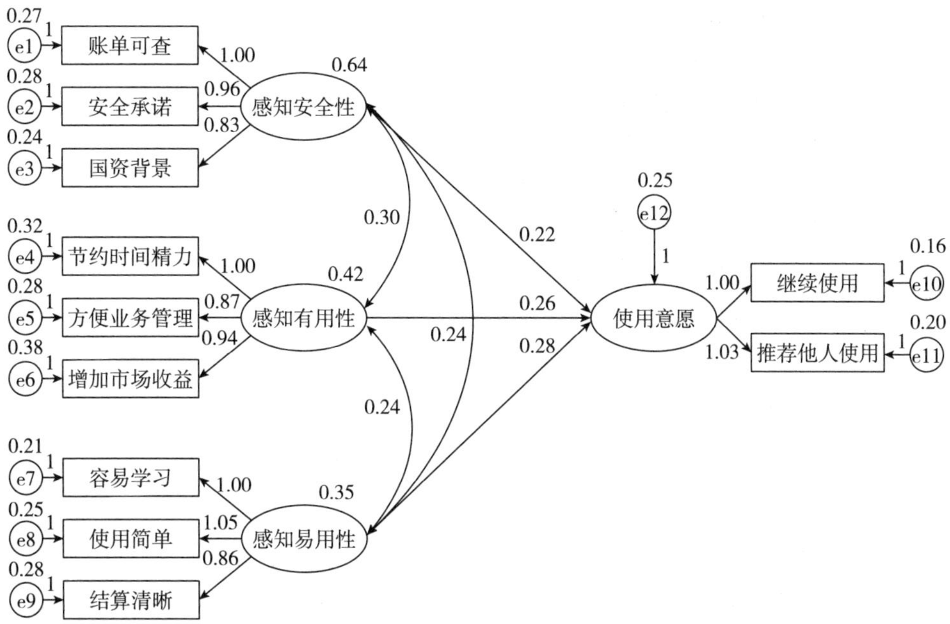

图 7－6　结构方程模型及未标准化的路径系数

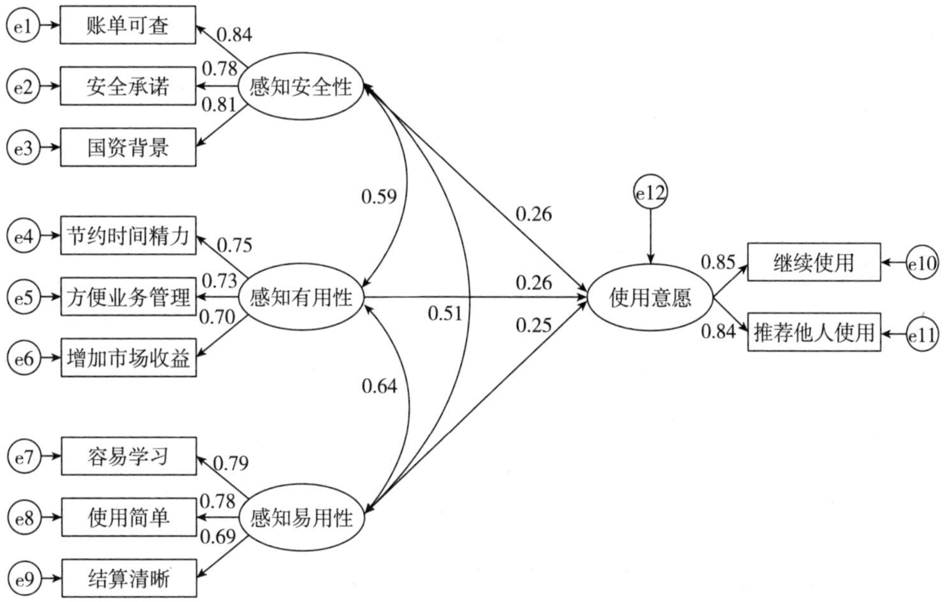

图 7－7　结构方程模型及标准化的路径系数

五、专题结论与对策建议

（一）专题结论

农产品批发市场上的电子结算方式作为一种便捷、快速的交易手段，掌握了市场中全部的交易信息，可以更为准确地定价，更具有时效性。我国有庞大的农产品需求和数量可观的农产品批发市场，所以结算系统的科学性、准确性、便利性、高效率和是否拥有公平安全的交易方式十分重要。相信随着电子结算方式的不断改进和推广，它将会被更多的人所熟知并使用，真正在农产品批发市场上成为一种方便普及的结算方式。

本专题以周谷堆农产品批发市场上 204 家商户的调查数据为样本，从用户的感知安全性、感知有用性和感知易用性 3 个角度探索影响用户在农产品批发市场上使用电子结算的因素，以用户对电子结算系统的使用意愿为潜变量构建结构方程模型。最后用 SPSS17.0 进行数据分析，AMOS22.0 进行模型测试，得到以下结论：

一是感知易用性影响用户对电子结算方式使用意愿的效果最大（$p<0.001$，路径系数 $\beta=0.28$）。因此，新用户不愿尝试使用电子结算方式的最可能因素是电子结算方式具有一定的操作难度。在影响感知易用性的因素里，账单可查、安全承诺、国资背景 3 个因素均对其有显著影响。

二是感知有用性对用户电子结算方式的使用意愿标准化路径系数为 0.26，作为一种新型支付方式，电子结算方式能否让用户深切地感受到使用这一系统所带来的便利性、有用性关乎用户对该方式的使用意愿。同时，节约时间精力、方便业务管理并可以提高市场回报 3 个因素将对用户的感知有用性产生正向影响。

三是感知安全性对于用户的电子结算方式使用意愿也有一定的影响（$p<0.001$，$\beta=0.22$），这表明未使用者很担心移动支付的安全性，电子结算 IC 卡虽然便于携带、方便实用，但是 IC 卡被盗、交易信息丢失的可能性也大。易于学习、使用简单、结算过程清晰 3 个因素会对用户的感知易用性有影响。整体而言，农产品市场的电子结算系统仍处于起步阶段，支付过程机制和法律上的空白导致部分用户降低了其感知安全性，市场管理方应采用合理的措施提高用户的感知安全性，并尽可能地保护用户的个人信息等隐私。

（二）对策建议

为了电子结算方式在农产品批发市场上能够获得更好的采用，结合专题分析，提出政策上的建议：

1. 简化系统的操作流程，提高感知易用性

专题研究结果表明，感知易用性对用户的电子结算方式使用意愿有影响。由于本次调查对象主要针对农产品批发市场上的用户，其多为中老年人及文化程度较低者，电子结算系统操作的简便性、易用性是影响其使用意愿的最根本因素。因此市场管理方有必要为这些操作困难的用户提供更多的帮助指导。例如，市场管理方可以分发操作手册，指定技术人员进行一对一演示教学，或增加客服人员进行定时指导等手段来帮助操作困难的用户使用并掌握电子结算方式。同时，电子结算系统的市场管理方应该不仅把技术上的使用复杂程度逐步降低，还需要加强对用户的教授频率，将整个操作流程尽可能简化地表示出来，让用户知道使用电子结算系统的操作并不难以现金支付，从而提高用户的电子结算方式使用感，最终帮助增强农产品批发市场上更多的用户使用该方式的积极性，进而可以到新的农产品批发市场进行推广应用。

2. 扩大服务范围，满足用户多种需求

我们应该努力提高用户对农产品批发市场上电子结算方式的感知有用性。目前农产品批发市场的结算 IC 卡用途较为单一，仅仅在交易过程中才可使用，且缴费与取款只能在

结算大厅进行办理，效率很低，步骤繁琐。因此市场经营方应该逐渐把电子结算 IC 卡的适用范围扩大。如该卡可在市场周边超市进行购物、乘坐公共交通工具等，此外，可以不断添加电子结算功能，如自动缴费、定时打款、账目分析、与关联银行卡进行相互转账等，以此扩大电子结算方式的适用范围，提高用户使用电子结算方式的意愿。

3. 完善系统的可靠性，提高用户的感知安全性

电子结算系统的安全性一直是制约电子结算在农产品市场上推广的障碍之一，这项专题研究还发现，用户的安全感对他们的使用意愿有显著的积极影响，所以如何改进电子结算系统的安全性和隐私保护对农产品在市场上的推广应用有重要意义。使用电子结算系统进行交易的过程中必然要提供自己的账户、个人资料等隐私信息，因此电子结算系统的稳定性、安全性以及用户能够安全地完成交易的保证非常重要。市场管理商一方面可以通过加强对相关技术的安全保护来提升用户的感知安全性；另一方面可以进一步完善电子结算支付的法律法规，如明确承担因技术漏洞导致的买卖双方经济损失，为金额巨大的电子结算交易购买保险等，营造出安全的支付环境，增强用户对电子结算方式的信任感。

第八章　电商平台为主导的生鲜农产品流通渠道分析

专题Ⅰ　江苏丰县果农电商流通需求的调查分析

一、丰县大沙河镇水果产业简介

大沙河镇隶属于江苏省徐州市丰县，总面积128平方公里，总人口6.1万人。辖区内旅游景点丰富，主要有黄河故道大沙河国家级湿地公园、3A级果都大观园等，是古黄河的流经地，拥有果园10万亩，年产各类水果50万吨，是国家级生态镇、江苏省农业电子商务示范镇、江苏省文明镇、江苏省生态镇、江苏省卫生镇、徐州市中心镇、国家级出口果品示范区、江苏省最大的连片果园示范基地，还是淮海地区重要的工厂化食用菌种植基地，年产杏鲍菇等食用菌8000吨。位于镇区的华元、宁兴、双诚、瑞富4家果蔬加工企业年产黄桃、梨等各类水果罐头2万吨，冻干水果、蔬菜560多吨，初步形成了一套完整的水果种植、深加工产业链。一直以来大沙河镇各农户的基本经营方式以自产自销，中间商收购等传统形式为主，在这种形式下，果农在整个销售链中处于弱势环节，经常因为价格低、储藏难等原因而使得大量水果囤积或者低于成本的价格销售，随着经济与网络的不断发展，"互联网+"的热潮给大沙河镇带来了新的生机，果农们急需新型的销售模式来改变以往的被动局面，在这样的新形势下，政府相关部门也为电商的发展提供了一系列便利的条件。

二、丰县大沙河镇水果电商发展现状与分析

（一）大沙河镇电商发展环境

镇政府成立电子商务发展领导小组，整合工商、税务、银行、质检等各部门，设立专项扶持资金20万元，同时根据县委办、政府办制定的《关于加快农村电子商务发展的实施意见（试行）》的要求对规范促进电子商务发展的规章和政策措施进行明确。

开展示范基地的创建工作，搭建了大沙河镇电子商务产业园及覆盖19个村的阿里巴

巴农村淘宝服务站两个平台，成立了大沙河镇电子商务协会，建立电子商务产业园，实现统一采购、统一包装、统一销售，实现产业化运营。园内建有仓储物流区、培训孵化区、办公交易区、生活服务区、物价观测点；对当年新开且销售额在200万元以上的天猫、京东等第三方网络平台品牌旗舰店、专卖店等店铺，给予3万元补助，入驻电子商务企业需注册地在丰县，本年底年销售额在200万元以上。

产业园为企业提供便利条件，如办公交易区内为入驻电商企业免费提供办公场所，做到统一名牌标识、统一门窗，区内的“果都·创客空间”为入驻的电商提供了碰撞思想、交流经验的空间，给予入驻基地的电子商务企业免费提供生活住宿、办公用房、仓储物流场所及用电、用水、用网，美工摄影、培训孵化、科技支撑等服务。

江苏省物价局在园内设立电子商务物价监测点，与省物价局物价监测网站联网，LED大屏幕及时动态滚动全省、全国最新农产品、快递物价信息，方便电商及时把握最新物价动态电子商务价格，真正实现公开、透明。县市场监督管理局园区设立了便民服务站，入驻园区的电商足不出户就可以办理产品流通条形码、公司商标等业务，并且可以直接接受假冒伪劣产品的举报，开展对电商的监督。

积极加强人才培养。在培训孵化区内建立大沙河镇电商学院与淘宝大学、上海聚瑞电商、浙江橙E协会等知名电商培训机构，并合作开展培训活动，截至目前已开展了20余期的电商培训，培训人员2千余人次，孵化电商3百余人，积极开展电商人才培养工作，为入驻电商园区的人才提供落户、子女上学、工资补助等方面优惠政策。与丰县中等职业技术学校合作，在园区设立电子商务实训基地，在学校开设电子商务专业，形成了产、学、研、用相结合的合作机制。目前电商园区内具有动漫设计、摄影、市场营销、法律与电子商务息息相关的高端技术人才20余人，大学本科以上学历占100%，研究生以上学历占50%。他们开设了一套适合农产品电子商务发展的基础理论、关键技术、行业标准。

（二）电商发展现状

大沙河镇电子商务发展始于2011年，经过不断发展，大沙河镇在电子商务示范镇创建方面已经具备了良好的条件和基础，成立于2014年的大沙河镇电子商务产业园占地40亩，分为仓储物流区、生活服务区、办公交易区、培训孵化区，入驻店铺企业30家，快递物流企业6家，成立了园区管理委员会，引入丰县农盛达电子商务有限公司负责市场化运作园区。当地政府免费为入驻园区的企业提供办公交易场所，免费用水、用电、用网，以及注册商标、美工摄影、培训孵化、产品推介等服务，2015年上半年大沙河镇岳庄村成功入选江苏省电子商务示范村。截止到目前，全镇共有电商610多家、企业电商120多家，在淘宝、天猫、微信朋友圈等网络平台销售水果、罐头等产品。自2014年以来本镇电商交易额达22.7亿元，同比增长16%，跨境电商交易额100万美元，同比增长23%。除此之外大沙河镇电商企业120余家，电商服务企业20余家，应用企业100余家。以丰县农盛达电子商务有限公司为例，年电商交易额2千万元，营业收入360万元。

大沙河镇的电商发展特点与优势在于依托丰富的苹果、梨等农产品及黄桃罐头等农产品加工品产业的建立，并且经过多年的发展，大沙河镇形成了一系列完善的电商物流快递、美工摄影、客户服务、市场营销、培训孵化等产业链及相关电商人才。

（三）大沙河镇电商发展政策

大沙河镇电商发展十分迅速，在短短的几年时间就从原来单靠自产自销的水果生产镇，变为依靠“互联网”而走向全国各地的新兴电商果镇。在“互联网+”的新兴潮流中，“网货下乡”与“农产品进城”在乡镇与城市之间双向流动。通过建立电子商务产业园区，将各分散的电商整合起来，加强管理，并给予各种优惠政策，并不断引进各类人才来满足日益发展的需要。政府在发展的过程中起到了非常大的作用，立足于乡镇自身的资源优势，将水果产业与电商产业相结合，不断发展健全电子商务所需的服务支持。经过近几年的飞速发展，大沙河镇一跃成为全国具有代表性的“电商镇”之一，第一产业得以与其他产业相融合，得益于“互联网+农业”的发展模式，农民的收入有了大幅度的提高，农业得以进一步发展，新农村建设不断完善。

（四）大沙河镇水果电商发展特征

产品季节性变化大，产品生产具有自然性、周期性以及空间分散性，电商产品单一，产品基本为当地的生鲜产品及初级加工品为主，种类较为单一，对单品种的时间依赖性非常强，抗风险性小，当遇到气候变化等造成减产的情况时，会导致大量产品难以正常销售。

个体电商融资难，从整个地区来看，家家户户均有在网上销售生鲜水果的情况，但一般而言都是把自家果子部分卖出去，没有形成体系和规模，再加上生产具有季节性和周期性，投入与产出不同期。在生产时需要一定的投入以及相应的借贷资金，而由于生产的不确定性和风险性，果农的偿还能力难以评估，贷款给果农的成本与收益不对等原因，果农在一般情况下难以贷到相应的资金，融资十分困难。银行及金融机构在进行借贷业务时，考虑到自身的利益与风险，一般会基于低风险、高利差的原则，而农业生产恰恰与这一原则相反，因此果农成为了相关机构提供贷款的盲点。

农户整体的文化水平与教育程度较低，导致许多农户难以真正参与到“互联网+农业”的模式中来，销售方式依然以之前的方式为主，现代化的销售手段在这部分农户中并没有真正推行开来，此外由于单户土地面积较小，难以形成一定的规模，因此产业化电商化的发展存在一定的阻碍。

三、问卷设计、资料来源与样本地说明

本专题的研究目的在于研究水果主产区电商发展的现实状况，探究电商发展与水果销售成效之间的逻辑关系，掌握农户对电商的需求及其约束因素，从而有针对性地破解电商发展存在的难题，提出相应的政策建议，以拓宽和升级果农销售渠道，提高生产经营绩效，从而增加果农收入，促进和支持水果产业发展。

为调查研究水果主产区果农对电商的需求情况，笔者以前述理论分析为指导，以电商发展实际需要为根本，以预调研为依托，结合与有关农业经济专家学者、电商平台运营人员和果农的采访调查，反复斟酌问卷设计的内容，经过几次调整和评估，最终确定了问卷设计的基本框架和实际内容。为保证问卷设计的科学性和有效性，笔者对问卷进行了信度分析，经检验各个维度的 Alpha 信度系数均超过 0.8，问卷内容设计具有可靠性和稳定性。

因此，根据对果农电商发展调查的实际需要，笔者主要从农户基本信息、水果销售途径和果农对电商销售渠道的认知、态度及意愿 3 个方面确定问卷设计的基本框架。农户基本信息主要是想了解水果主产区的果农水果种植的要素禀赋条件和资源约束情况，主要从农户个人特征、家庭及土地特征和主产区农户信息基础特征等维度进行调查，每一维度单

列若干指标进行衡量。水果销售途径这一维度主要想了解农户对市场行情了解程度，目前存在哪几类销售途径和模式。同时问卷调查还要了解农户获取水果市场价格信息的途径，影响市场价格变动的因素以及中间商对水果的收购模式。在这一维度调查问卷还反映了果农对现有销售渠道满意度情况以及对是否愿意采用电商平台销售进行了数据采集。在果农对电商销售渠道的认知、态度及意愿调查方面，问卷从电商渠道营运技能、电商渠道易用性、电商渠道有用性以及农户对电商平台采用的态度和意愿5个维度进行了测量，每一个维度又分为若干指标衡量。问卷采用李克特量表五级打分法的方式对各指标进行测度，每一组陈述有“很了解（完全同意）、较为了解（同意）、一般、不是很了解（不同意）和完全不了解（完全不同意）”五种回答，分别计为“5、4、3、2、1”，通过对每一种陈述的得分加总可以得到被采访者对这一维度问题认同的强弱程度，以此来反映采访对象对电商平台利用的认知、态度和意愿。

2017年2月下旬，笔者带领具有经济管理专业背景，以研究生为主体的调研团队前往水果主产区丰县大沙河镇进行关于电商发展调查与政策支持的专项调研。本次调查采用随机发放调查问卷，面对面访谈的形式进行，共发放调查问卷100份，其中有效问卷87份，问卷有效率达87%。

本次调研的大沙河镇素有“果海”和“中华果都”之称，被国家农业部命名为“中国红富士苹果之乡”和“中国白酥梨之乡”。农户种植品种以苹果和梨为主，其中梨品种有白酥梨、皇冠梨、黄金梨、圆黄梨和红宝石梨等各类品种，并以白酥梨为主发展成特色产业，初步形成规模效应，具备集水果种植、加工生产、销售为一体的纵向产业链特征。从调查来看，果农户均种植面积8.34亩，最高可达30亩。农户传统的销售途径主要靠自产自销、城镇批发市场和中间商收购为主。近年来随着“互联网+”的发展，大沙河镇充分发挥地区特色产业优势，利用电商平台将水果产品销往全国各地，并开始出现“公司+农户”和“订单销售”等新型模式，销售模式由传统、单一的销售渠道扩展到传统与电商相结合的销售模式，因而拓宽了销售渠道，增加了果农收入，促进了特色产业发展。

四、描述性统计分析

（一）农户特征分析

笔者对调研问卷进行了描述性统计分析，以理解水果主产区农户对电商发展的实际需要，进而分析电商发展对果农生产经营绩效作用的内在机理，掌握水果主产区当前电商发展的主要障碍和存在问题，进而有针对性地提出建设性的政策建议促进电商发展对果农生产的带动作用。

表8-1是对该地区农户基本特征的分析。从问卷调查的结果来看，人口结构中男女频数几乎相等，比例都接近50%，可以看出样本地区从事水果种植活动中，女性发挥了“半边天”的作用，成为农村地区从事农业活动的重要支柱。

从年龄结构来看，年龄在40~50岁的占60.92%，成为本地区水果种植经营的主力军，而年龄在50岁以上的占20.68%，种植户年龄偏老龄化。40岁以上的种植户占八成以上，因此中老年人口是水果种植活动的主要参入者。30岁以下的新生代果农共7人，占比不到两成，其中只有1人种植面积为12亩，其余都达不到该地区的平均种植面积8.34

亩，因此年青一代农业活动的潜力需要进一步挖掘。年青一代具有体力和智力上的优势，对新鲜事物的接受能力较强，应该成为新型农业经营主体的重点发展对象，同时也应该是“互联网+农业”的积极参入者，是电商在农村发展瞄准的重点对象。

表8-1 调查地区样本基本情况

调查内容	分类	样本量	均值	标准差	比例（%）
性别	男	44	1	—	50.57
	女	43	2	—	49.43
年龄	[20，30]	7	28.71	1.50	8.05
	(30，40]	9	35.78	2.82	10.35
	(40，50]	53	47.17	1.64	60.92
	(50，60]	11	56.45	2.54	12.64
	(60，70]	7	63.29	1.60	8.04
教育	小学及以下	44	—	—	50.57
	初中	39	—	—	44.83
	高中及以上	4	—	—	4.60
种植经验（年）	—	87	23.21	8.44	—
家庭用工（人）	—	87	2.25	0.88	—
是否外出务工	是	19	—	—	21.84
	否	68	—	—	78.16
土地面积（亩）	[0，10]	58	5.70	2.12	66.67
	(10，20]	24	11.42	2.22	27.59
	(20，30]	5	22.75	4.86	5.74
参加合作社	是	24	—	—	27.59
	否	63	—	—	72.41

从教育结构上来看，农户受教育年限在小学及以下的占50.57%，受过初中教育的占44.83%，二者结合达到95%以上，受过高中教育以上的不足5%。由于文化程度不高，农户的认知能力和对新鲜事物的接受能力偏低，这是电商发展在农村推广的重要障碍。

从果农种植经验上来看，样本中，该地区是传统的水果主产区，具有丰富的水果种植经验，平均种植年限到达23.21年，因此果农种植基础较好，对水果重视程度比较高，可以成为电商发展的重要依托，只要具有能真正惠及果农的技术、信息或资源，其实惠能得到果农的认可，便可以打开农村地区广阔的市场，具有巨大的发展潜力。

从家庭用工来看，被调查者家庭用于从事水果种植活动的人数平均在2.25左右，标准差为0.88。由于我国农业活动主要以家庭经营为主，同时农业活动的主要从业人员年龄在40岁以上属于中老年人，家庭中其他成员所从事的生产活动也是“非农”性质，因此家庭结构中用于农业活动的人数多为夫妻两人。

从该地区被调查人员的外出务工情况来看，该地区大部分农户专职于农业活动，没有外出务工的达到78.16%，有外出打工兼业的仅占2%左右，但大部分也只是在本地（村、镇）打工，存在轻度的兼业行为，主要谋生就业活动还是农业活动，因而电商发展群众基础较好，农户对水果的专注程度较高，电商平台可以更有针对性地解决果农存在的问题。

从土地面积来看，农户拥有面积在10亩以下的占66.67%，在10~20亩的占27.59%，超过20亩土地的农户仅占5%左右。从农户拥有土地规模来看，绝大部分农户面积不足，规模化经营不足，这可能与当地的人口密度有关，大沙河镇人口5.8万人，耕地面积只有5.34万亩，人均耕地面积0.92亩。由于耕地面积较少，规模化经营程度不高进而也影响了机械化的推广和应用，制约了水果产业的发展。

从农户的组织化程度来看，参加合作社的农户仅占27.59%，没有参加合作社的占72.41%，农户的组织化程度还不高，而且从合作社发展的实践来看，大部分合作社“名存实亡”，其存在并没有实际意义，其真正的参加合作社的比例更低。合作社没有给农户带来实惠，其组织化程度低，模式单一，发挥的作用有限。

总体来看，水果主产区大沙河镇具有传统的水果种植习惯，积累了大量的种植经验，并有大量的农户专职农业活动，种植基础较好，为电商的推广和应用奠定了基础。电商推广可以充分发挥传统地区的区域资源优势，深度挖掘农村市场潜力，促进电商发展。

但是该地区电商发展也面临着农户整体文化水平不高，对电商发展认识不足，农村种植户老龄化、女性化、土地规模化和机械化不足以及农村合作组织化程度低的问题，要突破电商在农村地区发展的“瓶颈”，电商平台要针对这些问题提出解决方案，提供更多有效的资源和信息，帮助农户解决信息不对称的问题，以拓展在农村的市场。水果种植户也可以充分发挥电商平台的作用获取更多的市场信息，拓宽水果销售渠道，提高水果生产经营效益。

（二）农户互联网信息接触特征分析

互联网是电商发展的基础条件，农户接触互联网，对互联网的应用程度是电商平台在农村发展的重要依托，直接关系到农户对电商的认知和接受程度。另外，对农户信息接触特征的分析可以了解互联网普及程度以及未来电商在农村发展的潜力。

本专题对农户应用接触互联网的信息特征进行了初步了解。信息接收的终端设备是电商发展最基本的硬件基础条件。通过调查发现手机应用已经很普遍，在所有的被调查者家庭都有了手机，并且自有手机拥有量均值为1.39。虽然手机普及率已经很高，但是有手机并不一定有信息。因此还要对手机是否连接入网进行调查，从调查结果来看，手机能够上网的比例在52.87%，不能上网的占47.13%，与手机的普及率形成鲜明的对比。在农村地区中由于农业活动人口偏老龄化，并且知识文化水平不高，对手机尤其是智能手机的应用程度并不高，决定了其不能很好地利用手机获取更多的信息资源，如图8-1所示。

从电脑拥有量来看，与手机相比电脑拥有量偏低，拥有电脑的家庭占43.68%，没有电脑的占56.32%。这是因为与手机相比，对于农户来说，电脑的性价比偏低，手机通讯功能相对于电脑其他众多功能来说更加重要和实用，并且农村中大部分是中老年人，而且文化水平不高，对电脑的很多功能应用性不强，因而购买和安装电脑的比较少。

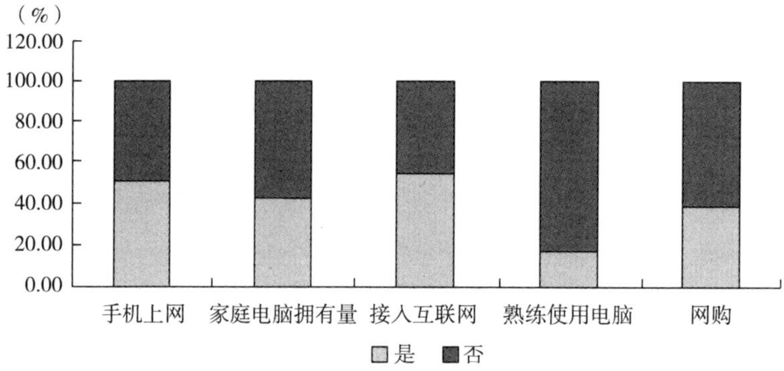

图 8-1 农户互联网接触特征

从互联网连接方面看，有 56.32% 的人接入了互联网，43.68% 的人没有接入互联网。互联网的发展是电商发展的基础设施条件，互联网的进步能推动电商的发展。从其接入数量和电脑拥有数量不成比例来看，说明国家对互联网基础设施的投入起到了明显的作用，但是农户受自身条件和现实基础的约束并没有充分发挥互联网的优势。

从对电脑的使用熟练程度来看，只有 18.39% 的人可以熟练使用电脑，大部分都是 40 岁以下的年轻妇女为主，并且这些人对农业活动的参入程度较低，从调查采访中可以看出，她们主要担负照看家庭的责任，对生产经营活动参入者主要以长辈为主。81.61% 的人不能熟练使用甚至根本就不懂电脑的使用，这是因为他们的年龄偏大，并且文化水平不高难以掌握电脑基本应用。

从网购的情况来看，40.23% 的人有网购的经历，没有网购过的人占 59.77%。相比于是否会熟练使用电脑，网购的人明显增多。这说明无论是否会熟练使用电脑，人们也会表现出想要网购的欲望，这说明农村网购市场还有进一步挖掘的潜力，随着互联网和电商的发展，这一比例的人还将继续增长。

图 8-2 是农户电商培训情况调查的基本结果，内环表示当地组织电商技能培训的基本情况。外环表示的是农户参加电商培训的情况。有 15% 的人认为当地组织过电商技能培训，85% 的人认为没有组织过电商技能培训。从总体情况来看，农户对组织电商技能培训的情况了解得不多，这说明当地培训或组织的次数少，或限定的范围窄，导致只有很少一部分人知道。相对于是否知道或了解电商技能培训的人，真正参加电商培训的人更少，数据显示只有 6% 的参加过电商培训，94% 的人没有参加任何电商培训，农户参入的积极性不高。这可能是由于农户自身年龄和知识水平所限，无法掌握对电商基本技能的培训，同时对电商的认知不足，还没有真正体会到电商给农户带来的实惠，认为电商对他们的生产经营没实际用处，所以参加的积极性不高。

从图 8-3 可以看出接近 30% 的人对电商销售渠道有所了解，这比对认为组织过电商培训和实际参加电商培训的人比例高出很多，这说明虽然农户没参加培训甚至不懂电商销售，但是他们有意愿去了解，说明他们对电商销售渠道有一定的潜在需求。随着电商的发展和应用，尤其是农户逐步应用并从中实际获得实惠，农户对这一新事物逐步认知和接受，这一比例还将继续提高，因此农村市场还存在很大的潜力。

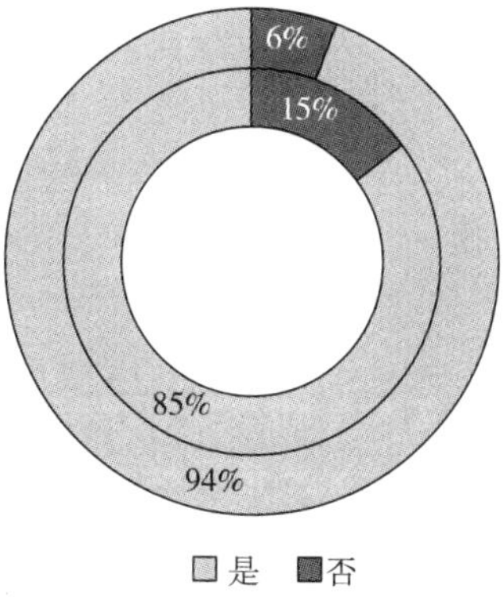

图8－2　电商培训情况

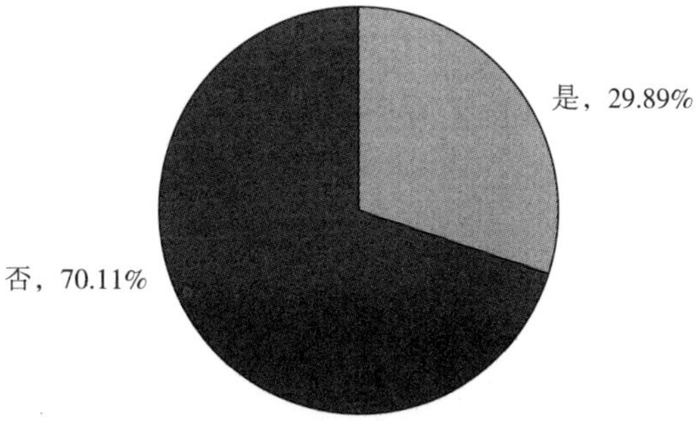

图8－3　了解电商销售渠道

总体来看，国家对互联网基础设施的不断投入，手机和电脑逐步普及和应用，为电商的发展奠定了基础。农村市场进一步拓展，农民也表现出较强的网购欲望，农村地区开始出现培训农户电商的技能现象，小部分农户开始应用电商并起到一定的示范作用，这为电商发展带来了新的机遇。但同时人口老龄化、弱质化、文化素质偏低的问题仍然影响电商的推广和应用。虽然已经开始重视对农户的电商培训但是次数少、程度低，并且以政府为主导，社会资本和平台参入的较少。

因此要促进电商在农村的发展，除了加大政府对农村地区基础投入外，还应该积极引入社会资本和电商平台盘活农村市场，瞄准目标人群和市场定位，加大对农户的培训力度，增强他们对电商的认知水平，提高电商应用能力，通过帮助他们理解和应用电商并从中获得实惠，在农村地区形成一种应用电商的良好社会风气，打造一种良好的“互联网＋农业”商业生态，最终使他们接受电商，进而打开农村市场。同时农户也可以充分发挥电商对生产经营决策的帮助作用，拓宽销售渠道，增加农户收益，推动地区特色产业发展。

（三）水果销售途径分析

销售渠道是果农水果种植与市场对接的关键环节，是果农劳动成果转化为收益的关键节点。通过对果农目前的销售途径的基本情况进行分析，以了解果农销售渠道现状，同时以对果农销售渠道的途径调查，来揭示现有模式存在的内在机理，以及其对水果产业尤其是农户水果销售存在的影响效应。通过对果农销售途径的分析，可以帮助我们发现目前销售模式存在的问题，了解农户对销售途径的需求情况，从而为今后的政策支持提供突破点。

从调查来看，目前被调查地区的水果销售还是以较为传统的、单一的销售模式为主，运用现代销售模式途径的比例比较小。大部分农户主要依靠自产自销、中间商收购和城镇批发市场三大模式来销售水果，从被访者的反映来看，这三者的比例分别为 67.82%、59.77% 和 45.98%（见图 8－4）。因此该地区的传统销售模式需要现代化的销售模式进行改造升级，并创造新的销售模式。要达到此目的，需要政策、制度、技术和信息等现代化的手段设计和匹配来帮助农户拓宽销售渠道。从中也可以看到电商平台和合作社的形式也占有较高的比重，分别占 22.99% 和 10.34%，新的销售模式开始显现并发挥一定的作用，还要继续鼓励和发挥新销售模式的作用。随着电商的发展和组织化程度的提高，未来的销售途径对农户生产经营的作用将会更大。

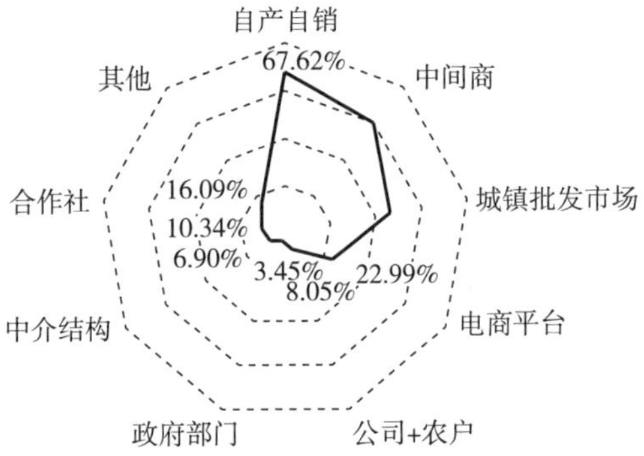

图 8－4　水果销售途径

市场价格是影响农户收益的直接因素，水果价格的变化将会影响农户水果种植的积极性和生产要素投入强度，进而影响整个水果产业的发展。从近几年来看水果价格变化比较大，农户对现有的市场价格并不满意，而且对未来价格也没有表现出乐观的态度。那么影响水果价格变化的原因除了供需失衡之外是否还有其他因素影响水果价格呢？水果价格变动的内在机理是什么呢？本专题也对此做了问卷调查。

供给影响价格，产量是影响价格变动的基本因素，这也是经济学的基本原理。从调查结果来看，41.38% 的人认为当年的产量影响了水果的市场销售价格，这符合经济学的基本事实。但是从调查结果的反映来看，产量并不是影响市场价格的唯一因素，还有其他比产量显著的影响因素。这说明市场价格的形成机理很复杂，对价格变动的影响不能仅从产量这一个方面去衡量，还要从多个角度探讨价格形成的内在逻辑。从结果来看，有 62.07% 的人认为品质是影响价格的重要因素，并且是所有影响因素中最高的一个。优质优价本应是市场的正常反映，可是从调查中了解到，虽然农户大都对自己种植的水果品质充满了信心，但是市场价格的反馈并不能让果农感到满意。这主要是因为在高品质的水果与市场价格反馈之间存在着还未打开的“黑箱”，其中销售途径是这一“黑箱”的重要环节，它使得价格在从水果到市场最终交易之间传递的过程中出现了扭曲。这需要更好的销售模式给消费者以更好的信息传递，使水果实现优质优价。

市场价格了解程度是影响价格的另一个重要因素，83.91%的人都会在销售水果之前，提前了解市场行情。可见农户对市场价格的反映是非常敏感的。市场价格的信息充分性成为影响价格的重要原因。当农户对市场价格更为了解时，他们与中间商的议价能力更强，从而可以获得更好的价格。

中间商的议价能力是影响价格变化的重要原因，在被访者中有54.02%的人认为中间商的议价能够影响水果市场交易。中间商掌握着市场信息和销售渠道，在信息不对称的情况下，与农户之间存在着博弈行为。由于中间商是市场信息的优势方，他们会利用信息优势与收购商勾结压低市场价格、获取利润、损害农户利益。

由于该地区是传统的水果种植地区，相对来说种植经验和种植技术比较丰富和成熟，农户之间的技术性差异比较小，因而对水果的市场价格影响不大。在调查中，只有16.09%的人认为技术原因会影响市场价格。由于农业一二三产融合还处在初级阶段，将二三产业的产业链和价值链模式引入农业还需要一个过程，农产品深加工和附加值提升还处在起步阶段，虽然对农业开始有了影响但效果还不太明显，在调查中有21.84%的人认为深加工水平影响水果的销售价格，如图8－5所示。

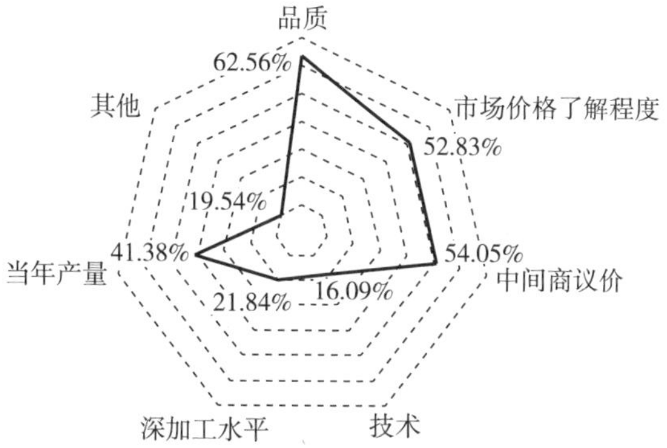

图8－5　影响水果价格的原因

获取市场信息的途径是农户能否获取有效信息的渠道，从调查的结果来看，农户大都是采用传统的信息渠道获取市场价格信息。农村是一个熟人社会，农户之间的信任程度比较高，形成了稳定的社会关系网络。由于现代信息网络中出现的各种欺诈伪造信息，农户对信息的筛选能力又不足，因此农户对来自于网络的信息信任程度不高。相比于网络，信息在熟人之间传递，农户认为更为可靠。农户从亲朋好友获取信息的比例达到78.16%。中间商是农户获取信息的主要渠道，因为农户水果销售主要与中间商打交道，对来自中间商的信息比较重视，这类人群达到71.26%。由于电视的权威性比较高，农户从电视上获取信息的方式占39.08%。从种植大户获取信息的比例为29.89%，而从手机和电脑上获取信息的农户比例仅占18.39%和10.34%，如图8－6所示。

总体来说，农户进行水果销售的途径还是以传统、单一的方式进行。销售方式仍然以自产自销、中间商收购和城镇批发市场为主。以电商平台为代表的现代化的销售渠道还没有成为农村地区主要依靠的手段。影响价格变动的因素，除了供需不平衡这一基本的经济学事实之外，水果的品质、农户对市场价格信息的掌握程度以及中间商的议价能力成为

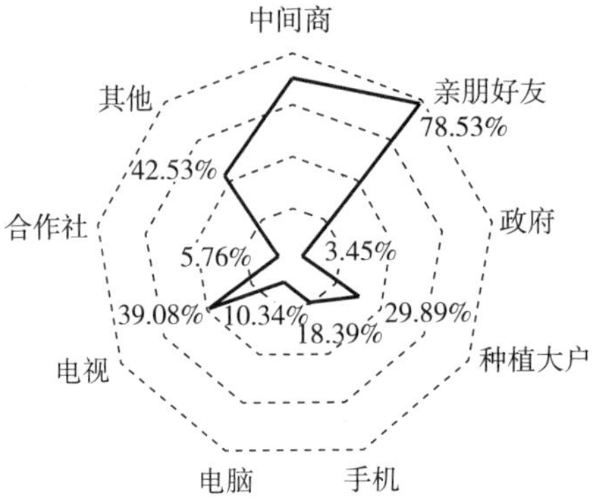

图 8－6　了解市场价格的途径

影响价格的重要因素，使得价格形成的机理更为复杂。同时农户信息获取的渠道还主要靠熟人社会为主的关系网络，现代信息传播手段仅仅是辅助作用还未形成主流。因而政策导向应扶持电商在农村的推广和应用，改变现有较为单一传统的销售模式。引入社会资本和平台形成竞争机制，使更多电商主体加入到支持农民生产经营之中。大力扶持中介机构、合作社、订单农业、“公司＋农户”模式的发展，注重培育新型农业经营主体。研究价格形成机理，在此基础之上，构建完善的价格体系，同时应该增强信息的公开透明度，使农户获得充分的市场信息，保障农户的利益。完善利益联结机制，使各类主体利益联结更为紧密，从而使各方的合作更为稳定可靠。

（四）果农对电商销售渠道的认知、态度及意愿

通过果农对销售渠道的认知、态度和意愿的研究反映果农电商发展的需求情况。考察影响农户电商需求的约束因素，有针对性地提出一些政策支持，促进电商在农村的发展，进而满足农户拓宽销售渠道的需求，增加农民收益，促进水果产业发展。主要从电商渠道的营运技能、电商渠道的易用性、电商渠道的有用性以及农户对电商平台的态度和意愿这五个方面去反映农户的认知、态度和意愿。

图 8－7 反映的是电商渠道营运技能，通过对网店的开设流程、营运模式和营销技能三个指标的了解程度来度量。度量标准按照五级打分法进行。从结果来看，农户对网店开设流程的认知上平均得分 2. 92，标准差为 1. 30，其认知水平还达不到一般水平，农户对网店的营销技能了解整体水平还不够高。这可能是由于农户自身的文化素质不高以及电商在农村发展的实际应用中的作用不太显著，因而农户不以电商为主要营销手段，所以对电商重视程度不够造成的。但也有乐观的方面，对网店营销技能较为了解的人接近 40%，因此电商发展可以以此类人群为突破口，挖掘他们从事电商的潜力，并让他们感受到电商带来的实惠，把他们树为标杆，从而起到带头作用，带动其他人的发展。同样，对运营模式和营销技能的了解程度相比于电商开设流程的认识较高一点，其均值为 3. 05 和 3，标准差分别为 1. 31 和 1. 28，但仍处在一般水准上。二者接近在于了解了营运模式就会对营销技能有所了解，二者的关系较为紧密，因而差别不是很大。同样较为了解的人也分别为 45. 98% 和 49. 43%，这些人有了一定的网络基础，应是电商销售发展的主要对象，应该充分发挥他们在电商运用和实践中的作用，带动其他人的发展。对于电商渠道运营技能完全

不了解的人占20%以上，说明电商未来的推广和应用还有很长的路要走，因为认知只是电商发展的第一步，到逐步熟练运用和普及时间比较久。

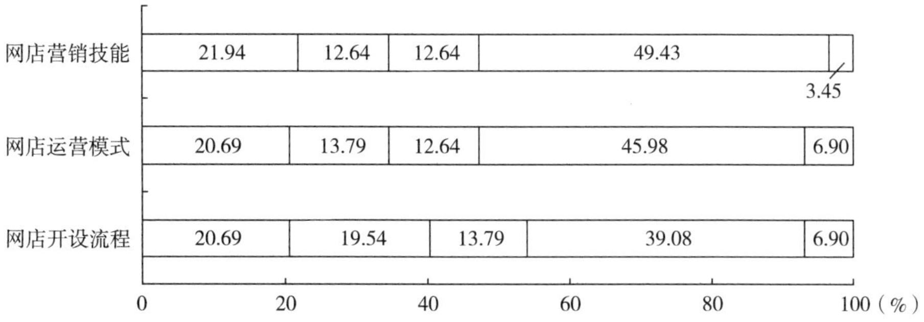

图8－7　电商渠道运营技能

电商渠道的易用性是从农户学习使用容易、与电商销售之间的交互清楚明白、电商销售平台容易使用和容易利用电商平台来销售水果4个方面考察的。从调查的结果来看，农户对电商渠道易用性感知的总体平均水平分别为3.37、3.16、3.30和3.28，对易用性了解的“一般”水准之上，相对于营运技能比较专业化的问题上，农户在电商渠道的易用性体验上更为了解，这得益于互联网的普及和推广，技术的溢出效应、手机电脑的应用、网购的流行使农户对电商销售渠道有了一定的了解。处在“完全不了解”水平上的人比例在减少，处在“很了解”水平上的人比例增加，如图8－8所示。

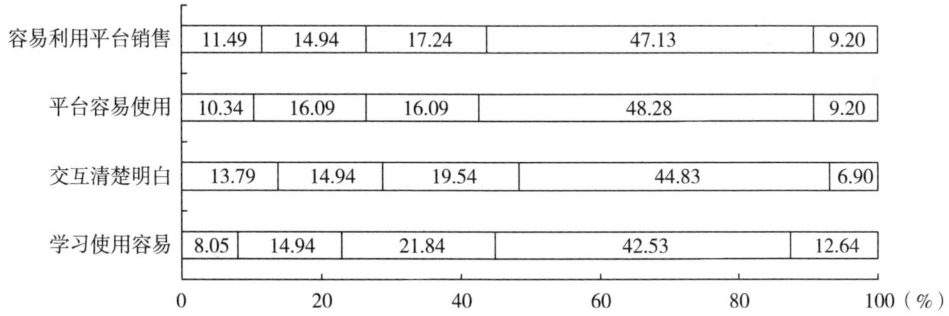

图8－8　电商渠道易用性

电商渠道的有用性认知是从电商对市场拓展更加便，可以降低交易成本，获取市场信息更加便利，易于掌握消费者偏好，使水果销售更加便捷、容易以及电商平台使用可以使农户在水果销售中的有用性方面去度量的。图8－9表示的是电商渠道有用性调查，从调查结果来看，这6个方面各自的均值分别为3.38、3.52、3.59、3.45、3.59和3.23，总体均值偏高于设定的“一般”认知水准，并且比营运技能和易用性表现得更高一点，这说明农户在对电商的有用性方面有更高的期待。电商的发展已经让他们感受到了一定的作用。虽然他们受自身条件限制对电商发展的认知不高，但是电商发展给他们带来的作用已经开始显现。

另外，从设定的“较为了解”认真水准上在有用性方面表现的比例更高，说明农户更注重电商渠道对他们自身的有用性和实用性。通过调查，农户认为电商可以更容易地帮助他们开拓销售渠道，增加销量，减少水果销售环节，降低交易成本，同时也能够掌握市场动态，了解消费者对水果的偏好，从而改进他们的种植生产经营决策。在“很了解”水准上，相比于易用性方面，农户调查的比例显示得更高。但是在涉及使用电商平台销售水果的方面中比例仅为6.90%，说明对电商表现出的实用性方面还是不足，这可能与电商在实际应用中对农户的作用大小有关，从前面的分析也能看出，农户实际的销售渠道还不是主要依赖电商销售渠道。

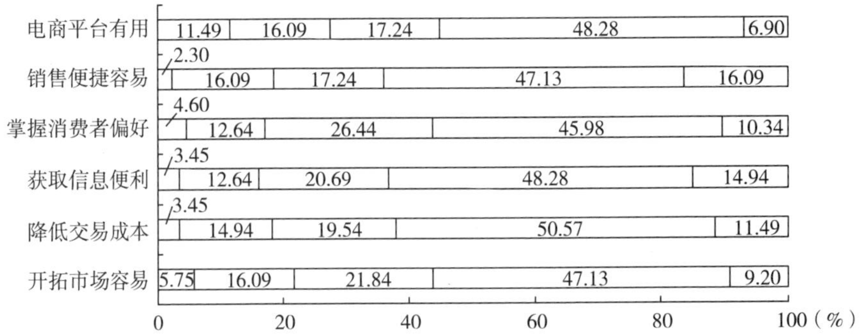

图8-9　电商渠道有用性

农户对电商发展的态度是影响其行为采用电商这一模式的关键因素。对农户采用电商态度是从是否认同使用电商是一个好想法、认同使用电商平台以及使用电商平台会让他们感到愉快这3个方面去考察的。图8-10反映了这一调查结果。从均值来看，这三个方面对电商发展的认同程度的均值分别为3.80、3.83和3.52，这高于农户对电商平台营运技能、易用性和有用性，这说明农户对电商平台的态度还是比较积极的。从结果来看，认为利用电商平台销售水果是一个好想法的人占72.41%，意味着他们对利用电商平台产生了兴趣。另外，认同使用电商平台销售水果的人数占71.26%，这巩固了对电商平台产生兴趣的人群。也就是说在条件允许的情况下，我们可以预测至少有7成的人会对电商平台产生兴趣并应用电商平台进行水果销售。

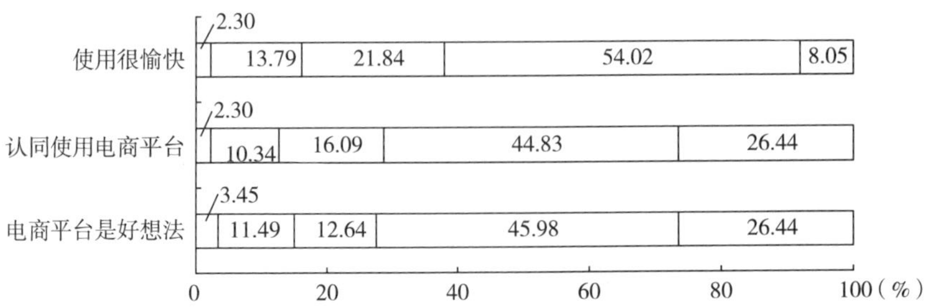

图8-10　果农对电商销售渠道的态度

意愿是转化为行动的关键，在一定的条件假定下，意愿会转化为行动。因此本专题对农户采用电商平台的意愿做了调查。农户对电商销售的认知是从农户打算使用电商平台、推荐亲朋好友使用电商平台和在销售水果的情况下是否首先考虑电商平台三个方面去考察的。图 8 – 11 反映的是农户使用电商平台的意愿。从均值来看，这三个方面的均值分别为 3. 51 、3. 44 和 3. 07，整体水平处在设定的“一般”水准之上，相比于农户的态度，农户的意愿区值稍低，这也许是因为意愿更接近于采取行动，因而农户更加谨慎。从具体结果来看，有 62. 07% 的人打算使用电商平台，这说明农户表现出较强的认同感，在条件允许的情况下有六成以上的人会采取利用电商这一行动。这给电商在农村发展带来了强大的动力和机遇。另外还有 56. 32% 的人会推荐别人使用电商平台，将会有很强的带动能力。更有 45. 98% 的人会在未来首先考虑电商平台，这将会成为农户水果销售的主要依赖手段。农户表现出对电商销售渠道的意愿成为电商发展的强大动力，电商将会迎来美好的明天。

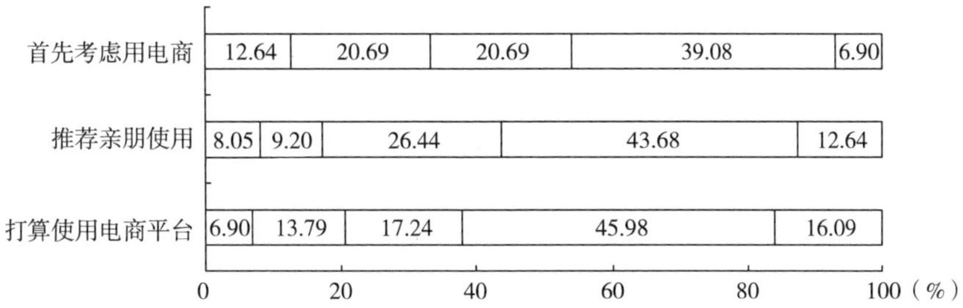

图 8 – 11　农户使用电商平台的意愿

从总体上来看，农户对电商销售渠道还是比较乐观和积极的，有 7 成以上的人对此持乐观态度，有 6 成以上的打算使用电商，还有 5 成以上的人会带动别人使用电商平台，并有 4 成以上的会在将来首先考虑使用电商平台，因此电商有成为未来农户销售水果主要依靠的手段，这为电商在农村的发展提供了良好的机遇，电商将成为水果生产经营销售的关键环节。电商的应用会拓宽交易渠道，降低交易成本，使市场交易信息更为充分。因此，应以为契机，无论电商的供给方还是电商的需求方都应充分把握这一机遇，利用电商在农村生产经营决策中的作用，提高收益，促进水果产业发展。

五、影响农户应用电商平台意愿的因素分析

（一）模型的构建

探究农户意愿的因变量 y 是定性数据，只包含两种因素：是或否。因此采用二元 Logistic 归回模型。

二元 Logistic 归回模型的基本原理是：考虑具有 n 个独立变量的向量 $X = (X_1, X_2, \cdots, X_n)$，设条件概率 $P(y=1 \mid X) = p$ 为根据观测量相对于某事件发生的概率。

那么 Logistic 回归模型可以表示：

$$P(y=1 \mid X) = \pi(X) = \frac{1}{1+e^{-g(x)}}，其中\ g(X) = \beta_0 + \beta_1 X_1 + \cdots + \beta_n X_n \quad (8-1)$$

那么在 x 条件下 y 不发生的概率为：

$$P(y=0 \mid X)=1-P(y=1 \mid X)=1-\frac{1}{1+e^{-g(x)}}=\frac{1}{1+e^{g(x)}} \quad (8-2)$$

所以事件发生与不发生的概率比为：

$$\frac{P(y=1 \mid X)}{P(y=0 \mid X)}=\frac{p}{1-p}=e^{g(x)} \quad (8-3)$$

这个比值称为事件的发生比，对发生比取对数便可以得到：

$$\ln[p/(1-p)]=g(X)=\beta_0+\beta_1X_1+\cdots+\beta_nX_n \quad (8-4)$$

（二）研究假设

因为分析的是影响农户应用电商意愿的因素，因此有必要在分析之前先做出几个研究假设。

假设1：文化程度越高，农户采用电商平台销售水果的意愿越高。因为农户的文化程度越高对电商这类新事物的接受程度越高，因而越倾向于愿意使用电商平台销售水果。

假设2：了解电商销售渠道的人会倾向于愿意采用电商平台销售水果，这是因为农户了解电商销售渠道，相比于其他人更了解电商的实际作用，越会采用电商平台。

假设3：对现有水果销售渠道不满意，更会倾向于采用电商平台。这是因为传统的水果销售渠道变窄，农户会转向其他销售渠道，而电商给他们提供了重要的方向。

表8-2　样本分布情况

调查内容	分类	取值	样本量	比例（%）
想通过电商销售水果	是	1	68	78.16
	否	0	19	21.84
性别	男	1	44	50.57
	女	0	43	49.43
年龄	[20，30]	—	7	8.05
	(30，40]	—	9	10.34
	(40，50]	—	53	60.92
	(50，60]	—	11	12.64
	(60，70]	—	7	8.05
教育	小学以下	0	10	11.49
	小学	6	35	40.23
	初中	9	39	44.83
	高中	12	3	3.45
	高中以上	16	1	1.15
了解电商渠道	是	1	27	31.03
	否	0	60	68.97
现有销售渠道满意	是	1	68	78.16
	否	0	19	21.84

为研究影响农户采用电商平台意愿的影响因素，除了以上文中假设的原因之外，模型

加入了性别、年龄和教育背景等作为控制变量。为了简化模型和控制内生性问题，本专题用了解电商渠道代表对电商的了解和认知的情况，其中包含了对网络的熟练程度和电商培训等“学习”在内的综合因素，因为这些都会影响农户对电商的了解程度。农户对现有销售满意情况，反映了农户对电商销售程度的现实情况的态度，是一个对“传统”渠道的认知，也是一个综合性因素。

（三）结果分析

本专题利用 SPSS19.0 对影响农户采用电商平台的影响因素进行分析，结果如表 8－3 所示。

表 8－3　影响农户采用电商平台销售的二元 Logistic 回归结果

变量	模型 1	模型 2	模型 3
年龄	−0.081	−0.085*	−0.101**
	(0.053)	(0.051)	(0.040)
性别	−0.197	—	—
	(0.635)	—	—
文化程度	0.066	0.059	—
	(0.125)	(0.123)	—
了解电商销售渠道	2.199*	2.172*	2.264**
	(1.125)	(1.121)	(1.107)
现有销售渠道满意	1.171*	1.145*	1.183*
	(0.646)	(0.640)	(0.633)
常量	6.329*	6.463*	7.655***
	(3.507)	(3.496)	(2.524)
模型综合检验卡方	18.575	18.479	18.248
自由度	5	4	3
−2 对数似然值	72.7521	72.848	73.078
Hosmer－Lemeshow 检验卡方值	6.553	5.247	10.032

注：*、**、*** 分别表示在 10%、5%、1% 的显著性水平，括号内提供的是标准误。

通过结果可以看出，模型的综合检验取显著性水平 0.05 值其相应的 Sig.。值分别为 0.002、0.001 和 0.000，小于 0.05，通过了模型整体检验；最大似然平方的对数值大于临界值，最大似然对数值检验通过；一般来说，由于似然比函数的自然对数值对样品数目很敏感，作为补充和参照，我们需要 Hosmer－Lemeshow 检验，要求其卡方值低于临界值而不是高于临界值。其 Sig. 值分别为 0.586、0.731 和 0.187 大于 0.05，检验通过，模型能够较好地拟合整体，不存在显著的差异。

从模型 1 到模型 3 是按照条件后进回归方式得到的，分别依次剔除了性别和文化程度。性别主要是因为由于样本数据采集中，男女各半差异性并不明显，可能使得区分度不够，因而性别的回归结果并不显著。说明性别对于影响农户采用电商平台销售意愿的作用不明显。因为在传统的农业活动中以体力劳动为主，男性占很强优势，因而在农业活动中往往男性的作用比较强，但是电商活动在一定程度上属于技术性和知识性积累的过程，因而与传统的耗费体力的活动关系并不明显，因而男性并没有显示出更强的作用。

文化程度对农户采用电商平台意愿的影响不显著，并未支持本专题提出的假设 1。这也许与农户的整体文化程度不高有关，所调查的农户受过高中以上教育的仅为 1 人，绝大部分人属于中学教育及以下，农户间所受的文化教育水平实际上区分度并不够明显，而电商又属于相对专业技术性较强的工作，需要更高的教育文化背景，因而文化程度水平整体上对农户采用电商意愿的影响不明显。

年龄在剔除性别的影响后开始对农户采用电商平台意愿产生负向的显著影响。这说明农户越年轻对新鲜事物的接受能力越强，越会采用电商平台销售。随着城市化的推进，农村劳动力存在着弱质化、女性化和老龄化的问题。其实性别不显著本身就说明相对于传统农村的劳动力中女性开始承担更多的农业劳动了。剔除性别后，年龄变得显著，农村的老龄化、弱质化得以更好地体现。剔除文化程度后年龄的显著性更强，这可能是由于农户的整体文化水平区分度不够，因而个体间差别不明显，其差异程度更多地用年龄来体现。性别和整体文化素质偏低的文化程度在农户个体上对农户采用意愿影响不明显，只能通过年龄或阅历的差别来体现。

了解电商销售渠道在 3 个模型中都表现为显著，也支持了研究假设 2。这表明对电商销售渠道的了解对于农户采用电商平台的意愿具有显著的影响作用。随着互联网的应用和推广，那些不断地学习和应用互联网平台的农户会对电商平台有一定的了解和知识储备，更愿意采用电商平台。

对现有销售渠道满意对农户采用电商平台的影响是正向的，该实证结果与假设 3 相反。从调查的实际情况来看，农户对传统的销售渠道的“满意”主要是因为他们没有接触更多的现代化的销售渠道，因而现存的总比他们不清楚得要好。另外即使他们对现存销售渠道满意，他们也想通过更多销售渠道销售水果，也说明他们对现有的渠道满意但并不满足，他们需要更多的渠道来销售水果。

六、“苹果哥”电商的案例分析

（一）案例介绍

“苹果哥”电商是丰县修棒水果经销部的线上经营店铺名称，主要经营本地生鲜农产品及特色生鲜水果如梨、苹果及部分农家手工初级农产品包括手工黄桃罐头及梨膏等。店主张修棒，毕业于电子商务专业，作为一名受过高等教育的新型农民，张修棒希望“用所学的互联网思维探索一条新的卖水果的路子，想用水果打造一片产业，把父老乡亲都连接起来”。他将自己所学知识结合互联网对家乡之前现有的水果经营模式进行了一系列的改变，由原来的传统模式变为线上线下相结合的新型经营模式。真正做好电商非常重要的一点就是保证产品的数量与质量水平，而大沙河镇个体果农经营的土地相对较为小而分散，个体难以形成一定的规模，张修棒经过摸索和实践带着小伙伴成立了“晨兴合作社”，将各户分散的土地集中起来进行管理，不断优化改进水果的质量，使之标准化，随后他注册了水果商标“苹果哥”，仅 2014 年在网上就卖出 10 万斤水果，此后越来越多的果农加入晨兴合作社，他开始带着大家“用现代化的技术种水果，用互联网思维卖水果！”

为使店铺更好地发展，张修榛在果园建设多种经营基地，在城市发展合伙人，果园作为城市合伙人团队的基地，而城市合伙人、社区合伙人则是合作社各地开花的桥头堡。为预防虫害问题，果园均采用套袋技术，几乎杜绝了虫子进入果体，但还是会有一些“漏网之虫”，工作人员在水果装箱之前会认真筛选，坚决不把坏果烂果发到顾客手上，有问题包赔包换，重视售后及品质，希望以此为起点发展成为更大的品牌。他在销售方面也做了非常多的努力，并积极策划参加系列活动：2015 年平安夜策划了紫金风云福利季——平安夜大礼行动；从果园中挑选了 1001 棵果树，让城市居民认养，做文化包装；参加中央电视台乡约节目。通过这些活动，进一步宣传了自己的品牌。

经过多年的发展店铺已慢慢走上正轨，销售品种主要为当地的特色水果，产品来源于“晨兴合作社”（店主合作成立），经过不断地把控与整改，现在可以保证产品食用的安全性，并且在口感与大小方面也能够做到基本一致。水果销售从 9 月上市开始直到 12 月是高峰期，全年基本上没有低峰，定价方面一般跟随市场的变化，年销售额平均在 300 万元左右，年利润在 20 万 ~30 万元波动，老顾客购买达到 50%，江浙沪皖顾客占总销量的 70%，广东顾客销量占 21%。

在成本方面，除了产品本身的生产成本外，最大的为营销成本，占总成本的 20%，主要包括店铺的维护与推广如使用淘宝 SEO 优化技术呈现产品，投放直通车、钻展等广告获取展现，提报聚划算、淘抢购等活动得到活动资源位获取展现，手机淘宝的有好货等达人推荐等，在这一方面除了果农自己的宣传，政府也给予了大力的支持，积极利用电视、网络、广播等宣传媒介不定期宣传产品，定期开展产品推介会、产品反馈会等活动，组织镇域电商到城市社区、大学社区等地开展产品推介，扩大影响力，到罐头生产企业、果园地头开展对电商产品销售评价的反馈会，让生产企业、果农及时了解消费者反映情况，及时迎合其消费需求。

产品的包装与快递成本也占据了一定的比例，如每箱（十斤装）包装成本在 6 元左右，主要用网套和气柱做防护，而水果的新鲜时效性较强，一般快递成本相较于其他产品也会略高，针对快递运输成本高且困难的问题，镇电商在电子商务协会的组织下本着“抱团发展、聚众共赢”的理念积极与快递公司洽谈，在仓储物流区内引进了申通、圆通、天天、EMS、百世快运、百世物流等快递物流公司，江浙沪 0.5 元/斤且不经丰县直到徐州、淮安等中转站。以邮政小包为例，目前发往江浙沪的快递价格降到 3 元/件。得益于政府与快递合作的优惠政策，修榛果园的快递成本基本可以控制在一个较低的水平。

（二）案例分析

1. 案例基本情况分析

本企业的电商经营以合作成立的晨兴合作社作为货源的主要生产基地。晨兴合作社位于江苏省徐州市丰县大沙河镇，这里曾是黄河经过的地方，以沙质土壤为主，相较于其他土地沙土种植有以下优势：

（1）疏松通气性好，有利于根系的发展和活动。

（2）大沙河沿岸几百平方公里均为沙质土，形成了独特的小沙漠微气候，昼夜温差大，果树白天光合作用强，果实夜间养分消耗少，所含糖分高。

（3）在阳光照射下，沙土表面具有一定的反光作用，能够将一定波长的光线，从下部反射至叶、果底面，有利于果实着色。

大沙河相对于其他苹果产地纬度更低，特殊气候更利于水果尤其是苹果的生长：

（1）雨热同期，有利于果树枝叶和果实的生长。

（2）果实生长起步早。每年在4月15日开花，而北方产区则在5月15日开花，所以丰县红富士的果实比我国北方果区提前一个月生长发育，营养积累时间比北方果区增加了18%；然后进入九、十月，秋高气爽，沿岸昼夜温差平均大于10℃，十分有利于果实重量的增加、营养的积累和色泽的合成；另外，早霜比北方来得迟，有条件延迟采收时间，果实生育期可达190天以上。

作为江苏省农业电子商务示范镇，大沙河镇现有电商610多家，企业电商120多家，在淘宝、天猫、微信朋友圈等网络平台销售苹果、罐头等产品。申通、圆通等快递物流公司的入驻为本地电商企业带来了畅通的物流通道；同时当地政府通过成立电子商务产业园，成立园区管理委员会，为园区电商企业提供注册商标、美工摄影、培训孵化、产品推介等服务。良好的电商环境为当地果农电商的创办及发展提供了合适的土壤。

本企业最初的目的是“用所学的互联网思维探索一条新的卖水果的路子，用水果打造一片产业，把父老乡亲都连接起来”。他运用自己所学知识结合互联网对家乡之前传统的水果经营模式进行了一系列的改变：注册商标“苹果哥”以便打造自己的品牌；成立晨兴合作社作为自己实施改革、创新的基地保障；通过微商、淘宝等电商平台进行线上销售推广；通过参加一些专业组织互助并共享资源；通过媒体及社交平台进一步宣传推广自己的产品及业务；通过发展城市合伙人、组建专业的服务团队，做好社区和生产基地的对接；通过引进其他产地优质供货商，丰富自己的商品，扩大企业的影响力；通过成立专业的分销团队，订单售后团队，采购团队实现对产品采摘、品控、包装等生产环节的控制和对订单整理、售后处理、物流快递选择等环节的规范管理。

发展至今，企业已经完成了签约农户、对接农技站、统一管理等工作，从种植和管理上控制产品质量；在和农户深度合作的基础上，通过引进新品种、新技术、使用农家肥和控制农药使用来提高果品、果树、土地的健康值，以达到绿色、安全、有机的目标。基地现有果树品种主要有苹果（早熟富士、霜降红富士）、冰梨，种植面积分别为100亩、800亩、100亩。早熟富士成熟期在9月中旬；霜降红富士最早采摘期在霜降节气之后，阳历12月1日前后；冰梨在9月中下旬成熟，较耐贮藏。独特的地理及自然条件成就了当地的水果种植业，优良的水果品质，尤其是苹果：皮薄、肉脆、汁多、味甜；而水果不同的成熟期也延长了鲜果的供应期。另外，企业拿出一块地，尝试开发生态养殖、生态游和农家乐等新项目，争取做旅游、食宿一体化的现代庄园。

2. 案例问题分析

如果店铺评分较低，低于正常水平的评分，使得很多新客户在购买时存在一定的疑虑甚至打消购买的念头转向别家。虽然政府及相关单位已经启动了人才的吸引措施及培养机制，现阶段仍然难以填补电商快速发展而出现的人才漏洞，人才的不足限制了店铺的发展水平，只能集中在产品上，而无法真正扩大产品规模。

农村现在大多剩老人、妇女、小孩，水果种植的主要劳动力是老人和妇女，他们通常沿用传统种植法，新品种、新技术的应用不易推广；果农经营的土地相对多、小而分散，难以形成一定的规模，无法实施标准化种植管理；作为农产品的水果，其本身的生命性决定了其品质受环境、气候、技术等影响，从而导致产品标准、质量无法把控；另外，作为整个农业产业链里最不可或缺的成员，农民的个体价值一直被淹没，农民听不到消费者的声音，消费者看不到农民的付出，这很难唤醒农民对农产品品牌的认识和对质量的真正把控。这些因素都会制约企业在水果种植及流通方面的发展，并进一步制约着企业规模的扩张和企业品牌的树立。

（三）对水果产业链和政府政策支持的需求

1. 对水果产业链的需求

当地的水果产业具备规模化优势，但因为水果种植多以农户个体分散种植为主，同时水果种植的主要劳动力以老人和妇女为主，种植人员的受教育程度及年龄偏大等因素导致新品种、新技术、新理念、标准化管理等无法得到大规模推广，农民的品牌意识和质量意识难以唤醒，在这种情况下种出的水果质量、标准难以保证，不利于水果的品牌打造，希望政府引入资本或企业开展规模化种植，标准化管理，并在推广新品种、新技术方面加大宣传和指导力度。水果属于生鲜类农产品，具有特定的成熟和采摘期，目前的种植模式下采摘后鲜果的保鲜、贮藏等问题没有很好地解决，希望能引入新的保鲜技术和专业冷链企业。目前水果的深加工主要还是以农户个体小作坊为主，也有少量的代加工小企业，食品安全、产品标准、产品规范得不到有效的保障，从而无法打造当地农产品品牌，希望能引入资本或有一定规模的食品生产企业合力做好当地水果的深加工、产品包装及品牌推广。

希望政府能引入一些大型的农产品信息平台，并对果农进行定期培训，让身处最上游的果农有机会直接面对消费者或者听到消费者的声音，让他们有机会去接触电商，有机会与同行交流，有机会寻找自己的客户，有机会展示自己的产品，从而使得大家变被动为主。

2. 对政府政策支持的需求

在引进新品种、新技术时希望政府能给予一定的农业补贴方面的支持；在基础设施方面，希望政府能出资或引入资本统一修建一部分标准化的冷库，并给予使用冷库的果农一定的优惠；在电商销售人才队伍建设方面，政府能根据果农的需求分层次组织系统或专项免费培训，并组织农产品电商骨干参加相关交流会、进行相关调研学习，最好能派驻流动性的专业辅导人员进行及时的指导；在融资方面能提供农业贴息贷款。

专题Ⅱ 阳澄湖大闸蟹流通渠道不同模式的比较及流通效率测度

一、阳澄湖大闸蟹发展的历史背景

阳澄湖位于苏州的市郊，是太湖平原上的第三大淡水湖，阳澄湖总水面 18 万亩，因其“水草茂盛，水质清澈，饵料丰富”而适合大闸蟹生长。阳澄湖大闸蟹因其产地阳澄湖而得名，而其大闸蟹因“青背、白肚、黄毛和金爪”等特征而闻名天下。

20 世纪 90 年代初，现阳澄湖镇的 16 户农民率先在阳澄湖东湖开始进行围网养蟹获得成功，从而引发了阳澄湖地区农户开始围网养殖大闸蟹的风潮，1996 ~ 2001 年围网养殖面积快速增加，整个阳澄湖地区围网养殖面积达到 14.27 万亩。为规范和科学养殖，2002 年市政府对阳澄湖的围网养殖进行了全面整治，围网养殖面积出现大面积的缩减（见图 8－12），组织清拆了大量围网，缩小养殖面积，到 2007 年底，阳澄湖大闸蟹围网养殖面积从原先的 13.8 万亩减至 8.6 万亩，2008 年围网面积再进一步压缩至 3.2 万亩，形成了 20 个整齐划一、设置规范的标准化养殖小区①。2016 年，苏州市政府出台了《苏州市阳澄湖生态优化行动实施方案》（以下简称《方案》），《方案》要求进一步将围网养殖面积减少至 1.6 万亩。

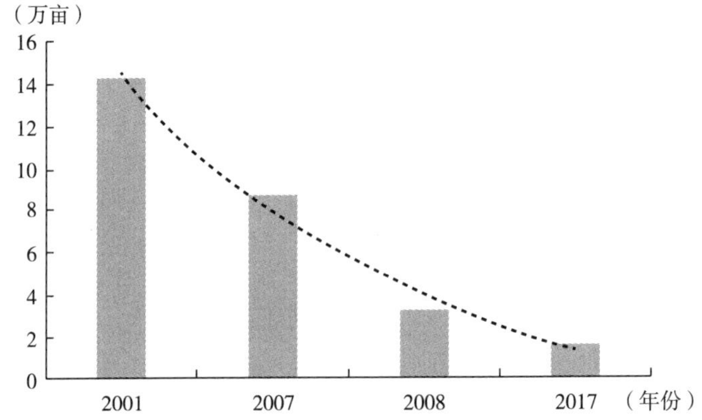

图 8－12　阳澄湖大闸蟹围网养殖水面面积

注：数据为笔者自行整理收集而得。

通过规范管理和科学的养殖指导，近些年阳澄湖大闸蟹的品质及其规格实现较大水平的提升，总产量基本稳定在 2300 吨左右（见图 8－13），而在 2016 年进一步减少围网面积后，2017 年的产量大幅下降至 1200 吨。

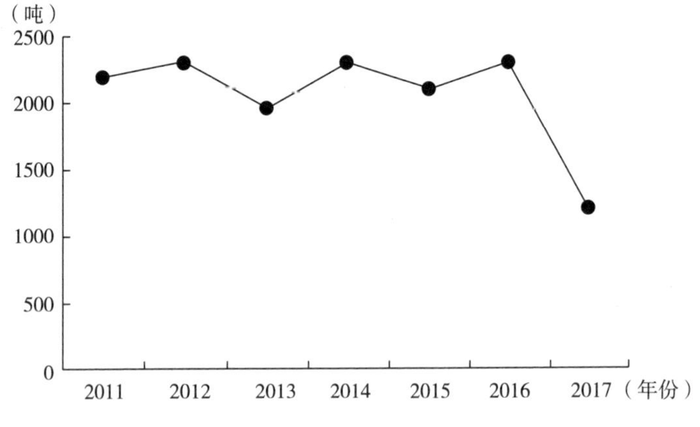

图 8－13　阳澄湖大闸蟹 2011～2017 年总体产量

注：数据为笔者自行整理收集而得。

① 阳澄湖大闸蟹产业概况［EB/OL］. http：//www.xie298.com/article－172.html，2015－07－08.

近年来，阳澄湖地区大力推进现代农业与旅游业的发展和深度融合，积极推动一二三产融合，周边地区围绕大闸蟹产业不断延长产业链，涉及旅游、餐饮、休闲度假以及蟹苗养殖等相关环节，从而促进了整个阳澄湖区域经济的发展。阳澄湖大闸蟹养殖业的兴旺和市场的活跃带动了阳澄湖地区街道观光、旅游、就餐、休闲、购物、住宿等第三产业的兴起，以新鲜优质的阳澄湖大闸蟹供应慕名而来的全国各地的客人，实现年效益 100 亿元左右。

二、阳澄湖大闸蟹流通渠道的变革历程及其特征分析

（一）阳澄湖大闸蟹流通渠道的发展阶段

随着阳澄湖地区大闸蟹养殖的规范发展，其产品流通渠道也随之发生了显著的变化。阳澄湖大闸蟹的销售渠道自改革开放到现阶段主要经历了三个阶段，分别是以批发市场、专卖店和电商平台为主导的销售渠道。

1. 第一阶段：以传统农贸批发市场为主的销售渠道（1978～2002 年）

阳澄湖大闸蟹的大面积商业化养殖开始于 20 世纪 80 年代（吴晓宏，2008），而在这一阶段阳澄湖大闸蟹主要是通过以路边地摊和当地的农贸批发市场进行销售。由于资金、技术和管理等方面因素的制约，养殖户只求产量的增长而忽略品质的提升，同时市场上存在大量的假冒伪劣产品，在这一阶段，大闸蟹的销售主要以农贸市场为主，阳澄湖大闸蟹品质处于一个较为混乱的阶段。

2. 第二阶段：转向专卖店、超市和酒店等实体店为代表的现代营销渠道（2002～2011 年）

2002 年，在苏州市农委和质监局的领导下，由 15 家阳澄湖经营公司发起成立了苏州市阳澄湖大闸蟹行业协会。在行业协会规范科学的引领下，阳澄湖大闸蟹品牌经历了快速提升期。在此期间，阳澄湖大闸蟹完成从传统落后低档次的营销模式向专卖店、超市和酒店等实体店为代表的现代营销模式的转变，2010 年，行业协会正式对外宣布阳澄湖大闸蟹全面退出农贸市场这一销售渠道。

3. 第三阶段：电商平台和微商等线上销售渠道成为主导（2011 年至今）

由于大闸蟹本身具有较高的鲜活特性，这是制约大闸蟹流通的最大难题。在克服包装和物流等困难之后，大闸蟹也开始和互联网相结合。从 2008 年开始，阳澄湖地区蟹农逐步开始借助电商平台和微商两种渠道销售大闸蟹，这两类线上销售渠道也成为现阶段的主要销售渠道，在 2016 年，电商销售占据了全年总体销售的 70% 左右，其主要销售平台包括天猫、京东、顺丰、1 号店、苏宁易购和微信等，如图 8－14 所示。

（二）阳澄湖大闸蟹流通渠道的总体变革分析

在成立行业协会之前，阳澄湖地区有大量的蟹农在阳澄湖水面中高密度的养殖大闸蟹，蟹农多且养殖面积小，在这一时期大闸蟹的流通主要是通过批发市场向周边销地市场流通。因为蟹农自身销售能力有限，因此部分以在周边街道沿街贩卖为主，而大多数则以出售给批发市场的收购商为主，在当时阳澄湖地区成立的专业销售公司较少，主要是以收购商和经纪人为主，收购商和经纪人等市场中介主体则从批发市场将产品运送到销地市场，这一阶段在销地市场开设专卖店的情况不是很多，更多的是通过批发市场和农贸市场等渠道最终出售给终端消费者（见图 8－15）。从整体来看，原先的流通渠道主要有以下

几点特征：

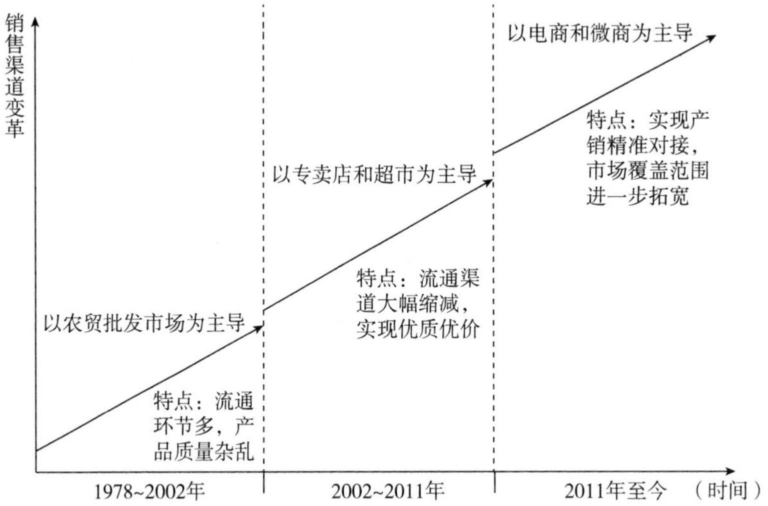

图 8－14　阳澄湖大闸蟹流通渠道变迁

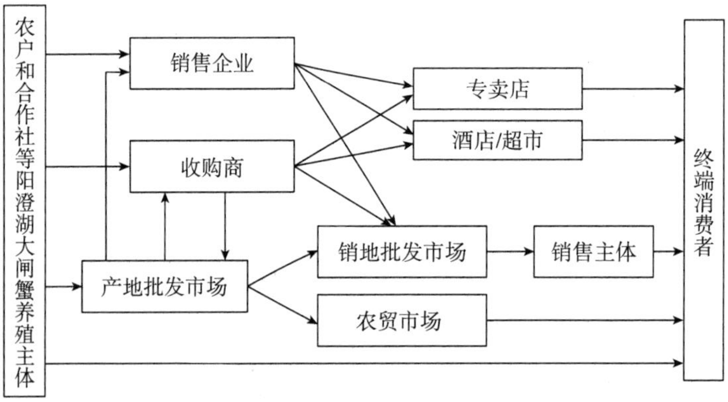

图 8－15　以批发市场为主导的阳澄湖大闸蟹流通体系示意

1. 中间流通环节较多

在 2002 年之前，大闸蟹销售渠道主要是以批发市场为主，阳澄湖地区主要有 5 个批发市场（苏州市工业园区唯唯亭亭大闸蟹交易市场、苏州市相城区消劲村大闸蟹批发市场、苏州市常熟沙家浜大闸蟹批发市场、苏州市相城区澄林路大闸蟹批发市场和苏州市相城区凤阳路大闸蟹批发市场），肩负着这一时期大闸蟹的流通重任。由产地批发市场中转至销地市场，大闸蟹的生产一般是由个体农户完成，农户多且单户产量较少，在流通环节也缺乏相关合作组织统一销售，导致农产品最终流通到消费者手中时需要经过多重环节，每一道流通环节的增加都会带来相应成本的增加。

2. 市场覆盖范围较窄

在以批发市场为主的流通渠道中，主要是经纪人和收购商从批发市场或者养殖户直接收购，运输到销地市场销售为主，由于大闸蟹的鲜活性、公路条件和冷链技术的限制，大闸蟹的流通半径受限，其产品的销售范围主要是在阳澄湖的周边大城市，如苏州、无锡和上海等。

3. 产品难以实现优质优价

而在这一阶段，由于养殖缺乏标准，阳澄湖中的养殖密度之大，同时缺乏有效的监管，大量外地河蟹冒充阳澄湖大闸蟹通过当地的批发市场流通至全国各地，导致阳澄湖大闸蟹的品质和口碑呈现逐年下滑的趋势，阳澄湖大闸蟹无法实现优质优价。

随着行业协会的成立，对大闸蟹的养殖和销售制定了严格的规章准则，能够使用阳澄湖大闸蟹这一地理标志的必须为苏州市阳澄湖大闸蟹行业协会的会员，其他市场主体一律不允许使用这一商标。在提升大闸蟹品质的同时，流通渠道逐步向特许专卖店的形式转变，通过特许专卖店的方式有效地控制了外界产品的进入，有效地控制了产品品质。

现阶段的销售主体主要有经营阳澄湖大闸蟹销售的公司、阳澄湖地区从事养殖的专业户和销售阳澄湖大闸蟹的经纪人，现阶段整个阳澄湖地区有专业销售公司300家左右。所销售的产品主要来自三个方面：一是自己水面所养殖的大闸蟹，二是从养殖户手中收购，三是通过向合作社收购。现阶段阳澄湖地区批发市场依然存在，主要销售的是阳澄湖周边地区养殖户水塘养殖的和高淳、兴化等外地收购来的螃蟹，而正宗阳澄湖养殖的大闸蟹已经基本退出批发市场这一流通渠道。

现阶段阳澄湖大闸蟹的销售渠道的改变跟原来相比主要体现在三个方面：一是流通环节少。全面退出了批发市场这一销售渠道，流通环节大幅度减少，三类销售主体直接对产品进行销售，因此整个流通渠道没有中间流通环节，并非像其他农产品一样，需要通过批发市场周转流入销地，而是通过几类销售主体直接进入当地的销售市场，从总体来看，现阶段阳澄湖大闸蟹的流通渠道短，流通环节少。相比于原来以批发市场为主的流通模式，现阶段的流通渠道实现了精简，基本实现了产销对接。二是渠道市场覆盖范围广。增加了电商这一销售渠道，极大地拓展了市场覆盖范围。在增加了电商的销售渠道之后，克服了本身由于鲜活性市场覆盖范围窄的困境，现在可以实现全国主要城市24小时均可到达。阳澄湖大闸蟹原先的销售是针对集团或者企业的大规模购买，而电商渠道的引进，阳澄湖大闸蟹的销售变为以零售为主，因此，电商成为最为重要的销售渠道。三是电商与专卖店实现渠道互补。阳澄湖大闸蟹在第二阶段形成专卖店为主导的销售渠道，在近些年形成了以电商为主的销售模式，但这两者并不是相互排斥的两种渠道，专卖店销售的大闸蟹是以三两公蟹和二两五以上的母蟹为主，而电商渠道销售的主要是以小螃蟹为主，即以低于三两公蟹和二两五母蟹这一规格为主。因此，在现阶段，电商和专卖店实现了一种销售渠道互补，专卖店以销售大螃蟹为主，而电商主要以销售小螃蟹为主，如图8－16所示。

三、阳澄湖大闸蟹流通模式的归纳、比较及其主体特征分析

（一）按终端销售渠道的归纳分析

从终端销售渠道来看，自2010年起，大闸蟹退出了农贸市场这一传统的销售渠道后，现阶段大闸蟹的销售主要是依靠专卖店、超市、酒店和电商4种销售渠道，其中专卖店和电商是最主要的销售渠道。

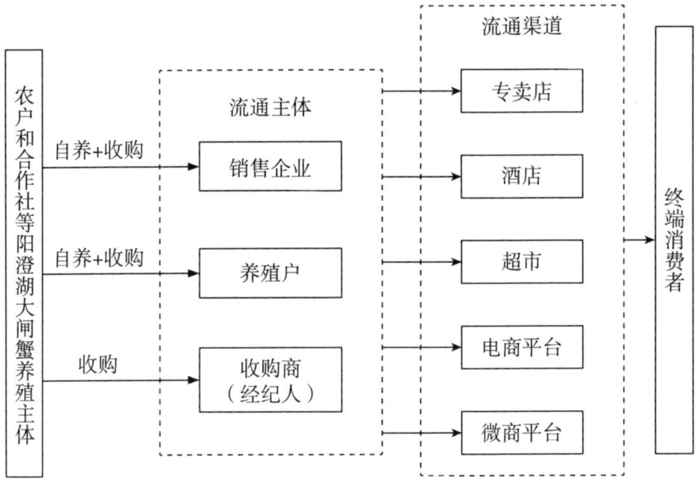

图 8－16　现阶段阳澄湖大闸蟹流通体系示意

1. 以专卖店为核心的流通模式

在行业协会对阳澄湖大闸蟹的养殖制定了严格的生产标准后，主要力推通过专卖店的形式对大闸蟹进行销售，专卖店一般以阳澄湖大闸蟹这一地理标志为主，同时配合个人品牌，形成“母子品牌”。行业协会对专卖店的开设具有严格的规定，从位置、面积、门店标志、经营品种和行为、店内布置和设置、价格、营销人员和营业时间 8 个方面对专卖店的开设设定了较为严格的标准。

专卖店的流通模式绕开了批发市场这一传统的流通渠道，大幅度地减少了流通环节，实现产地直销，节约了交易成本，更为重要的是专卖店的开设为阳澄湖大闸蟹走高端路线树立了较好的品牌形象，为实现大闸蟹的优质优价提供了良好基础，如图 8－17 所示。

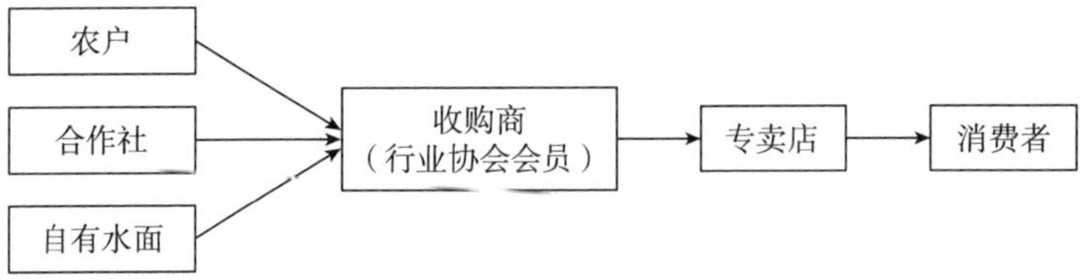

图 8－17　以专卖店为核心的流通模式

2. 以超市或酒店为核心的流通模式

现有销售渠道中，唯一不是给消费者的渠道就是，直接销售给酒店或者是超市，再由超市或者酒店销售给消费者。阳澄湖地区的自然风光也吸引着周边城市游客来当地品蟹和旅游，阳澄湖地区周边有大量的农家乐。收购商直接向酒店供货，主要是集中在阳澄湖地区的农家乐或者星级酒店。同时还和超市合作，在超市开设专门的摊点或者是直接供货超市方进行销售，如图 8－18 所示。

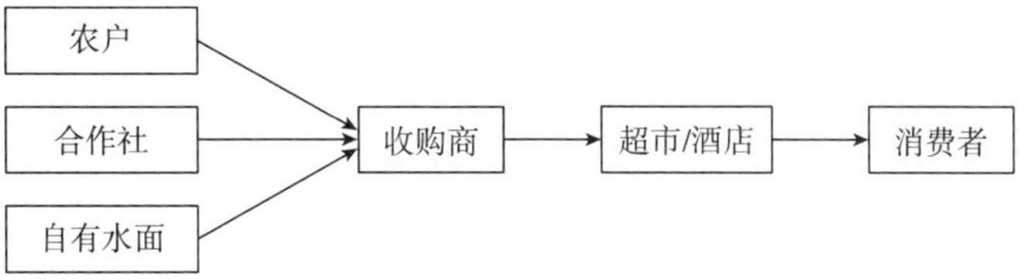

图 8-18 以超市或酒店为核心的流通模式

3. 以电商平台为核心的流通模式

阳澄湖大闸蟹现阶段流通渠道最大的特色就是主要依托电商这一渠道进行销售，大闸蟹属于鲜活类农产品，由于我国冷链运输发展的滞后，以往这类农产品的销售覆盖范围较小，随着当地“冰块+泡沫箱”的运输方法的开创，利用电商和微商来进行销售逐步盛行。对于普通农民来说，其本身是缺乏市场开拓能力的，大多数农民都可以进入电商销售平台进行销售活动，这些都得益于电商平台的以下优势：①市场覆盖范围广：相比传统的销售渠，电商的市场覆盖面极其广阔，汇聚了市场上众多零散的需求，形成巨大的市场需求。②易获取市场信息：网络市场上有众多商家，通过简单的搜索即可获得商家的产品设计、定价、营销、售后服务等市场信息，易于借鉴与模仿。③交易成本低：通过电商虚拟平台交易，只需通过网络即可完成。④诚信担保：淘宝平台有第三方支付平台的担保，产品不满意可以退货，无须担心商品质量不好而错买的问题，第三方支付平台解决了买卖双方诚信缺失问题，如图8-19 所示。

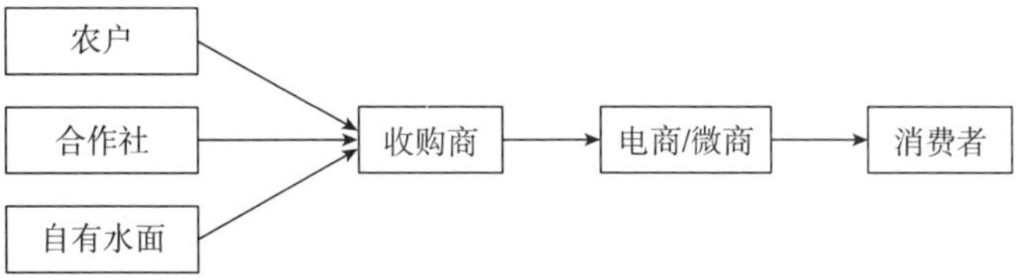

图 8-19 以电商销售为核心的流通模式

（二）不同流通渠道模式的比较

根据以上分析，阳澄湖大闸蟹主要有专卖店、电商平台、微商、超市或酒店 4 种流通渠道，不同的流通渠道均具有其一定的渠道特征，以下将从主体构成、资本需求、流通环节、价值增值和覆盖范围五个方面，对阳澄湖大闸蟹的几种流通模式进行比较分析，如表 8-4 所示。

表 8-4 生鲜农产品流通渠道模式的比较

模式 渠道特征	专卖店主导的流通模式	电商平台主导的流通模式	微商平台主导的流通模式	超市或酒店主导的流通模式
主体构成	销售公司	蟹农、收购商和销售公司	蟹农	蟹农、收购商或销售公司

续表

渠道特征＼模式	专卖店主导的流通模式	电商平台主导的流通模式	微商平台主导的流通模式	超市或酒店主导的流通模式
资本需求	高	高	低	低
流通环节	较少	少	少	较少
价值增值	高	低	高	低
覆盖范围	一般	广	低	较低

1. 主体构成

在不同的流通渠道中，不同的流通主体具有明显的差异，流通渠道的主体主要包括养殖户、收购商（经纪人）和相关大闸蟹销售公司这三种，较多的蟹农规模做大之后开始注册公司，开始专业化的销售，因此对于普通的蟹农来说，其主要是利用微商平台自销一部分，另一部分是向当地农家乐或酒店供货，而专业的销售公司主要是通过专卖店和电商平台来进行销售。

2. 资本需求

在资金的需求方面，专卖店和电商平台对资金的需求较高，一家专卖店一年的费用在33万元左右，运营费用较高。相对于专卖店，电商平台的运营费用稍低点，运营费用在20万元左右。相比于以上两种主要销售渠道，微商则是资金需求最少的一种渠道，其资金的投入基本为零，主要是依靠个人朋友圈进行销售。

3. 流通环节

以上流通渠道的流通环节不超过3个环节，从总体来说，以上渠道都是属于流通环节十分少的模式，属于产地直供的流通模式。对于大多数销售企业来说，自有水面的螃蟹是不够销售的，因此向其他蟹农收购成为一种主导方式，收购之后主要通过电商、专卖店两种渠道销售，专卖店比电商多出一个将产品运到销地专卖店的环节。

4. 价值增值

不同的模式价值增值存在显著差异，就现阶段来说，销量最高的渠道是电商，占据销售总量的70%，但由于电商平台是个类似于完全竞争的平台，网络平台价格竞争激烈，因此销售价格较低。而专卖店凭借其可以现场直接选货验货的体验，产品售价较高，而专卖店则是利润率最高的一种销售渠道。微商平台一般是电商销售平台的一种补充，做电商的一般不做微商，而做微商的一般不做电商，微商平台的售价一般高于电商平台，产品大多数是销售给周边熟人和多年老顾客。

5. 市场覆盖范围

电商平台汇聚了众多零散的市场需求，在以上渠道中，电商平台无疑是覆盖最为广阔的渠道，专卖店一般只能覆盖当地的部分区域，而微商平台的覆盖范围最小，其主要是覆盖周边亲朋好友以及周边好友的介绍。

四、资料来源与研究设计

课题组于2017年9月对苏州市阳澄湖地区大闸蟹流通情况进行实地调查，分别走访了阳澄湖大闸蟹养殖协会、专业大闸蟹销售公司、大闸蟹养殖合作社和大闸蟹养殖户等相关经营主体，如表8-5所示。

表8-5　调查样本及其所在地简介

访谈对象	养殖户	合作社负责人	销售公司	专卖店负责人
样本人数	14	2	3	3
样本所在地	苏州市相城区太平街道和消劲村			
抽样方法	任意抽样	典型访谈	典型访谈	典型访谈

因为此次调查中，所有的养殖户、销售公司均没有和超市进行合作，因此，在下文的计算流通效率中，并不考虑与超市或者酒店的相关数据。

五、不同流通模式流通效率的比较分析

根据上文分析，阳澄湖大闸蟹的流通模式主要分为以下5种：专卖店、酒店、超市、电商平台和微商。由于酒店和超市的供货量在所调查的样本中，所占比重较少，所以本专题重点关注专卖店、电商平台和微商这3种主要流通模式效率的比较。

本专题参考陈耀庭等（2015）的方法，从流通成本、流通费用率、利润率和生产者分得比率4个角度来对大闸蟹的不通过流通模式的流通效率进行分析。流通成本是指大闸蟹从蟹农最终转移到消费者手中，在此流通过程中所产生的，包括包装、运输、存储、损耗、人工、租金等费用的总和。流通费用率是指流通总成本占最终销售额的比例。利润率是指流通各主体获得的利润总额相对于大闸蟹最终销售价格的比值。生产者分得比率是指大闸蟹的最终销售价格，一部分归生产者所有，另一部分归流通者所有，而生产者占最终销售价格的比例即生产者分得比率。因为大闸蟹存在规格上的差异，而不同规格螃蟹的搭配销售存在较大的售价差异，因此本专题在计算时，只考虑所有规格产品的销售均价。

阳澄湖大闸蟹现有的流通模式，整个流通环节较短，这个和大闸蟹本身鲜活性难存储的特性有关，专业大闸蟹销售公司或者收购商收购了养殖户的大闸蟹后，基本上不存在中间商环节的流通，一般都是直接销售给消费者。

以上几种不同模式，其不同的模式的终端售价不尽一样，最高的销售价格是专卖店渠道的，为157.5元/斤，而电商和微商平台的最终售价相差不大，电商价格为133.3元/斤，而微商是135.4元/斤，如表8-6所示。

表8-6　不同流通模式下测量流通效率的各项指标

模式	对农户收购价（元）	流通总利润（元）	流通总成本（元）	终端售价（元）	费用率（%）	生产者分得比率（%）	利润率（%）
专卖店	110	20.4	27.1	157.5	17.21	69.84	12.95
电商	110	5.8	18.5	133.3	11.63	82.52	4.35
微商	110	11.1	14.3	135.4	10.56	81.24	8.19

（一）不同流通模式下的流通成本比较

由表8－6可知，三种模式下的流通成本排序为：专卖店>电商平台>微商。专卖店这一流通模式流通成本最高为27.1元/斤，电商平台的流通成本为18.5元/斤，而微商这一流通模式的流通成本最低为14.3元/斤。在阳澄湖的流通模式中，基本都是第三方向蟹农收购后直接再出售给消费者，因为不存在中间环节的流通成本，因此本专题所计算的都是流通成本，基本是指在销售环节的成本。

（1）专卖店的流通成本最高，其主要原因是专卖点的运营成本较高，专卖店（上海）每年的成本投入在33万元左右，且需要不定时地从产地将大闸蟹运往各地的专卖店，零售环节的成本要高于电商平台和微商模式近10元/斤。专卖店模式的流通成本很大程度来自店铺固定成本的分摊，销售越多，其平均成本会越低。

（2）电商平台模式的流通费用主要是来自平台费用、人员工资、大闸蟹的包装和物流三部分，其中包装和快递费用占据了绝大部分。江浙沪地区的快递费用在15元/箱左右，运输纸箱、包装材料、防伪标志和相关人工费用在19元/箱左右。包装和快递成本是每件产品的固定成本，不会随着销售的增加而降低成本。

（3）微商的流通成本最低，其不需要平台费用和相关人员工资的支付，只需要支付包装、物流费用和大闸蟹的储藏成本，因此，微商模式是总体流通成本中最低的。

（二）不同流通模式下的流通利润率比较

根据表8－6可知，三种流通模式下的利润率排名为：专卖店>微商平台>电商平台。专卖店凭借着其较为良好的服务，产品能够较好地实现溢价，每斤能够获利20.4元，其利润率达到12.95%。而对于电商平台来说，激烈的价格大战使得电商平台成为一种薄利多销的销售渠道，相对于微商来说，具有较高的流通成本，但是产品售价却还是低于微商的价格，因此，电商平台的利润率较低只有4.35%，低于微商的8.19%。

（三）不同流通模式下的生产者分得比率比较

由表8－6可知，三种不同模式下生产者分得比的排序为：电商平台>微商平台>专卖店。生产者分得比率这一指标的计算是对蟹农的收购价比上最终的销售价格，因为收购价是一样的，均为110元/斤，因此这一指标的差异主要是来源于不同渠道最终产品销售价格的差异。蟹农的养殖成本在71.6元/斤左右，因为整个环节的利润最大一部分的收益都是属于蟹农的，蟹农平均利润有38.4元/斤，这部分利润占据了整个利润的大部分，因此，在三种模式下，生产者分得比率都比较高，最高的是电商平台模式，达到了82.52%。

第九章 美日等国生鲜农产品流通模式的经验借鉴

第一节 美国生鲜农产品流通模式分析
——以蔬菜为例

一、主要流通模式分析

美国约80%的农产品是经农场主产地批发市场流出，产地批发市场具有很强的集货和分货能力，农产品采摘后在产地批发市场进行产后清洗、筛选、预冷、分级、包装、贮藏。产地批发市场上的买方以批发商和连锁超市为主，交易大多采用“订单”方式，有效地规避农户的市场风险，提高了生鲜蔬菜的流通效率。一些小型农场通过生产者合作社进行产品统一销售、签订订单。美国的批发商规模较大，通常通过自有配送中心将产品直接配送至全国许多销地城市的连锁超市、食品商店、大型餐饮企业以及终点（车站）批发市场。位于销地的终点（车站）批发市场在农产品流通中的份额比例较小，仅占20%左右。

同时，一些大型农场（或联合体）实行产销一体化经营，有自己的大型蔬菜处理厂，既能为超市、零售店提供鲜菜，也能为一些食品企业提供经过洗、切等加工处理的蔬菜产品，由生产者和零售终端的直接衔接，减少了中间环节主体的参与，也相应地减少了流通成本。也有一些小型在农产品收获季节产品运往政府设定的固定地点设摊出售，这是一种具有体验性质的蔬菜市场，是一种农户直销渠道，其价格并不比超市便宜，经此渠道销售的比例仅占城市购买蔬菜总量的1%左右，如图9－1所示。

二、外部环境和制度

（一）生产区域格局

美国蔬菜生产特点是主产地集中在少数地区，各产区根据各自自然条件，专门生产少数几种蔬菜以便供应全国，或者在不同季节利用季节性优势，集中生产蔬菜，形成了比较完善的全国性蔬菜生产区。与此对应，其庞大、通畅、高效和专业化的蔬菜物流体系为该流通模式提供了强有力的支撑。

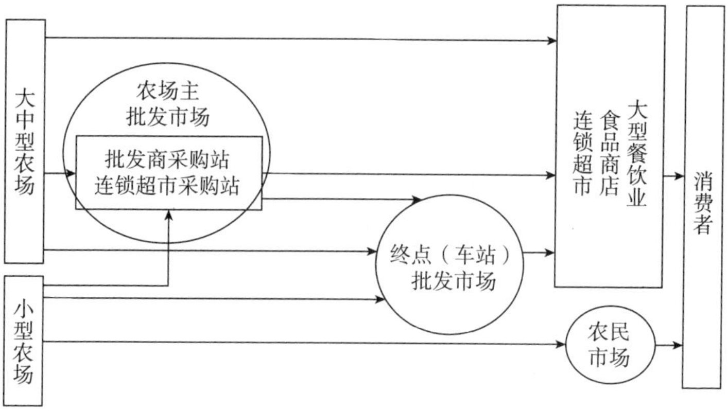

图9－1　美国鲜食蔬菜主要流通模式

从各州蔬菜年总产量上看（见图9－2），美国国内鲜食蔬菜生产主要集中在加利福尼亚州、佛罗里达州、亚利桑那州和佐治亚州，其中加利福尼亚州一个产地的鲜食蔬菜产量就占全国鲜食蔬菜总产量的49.19%，前4州约占全国鲜食蔬菜总产量的70%左右，前10州蔬菜总产量占全国总产量的87.18%。从各主产州的分布来看，又分为四大产区，其中，以西南产区最大，西南部产区主要集中在地处太平洋沿岸的加利福尼亚州、亚利桑那州、俄勒冈州（59.98%）；中南部产区主要集中在得克萨斯州（3.16%）和新墨西哥州；东南部集中在佛罗里达州墨西哥湾沿岸的亚热带作物区和佐治亚州（13.71%）；北方传统的蔬菜产地有华盛顿州、纽约州、密歇根州、爱达荷州（10.33%）。

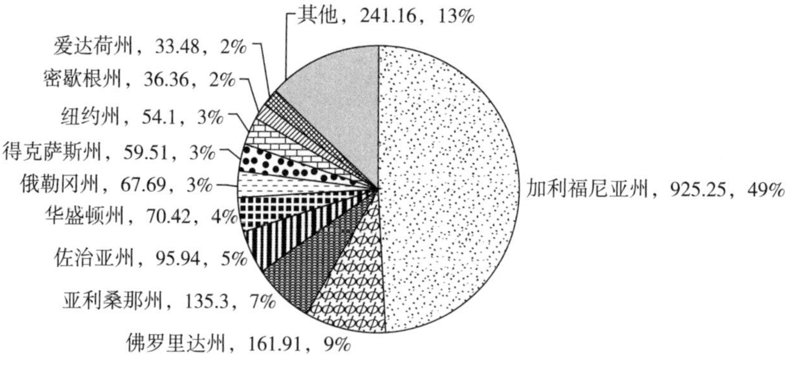

图9－2　美国蔬菜生产分布与集中现状（单位：万吨）

单从某一蔬菜品种以及季节性生产来看，美国各产区蔬菜生产会呈现出更高的专业化程度。根据美国农业部统计数据，以马铃薯为例，美国的马铃薯种植主要分布在美国西北部地区的爱达荷州、华盛顿州、俄勒冈州，3个州的马铃薯年产量可达到1196.5万吨，约占全国总产量的60%；而生菜生产主要集中在西南部地区的加利福尼亚州和亚利桑那州，产量分别占全国生菜总产量的75%和24%。同时，美国蔬菜生产还表现出在某一季节向某一产地的集中，如春季洋葱主要集中在加利福尼亚州、佐治亚州和得克萨斯州，约生产春季洋葱总产量的98%；而夏季洋葱主要集中在加利福尼亚州、密歇根州、华盛顿州、爱达荷州，约生产夏季洋葱总产量的79%。对于美国市场上的鲜食番茄年供应，在每年的5~11月主要是由加利福尼亚州供应，而冬季和早春市场主要由佛罗里达州供应以及从墨西哥进口。

（二）生产主体规模大，专业化程度高

以美国商品蔬菜的主要产区之一加利福尼亚州为例，其中1000公顷以上的蔬菜种植农场有306个，其种植总面积占所有种植总面积的73%左右；而100~999.9公顷的农场数量有751个，其种植总面积占所有种植总面积的25%左右①。其蔬菜生产机械化程度较高，蔬菜生产从整地播种到收获以及采后处理，都实现了全盘机械化，且机械呈现大型化、自动化趋势。

（三）政府制度、公共服务保障

美国农业部设置农产品流通服务司（Agriculture Marketing Service，AMS），其主要的目的是帮助将安全的、有营养的农产品成功地流通至各个零售市场，以确保消费者能够获取足够量、能承担得起价格的食品。主要工作内容包含三个方面：制定分级标准，推动产品分级；收集和免费发布市场信息（AMS Market News）；当出现产量过剩时，以国内供膳商品采购计划介入蔬菜产业。

美国农产品多按照一定标准进行分级，在水果、蔬菜上面共有300多项分级标准，其中对85种蔬菜制定了157项质量标准，内含70项新鲜蔬菜质量等级标准，24项加工蔬菜质量等级标准。分级“标签”是流通商或贸易商进行质量判定的主要依据。

农产品流通服务司同时派出能够全面覆盖各蔬菜产地、销地的机构和人员，负责市场行情信息的采集，最后经过汇总在统一的信息平台发布（AMS Market News），其信息具有较高的权威性，是市场经营主体进行日常市场经营、决策的重要依据。

当出现产量过剩时，由美国农业部农产品流通服务司购买国内市场上的农产品用于国立学校的餐饮、老年人营养计划以及突发事件的食品援助等，即国内供膳商品采购计划，以消除供给过剩，保持农产品价格稳定，以维护生产者的利益。同时美国政府部门设立专门机构美国农业部风险管理局（Risk Management Agency，RMA）主要工作目的就是保障生产者净收益稳定以维持农业的稳定性，主要通过作物保险保障农作物受灾减产时补偿生产者的损失。美国70%的农作物生产都购买了相应的保险，美国全国有16家保险公司，在各地区布置了15000个办事机构，覆盖了大多数农作物，如玉米、小麦、棉花、水果、蔬菜等。

第二节　日本生鲜农产品流通模式分析
——以日本农协为例

人多地少、小农经营是日本农业的典型特征，然而日本农协的存在和发展在解决小农

① United States Department of Agriculture. 2012Census of Agriculture - StateData［EB/OL］. https：//www. nass. usda. gov/Publications/AgCensus/2012/index. php，2014.

户与大市场的对接问题上发挥了重要作用。日本农协在农产品流通中扮演了关键角色，承载着农产品的集散功能，同时也推动了日本农产品流通模式的创新发展。

一、日本农协的组织结构概况

日本农协可分为基层组织①、都道府县组织和全国性组织三级结构（如图9－3 所示）。但是这三级组织之间并不存在严格的隶属关系，上一级机构只是由下一级机构在自愿的条件下联合而成，各级组织在经营上也彼此独立，是一种平等、自主基础上相互协作和支持的关系（冯昭奎、林昶，2009）。

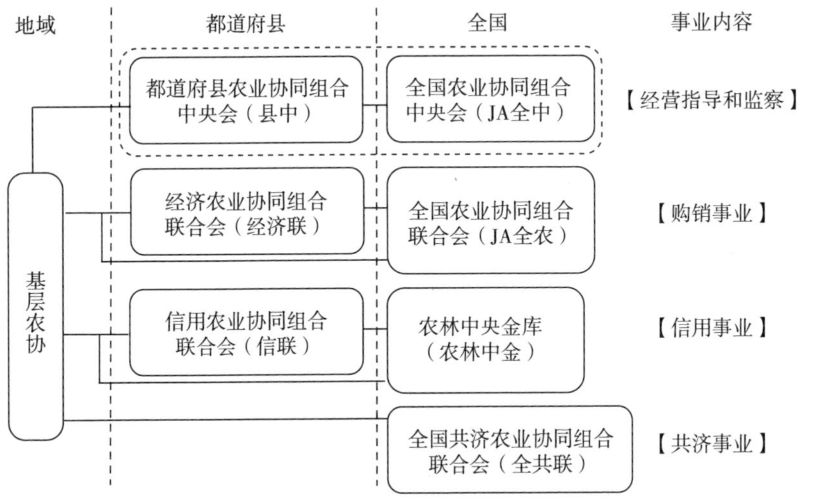

图9－3　日本农协组织的基本架构

资料来源：日本农林水产省：《農協改革について》。

在日本的农业经营体系中，农协扮演了三个重要角色：其一，该组织是农民的联合体，其二，该组织是政府政策的执行者，其三，该组织是代表农民和政府交涉的谈判者。综合性是日本农协最主要的特征，也是日本农协能够得以成功的重要条件（周应恒、胡凌啸，2016），这从日本农协的整体组织架构中可见一斑（见图9－3）。农协系统的最高决策机构是全国农业协同组合中央会（以下简称JA全中），负责整个农协的综合指导。从经济功能上看，日本农协大概承担了三项职能：其一，购销事业，主要包括农业生产资料的购买、农产品的销售以及农民生活物资的供给，负责该事业的全国机构叫作全国农业协同组合联合会（以下简称JA全农）；其二，信用事业，主要服务于农民的存储和借贷需要，负责该事业的全国机构叫作农林中央金库（以下简称农林中金）；其三，共济事业，主要是向组织成员提供保险服务，负责该事业的全国机构叫作全国共济农业协同组合联合会（以下简称全共联）。以上各事业在都道府县也都有对应的机构。

① 日本的基层农协可以分为综合农协和专业农协两种，而一般常说的是指前者。专业农协一般只限于对某类农畜产品的生产指导、生产资料购买和产品销售等经济事业。

基层农协是农民合作最直接的组织形式，通常是指市町村一级的农协，其成员包括农户和法人[①]在内的农业从业者。“一人一票”的基本原则保证了小农户能够充分行使自己的权利，因此保护了小农户的利益。农协的整套机构也是农民合作能够得以长期维系的重要基础，这套机构使得农民的合作不只停留在农业生产的层面上，而是整个生产生活的一种联合。

二、日本生鲜农产品流通的基本模式

日本生鲜农产品最主要的流通方式依然是通过批发市场实现，如日本86%的国产蔬果都会进入批发市场，主要流程为：生产者→农协→批发市场→食品加工商→食品批发商→食品零售商（餐饮业）→消费者（见图9－4）。

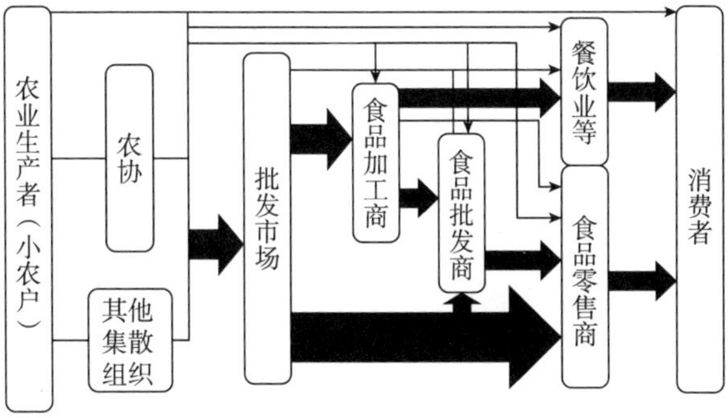

图9－4 日本农产品流通结构

资料来源：日本农林水产省：《卸売市場を含めた流通構造について》。

（一）农协的生产组织和产品销售功能

在日本农产品流通体系中，农协承担着生产组织和产品销售的功能。农协为农户提供技术指导和即时的农产品产销信息，帮助农民做好农业生产规划；同时根据市场需要，引导农户生产品质高、销量好、价格优的农产品，提升市场竞争力。而且，农协通常会建有农产品选果场，负责对农户的农产品进行挑选、包装、冷藏，然后再输送到市场，通过产品的初加工提升农产品的附加价值（杨媚等，2014；杨丽华，2018）。

农协的销售服务遵循无条件委托、统一结算的原则。其中，无条件委托是指农民委托农协销售农产品时，并不附带销售价格、销售时间和销售对象在内的任何条件，即无论农产品价格、销量如何，农户都需要无条件接受，产品销售完全由农协决定（刘启明，2015）。由于农协要从农产品销售中获得分成，农产品的销量和价格直接关系到农协利益，因此该利益联结机制保障了农协会在产品销售中力求收益最大化。采用无条件委托方式，一方面可以清除主体关系的障碍，对农产品进行统一销售符合市场实际情况，而且可以依据市场情况的变化快速做出决断；另一方面可以在最大程度上形成价格优势和规模效应，

① 农事组合法人是指按照《农业协同组合法》的规定，为促进共同的收益而进行农业生产合作的法人单位。基层农协最初以农户为成员，1962年后农事组合法人也可以加入农协。

实现资源的最优配置，进一步稳定农产品的市场价格，获得竞争力（杨丽华，2018）。统一结算是指农协会按照结算期间内的平均市场价格计算农户的销售收益，以不同作物的生产周期为基准划分结算周期。

农协的销售方式保证了农协的高度组织化，由于农协能够整合农户生产的农产品，可以保证产品供给的规模，解决了小农户个人销售无序的问题，同时很大程度上加强了谈判势力，通过统一销售使得农产品在交易过程中能够获得价格优势，可以为农户争取更大的利益。农协不仅保障了农户利益，同时也保障了农产品质量，形成了一个完善便捷的农产品流通体系，保证了市场价格的稳定。

（二）批发市场在农产品流通中的主导作用

日本农产品批发市场分为三类：一是中央批发市场，主要由都道府县一级地方政府或具有 20 万人口以上的城市负责开设；二是地方批发市场，开设主体是多样化的，可以是半官半民，也可以是企业或公司开设；三是不到法定规模的小型批发市场，多数由小型公司或个人开设经营（俞菊生，2003）。批发市场主要承担四个方面的功能：农产品集散、价格形成、交易结算和市场信息发布。

1. 批发市场的农产品集散功能

农协将农户生产的农产品进行简单的加工处理后，统一运到批发市场，通过拍卖等形式与市场内的批发商完成交易。因此，批发市场能够聚集大量不同类型的农产品，不仅保证了农产品货源的充足，而且扩大了农产品的种类。供需双方在同一个平台进行交易，降低了交易成本，实现了规模经济和范围经济（陈建青、任国良，2012）。

2. 批发市场的价格形成功能

日本农产品批发市场每天都会根据不同品种农产品的质量、规格、等级对农产品的价值进行判断，以市场供求反应为依据，主要按照拍卖和当面商定的方式确定价格，并及时公布市场交易数量和价格。由于价格形成机制公平透明，因此，保证了整个农产品市场的价格稳定。同时，批发市场会通过价格机制进行供需调整，如果农产品供需量变动大，批发市场可通过价格涨落对供需进行调整，利用供货方的协助对供给量进行调节，并且零售商协助调节进货量，确保农产品的供需稳定（杨媚等，2014）。

3. 批发市场的交易结算功能

批发市场的交易结算功能体现在从向批发市场出货、委托其代售商品到货款结算的时间很短，果蔬的结算期平均仅需 2 ~ 3 个工作日，可实现快速且准确的资金结算，有利于市场参与主体快速回笼资金，提高了批发市场的可信赖程度。

4. 批发市场的市场信息发布功能

批发市场能够汇总农业生产及零售渠道的各种信息，并及时进行公布，有效地促进了农产品流通的信息化，有利于农业产业链上下游参与者之间的信息交流，缓解了农业产业链上下游参与者之间的信息不对称。农协等组织可以通过公开的农产品价格信息来把握供需动向，依此指导农户进行供需调整。

三、日本生鲜农产品流通模式的创新

尽管时至今日，批发市场仍是日本生鲜农产品流通最主要的模式，但随着农产品供需端以及技术等方面的变化，日本也逐渐演化出一些新的生鲜农产品流通模式，其中以“地产地消”为主要代表。

（一）日本生鲜农产品流通模式创新的原因

从需求端来看，日本国内居民对生鲜农产品的消费形态和消费特征正在发生变化。一方面，居民对生鲜品的直接消费比重呈下降趋势，而对加工产品和在外就餐的需求日益增长。1975～2008年，日本国内生鲜农产品直接消费的比重从28.4%下降到16.3%，下降超过12个百分点。与此同时，对加工农产品和在外就餐的消费比重分别从43.7%和27.7%提高到了50.7%和32.9%。日本国内生鲜农产品消费形态已经发生了重大改变。另一方面，日本国内居民对农产品营养健康、绿色环保的需求更加旺盛。对生鲜农产品消费需求的改变直接影响了农产品流通的模式创新。

从供给端看，农协的销售服务存在一定的不足和局限。其一，农协在销售过程中并未区分兼业户和专业化，而统一销售的基本原则难以体现两者之间努力程度的差异，专业化的利益受到一定损失。其二，农协在销售服务方面的不作为和高收费让越来越多的农户感到不满，迫使农协需要进行改革。其三，依赖批发市场的流通模式已经不能满足农户对增加农业收益的需要，急需拓展销售渠道，增加销售收入。

除供需端的变化以外，技术进步也构成了日本生鲜农产品流通模式创新的重要基础，尤其是冷链物流、网络信息等技术的发展。

（二）日本农产品批发市场变化及“地产地消”模式

基于上述原因，日本地方批发市场数量已经从1988年的1626家减少到1159家，减少了近30%（李凤荣，2015）。而且日本农产品批发市场的流通份额正在逐年下降。在1975年，日本有86%的蔬菜水果和86%的水产品会进入批发市场参与流通，但到了2008年，这一份额分别下降为60%和54%，而且仍保持下降趋势。同时，过往专门的蔬菜水果、水产品的零售商店数量也出现了剧烈地减少。1976～2014年，日本的蔬菜水果零售店从66195家下降到19443家，近70%的实体店退出市场；同时，水产品零售店也从58057家下降到14050家，减少了76%。

与批发市场作用减弱同步发生的是“地产地消”模式的发展。该模式在20世纪80年代由日本农林水产省提出，目的是打造推动农产品在市场上高效流通的制度体系。“地产地消”指的是当地农产品在当地消费的一种农产品流通模式，可以有效减少农产品的运输时间，降低流通成本及运输环节造成的食品质量下降风险，因此满足了日本国内居民对食品营养健康的需要，得到了消费者的认可。到2014年，日本农产品“地产地消”流通体系已在全国范围内基本建成（方琳娜等，2016）。

农产品直卖所是“地产地消”流通模式最主要的一种渠道类型，其流通方式为“生产者（生产团体）+直卖所+消费者”。一般是由特定的主体建设一个固定的销售场所，使生产者和消费者在直卖所内面对面交易，并形成相互信任的关系，生产者及时掌握消费者的需求，并按照消费者的需求进行“适销”产品的生产，最终将产品直接卖给消费者（李凤荣，2014）。随着“地产地消”模式的发展，日本农协也逐渐参与到这一模式之中，建立直卖所，开辟了农民农产品流通的新渠道。在直卖所中，农民可以自己决定销售价格。农协会安排专职人员负责直卖所的运营管理事务，同时在销售管理中普及了条形码技术，采用POS机进行结算，不仅可以随时将销售情况发送给每一个生产者，还可以根据销售数据进行分析，灵活调整销售策略和产品（品种）策略（李凤荣，2014）。

“地产地消”的流通模式提高了流通效率，减少了农产品流通时间和流通过程中的损耗，已成为日本生产农产品流通重要的发展方向。

四、日本生鲜农产品流通模式对中国的启示

借鉴美国和日本两国流通模式构建的经验，结合我国生鲜农产品的流通现状，可以得出以下几点启示。

（一）提高农民组织化程度，整合参与流通的主体

尽管日本也是小农为主的农业经营体系，但是由于农协的存在，小农户生产的农产品参与市场交易的过程可由农协统一完成，这就解决了小农户与大市场对接的问题，不仅保证了小农户的利益，同时还能避免因生产主体过于分散、规模过于细小而导致的农产品前端流通的无序问题。农协在整合生产主体，扩大产品规模方面发挥着不可替代的作用，极大地提高了农产品流通的效率。与此同时，农协能够对农户的生产行为起到监督作用，保证了农产品质量，在进行分等分级以后，能够增加农产品的附加价值。我国想要建立更好的流通体系，首先应该解决的一个核心问题就是农民分散经营、缺乏组织，生产和销售都表现出的无序状态。提高农民的组织化程度，整合参与流通的生产主体，扩大直接进入流通市场的产品规模，是破解上述难题的关键。照搬日本农协的模式在我国已经很难实现（周应恒、胡凌啸，2016），要根据我国的实际情况，形成农民合作组织，为农产品流通体系的建设奠定基础。

（二）加强对批发市场的建设，发挥批发市场的功能

日本农产品流通的主要载体是批发市场，三种类型的批发市场适应了不同层级农产品流通的需要。近年来，日本批发市场也在不断整合，采用更为先进的管理理念和现代技术为市场主体提供服务。我国目前的批发市场依然存在较多问题，主要体现在缺乏规划，布局不够合理；设施简陋，交易手段落后；信息网络建设滞后，信息传播渠道不畅等。为了让我国的批发市场也能够发挥农产品集散、价格形成、交易结算和市场信息发布的功能，应该加强对批发市场的基础设施建设，采用更为现代化的流通技术，提高批发市场的管理能力，以此发挥批发市场在农产品流通中的作用，提高农产品流通效率。

（三）适应国内居民消费需求变化，创新发展流通模式

随着经济社会的发展，居民消费的需求会随之发生改变。日本国内居民的消费需求变化也推动了农产品流通模式的创新，使得农产品流通朝着短链条、少环节、便利化、就近化的方向发展。我国幅员辽阔，居民对生鲜农产品的消费需求更加复杂多样，农产品流通方式更要因地制宜。近年来，我国已经出现了不同的流通业态，网络信息技术的发展支撑了我国农产品流通模式的变化。但是，新的流通模式依然存在不规范的问题，应当在政策层面给予适当的外部干预。就日本的“地产地消”模式而言，是一种建立在供需双方互相信任的基础上的流通模式，我国部分地区同样可以发展类似模式。

（四）在推进生产、流通主体规模化、组织化的前提下，建立紧密的纵向协作关系以及减少交易环节

综上所述，无论美国还是日本，其蔬菜流通上下游协作关系都比较紧密、交易环节少，这能有效地减少交易成本，规避生产和市场风险，提高生鲜蔬菜的交易效率。而规模化或组织化的生产、流通主体是建立紧密纵向关系以及减少交易环节的前提条件，美、日

显然都具备这样的条件。我国人多地少国情决定的小规模家庭经营，以及组织化程度较低的基本格局决定了培养规模化、组织化的生产、流通主体是一个长期的过程，这也就意味着短期而言订单农业、农超对接等现代化流通模式并不能改变当前以批发市场为中心、市场交易为主体的基本流通格局。

长期而言，要在推进生产、流通主体规模化、组织化的前提下，建立紧密的纵向协作关系以及减少交易环节。在具体措施上，一方面，加强农民专业合作组织宣传、推介和培训，提高生产组织化程度，通过促进土地流转，推进蔬菜生产机械化、水肥一体化以及职业菜农培训以培养规模生产经营主体。另一方面，通过政策、金融支持一批跨区域的蔬菜流通企业实现规模扩张，采取连锁化经营模式，成长为大型的蔬菜产品分销集团。

（五）有规划地推进全国性的产地和“地产地消”型产地的集中

蔬菜生产按照比较优势规律，向具有比较优势的地区转移集中，提高了资源配置效率，同时蔬菜产业集聚也会带来规模经济效应。在国外经验上，美、日两国在生产区域格局上表现出一定的差异性，美国以全国性的蔬菜产地生产供应为主，蔬菜生产集中度较高，而日本以围绕城市的“地产地消”型蔬菜产地供应为主。我国蔬菜生产以小规模家庭经营为主，组织化程度低，推进蔬菜产地集中是实现我国小规模家庭经营与规模经济结合的重要途径。当前，我国推进产地集中战略要把握两个方面：

第一方面是中国疆域辽阔，具有各种气候带，不同地区蔬菜生产具有不同的茬口安排和上市淡旺季时期，因此在蔬菜产地布局上，要利用各地区差异气候资源，推动形成数个在供应时间、品种上互补的全国性蔬菜产地，目前而言就是在当下的六大蔬菜优势产区（华南与西南热区冬春蔬菜、长江流域冬春蔬菜、黄土高原夏秋蔬菜、云贵高原夏秋蔬菜、北部高纬度夏秋蔬菜、黄淮海与环渤海设施蔬菜）推动形成全国性的、较为集中的外销型蔬菜供应产地。

第二方面是要推进“地产地消”型蔬菜产地的区域化、规模化。我国是蔬菜生产和消费大国，2012 年蔬菜年总产量已达到 52801.63 万吨，分别是美国和日本的 9 倍和 40 倍，保持总量供求平衡的难度较大。同时，我国蔬菜主要供需品种中鲜食比例较大，供需前十大品种，主要以新鲜叶菜类、茄果类品种为主，这增加了贮藏运输的难度，而在美国和日本蔬菜主要供需品种中，较耐贮运的根茎类蔬菜马铃薯、洋葱、胡萝卜占据了较大比例。在总量需求较大的现实情形下，各地产地销型蔬菜产地是保障当前蔬菜供需总量平衡不可或缺的部分，特别是与城市毗邻农区在提供新鲜不耐贮藏蔬菜方面具有明显的地理优势。

（六）建立多级形式批发市场体系，创新批发市场交易方式

批发市场是解决生鲜农产品生产消费在时间、空间和集散上矛盾的重要方式，在美国和日本，虽然随着生产主体规模化、组织化程度的提高以及大型终端零售商数量的增加，农超对接的比重在逐渐提高，但批发市场在两国均发挥着主渠道的作用。同时从美国和日本经验来看，存在适应不同流通格局，具有差异功能、多级形式的批发市场，美国蔬菜供应以全国性的蔬菜产地为主，其产地批发市场在其流通体系中发挥着较大作用，而日本蔬菜供应以围绕各城市的“地产地消”型产地为主，因此其位于城市的销地批发市场是其流通体系的核心。我国蔬菜生产供应较为复杂，这意味着，其存在的批发市场功能和形式绝不是唯一的，而是多种形式批发市场共存。

基于批发市场的功能分类的基础上，对批发市场进行科学规划、合理布局以及配套硬

件和软件。第一，中小城市应主要建设小型销地批发市场，以服务本城市居民的“菜篮子”需求为主；在辐射区域广、处于交通枢纽位置的大型及特大型城市，以建设销地批发集散市场为主，其主要功能一方面服务本城市居民的“菜篮子”产品需求，另一方面跨区域调集本区域紧缺蔬菜品种，以供应其所辐射的中小城市的需求。第二，在全国性、季节性的蔬菜规模化产区中，一方面加强在分散的村镇中建设小型的、季节性的蔬菜产地收集市场，另一方面在产地交通枢纽、辐射中心，建设大型产地集散批发市场，发挥在区域中转站的重要作用。创新批发市场交易方式，发展基于互联网的农产品电子交易平台、订单交易及拍卖交易，推进物流商流分离，节约商品实体流动过程中的费用（如在发生所有权多次转手的情况下，产品实体随商流在不同所有者之间多次转移会增加运输、装卸等交易费用），普及电子统一结算，可以优先在全国性蔬菜产地批发集散市场、销地批发集散市场进行试点。

（七）增强制度、公共服务保障，充分发挥流通模式创新中的政府作用

新制度经济学家充分肯定了政府凭借行政命令、法律规范及利益刺激，自上而下地规划、组织和实施制度创新的作用。从美国和日本的经验来看，其政府均在其各自流通体制的形成过程中发挥了重要作用。我国现有农产品流通模式的形成过程主要体现为诱致性、渐进式制度变迁过程，今后要充分发挥流通模式创新中的政府作用，增强制度保障和公共服务保障。

在增强制度保障方面，政府要健全法律法规。一是要完善批发市场法规，稳定批发市场运行秩序。主要而言，要对批发市场设置分类标准，针对不同功能类别的批发市场实行分类管理，设置不同的开办条件；对批发市场经营主体和交易产品设定准入门槛的，市场准入法规应在批发市场分类的基础上分类别设置；针对不同功能类别的批发市场设置不同的交易制度。二是要制定适合我国国情的主要蔬菜产品质量标准体系，实行产品按标准分级后进场交易，有利于推进物流商流分离，是实现电子交易、远程交易以及拍卖交易等交易方式的重要保障。

在加强公共服务保障方面，政府应主要建立准确、全面且具有时效的全国统一信息采集、发布体系和平台。目前信息体系建设存在以下问题：一是信息采集发布体系平台不统一，分散采集发布信息的体系平台容易造成资源浪费、形成“信息孤岛”且容易降低信息的权威性；二是信息采集发布标准不统一，准确性较差，特别是人工采集数据容易受到采集人员个人素质影响较大；三是信息采集发布不全面，时效性较差，特别是生产信息采集、发布体系和平台建设较差。在建立准确、全面且具有时效的全国统一的信息采集、发布体系和平台方面，应首先对目前的信息采集、发布体系和平台进行整合，建立协调机制，统一信息发布平台，通过推动电子统一结算，以自动准确地记录、采集各批发市场的交易价格、交易量等信息，在完善生产信息采集发布体系平台方面，可从统计重要的规模化、商品化蔬菜产地（如全国 580 个蔬菜重点县）生产信息开始，分品种建立上市量日报、周报、月报及季度报，以及短期内产量预报。

专题　日本水产品冷链物流发展及对我国的启示

一、引言

随着我国居民收入水平的提高以及消费观念的转变，消费者对农产品的营养与健康价值愈加关注，水产品由于富含优质蛋白与不饱和脂肪酸，且与其他畜禽产品相比对人体代谢的负担更小，因此越来越受到青睐。但水产品在贮藏与运输过程中，容易发生腐烂变质现象，流通过程中损耗严重。冷链物流通过冷冻和冷藏的方式将水产品在低温的状态下从产地运输到销地，是解决水产品在流通中损耗问题的关键技术。而根据《农产品冷链物流发展规划》，目前我国水产品冷链流通率仅为23%，冷藏运输率为40%（日本水产品冷藏运输率达到90%），运输过程中的产品腐损率高，一方面折损过高增加了销售的成本，另一方面品质下降减少了水产品售价。日本作为农产品物流发展水平最高的国家以及世界上最大的水产品消费国和进口国，拥有世界上最为成熟的水产品冷链流通体系，对其冷链物流发展状况进行研究具有很强的代表性、借鉴性。

关于日本水产品冷链物流，日本学者已有了一定的研究：阿部龙介等（2007）基于日本水产品流通系统的变化，对以流通成本为代表的经济要素、时间要素以及碳排放量等要素进行评估和优化，以期提高水产品物流，特别是冷链物流中的运作效率；娄小波（2009）基于收入最大化与成本（流通成本、交易成本与管理成本）最小化原则，对日本水产品低温供应链进行优化研究；芦也健太郎等（2011）基于水产品冷链流通的特殊性，对消费地市场构造了信息系统，对供应链系统进行信息化管理研究。国内学者对日本水产品流通体系的研究还较少，卢凌霄、吕超（2007）简要描述了日本水产品流通渠道的形式和特征，并与中国现阶段水产品流通结构进行比较分析；叶勇等（2009）从消费需求、流通渠道、流通政策三个角度对日本水产品流通结构进行了描述，重点指出了日本水产品流通中的批发市场、农业协会和拍卖制度的重要性。但通过文献梳理，笔者了解到对于日本的水产品冷链物流研究在国内还少有涉及，这也为本专题的研究创造了空间。

因此，通过分析日本水产品冷链物流的发展现状及特征，在把握我国水产品冷链物流实际情况的基础上，为构建我国水产品流通体系提供经验借鉴与启示具有较强的理论与现实意义。

二、日本水产品冷链物流的演变历程

（一）供需增长，冷链物流产业快速发展

日本水产品冷链物流能得到快速发展有其必然性也有其特殊性。日本具有悠久的食鱼文化，虽然近年来日本的人均水产品消费量有所下降，但其数量仍旧是世界平均消费水平的3倍。而日本的水产品消费主要是以海洋水产品为主，海洋水产品的生产方式以捕捞为主，为适应长距离运输，冷藏运输是最经济的方法，这也就带来了日本水产品流通行业的

发展，特别是冷链物流的发展。通过冷链物流流通的水产品主要是冷冻水产品，冷冻水产品供给与需求的发展是对冷链物流演变历程最直观的反映。图 9 –5 分别描述了日本从昭和 33 年（1958 年）至平成 27 年（2015 年）冷冻水产品的产量以及 1968 ~2015 年日本国民冷冻水产品人均消费量。由图 9 –5 显示，从 1958 ~2000 年日本冷冻水产品供给量快速增长，其中 2000 年日本的冷冻水产品产量达到了峰值，日本水产品冷冻市场发展趋于成熟，国民冷冻水产品的人均消费量与供给量变化趋势保持同步。

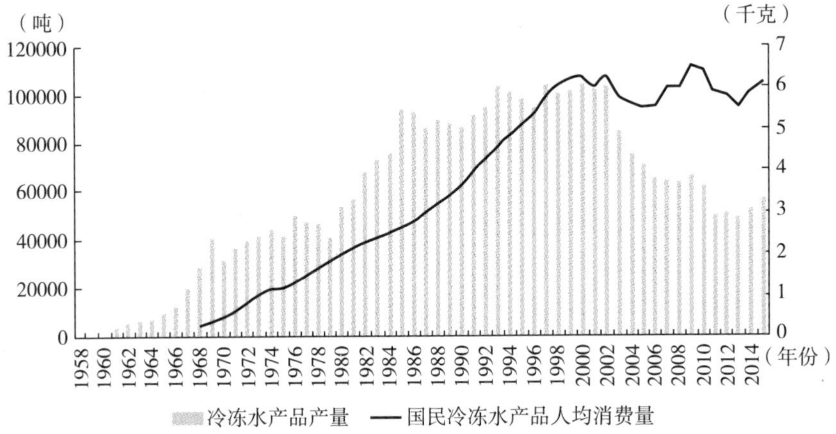

图 9 –5　日本冷冻水产品发展历程

资料来源：日本冷冻食品协会（http：//www. reishokukyo. or. jp/）。

“二战”后日本水产品冷链物流产生与发展的主要原因是国内经济的复苏和居民消费的升级，促使冷冻企业数量大幅增加，1960 ~1965 年日本冷冻水产品行业开始发展，为后来的快速发展打下了扎实基础；随后的 1965 ~1985 年，日本进入了第二次经济增长时期，相应地，日本水产品冷冻行业进入了成长期，日本冷链物流开始构建，《冷藏链劝告》的颁布宣告了日本政府对农产品冷链物流扶持的开始，在政府支持和经济增长的“双红利”下，日本水产品冷链物流进入了一个高速发展时期，通过政策引导和规范制定，更大的家庭消费市场被打开，冷冻水产品的消费主体从业务市场向家庭市场转移；1985 年后日本经济增长速度放缓、冷链市场已经成熟，易腐食品消费占总食品消费金额的 50% 以上，而国内对生鲜冷藏食品的需求进一步加大，冷链企业发展进入了自发革新的阶段，单个企业的增长则依靠管理制度和销售制度的改善和升级；当国内需求市场增速无法再支持冷链行业增速时，行业集中度提高，大型企业通过并购逐渐建立从生产、物流到销售的独立体系，水产品流通企业纷纷开展全球化扩张，日本冷冻水产品的大量出口使渔业成为日本农业创汇最早也是最重要的产业之一，如表 9 –1 所示。

21 世纪以来，日本冷冻水产品的产能出现了明显的下降趋势，冷冻水产品产量回落到了 20 世纪 70 年代水平，冷冻水产品需求量趋于平稳，冷冻水产品产量的下降主要由以下两点原因导致：

表 9-1 日本水产品冷链物流发展阶段

阶段	起步期	成长期	成熟期	稳定期
时间	1960~1965年	1965~1985年	1985~2000年	2000年至今
具体表现	国民经济快速发展，水产品冷冻企业数量增多	第二次经济增长，冷链物流开始构建，政府对冷链建设支持力度增大，水产品冷链物流高速发展	高度经济增长阶段基本结束，企业间价格竞争激烈，自发革新并开始全球化扩张	冷冻水产品产能下降，冷链技术革新，居民消费量保持平稳

一是水产品总体供给能力的下降。20世纪90年代以来，渔业环境恶化，从业人员老龄化程度加深，加速了日本水产品生产的衰退，造成产量与产值逐年减少。根据日本农林水产省统计的2008~2012年的总产量数据可以看出水产品总体供应的减少。

二是水产品消费的变化。这种变化一方面是水产品消费量的变化：2010年日本水产品人均年消费量降到30千克，退步到20世纪70年代初期的水平。另一方面是水产品消费形态的多样化：20世纪50~60年代，日本消费者购买最多的鱼类产品主要是鲜活鱼类，随后鲜活鱼类消费量减少，冷冻鱼类增加，到20世纪80年代末期，由于冷链技术的不断发展，购买最多的鱼类产品变为冷冻鱼类。从20世纪90年代开始，由于居民消费能力的提高，冷链技术中冰鲜技术的进一步发展，鲜活鱼类的消费比例上升，冷冻鱼类和鱼类加工产品的消费量略有下降，如表9-2所示。

表 9-2 2008~2012年日本水产品供需结构

指标 \ 年份	2008	2009	2010	2011	2012
国内生产总量（千吨）	5031	4872	4782	4328	4302
生鲜及冷冻	2293	2237	2220	2076	1908
腌制与熏制食物	1917	1840	1727	1517	1637
罐头食物	223	224	219	201	217
饲料用料	598	571	616	534	540
国内消费总量（千吨）	9418	9154	8701	8248	8170
生鲜及冷冻	2935	2849	2748	2784	2663
腌制与熏制食物	3909	3759	3701	3466	3521
罐头食物	310	314	316	313	331
饲料用料	2264	2232	1936	1685	1655
国民人均消耗量（千克）	86.0	82.1	80.6	77.9	77.8
生鲜及冷冻（千克）	35.3	33.8	32.8	33.1	31.8
腌制与熏制食物（千克）	47.1	44.6	44.1	41.4	42.0
罐头食物（千克）	3.8	3.7	3.8	3.7	4.0
饲料用料（千克）	0	0	0	0	0

资料来源：日本《农林水产统计（2013年版）》，日本农林水产省。

（二）流通改革，供应链系统升级

1. 传统水产品流通系统的形成

“二战”后日本经济进入高速增长阶段、大众消费社会逐步形成，批发市场机构作为水产品的主要流通系统作用发展起来，它是体制大力发展后的产物。

传统批发市场流通系统具有以下两点特征：

第一，流通链条复杂且漫长。从渔港捕获的生鲜水产品在产地市场交易给产地经纪人后，送达消费地市场，进行二次交易。然后，经过中介商的第三次交易，才得以在零售店销售，这时消费者才可以购买。这样，根据这个流通系统，水产品经过在产地市场、消费地市场、中介商店铺和零售店的四次流通，才形成价格（如图9－6所示）。

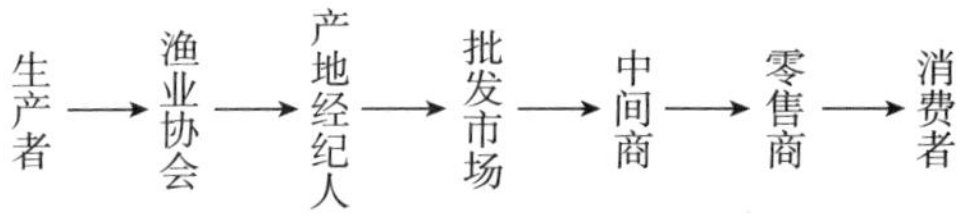

图9－6　日本以批发市场为主导的传统水产品流通系统

资料来源：娄小波．生鲜水产流通和食品产业［R］．东京海洋大学报告，2009.

第二，市场机构的供需调节方法变为事后调节，基本上不能根据库存调节。在传统的商业经济论中，由于水产业具有生产的零星性、不安定性、季节性的特征，传统的批发市场被认为是可节约社会流通费用的最合理的市场调节机构。其中，尤其是塑造了生鲜水产物的长流通的产地市场至今仍存在着其经济的合理性，比如快速分散货物、根据用途分类、快速地结算，或者广域作业的必要性。

2. 水产品流通系统的变化及新型供应链的形成

由“二战”后持续的水产品高效的流通系统发展而来的以批发市场流通为中心的水产流通系统，迎来了巨大的转机与变化。一方面是批发市场外流通的扩大倾向，另一方面是批发市场流通系统中，交易本身发生变化，逐步向关系性交易过渡。由于居民消费能力的提高，对经过冷冻、冷藏与冰鲜的水产品加工品需求不断提高，冷链物流技术的引入促进了新型供应链系统的形成。

日本的全国渔业协同组合联合会（JF）在冷链物流中起到了关键的服务和技术支持作用，是水产品物流的主要力量。渔民和中小型渔业生产者的分散经营不利于流通环节成本的节约，而水产品冷链物流需要大量的资本投入，运营管理成本巨大，一般渔业生产者或加工企业难以承担。渔业协同组合作为全国渔业生产、加工、流通、销售的综合服务体，拥有冷库、冷藏运输工具（汽车、船只等），在流通特别是产地批发环节的冷链物流提供了基础设施方面的保障，全体渔户可以得到渔获物分拣、加工、搬运、保管等系统服务。因此，日本渔业协同组合公共服务职能的健全是日本水产品冷链物流迅速发展并进行标准化运营的必要保障和主要推动力。

（1）市场外流通系统的发展。随着超市和大型零售店的发展壮大，批发市场的这种传统交易方式发生了变化。从20世纪90年代以来，日本位于大城市的批发市场的中心作用越来越小，同1980年比，2000年水产品通过批发市场的流通量占总流通量的比例下降了16%。市场通过率是衡量水产品的流通渠道的结构转变的关键指标之一，可观察到批发市场水产品通过率从1989年的74.6%下降到2008年的61.3%。批发市场流通的比重降低，取而代之的是市场外流通的日趋活跃。为了适应这种消费趋势，生鲜超市和连锁超市生鲜区将会成为水产品销售不可替代的主渠道。这些变化进一步验证了日本水产品批发市场外流通的存在且有所扩大的事实。

其中，超市等大规模的零售店的进货行为是导致批发市场通过率下降的最显著因素。零售主导模式具有订单农业的特征，体现出农产品运销内部各环节连携的特质。以客户的订单为起点，经过“订购—发订单—生产—发货—交易”这一连串的步骤，完成交易。在合作和合同关系下，通过采用常规的预约批量购买的方式，在参考周边产地市场最近的市价后，确定相对的价格，最后销售。由于销售过程中温度控制的需要，水产品在经过渔业协同组合建设的冷冻工场加工后，通过低温配送进入超市设立的大型加工配送中心，在进行不同温度要求的加工处理后储藏在超市的冷藏仓库中，并由超市安排冷藏车进行配送，如图9-7所示。

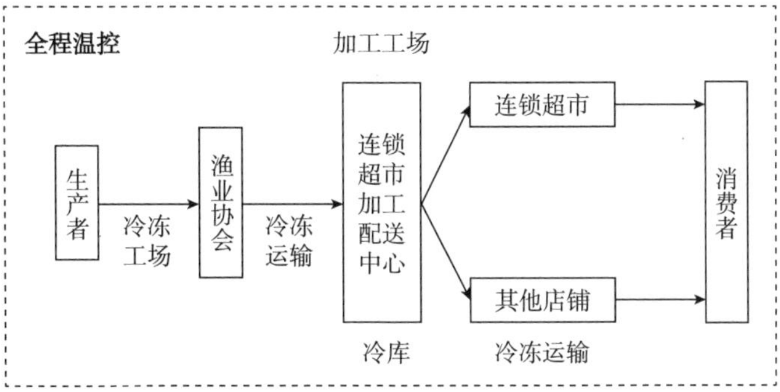

图9-7 流通系统

（2）批发市场流通系统的变革。在水产品流通中，批发市场流通渠道至今仍然发挥着作为主渠道的作用。但是，与传统批发市场流通系统不同的是，现在的市场内流通已经演变为关系性交易的网络型交易。网络型交易当中存在着信赖关系和具有共同决策的伙伴关系。这种关系性的交易不仅可以减少流通费用，还可以节约交易成本和管理成本，并且能通过差别化获得竞争优势。

在批发商主导的网络型流通中，成为主导者和协调者的批发商把采购进货和销售作为基本任务，商人的特性也从原来的佣金商人转变为差额利益商人。但是，相反地产生了新的交易成本，重新产生为维持网络的管理成本。但是，信息技术的发展使这种交易成本和管理成本下降（见图9-8）。中央批发市场既充当了集散地，也提供了配送中心冷库的仓储服务，如东京的中央批发市场，拥有拍卖大厅、批发商店以及冷库、停车、管理服务用房三个部分，具有健全的冷链设施和温控设备，可以保障冷鲜或冷冻水产品在进出批发市场，并在批发市场中发生卸货、拍卖、转运等一系列流通活动中做到冷链不断链，保证了水产品的质量与安全。产地到批发市场的运输服务可由产地部门自身提供，也可由中央批发市场也可由第三方冷链物流企业提供，从批发市场到销地的流通也是如此。

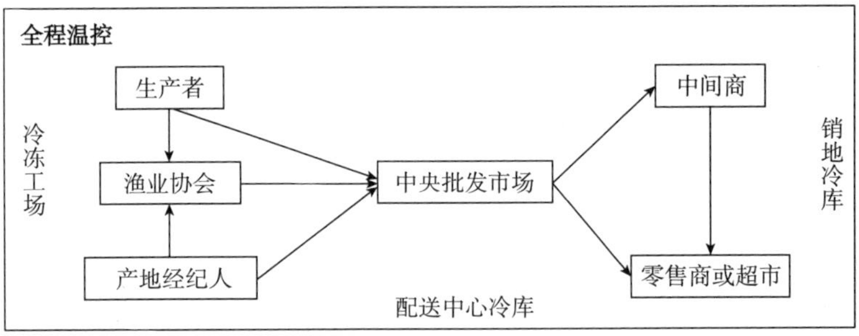

图 9－8　网络型批发市场主导流通系统

三、日本水产品冷链物流建设的发展现状

（一）政策法规体系

日本关于农产品冷链的政策法规建设起步最早，并且支持体系最为完备。政府为保证冷链物流的食品质量与安全，制定了一系列法律法规，形成了完整的农产品冷链物流支持体系，如表 9－3 所示。

表 9－3　日本水产品冷链相关法律法规

时间	法律	内容
1921 年	《中央批发市场法》	实施农产品质量认证
1950 年	《农林物质标准化及质量标志管理法》	对农林产品与食品的全过程流通环节进行管控
20 世纪 90 年代	《物流法》《综合物流施政大纲》《物流效率化法》《物流据点整体状态的规划设计》	出台综合法律法规与政策，对农产品物流进行规范化建设
2001 年、2005、2009 年	新《综合物流施策大纲》	根据社会经济环境变化和出现的新问题全面指导物流行业的发展，对主要物流基础设施提供资金支持

在具体针对水产品方面，日本政府、全国渔业协同组合联合会与农林水产省以及地方的农政局在每年共同制定下一年度的水产政策白皮书，其中，2011～2015 年的白皮书，连续强调了国内水产品流通促进事业的重要性，对上游生产者提供价格支持与产地加工支持、对下游消费者提供食品质量监管，着重加强中间流通环节的支持，如图 9－9 所示。

（二）基础设施建设

冷链物流基础设施包括冷藏保鲜车和冷库。冷藏运输是冷链物流中的关键环节，农产品易腐、不易保鲜的特有属性决定了冷链物流对温度的高要求，使其对基础设施设备具有很强的依赖性。

冷冻、冷藏工场是日本水产品冷链物流最重要的基础设施，在链条中起到了关键的加工作用。由表 9－4 可以看出，1993～2013 年冷冻、冷藏工场数量呈现出先减少后增加的状态，一方面是与日本水产品冷链物流在 20 世纪 90 年代进入成熟期的发展阶段相符合，另一方面由于冷藏能力的不减反增，以及从业人数的明显增长，这也与图 9－5 中反映冷

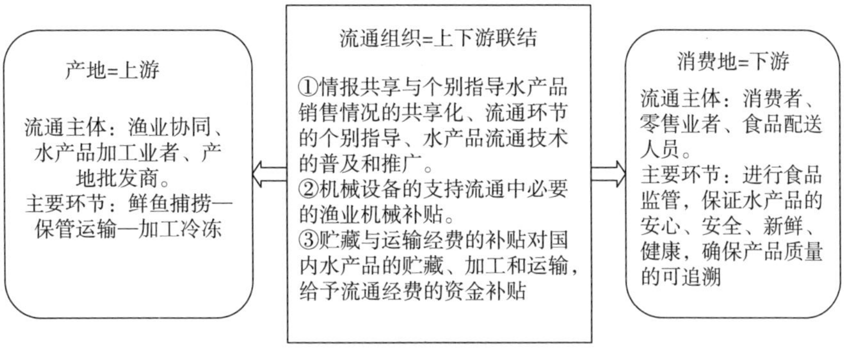

图9－9　日本国内水产品流通促进事业概览

资料来源：日本《水产品白皮书（2013年）》，日本农林水产省。

冻水产品产量的短期波动相吻合，笔者可以推断出，冷链企业特别是基础加工工场存在着较为激烈的兼并与扩张现象，随着科技的发展以及产业集中度的提高，冷藏能力将保持稳定增长的态势，日本水产品冷链物流基础设施建设在稳中求进，如表9－4所示。

表9－4　日本水产品冷链基础设施

年份	冷冻、冷藏工场数量（个）	冷藏能力（千吨）	从业人数（人）
1993	6985	10025	93012
1998	5833	11054	87642
2003	5757	12340	150216
2008	5869	11729	164564
2013	6309	13428	173268

资料来源：《农林水产统计（2013年）》，日本农林水产省。

日本水产品冷库具有严格的温区划分，由于日本水产品冷链供应主要以冷冻品为主，因此F级的冷藏能力最高，占水产品冷库冷藏总能力的86%，如表9－5所示。

表9－5　日本水产品冷库冷藏能力

2013年	温度范围	月均冷藏能力（吨）
合计		5432865.5
SF级	－40℃以下	295522.5
F级	－20℃以上～40℃以下	4722506.6
C级	10℃以上～20℃以下	414836.4

资料来源：《农林水产统计（2013年）》，日本农林水产省。

（三）价值链构成

传统价值链是按照价值增值活动的顺序依次串联起来的一系列流程。对水产品价值链而言，主要增值流程也大致如此：流通各环节的主体大致可分为生产者、批发商、中间商、零售商以及终端消费者。

水产品作为易腐食品，特别是生鲜水产品，其物流损耗严重、产品增值度较低，其价值主要由正向的价值增值和负向的价值损耗两部分决定。冷链物流作为一种高效率、高技术、标准化的物流模式，一方面减少了水产品的流通损耗，另一方面提高了产品质量，从正反两方面增加了水产品的附加价值，对促进产业价值提升有重要意义。

日本的水产品冷链物流系统已建设成熟，笔者通过数据收集发现，日本的农林统计年鉴中有明确的跟踪数据，清晰地反映出水产品在冷链物流过程中的价格传导，每一个流通环节的经费支出也有详细的记录，明显地体现出了冷链物流系统构建下带来的农产品价格与成本可追溯的重要价值。

笔者选取经过冷链物流的10种主要的水产品，用其每100公斤的平均流通经费和各环节价格反映出水产品冷链物流中价值链的形成与结构。表9－6反映出2008～2012年这10种水产品的价格和物流成本的变化态势，可以看出五年间，水产品的最终零售价格是在逐年递减的，生产者获得价格也保持同样趋势，但生产者价格在最终销售的价格所占的比例呈现出平稳上升的趋势，这一方面与渔业协同组合对渔户收购价格的保护与稳定相关，另一方面是由于流通经费的下降，冷链物流成本分担具有长期性，随着使用时间的增加和冷链系统运作的成熟，流通经费会逐渐减少。从流通经费来看，产地货运经费和零售商经费占主要部分，这也分别对应着从产地到批发市场以及向销售市场流通这两大关键的流通环节，零售经费的逐年下降表现出日本水产品消费者市场构建的不断成熟，间接地表现出冷链物流构建对水产品损耗率降低、成本节约的重要作用。

表9－6　日本水产品流通系统价值链构成

年份		零售价格	生产者获得价格	流通经费				
				产地批发经费	产地货运者经费	批发经费	中间商经费	零售经费
2008	金额（日元）	109054	27219	1193	26138	3297	9429	41778
	构成比（%）	100	25.0	1.1	24.0	3.0	8.6	38.3
2009	金额（日元）	92439	24808	1115	22264	2752	7641	33859
	构成比（%）	100	26.8	1.2	24.1	3.0	8.3	36.6
2010	金额（日元）	91041	25571	1149	21522	2633	7937	32229
	构成比（%）	100	28.1	1.3	23.6	2.9	8.7	35.4
2011	金额（日元）	81730	23966	1103	19496	2214	7204	27747
	构成比（%）	100	29.3	1.3	23.9	2.7	8.8	33.9
2012	金额（日元）	80001	23342	1125	19752	2268	7205	26309
	构成比（%）	100	29.2	1.4	24.7	2.8	9.0	32.9

注：表中反映10种主要水产品每100公斤的平均流通经费及价格。

资料来源：《农林水产统计（2013年）》，日本农林水产省。

表9－7显示的是2011年和2012年这10种水产品在冷链过程中，经过不同流通环节的价格传导，从表中我们可以清晰地看出在流通过程中产品价值的增长，销地价格与产地价格相比增值了近2.5倍，可见冷链物流构建下流通环节对水产品价值的放大作用，这也为我国探索提升水产品附加价值途径提供了很好的启示。

表9－7　日本水产品流通各环节价格传导

年份	生产者价格	产地批发价格	批发市场价格	中间商价格	零售价格	价格增长（%）
2011	23966	25069	46779	53983	81730	241
2012	23342	24467	46487	53692	80001	243

注：表中反映10种主要水产品每100公斤的平均流通经费及价格。

资料来源：《农林水产统计（2013年）》，日本农林水产省。

四、日本水产品冷链物流对我国的启示

（一）中国水产品冷链物流发展现状

1. 水产品冷冻加工产品供给增长

在市场需求多元化的影响下，加工品种更加丰富，加工技术程度提高。冷冻、腌熏、鱼糜、罐藏等多种加工类型可供消费者选择，特色水产的深加工和综合利用进展加快。与日本相同，我国水产品冷链物流供应的主要产品是冷冻品。表9－8显示：2008～2014年，我国水产冷冻品产量呈现出逐年增长的趋势，这表明了我国发展水产品冷链物流的广阔前景；从2011年开始水产冷冻加工品产量高于冷冻品产量，说明在渔业现代化背景下，加工环节在水产品供应中的重要性将不断提升。由于冷链物流运作成本的相对高昂，经过初加工或深加工的冷冻加工品具有较高的附加值，将成为水产品冷链物流中的主要产品。

表9－8　2008～2014年中国水产冷冻品产量

指标	单位	2008年	2009年	2010年	2011年	2012年	2013年	2014年
水产冷冻品总量	吨	8509581	9411169	10048886	11037216	11749664	12299779	13171461
冷冻品	吨	4262366	4896807	5529952	5452898	5633597	5888239	6548543
冷冻加工品	吨	4247215	4514362	4518934	5584318	6116067	6411540	6622918

资料来源：《中国渔业年鉴》（2009～2015）。

2. 水产品冷链设施建设加快

水产品冷链基础设施快速发展。2008～2014年我国水产品冷链基础设施呈现出平稳发展的态势，其中2010～2011年，水产品冷库和冷链能力出现了大幅增长，这体现出水产业对国务院《农产品冷链物流发展规划》政策的响应，随后的三年基础设施数量虽略有下降但仍保持较高增量，并且冷链能力不断提高，说明三年间水产基础设施进行了整合与革新，为水产品冷链物流发展打下了良好基础。

表 9-9　2008~2014 年中国水产品冷链基础设施建设情况

指标	单位	2008 年	2009 年	2010 年	2011 年	2012 年	2013 年	2014 年
水产冷库	座	7439	7548	7970	9173	8835	9046	8624
冻结能力	吨/日	430849	499686	490960	677680	588946	659570	671780
冷藏能力	吨/次	3356768	3603577	4081949	4276993	4515020	4888711	5191248
制冰能力	吨/日	232237	212662	246847	239727	245369	232400	237794

资料来源：《中国渔业年鉴》(2009~2015)。

另外，大型农产品物流配送中心，冷藏和低温仓储、运输为主的冷链系统在各地发展起来，加快了水产品流通速度和质量安全保障水平。市场流通多元格局形成，批发市场、专业化市场和零售市场体系基本建立，大型流通集团、中小流通企业和渔民流通专业合作社、农村流通中介组织发展起来。流通标准化、规模化、安全化、迅捷化水平提高。

3. 电子商务平台助推冷链物流发展

电子商务的发展、电子支付的发展使得人们越来越多地依赖网络，在网上挑选、订购商品已经成为日常购买行为的一个方向。2015 年全国“两会”后，“互联网 +”路径已成为传统行业发展的新风口，“互联网 + 农业”将对农产品冷链物流的发展起到极大的促进作用。在“电商引领消费习惯”的趋势下，水产企业将在线下养殖及销售模式的基础上，开启对电商水产领域的全新探索。企业通过电商平台销售高质量的名优水产品，由于其较高的产品附加值以及消费者对其鲜活度和安全性的高要求，加强了企业采用冷链物流进行配送的激励，顺丰优选作为农业电商领域发展最快实力最强的平台，其本身构建了中国最为完备的农产品冷链物流系统，在消费者下单后，卖家取鲜活鱼进行称重、宰杀、清洗处理，使用真空包装、生物冰袋保鲜，并通过跟顺丰物流快递企业合作，利用后者冷链物流帮助突破线上配送的难题。这种电子商务销售的模式一方面提高了企业采用冷链物流的激励，另一方面增加了消费者对冷链物流的认知，最终促进了水产品冷链物流的发展。

（二）中国水产品冷链物流与日本相比存在的问题

1. 冷链政策及标准不完善

我国水产品冷链物流在管理上缺乏统一的作业标准，使得大部分水产品销售环境不能控制在冷链温度之下。目前，我国鲜活水产品没有统一的品质评价标准。比如鲜度、活力等品质指标，品质指标的缺乏一方面为水产品食品安全监管带来了难度，另一方面不利于水产品的分等分级，通过冷链物流配送的水产品价值难以得到体现。由于外观特征辨识度不高，行业缺乏认证和质量标准，鱼目混珠、以次充好现象突出。具备绿色、有机、无公害等特点的高品质水产品和知名原产地水产品容易受到挤压。消费者品牌意识尚未建立，生产者品牌打造意识也不强。

2. 流通环节组织化程度低

目前，我国水产品养殖合作社少，养鱼户组织化程度不高，流通销售中缺乏组织指导，流通技术水平和信息技术应用水平亟待提高。在流通环节，养殖户对于产地经销商或鱼贩的依赖度过高。生产者在整个产业链中分享的利益过低，谈判能力弱。

从整体来看，我国水产品交易方式仍比较落后。当前最主要、最核心的流通渠道还是通过鱼贩将鱼卖至产地批发市场或销地批发市场，产地批发市场作为一级批发商将鱼卖至销地批发商（可能是二级批发商、三级批发商），通过他们将鱼卖到零售商，再到达消费者手中。目前批发市场的结算手段和物流配送落后。所有的交易目前仍是现金结算。第三方物流配送的意识和手段都比较落后。

3. 信息化建设落后

中国水产市场满足不了信息采集、传播、共享的需要。物流条件有待改善。我国水产品仓储、冷链运输系统不发达，仍以常温物流或自然物流为主，未能形成统一运作的物流网络体系。目前，我国进入冷链系统的水产品仅为20%左右，水产品在流通环节成本高、损失大。由于信息化建设的不足，水产品在流通过程中的价格数据、温度数据、质量数据严重缺失，不利于生产者与消费者的获取，也阻碍了监管部门的统计和监督。

（三）启示及政策建议

1. 进一步完善水产品冷链物流法律法规和政策措施

日本水产品冷链物流的高速发展离不开相关法律法规的保障和政策措施的引导和支持，其中《中央批发市场法》《农林物质标准化及质量标志管理法》《物流法》《综合物流施政大纲》多部法律为水产品冷链物流提供了良好的发展环境。

随着我国农产品冷链物流体系的建立，国家应出台更多、更具体、更有可操作性的政策法规，规范农产品冷链物流的运作，促进农产品冷链的规范化、法制化发展。目前，我国的法制建设还在一个高速发展的阶段，但冷链物流却没有相关的立法，尤其是针对农产品冷链物流，仅有《食品安全法》和《道路交通安全法》作为依据是远远不够的。政府在未来将会出台更多的冷链物流相关技术标准，尤其是关于冷链物流车辆的运营标准、冷库温度的分级标准、生鲜农产品运输的过程控制标准等，将会有非常详细的法规出台。中国针对冷链物流的首个国家标准《冷链物流分类与基本要求》已于2012年6月正式发布，10月1日正式实施。本标准规定了冷链物流的相关术语和定义、冷链物流分类和冷链物流的基本要求。笔者相信随着国家对农产品冷链物流的进一步关注，针对农产品冷链物流的支持政策与行业标准会逐步出台。

2. 构建渔民专业合作经济组织

日本的全国渔业协同组合联合会在冷链物流中起到了关键的服务和技术支持作用，是水产品物流的主要力量，由全国渔业协会组织构建水产品冷链物流体系，以公共服务的形式为渔民提供冷链物流支持。

目前，我国进入冷链系统的水产品仅为20%左右，冷链系统为片段分散方式，不利于冷链标准的连贯执行，冷链温度的全过程记录无法发挥作用，冷链的交接过程比较复杂，容易出现“断链”现象。要解决水产品分散生产与高效的规模流通的矛盾，应大力组织渔民专业合作经济组织，比如全国渔业协会，或者是以专业大户、家庭农场构成的渔业合作联盟等组织，由这些大型经营组织牵头构建水产品冷链物流系统。

3. 加强信息化建设，实现全冷链可追溯

在收集日本冷链物流各环节数据时，笔者发现日本统计部门拥有每个流通环节的详细信息，这些信息不仅方便监管部门进行检测，而且对分析各环节产品流、资金流以及商品信息流，把握整体行业运作规律，进行及时有效的调控具有关键作用。

我国要加强信息化建设，建立贯穿水产品供应链的公共网络信息平台，实现上下游企业信息资源共享。同时，不断革新、推广应用RFID和GIS等信息化技术，对冷藏车和冷库进行全面动态监控，追踪运输以及库存农产品，保证冷链产品的质量与安全，提高管理运营效率，实现供应链的一体化。市场需求以及价格的变化可以在信息中心的网站上得以实现，各地的冷链农产品可以根据需求进行相关的运输和销售，农产品的销售物流不再是盲目的，而是有针对性地进行流动，从而提高农产品的冷链物流效率。

综上所述，本专题对日本水产品冷链物流的发展成因、发展历程与发展现状进行了剖析，并为我国发展水产品冷链物流提供了政策启示。但是，我们仍旧要清晰地认识到中国与日本水产品消费种类和消费习惯的差异性，中国消费者需求的多是鲜活的淡水鱼类和日本消费习惯中的冷冻的海水鱼类有较大不同，但这并没有减弱中国向日本借鉴水产品冷链物流的意义，中国发展冷链物流是要实现水产品流通体系的规范化、低损耗化和网络化，并加强中国水产品长距离运输保鲜的能力，并最终实现通过冷链物流渠道供应的水产品可以在市场上具有优质优价的良好表现，推动中国水产行业的现代化发展。

第十章　我国生鲜农产品流通模式的优化设计

第一节　总体优化目标

我国当前的农产品流通渠道模式主要是不同主体之间组织结构关系的异同。总体来看，存在着流通主体组织发育不完全、主体功能不健全、主体间关系不平衡等问题，需要运用管理学上的供应链管理理论，从主体组织化、功能拓展和关系协调 3 个关键节点进行优化。

生鲜农产品流通渠道主体间的关系协调与合作是优化的重点。流通渠道主体的组织化程度和功能拓展对流通渠道主体间的合作关系质量可能会产生积极影响：组织化程度直接影响并通过功能拓展为中介变量间接影响主体间合作关系质量，功能拓展情况也会直接影响主体间的合作关系。

流通渠道主体的组织化是农产品流通渠道模式优化的基础。一方面，通过组织化程度的提升，克服现有流通渠道主体规模小、谈判力弱等问题，由此提高契约谈判等市场交易能力和抗击市场风险的能力。另一方面，生产端组织化程度的提升是构建现代生鲜农产品流通渠道模式的重要前提，为产地直销、农超对接、农工商一体化等合作模式提供保障。当前，流通渠道的中间环节的组织化、规模化程度较高，以超市为主导、以批发市场为主导、以电商为主导的生鲜农产品流通渠道模式都已形成规模，渠道主体具有一定的市场势力，不利于保证分散、小规模生产者的福利，因此提升组织化程度是前提与关键。

流通渠道主体的功能拓展是农产品流通渠道优化的方向。流通渠道纵向一体化过程中需要流通主体进行功能上的前后延伸。超市处于农产品流通渠道的零售层面，功能拓展方向是向生产者延伸，通过农超对接、产销合作等，减少物流损耗和交易成本降低；农产品批发市场的功能拓展主要是面向消费者终端，提供物流配送等功能，实现流通领域的价值增值并满足消费者效用；电商平台的功能向提供增值服务拓展，比如在信息、信用服务的基础上提供质量识别服务，由此促进生鲜农产品电商主导渠道模式的发展。

生鲜农产品流通渠道主体间关系的优化是农产品流通渠道优化的关键。采取措施促进农产品流通渠道主体构建合作关系协调渠道活动，增强整个流通渠道的稳定。流通渠道主体间关系的优化是农产品流通渠道模式变革的最终目标，提升流通渠道主体的组织化程度，推进流通渠道主体的功能拓展，都是为了优化流通渠道主体间的关系，加强流通渠道主体之间的合作，降低流通渠道主体之间的冲突，最终实现生鲜流通链条的顺畅与稳定。

第二节　优化路径设计

一、从生产者角度提高经营主体的组织化程度

培育主体组织，提升经营主体组织化程度。针对不同类别的生鲜农产品，培育不同类别的经营主体，探索不同形式的组织化模式。例如，果蔬等园艺产品的生产主要依靠劳动力要素的投入，属于劳动力密集型农产品，应当发展合作经营模式，采用“规模生产基地+合作社”的形式提升经营主体的组织化程度。畜禽等产品的养殖主要依赖于资本要素的投入，属于资本密集型农产品，应当发展企业经营模式，采用“规模养殖小区+龙头企业”的形式提升经营主体的组织化程度。生产者的组织化是流通渠道主体组织化的关键，无论是超市为主导的，批发市场为主导的还是以电商为主导的流通模式，在流通渠道的中端都已经实现了不同程度的组织化，即超市、批发市场和电商的组织化程度都较高。因此在流通主体面向上游延伸时，生产经营主体的组织化是维系双方渠道关系稳定的基础与关键。组织化程度高有利于双方谈判势力的均衡，降低交易成本，提升信任程度，形成长期稳定的合作关系。

加快培育组织化、规模化的生产主体，一方面可以消除小规模农户进入市场时的弱势地位，另一方面有利于推广订单生产，以消除易腐蔬菜在现货交易时讨价还价中农户的弱势；有效的信息收集发布，可以减弱农户、消费者在交易中的信息不对称强度；而集中竞价交易有利于形成竞争性价格。总之，可以减弱中间大型流通主体利用其市场势力操纵价格上涨和下跌呈非对称传递，使农户、消费者在交易过程中处于较公平的地位，避免可能的利益福利受损。这也是为后续实现超市主导、批发市场主导、电商主导的生鲜农产品流通渠道模式功能拓展的前提条件，更有利于流通渠道主体间关系的优化。

基于国外相应经验，生鲜农产品流通渠道主体间的纵向协作尤为重要，交易环节的减少有益于降低交易费用，提升流通效率。通过上下游主体间的谈判，减少交易频次，提高交易成功的概率，有利于对生鲜农产品进行集中有效的交易，当然，这需要交易主体组织化达到一定程度，否则谈判势力不均容易导致协作共赢关系的破裂。目前我国果蔬生产仍然以小规模种植户为主，劳动力密集型的行业特性以及人均资源禀赋的缺失，使得生产主体规模化、组织化程度均不高。因此，当务之急是要提升生产经营主体的组织化程度，可以通过农民合作组织的培育、土地劳动力等资源要素的流转，农机或其余社会化服务的推进来实现。事实证明，粮食类专业合作组织的运行存在缺陷，难以达到长期可持续性内生运营的效果。其根本原因还是在于粮食类产品的价值较低，溢价空间较小，盈利能力较差。在面临农资成本上升时，无法通过市场端提价来转移成本上升的压力。而果蔬等生鲜农产品具有较大的溢价空间，尤其在当前消费者食品安全意识提升，消费需求提档升级的

背景下，安全可靠有营养的生鲜农产品可以实现优质优价，这种情况下农民专业合作社可以真正发挥其应有的作用，帮助生产经营者降低成本，提高技术服务，帮助销售最终进行分成。

土地劳动力等资源要素的流转需要一定时间，包括农村劳动力的转移以及土地流转都是一个宏观性问题，由于我国农村人口基数庞大，农民以地为本的观点深入人心，再加上东南地区地块分割及细碎化程度较高，中西部则地势高低落差幅度较大，难以形成连片平整地块，因此制约了土地的流转进程。结合我国人均资源禀赋较低的实情，目前一条可行的路径是生产经营服务的集约化，包括农机服务以及其他的产中、产后服务。近年来农机服务在全国范围内迅速推进，单个农户难以投入足够资本进行农机采购，且传统农机功能单一，无法实现一条龙服务。在一些发达省份，替代土地流转的是生产全托管，这种模式下，土地经营权并未发生转变，而是由一些专业化的服务组织代为管理，其核心在于生产经营决策权是否发生转移，理论上生产经营决策仍然由土地使用者提供，专业化服务组织根据决策信息提供相应服务，收取一定费用，而到期农产品仍归土地使用者所有。这种社会化服务模式可能会在后期现代农业经营体系构建中发挥主体作用，也有利于生产端组织化程度的提升，促进后续农产品流通渠道模式的优化。

二、超市主导的功能拓展方向是向生产者延伸

功能拓展是生鲜农产品流通主体提升流通效率和附加价值的关键。针对超市为主导的生鲜农产品流通模式，功能拓展方向是向生产者延伸。一方面，在零售环节超市面临与农贸市场的竞争，农贸市场以低价新鲜为优势，客户群体通常为价格敏感者、年龄偏大者、周边社区居民。而超市面临的生鲜农产品购买人群通常是受教育程度较高、闲暇时间较少、价格敏感程度较低的消费者，因此超市应当要以质取胜，增强果蔬、畜禽、水产的高品质和多样性，满足消费提档升级的特色需求。另一方面，传统流通模式下超市从批发市场采购果蔬，产品质量与农贸市场和批发市场没有显著差异，又增加了一个流通环节成本难以下降，且超市还需要生鲜冷柜、加湿装备、分拣包装等工序运营成本进一步提升，使得消费者认为超市所售的生鲜农产品价格过高。

因此超市应当发展农超对接、产销合作、自建基地等方式，减少物流环节降低流通费用，提升农产品质量降低运营成本，实现优质优价。针对不同品种农产品，寻找质量可靠、价格适中的供应商签订合同开展合作，包括种植大户、专业合作社、农业企业等经营主体，建立稳定的购销关系，并且制定定期考察筛选甄别的制度。此外，随着生鲜农产品经营规模的扩大以及消费者对品质要求的进一步提升，超市可以自建基地。与农超对接、订单农业相比，自建基地对于生鲜农产品的品质管控更加严格，也有利于开展全程冷链物流，有利于超市对整体流通环节的把控，降低运营成本实现更优的供应链管理。

超市应当开展供应链创新，坚持科技创新。即从硬件方面进行创新，加强绿色、节能、高效、优质生产、流通等技术研发，降低综合对接成本，积极选育外观新颖、品种少见、口感优质的特色新品种，提高产品供给质量，从而为新兴消费市场、消费需求提供更多可能。坚持管理创新。即从软件方面进行创新，加快管理模式创新，不断适应时代发展创新出更合时宜、更具可操作性的模式，将农超对接全面拓展到直采直供、订单销售、共同配送、网络招投标、电子商务等各种业态，超市还可以通过中间调度传递作用，收集消

费者的需求信息，联合快递业务发展上门服务，直接将农户手中的农产品送达到消费者手中，减少流通环节，降低产品损耗。

超市主导的生鲜农产品流通模式早期与农贸市场存在直接竞争与重叠，因为自国营市场放开以来，消费者对生鲜农产品的需求存在刚性，几乎每天都要购买果蔬、肉类、水产等产品，早期为了满足消费者小批量、多频次购买的需求，在各小区街道附近建立农贸市场。后期超市的引进和兴起产生了冲击，干净舒适的购物环境，多种多样的产品，更晚的营业时间都是现代化购物场所的特征。有段时间农改超成为主流风潮，然而由于消费者购买习惯并未改变，农贸市场位置更为便利、价格更低等优点，使得超市并未替代农贸市场成为生鲜农产品零售渠道的主流，当前形势下两者处于竞争共存的局面。此外，在初期超市进军生鲜农产品领域过程中，由于经验缺乏采购渠道与农贸市场一致，都是从批发市场内采购，加上运输经营管理等费用，成本高于农贸市场且质量并无明显差异。而在当前情况下，超市拥有更多的进货渠道，与优质农产品生产基地进行合作，开展农超对接等形式，并且对于价格的波动进行有效控制，消费者越来越多地转向超市购买生鲜农产品。

从产品分类来看，超市在畜禽、水产方面较早地获得优势地位，这是因为畜禽产品与食品安全问题相关度更高。禽流感事件的发生进一步促进了公众对畜禽产品安全品质的更高要求。屠宰和冷鲜贮藏是两大关键点，传统农贸市场中现杀现宰的操作相对简单粗糙，其过程中的安全性也较低，并且缺乏冷藏设备，因此相较农贸市场而言超市具有上述两点优势，在畜禽方面最先建立生鲜优势。超市与农贸市场关于果蔬层面的竞争也有差异，水果的主要零售渠道除了农贸市场还有临时水果摊、水果专卖店，与超市直接竞争的也是这两个场所。水果品质差异巨大，同种类别的水果由于产地不同，口感、个头、色泽等都有显著不同。超市的优势在于规模效应，通过大批量采购使得成本较低；临时摊点的优势在于价格，通过降低销售价格快速出清；水果店的优势在于区位便利以及品种丰富，分等分级更为完善，高品质水果也相应更多。当前超市也通过包装分级、进口采购等方式销售高品质水果。蔬菜是超市与农贸市场的主要竞争品类，与水果经验相似，原先超市力图通过批量采购降低经营成本，但农贸市场的个体经营更具成本优势，因此后期超市越来越注重蔬菜品质的把控以及成本控制，一方面通过冷藏保鲜技术、加工净菜配菜等形式提供附加值，另一方面通过农超对接等方式减少流通环节，降低销售价格来提升蔬菜竞争优势。

三、批发市场主导的功能拓展方向是向消费者延伸

针对批发市场为主导的生鲜农产品流通模式，功能拓展方向是向消费者延伸。一方面，小农户与大市场的基本格局得到改善但尚未完全转变，批发市场在农产品流通中所占份额依然较大，发挥着收集与分配的功能。将全国各地不同品种、不同时段的农产品转移至消费者手中，批发市场主导的生鲜农产品流通模式仍然是不可替代的流通模式。另一方面，根据调研分析来看，批发环节的成本费用率较高，单环节的加价率有限，批发商依托的是薄利多销的模式，通过规模经济降低成本实现收益。且从周转速度来看，农产品从上游至下游的流通时间较短，大型集散地批发市场基本都是 24 小时经营，全国货物周转。因此，批发市场主导的生鲜农产品流通效率较高，批发主体能快速、便捷、有效地将农产品从上游处收集、包装、分配至下游手中。

批发市场应当面向终端消费者，提供物流配送、商品选配等服务。批发环节面临大量

的农产品供给和需求，趋向于完全竞争市场，与下游零售环节相比价格优势明显。通常情况下批发商面临数量较少的上游群体，如产地经纪人、农户或其他生产经营主体，渠道关系较为稳定，而面临数量较多的下游群体，如超市、农贸市场经营者、下级批发商、集团采购者、个体消费者等。由于消费者从超市和农贸市场中购买的生鲜农产品部分来自批发市场（超市目前较少，农贸市场几乎都是），零售环节发挥的功能是挑选、品种搭配、运输至消费者附近等职能，但本质上和批发市场的农产品没有差异，且加价率较高。因此，批发市场在具备价格优势的基础上可以向终端消费者提供物流配送和商品选配等服务，尤其是当前社区储存柜配备逐渐完善的条件下，直接为其提供服务。

批发市场要加强对第三方物流资源的控制与整合。目前很多农产品批发市场仅提供交易场地、质量抽检、市场纠纷解决等服务，给予市场内的批发主体充分的自由交易权限，极少进行干预与管理。可以认为以蔬菜为主的农产品批发市场是接近于完全竞争市场的。市场内的物流配送基本以自给自足、自家管自家为主，分散程度较高，没有整体调配的物流体系。一般情况下，卖方负责农产品运输，拥有自己的车辆或者租借雇佣司机进行运送。买方主要以农贸市场或下游批发商为主，同样自备车辆进行采购，如果是餐饮、机关等集团性客户，会有相应的配送服务。因此下游买方的分散制约了统一的物流配送体系的形成。批发市场主导的生鲜农产品流通渠道模式的功能拓展包含提供配送服务等，针对渠道关系较好的上下游客户，可以提供相应配送运输服务，也可以参与 O2O 等新型流通模式中，针对高端小区在拥有冷藏保鲜柜的基础上提供配菜服务。

批发市场的公益性要求政府部门应统一对蔬菜批发市场建设进行规划、审批，对批发市场进行明确的功能定位，针对不同功能的批发市场设置不同的开办条件、交易制度，配套相对应的基础设施。做到科学规划、合理布局、优化结构，以规范批发市场秩序，充分发挥批发市场在蔬菜流通中的主导作用。大力发展集中竞价交易，可以优先在全国性蔬菜产地、特大型、大型城市销地批发（集散）市场中引入拍卖制，使主销地、主产地批发市场成为较大范围内的价格形成中心，以避免其价格异常波动。在蔬菜批发市场强制性普及电子统一结算方式，相对而言，统一结算方式能够得到较为准确的交易信息。加快集贸市场购物环境改造升级，增加有较好购物环境的零售场所的供给。另外，价格波动与交易体制密切相关，当前买断式交易主导下的交易体制容易造成价格波动，上下游之间“一刀切”的交易方式，导致不同环节之间独立分割程度高，将价格波动风险转移给下游，最终传导至消费者层面，因此构建上下游一体化的利益连接机制较为重要。

批发市场的综合运营机制需要进一步提升。生鲜农产品的市场信息收集与披露应当更为完善，现有公开的信息包含大类品种、价格，虽然相较以前有所进步但仍显不足。不同品类之间缺乏可比性，如果使用笼统数据分析很难观测到问题本质。因此，批发市场的公益性还包括对信息系统的公益性投入，能够收集到细分品种，甚至是不同产地的农产品价格信息，此外交易量也是关键，量价信息都应该充分收集披露，仅有价格而缺乏成交量的信息是不完善的，事实上成交量数据并非是商业机密的核心数据，根据经验通过进场车辆的观察能够较为准确地获得成交量数据，因此完善信息系统的首要任务是收集与披露成交量数据，其次在于细分农产品品类，使得数据具有更好的可比性。此外，目前批发市场披露的价格数据，其来源的准确性和真实性也有待提升。一方面，批发市场内存在众多商户，不可能做到普查调研，只可能是抽样，选择规模较大具有代表性的商户获得数据，而价格数据确实存在商业机密，因此所得数据的真实性存在疑虑。另一方面，批发市场内价格波动的频率和幅度较大，即使是一天之中波动也较为频繁，因此如何获得平均值也是需要注意的，在固定时间点对所有品种价格的采集不一定能够反映其平均值。

在农产品流通的整个过程中，其最大交易场所为批发市场。在交易的过程中，批发市场潜存着诸多矛盾，如经营管理不规范等现象（翟红红，2018）。早期的批发市场甚至存在黑势力的介入，帮派林立，极大程度地影响到了市场竞争的公平性和公正性，后期由于政府层面的干预以及市场经济的进一步规范合理运营，现今这种现象已基本不存在。但是由于批发市场更倾向于完全竞争市场，其主体的交易自由度较高，监管者基本以少管为主。批发市场内的价格波动动因中供需原理要高于市场势力，即价格波动基本以市场内的供需为主，在生鲜农产品品质差异较低的情况下，很少会受到规模较大批发主体的影响，价格领导的现象并不显著。然而市场竞争是充分并激烈的，由于价格波动的频繁，并非所有批发主体都能实现盈利，或是同一批发主体在不同时间段盈利情况不同。当商品供过于求时，市场会快速出清，而后期被出清的批发商则面临亏损局面。在极端情况下，供需严重不匹配时，甚至发生多季度、多年度的持续亏损，这时候拥有较强资本背景的批发商可以度过寒冬，而实力不济的批发商面临淘汰，在市场新一轮洗牌后存活下来的批发主体会重新盈利。

四、电商主导的功能拓展方向是提供增值服务

针对电商为主导的生鲜农产品流通模式，功能拓展方向是提供增值服务。生鲜农产品具有易腐易烂、不耐贮藏的特性，对单个消费者的运输配送成本昂贵。较高的运费要求电商平台销售优质优价的农产品，消费者的顾虑往往是生鲜农产品价格过高，担心支付较高金额后无法享受到应有的高品质。电商平台缩短了农产品的流通渠道，减少了流通环节，然而消费者无法观察到实体商品，难以通过直观的感知做出判断。电商平台主导的生鲜流通渠道存在信息不对称问题，一方面是信息不完备，仅通过简单的图片介绍消费者无法完全获知想要的信息，对商家或是商品的疑问无法解答，会影响消费者的购买意愿和购买行为。另一方面是信息准确性，卖方通常会夸大自身产品质量，掩盖缺点，甚至是发布虚假广告信息达到招揽客户的目的，消费者受虚假信息的误导购买商品，事后通常会对电商平台失去信任，在极大程度上降低了消费者的购买意愿和购买行为。

电商应当提供充分的信息披露和质量识别服务。减少流通环节，降低交易费用，提供全国甚至世界各地的特色农产品是电商拥有的良好基础。但由于消费者无法见到实物，因此存在信息不对称和信任问题。基于电商卖家角度，应当加强对生鲜农产品信息的披露，不仅仅是图片展示，还可以通过小视频、公众号等多种模式更加生动地体现所售农产品，更注重与消费者的沟通，解答消费者的疑问，传递更丰富、更全面的信息。基于电商平台管理者角度，应当加强对会员商家的监督，尤其是对其信誉程度、宣传信息真伪的审查。由于不像批发市场管理者可以直接抽检批发商所售商品质量，所以要建立更加符合电商平台管理的制度，基于消费者评价体系、平台认证体系、试验购买体系等的措施，提升整个电商平台的信誉程度，保证商品质量，对虚假宣传恶意欺诈的商家进行严惩，增强消费者的信任和满意度。

电商主导的生鲜农产品流通渠道模式的发展经历了初期的野蛮粗放到后期的成熟完

善。早期由于物流配套设施尚未完善，运送时间长，运送质量差，并不适合易腐易烂的生鲜类产品。批发市场与超市等流通渠道成本优势明显，消费者依赖度更高，因此，电商主导的生鲜农产品流通起步较晚。早期的生鲜农产品通过电商平台销售的，基本都是质量中低的商品，由于想要尽量压低成本，并且利用信息不对称，甚至是虚假宣传和欺骗方式，消费者往往不能从电商平台购买到满意的生鲜农产品。后期基于电商平台管理的规范化，对诚信交易的高度重视，电商平台中的生鲜农产品类别得以重新构建。总体来说，O2O 平台是初期生鲜电商的主力军，秉承着减少流通环节，集中交易降低成本的原则，各大 O2O 生鲜电商平台层出不穷，依靠资本市场的巨额补贴，占领市场，然而由于物流配送压力巨大、模式运营成本较高等原因，逐渐退出视野。后期电商主导的生鲜农产品流通渠道模式日趋成熟的关键点在于物流体系的完善，一方面是广域流通的基础设施更加完善，为生鲜农产品的快速流通提供基础；另一方面是冰袋、保温箱等包装材料的广泛运用以及物流公司管理运营效率的提升，使得生鲜农产品的物流配送成本大幅降低，使得消费者在不同购买渠道的选择上会纳入生鲜电商。

同样高价值农产品的电商之路优于低价值农产品，畜禽、水产、水果、蔬菜等产品在电商渠道上存在差异。精品畜禽肉、高档水果在电商平台的发展起步较早也更加成功，为了避免与线下进行成本竞争，电商平台初期基本属于考虑高品质水果蔬菜以及肉类，然而蔬菜由于同质性程度较高，批发市场以及超市等线下流通渠道较为完善，消费者可以便利地购买到多品类多等级的蔬菜，并且消费者对蔬菜的消费需求仍以新鲜食用为主，因此蔬菜在生鲜电商平台领域的流通占比很少。而电商平台经营的水果一般是单价较高、产地优势的品种，在保证高品质的基础上使消费者可以选择在线下周围购买不到的原产地或具有地理标志的水果。当然在水果电商运营的后期，通过规模化程度的提升，一般品质的果品也会通过电商平台进行销售，其流通成本已经与批发市场和超市渠道没有显著差异，而电商平台的更充分、更真实的生产信息披露促进了消费者在电商平台的购买意愿，使其能够在最大限度上减少交易环节，支付较低金额享受较高品质的原产地水果。精品肉类以及高价值海鲜则是生鲜电商的另一个重要组成部分，对于精品牛羊肉来说，牛排等产品常常受消费者喜爱，而海鲜类产品的流通渠道相对单一，消费者在农贸市场或超市渠道中无法购买品种齐全，质量较好的海鲜，因此电商平台提供了良好的购买场所。

电商流通渠道模式的基础已经相对成熟，要想扩大生鲜农产品在电商流通领域的份额，营销是重要环节。这需要多方、多层次共同努力，生鲜农产品的优质优价可以通过流通渠道来实现，电商是高品质生鲜的典范。由于广域流通中不可避免的物流成本，以及易腐易烂的损耗特性，消费者所购买到的优质生鲜往往价格溢价程度较高，在生产环节，高档水果、精品畜禽的生产成本比普通类别更高，但与零售环节的溢价幅度相比仍有不均衡特征。除了不可避免的物流成本外，销售路径的依赖是关键。种植养殖户基于市场风险规避的角度或是快速出清回收成本的角度，选择传统的线下销售路径更为方便，然而多环节的加价不可避免。早期由于电商平台内鱼龙混杂，信息披露并不充分，诚信管理体系尚未完全建立，消费者无法甄别优质品种与劣质品种，往往造成“劣币驱逐良币”的不利现象。因此，生鲜电商要不断扩大农产品网店知名度，努力提高其市场竞争力（秦渝红、秦江，2018）。电商平台的销售依托良好的宣传，成交量提升后的规模经济优势更加明显，当消费者清晰地了解到原产地信息以及生产过程、良好的口碑后，选择直接在电商平台购买原产地高品质生鲜，一方面减少了环节去除带来的价格降低红利，另一方面增强了购买的便利性。

电商主导的生鲜农产品流通渠道模式的发展不仅是各类电商平台的发展，还包括微商等众多新业态的发展。生鲜电商平台主要包括第三方电商平台进军生鲜领域以及第三方物流企业进军生鲜领域，电商平台有淘宝、天猫、京东、苏宁易购等，物流平台有顺丰优选等。然而消费者对生鲜农产品的需求始终存在高性价比的一面，希望尽可能地以低价购买满意的农产品。微商平台的崛起则是近年来的一类新业态，微商主要利用自身关系网络销售中小规模的生鲜农产品，其优点在于减少中间环节带来的低价优势，以及自身诚信背书带来的更高信任度的优势，并且以微信等即时聊天类工具获取客户资源的成本和宣传成本都相对较低。其缺点在于缺乏大平台的规模优势，以及产地、品类的丰富性。现实生活中，个体微商以分散小规模经营为主，既存在成本优势又存在成本劣势，只能是作为电商渠道的一个补充。以批发市场或超市渠道为主的企业融合电商渠道是一个有效方式，一方面要提供快速、便捷、高效的运输服务，妥善解决生鲜农产品物流配送问题。另一方面线下体验农场种植，发展社区经济，充分利用社交应用。利用互联网思维营销，构建高端鲜活农产品品牌（石岿然、孙玉玲，2017）。利用电商平台的成本优势叠加线下流通模式的成本优势，共同组建更加高效便捷低成本的生鲜农产品流通渠道模式体系。

第三节　优化措施

一、推进农产品品牌化建设，实现优质优价

农产品标准化、品牌化是现代农产品流通的要求，信息不对称下消费者往往无法识别质量不同的农产品，“劣币驱逐良币”现象时有发生。农产品分等分级，建立自身品牌，传递质量信号，这是实现优质优价的有效途径。农产品品牌化建设是生产经营组织化提升后的更高要求，对于农产品分等分级以及后过程商品化、高附加值加工进一步区分了农产品品质，构建品牌为主的信息传递方式，能有效缓解供需不匹配问题。首先农产品品牌化后对于批发市场、超市或是电商渠道的选择本来就是有区分的，不同的流通渠道代表着不同的品质属性，其次在单个流通渠道模式内部对于不同品牌的流通，给予不同的服务以及增值，有益于优质优价的实现。优质优价是生鲜农产品流通的必然结果以及重要导向，只有当投入更高品质更高的生鲜农产品在市场销售中获得充足溢价时，才有继续生产经营的动力。

二、加强农产品产销一体化渠道建设

农超对接、产地直销等模式能够缩短农产品流通环节，有效提升农产品流通效率。龙头企业、有实力的合作社或其他组织是推进农产品产销一体化的重要力量，能够有效整合农产品流通链各环节的资源和信息，降低流通过程中的交易成本，为高效、便捷、低成本的农产品流通渠道模式打下坚实基础。因此，要鼓励发展农产品的农工商一体化，合理安

排利益分配机制，使得上下游渠道关系更为紧密，不仅是各环节的独立分割，更应当是风险共担收益共享的新格局。一方面可以是大型农业生产企业组织联合下游，通过契约签订或是更为紧密的垂直合作模式，加强协作实现更高程度的一体化。另一方面也可以是大型物流配送公司进行中间环节的协调，利用自身掌握的众多上下游主体资源，合资配置提升效率，加强分工协作。而无论是批发市场主导的还是超市、电商平台主导的流通渠道模式，都应当朝着减少中间环节、促进产销一体化的方向发展。通过降低交易成本和优化内部管理成本，进一步提升流通效率，发挥自身渠道所拥有的竞争优势。

三、加快农产品流通渠道的信息化建设

全国一体化的农产品流通格局需要信息机制做保障，我国农产品产区和销地城市多而分散，使得市场信息更加分散，经营者难以全面把握市场供求信息以及竞争者、合作者信息。政府应收集并免费发布具有时效的市场信息。信息化建设同样是公益性的，包括细分品种的信息、更充分更准确的价格数量信息的收集与披露等。而垂直管理的信息采集、发布模式，有利于信息采集的公正、权威和准确性。信息采集覆盖范围要全面，不仅有批发市场，还要有集贸市场、超市等，信息内容应包含价格、交易量以及产地的预期产量等。信息发布应通过政府相关部门网站、主流媒体以及其他现代信息渠道，保证各个交易主体能够及时地获取信息。信息资源的共享能力对于农产品流通渠道管理的有效开展发挥着重要作用，在农产品的整个流通过程中，各环节、生产要素之间的有效衔接都是借助于信息沟通来完成的。假如同一产业链中的各企业信息沟通不畅，整个流通过程的各个环节就不能有效衔接。对于现代生鲜农产品的广域流通而言，精准快速的信息获得可以提升流通渠道的整体效率。

四、构建多渠道并存的现代农产品流通体系

从农户视角出发，不同的农产品流通渠道具有不同的生产者分得比率，如果农户可参与的流通渠道单一，势必会对其福利产生不利影响。当前生鲜农产品多流通渠道并存已是定局，农户参与其中，针对不同品种农产品、不同质量等级农产品，选择不同的流通渠道，以此达到生产者收益最大化，促进农户增收。每个流通渠道都有其优势与劣势，无论从生产经营者对销售渠道的选择还是不同渠道之间的市场竞争角度，归根到底都是成本优势的比较。在现有条件下成本优势更显著的生鲜农产品流通渠道将获得更多的市场份额。构建多渠道并存的现在农产品流通体系是对生产经营或是流通企业的更高要求，应当充分挖掘并利用不同渠道的优点，叠加不同流通渠道的成本优势，以此享受现代农产品流通体系下的红利。

五、推进农产品流通渠道的外部环境建设

农产品流通的内在机制是市场行为，但农产品流通也是民生国计问题，事关农户福利、流通企业福利、消费者福利，因此农产品流通问题也是公共性问题，需要政府机构对其进行引导与扶持。现代农产品流通体系的构建离不开外部环境的支持，政府要充分意识到农产品流通的公益性，进一步完善物流基础设施建设，并有针对性地降低过桥过路费用的收取，以及上述提及的信息体系的建设，此外在财政税收方面给予相应优惠包括对物流

企业的以及中间环节的各个主体，并适当鼓励金融资本对农产品物流各环节的参与和支持，对于市场监管层面，充分发挥其职能，既不能不管又不能管理过度。以外部环境建设推动农产品流通体系的内部动力，降低流通费用提升流通效率。

六、提升农产品流通链条的行政管理效率

完善、科学的农产品流通体系具有经营规模化、功能齐全、经营管理分工明确的特征。这其中对中国有着很强借鉴经验的就是农产品各个环节的流通与管理由专门的政府机构统一管理。当前我国农业部门存在分散独立、多头管理等问题，精简机构合并职能部门是不可避免的趋势，也是提升整个农产品流通链条行政管理效率的有效方式。此外，管理当局应当加强对农产品流通的重视程度，参考国外先进经验，设立专门部门进行监管。有针对性地制定行业法律法规，进行政策监管与扶持，避免因职能重复与多头管理所引发的低效监管问题。

第十一章　案例研究Ⅰ：基于互联网的Y企业生鲜供应链模式创新

第一节　理论基础与文献综述

一、生鲜农产品供应链概述

（一）生鲜农产品供应链相关概念

1. 农产品

根据《中华人民共和国农产品质量安全法》中对农产品的定义①，农产品是指在农业活动中获取的初级产品，如植物、动物、微生物及其产品。

2. 生鲜农产品

生鲜农产品是我国消费者除粮食以外最主要的食物营养来源，在日常生活消费中占有十分重要的地位。

根据中华人民共和国的国家标准（GB/T 22502—2008）中对生鲜农产品作出的定义②为：生鲜农产品是指通过种植、养殖、采收、捕捞等产生，未经加工或经初级加工，供人食用的新鲜农产品，包括蔬菜（包含食用菌）、水果、禽畜肉、水产品、鲜蛋等。

其中最主要的是蔬果、肉类和水产品，统称为“生鲜三品”，蔬菜商品率超 30%，水产品商品率超 50%，水果商品率超 90%。与其他消费品相比，其自身的易腐性对时效性提出较高要求，而消费者口味、喜好多变则对品种多样性提出较高要求，生鲜农产品供应链管理就是要同时保证生鲜品的安全性和多样性（谢若琪，2015）。

3. 生鲜农产品供应链

国外学者对于农产品供应链的研究开始于 20 世纪 90 年代，其中，英国、荷兰、美国的学者对农产品供应链的研究比较深入，最初始于对食品供应链概念的延伸。

农产品供应链目前还没有一个明确的概念，Downey（1996）提出农产品供应链是由

---

① 《中华人民共和国农产品质量安全法》第一章总则第二条定义。

② 中国国家标准化管理委员会. GB/T 22502—2008 超市销售生鲜农产品基本要求［Z］. 中华人民共和国国家质量监督检验检疫总局，2008.

农产品生产者开始，经过生产、加工、零售等过程，最后与消费者进行连接的垂直的网络系统。Deborah Liz Hall（1998）等认为，农产品供应链是一种通过持续改善支撑农产品从生产者到消费者的有效流动和发展的工序与关系整合管理的方法。Dander Worst（2000）定义和区分了农产品供应链的两种类型：一种是加工农产品供应链，另一种是生鲜农产品供应链，两者的区别在于前者涉及加工程度高的产品，而后者涉及从田间到零售系统产品基本特征不变的农产品。

国内对农产品供应链尚未有统一的定义。冷志杰（2007）将农产品供应链定义为由农业生产资料供应商、农产品种植者、养殖者、加工者、物流服务提供商、消费者等各个环节构成的组织形式或网络结构。其供应链也与一般的制造业供应链不同，农产品供应链要保证从源头到菜桌的严格监控，这需要很大的物力及财力来支持。农产品供应链对物流设施有较高的要求，要求先进的冷链技术及物流的效率以确保新鲜和降低损耗率。毕玉平（2011）对农产品供应链的定义和分类进行了阐述，他指出农产品供应链是以农产品为经营范围的供应链系统，是由农产品生产供应商、农产品生产者、农产品加工企业、分销商以及农产品消费者组成的一个功能型网链结构。这条三级供应链开始于最终消费者，通过零售、加工、分销等环节与农产品生产者相连，形成一个垂直网络系统。农产品供应链是一种重要的农产品流通组织形式，按供应链物流对象分类，可分为粮食供应链、油料供应链、棉花供应链、生鲜农产品供应链等。

根据上述文献分析总结，生鲜农产品供应链是信息流、物流、资金流将农户、种植/养殖基地、产地批发市场、中间流通商、加工服务提供商（如生鲜加工配送中心）、销地批发市场、零售企业和最终消费者连接起来的功能网链结构模式。把农产品供应链看作一种提升管理的方法，整个链条通过不停的优化各个环节，来使消费者达到更大的满意度。这不仅是一条连接供应商、生产者到消费者的产品链，而且还是一条农产品通过加工、包装、运输等环节的增值链，可以降低整体成本并且可以达到农产品在流动过程中的增值，尤其是对生鲜农产品这一特殊性质的农产品实施供应链管理，可以更有效地降低成本，保证农产品的稳定供给。

4. 生鲜经营

所谓生鲜经营，是指对生鲜品从生产出来一直到消费者手中的全过程以及逆向信息反馈过程的经营。生鲜经营力求最大限度地实现生鲜品的价值（李平，2005）。

生鲜经营的市场潜力非常大。生鲜品是中国消费者除粮食以外最主要的食物营养来源，在日常生活消费中占有十分重要的地位。这个庞大的市场现在处于无序的低水平状况，蕴含着无限的商机。

由于生鲜品的生产和消费都非常分散，不同的生鲜商品管理环节较多、差别大，产品的保质期短，食品安全方面的要求高等原因，生鲜经营的管理难度非常大；并且同种类的商品通过不同水平的生鲜经营，所实现的价值差别比较大。

（二）生鲜农产品的特性

生鲜农产品是人类生活重要的必需品，对比其他产品，拥有如下显著特征（李娇娇，2015）：

（1）生鲜农产品作为人类必不可少的食品，具有购买频率高、消费量大的特点。

（2）生鲜农产品多种多样，不同的生长规律决定了其具有地区差异性和生产周期性的特点。

（3）生鲜农产品易腐易烂，流转过程中损耗风险大。这也对经营过程中的储存保鲜提出了更高的要求。

此外，生鲜农产品的经营有着不确定性，因为农产品的生长会受到天气温度等多种因素的干扰，从而影响到生鲜农产品的产量和质量，最终反映在成交价格上。

（三）农产品供应链的类型

1. 根据复杂程度，农产品供应链包括终端型供应链、扩展型供应链和直接型供应链三种

终端型农产品供应链，是指在农产品生产、加工、销售以及物流、信息流和资金流流动过程中，从终端供应商到终端消费者在内所有企业和个人都包括在内的农产品供应链（魏毕琴，2011）。扩展型农产品供应链，是把所有参与农产品生产、加工、销售以及物流、信息流和资金流流动过程中的直接供应商和直接客户包含在内的农产品供应链。直接型农产品供应链，是指在农产品生产、加工、销售以及物流、信息流和资金流流动过程中，由核心企业、核心企业的供应商和核心企业的客户组成的农产品供应链（王静，2011）。

2. 根据稳定性，农产品供应链包括稳定的农产品供应链和动态的农产品供应链两种供应链

稳定的农产品供应链是指节点企业之间的合作关系相对稳定的农产品供应链，市场需求单一、稳定且核心企业对供应链整合能力较强时，农产品供应链稳定性较强。动态的农产品供应链是指节点企业之间的合作关系相对不稳定的农产品供应链，市场需求复杂、多变或者核心企业对供应链整合能力较弱时，建立的农产品供应链相对动态性较高（于亦文，2011）。当市场需求的性质发生变化且达到一定程度的时候，稳定性的农产品供应链和动态性的农产品供应链可以相互转化。

（四）农产品供应链的流程

农产品供应链同其他供应链一样，一般包括物流、商流、信息流和资金流4个流程。

物流，这个流程主要是农产品的流动过程，包括农产品在农产品生产者、加工者、分销商、零售商与消费者各个环节之间的流动。农产品是农产品供应链的实物，是商流、信息流和资金流的基础，在流通过程中可以增值，一直被人们重视。人们对于物流的关注点，是农产品流通过程中如何加快农产品的流动和减少农产品的损耗（杨维霞，2011）。

商流，这个流程主要是农产品买卖的流通过程，包括接受订货、签订合同等商业流程。该流程的方向是在农产品供应商与农产品客户之间双向流动的。农产品的商业流通形式越来越多元化，除了农贸市场销售、摆摊销售、超市销售，还有近几年兴起的农家乐直采销售和电子商务销售形式（周杰，2011）。

信息流，这个流程是农产品交易信息的流程。该流程的方向也是在农产品供货商与客户之间双向流动的（陈谷平，2011）。信息流不像物流一样有可见实物农产品，它的流动是虚拟却又实实在在存在的，农产品供应链节点企业间的对接不和谐以及农产品供给和需求之间的衔接不对等往往是因为信息不对称，现在农产品供应链也越来越关注信息的流动和信息共享机制的建立。

资金流，这个流程是指在农产品买卖过程中货币的流通。如果没有资金或者资金流动不及时，农产品生产者无法顺畅进行农产品的生产，配送者也无法顺畅进行农产品的流通，农产品供应链上的节点企业无法建立完善的农产品经营体系，农产品供应链也将不复存在（罗峦等，2014）。该流程的方向与物流相反，是由农产品消费者开始，最终流向生产者。

（五）生鲜农产品供应链管理原则

对生鲜农产品供应链进行管理，要求其做到：

（1）保证以最短的时间完成生鲜农产品从田间/水里到餐桌的流通。

（2）稳定和提升流通中生鲜农产品的质量和安全。

（3）保证消费者能够买到新鲜、多样、质量有保障的生鲜农产品。

（4）降低物流过程中生鲜农产品的损耗，控制逆向物流生成率，加大废物再利用使用率，全面节省成本。

二、生鲜供应链管理主要理论

（一）市场效率理论

科斯在《企业的性质》中认为，企业作为一种制度结构，它能够降低在市场上运行的成本，比如，信息搜寻和契约谈判成本，并且某些交易还能实现内部化，代替一部分市场交易，这样不仅节约了交易费用，还提高了交换效率。科斯在《论社会成本问题》里分析了市场运行中产权明晰化的重要性，他指出，要想提高市场效率，可以通过明晰产权界定和调整产权来实现。当交易费用为零时，只要把初始的产权界定清楚，在广义外部性存在的情形下，产权若能够自由交换，私有制的市场经济总会产生一个有效率的结果；当交易费用为正数时，且日常的任何交易也都是有成本的，产权的初始界定和分配会影响最终的资源配置，在既定所有权不变的前提下，通过产权的界定、制度规则的建立，适当转让权利，能够实现资源的优化配置。

（二）交易成本费用理论

威廉姆森从交易费用的角度分析了市场效率，他认为交易费用是经济运行产生的费用，可分为事前和事后交易费用，它产生的直接原因来自于不严格的产权制度规定。在交易中，人们不可能预见所有的可能性，其理性是有限的，所以，每一次交易中的每一个契约的缔结和谈判的内容，可以说都是在信息不完全的情况下进行的，因此，这样的契约本身就不完善。同时，谈判双方均采取利己行为，契约从缔结之时起就存在着将来失调的危机和调整的必要。他认为纵向一体化可以代替市场，降低交易中出现的较高的合约缔结和履约成本，节约信息交换成本，降低制度调整成本，防范道德风险。

另外，在机会主义面前，有限理性必然会带来缺憾，这就需要借助于治理结构，而最优的治理结构则是交易成本的最小化。

交易成本（费用）理论的观点为：用一种较低交易费用和较高效率的契约形式取代一种交易成本较高和效率较低的契约形式，这是经济组织与制度的不断演进，遵循自然法则的结果。

（三）协同效应理论

协同效应简单来说就是“1+1>2”的效应，它不是内部各子系统的简单加总，而是一个由各个子系统相互连接的有机整体，通过建立有序结构，使系统最终达到一个稳定状态，这也是系统的最终目标。系统具有各子系统单独所不能具备的特殊属性。协同效应分为外部协同和内部协同两种情况，外部协同是指企业在一个集群中相互协作，共享彼此间的资源和业务行为，整个集群比单个企业能享受更高的盈利；内部协同指企业内部生产、经营和管理的不同环节在不同阶段共同利用同一资源而产生的整体效应。

无论是系统的外部协同还是内部协同，都要从总体上把握，研究系统组成部分之间的协调和优化，使系统实现整体结构优化与整体功能优化。

鉴于没有目标的系统，便没有办法达到稳定状态，因此，系统中各子系统通过合作，在不断达到各自目标的同时实现了整体目标和实现整体利益的最大化，因此，“协同效应”被广泛应用于资源优化配置的研究。

（四）农产品供应链一体化理论

农产品供应链一体化是指以现代零售大企业为龙头，农产品生产商、收购商、加工商、各级批发商、运输商、零售商等由于自身对生产、物流、零售资源的需要，通过主动、多向的深层次开发和交流，签订契约，以此为基础，追求信息、利益共享、降低交易风险、资源优势互补的战略联盟。

农产品供应链一体化要求企业必须具有严格的先决条件，表现在生产规模、经济实力、技术优势和资源整合能力上。

在农产品供应链一体化中，鉴于生鲜品的时效性，联合企业在行动上有一定的协同性，能够共同分担风险，通过抵御风险的能力，联合成员企业之间能够利用各自的资源优势，优势互补、互通有无、资源共享，能够降低物流成本，提高各企业竞争力。供应链一体化模式有助于联合企业之间在交易过程中减少相关交易成本，满足个性化需求，并对市场变化做出快速反应；同时，联合企业通过相互合作与沟通，能够建立起相互信任的稳定关系，降低履约风险。

农产品供应链一体化有三种类型：

（1）生产商主导型。即生鲜农产品生产商具有相当实力，可自己直接面对消费者，了解市场需求信息，自行安排生产、组织农产品运输，直接运往目的地。

（2）运输商主导型。运输企业作为上下游企业的桥梁，一方面，把市场信息和生产状况上传下达，并部分参与农产品的销售。另一方面，积极发挥自己的运力，随时调整农产品的供给量，使市场供给平衡。

（3）零售商主导型。即大型零售企业（连锁超市）组建自己的生鲜农产品生产基地和配送中心，把供应链延伸至生产的源头，派专业的采购团队和运输小组进行农产品物流全程监控，一方面，保证了生鲜农产品的质量安全和供应的及时性；另一方面，利用自己雄厚的资金建立先进的物流设施，保证冷链物流的顺利实施（杨为民，2007）。

（五）生鲜电商营销理论

生鲜产品电子商务，简称生鲜电商，指用电子商务的手段在互联网上直接销售生鲜类产品，如新鲜果蔬、生鲜肉类等。国外生鲜电商发展较成熟，总结国外的生鲜电商运营模式如表 11 - 1 所示。

表 11-1 国外生鲜电商运营模式情况

模式分类	特点	代表公司	运作方案
O2O 模式	将线下商务活动与互联网相结合，互联网成为线下交易的前台	Cybird（日本）Local Harvest（美国）	构建农户或农场与消费者之间的交易平台，消费者通过网站可享受多样化的服务
C2B 模式	企业根据订单需求，整合资源、生产供应商品、运营成本和产品价格比较可控	Fresh Direct（美国）Amazon Fresh（美国）	消费者发布产品需求，由企业整合生鲜资源。Amazon Fresh 提供三小时内的门外配送和在家配送两种收货方式
B2C + C2O	综合两种模式，移动端体验和线下体验相结合	Ocado（英国）	两种购物流程供消费者选择：B2C 下单移动端支付等收货、O2O 下单线下超市取货
纯平台模式	搭建连接生产者和消费者的交易平台，在线上完成购物和订单	Farmigo（美国）	以社区为单位的创新模式，打造食物社区，将农场与社区直接对接，消费者能及时购买到新鲜实惠的商品，降低物流仓储成本

在国家政策的大力支持下，国内生鲜电商随着电子商务的发展大趋势而发展。生鲜农产品现有电子商务模式已经有 B2C、B2B、C2C、O2O 多种模式，相应的研究也逐渐多起来。程艳红（2014）通过对美国几种生鲜电商模式的分析，建议中国生鲜电商的发展模式为“C2B + O2O”，加强与采购基地或是家庭农场合作，实现上下游供应链的整合。李梦蝶（2014）介绍了移动电子商务给生鲜农产品发展带来的契机，分析了生鲜农产品现有的几种模式，重点阐述了移动电子商务在新兴的 O2O 模式的运用与发展前景。刘一江等（2015）针对生鲜农产品流通环节冗长的问题，提出精简传统流通环节的方式：将供应链两端的小生产者和购买方集中起来，即将电子商务与传统生鲜农产品供应体系相结合，构建了新型的 B2B、B2C 的模式。肖芳（2013）对电商企业生鲜产品运营模式进行分类，第一类是综合型电商，第二类是垂直电商，第三类是物流企业，第四类是线下超市。

电子商务已经成为重构鲜活农产品流通渠道的重要手段。近几年，包括电子商务企业、农产品销售企业、物流企业在内的众多商业组织都在以不同方式参与鲜活农产品的电子商务实践，成功的商业实践活动有赖于商业模式的支撑。

本章在阐述鲜活农产品相关概念和发展现状的基础上，参考 Osterwalder 模型，从价值主张、目标顾客、分销渠道、顾客关系、核心业务、核心能力、伙伴网络、成本结构、盈利模式等方面，对生鲜商品电子商务的商业模式进行构建，如表 11-2 所示。

表 11-2 Osterwalder 参考模型要素及特点

四大支柱	构成要素	特点描述
产品/服务 Product/Service	价值主张 Value Propostition	企业通过其产品和服务所能向消费者提供的价值。价值主张体现了公司相对于消费者的实际应用价值

续表

四大支柱	构成要素	特点描述
客户界面 Customer Interface	目标消费群体 Target Customer Segementation	公司所瞄准的消费者群体。这些群体具有某些共性，从而使公司能够（针对这些共性）创造相应的价值
	分销渠道 Distribution Channels	公司用来接触消费者的各种途径。分销渠道涉及公司如何拓展市场和实施营销策略等诸多问题
	客户关系 Customer Relationship	公司同其消费者群体之间所建立的联系。客户关系管理与此相关
资产管理 Infrastructure Management	资源配置 Value Configuration	消费者创造价值时如何安排资源和活动
	核心竞争力 Core Capabilities	公司执行其商业模式所需的能力
	合作伙伴网络 Partner Network	公司与其他公司之间有效地提供价值并实现其商业目标而形成的合作关系网络。这也描述了公司商业联盟的范围
财务方面 Finance Aspect	成本结构 Cost Structure	公司所使用工具和方法的货币描述
	盈利模式 Revenue Model	公司通过各种收入流来创造财富的途径

Osterwalder 模型经由 Osterwalder 博士提出和完善已经形成了一个系统的实用型商业模式创新设计方法，包括企业分析、创新思考、策略拟定、执行评估等，完整描述了商业模式创新所需的各个方面，而且 Osterwalder 博士还利用该模型对德勤、爱立信、3M 等多个行业企业进行了实践应用，证明了该模型在各个行业的普适性。

总的来说，该模型的相对优势主要体现在：

（1）涵盖的要素划分清晰，覆盖范围全面。

（2）经过深入研究，已具备较为系统化的商业模式创新指导流程，实用性强。

（3）最终可以呈现出一个系统完整的企业商业模式，如图 11－1 所示。

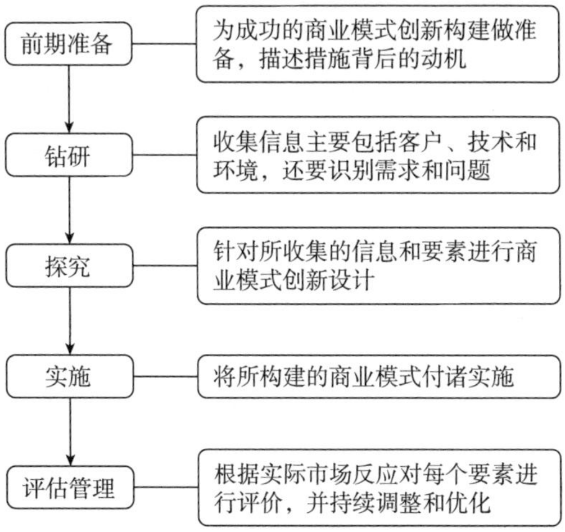

图 11－1 Osterwalder 模型商业模式创新设计流程

（4）是一个可跨行业的指导手册，已在多个行业领域的企业商业模式构建中得到应用和实践。

三、生鲜供应链优化管理研究进展

（一）生鲜农产品供应链质量安全

国外学者对农产品质量安全的观点基本统一在质量控制和可追溯两方面。质量控制普遍依靠 HACCP 和 ISO 两种质量管理体系。Schwagele F.（2005）介绍了欧洲关于质量安全的发展情况，从 2004 年立法开始，为了保证食品全程透明和可查询，通过立法规定了食品企业必须有追溯系统；此外，还介绍了欧洲的主要追溯技术，如电子数据管理系统、编码系统条码以及 RFID。Maitri Thakur（2011）等介绍了一种新的构建食品追溯系统的技术 EPCIS，提出完成追溯可以通过 EPC 技术，这种技术可以自动记录供应链中农产品的信息。Aiying Rong（2011）等认为当今食品行业最大的挑战是如何在食品供应链上控制产品的质量，他们在食品供应链的生产和配送流程的决策中整合了食品质量，并提供了一个混合整数线性规划模型，应用于实例中，证明可以有效地控制食品质量和成本。

Clare Narrod 和 Devesh Roy 等（2009）通过对印度等国家的生鲜农产品的流通进行探索，发现通过加强监管机构和农产品生产者的供应链合作，建立农产品安全质量管理系统，既可以降低交易成本，还可以保障农产品的安全性。Charles R. Hurburgh 和 Maitri Thakur（2009）强调农产品供应链质量追溯系统中的信息共享，以及供应链各个环节都可以追溯，并以此构建了农产品供应链可溯性系统的模型。

近年来，国内专家学者针对食品质量安全的研究逐渐丰富起来。张健等（2008）认为质量安全追溯体系的建立是保证中国肉类食品安全的根本出路，明确了肉类食品供应链追溯单元的活动形式，以追溯单元的变迁过程为依据，对肉类食品追溯系统流程进行优化。袁涛（2007）探讨了农产品安全监控与管理体系的保障措施，构建了农产品供应链可追溯模型，并从理论上探讨农产品的追溯方法和系统构建的关键技术。许福才等（2010）论证了我国建立食品供应链可追溯制度的意义，在研究其他发达国家的可追溯性管理的基础上，提出了我国建立食品可追溯性制度的建议。王慧云（2013）提出超市已具备成为构建可追溯体系的核心企业的条件。从超市角度出发，对以其为供应链中的核心企业建立可追溯体系的意愿、可行性及其影响因素进行了研究探讨，并对超市构建生鲜农产品可追溯体系意愿影响因素模型进行实证检验。

李慧良、文晓巍（2011）从蔬菜水果、水产品、乳制品、肉类四个方面对生鲜农产品供应链的可追溯性进行了研究综述，提出针对不同品种采用不同的识别和认证方法。张蓓、杨学儒（2015）指出农产品质量安全控制是一项复杂的工程，需要在农产品供应链的每个环节进行控制，指出核心企业是质量控制的关键主体，既要加强内部控制，又要与合作企业相互协调，同时注重外部环境因素的影响，实现农产品在整个供应链过程的安全控制。

（二）生鲜农产品供应链优化整合

生鲜农产品供应链研究。邓俊森、戴蓬军（2006），汤晓丹、娜仁图雅（2008）指出，消费者对生鲜农产品的要求提高，但是我国生鲜农产品供应链存在诸多问题，如农产品流通环节多、损耗大，设备落后，管理落后等。周波（2008）指出，我国的蔬菜和水果在流通过程中会有30%～50%的流失，严重阻碍了我国生鲜农产品的产业化，提出应用现代物流理念和技术，构建市场导向、反应迅速、反馈及时的生鲜农产品供应链模式。

农产品供应链稳定性研究。汤晓丹（2010）从博弈论角度研究农产品供应链，认为合作关系的多次选择过程，即合作关系的维持，是重复博弈，而一次博弈产生侥幸心理会导致供应链的不稳固，只有存在约束措施及双方多次博弈中，才能使博弈结果趋于最优。卢晓莉（2011）从利益主体和环境出发，在这两个方面构建了影响农产品供应链稳定性的模型。进而从政府方面和市场方面对环境进行分析，从农户、政府和龙头企业等方面对收益系统进行分析，并对不同层面进行细分和测评。李燕琼和潘超玲（2012）提出，影响稳定性的主体因素有企业竞争力、沟通信任因素、利益分配因素以及激励和约束因素，还存在影响供应链稳定的诸多外部因素，并用层次法找出稳固性的主要影响因素：实力、收益实现程度、信任程度、惩戒力度。

Lambert（2000）认为供应链管理是需要将供应链的结构和业务流程以及组成框架进行集成，因此，他们针对供应链管理组成的困难构建了由水平结构、垂直结构、核心企业水平位置为坐标的结构模型。Terry Marsclen（2000）则认为应该根据不同农产品的特性选择不同的农产品供应链，在此基础上再组织农产品物流活动。Jacques Trienekens（2004）认为经济、技术、环境、社会和法律4个维度上的变化导致了全球食品供应链的创新。Samir K. Srivastava（2007）提出在绿色供应链基础上组织农产品物流活动。Dabbene F. 等（2008）认为农产品原材料从离开种植者或者肉类离开屠宰场到终端消费者的这一过程对成本和品质的影响起到关键作用，因此有必要对生鲜农产品供应链作充分的研究。他们提出了一种新的模型方法，并把生鲜农产品易腐的特性以及环境的不确定性考虑在内，把保证农产品品质和控制物流成本作为目标，对生鲜农产品的供应链流程进行了优化。

杨为民（2006）重点研究了蔬菜供应链终端，提出了两种互补的蔬菜供应链发展模式，即以连锁超市和农贸市场两个不同主体为终端的供应链体系。杨平（2008）通过将生鲜农产品供应链运作模式进行分类，提出了生鲜农产品应该由超市主导，且生鲜农产品的物流供应模型为“二级供应链、二阶段物流、三类型物流链”的结构。其中，“二级供应链”是指农户委托生鲜农产品农业行业协会将农产品销售到销地批发市场，再由销地批发市场将农产品销售给超市；“二阶段物流”是指农产品生产地到销地批发市场为第一阶段物流，销地批发市场到超级市场为第二阶段物流；“三类型物流链”是指果蔬物流链、水产品物流链、肉产品物流链。赵晓飞（2012）分析阐述了我国传统农产品供应链模式中影响发展的制约因素，并在此基础上提出了现代农产品供应链体系的构想。王冬冬、李丽琴（2013）详细介绍了RFID技术的应用，在分析了我国生鲜农产品供应链存在的问题后，提出了RFID技术在生鲜农产品供应链各环节中的应用。王培漩（2009）对武汉梁子湖水产集团做了实证研究，对其进行了生鲜农产品供应链的冷链构建，重点强调了冷库的协调性。此外，对于生鲜农产品供应链模式的研究也是近几年学者们关注的重点。毕玉平（2011）在调研分析山东的生鲜农产品的发展情况后，然后构建与优化了其今后物流供应链发展的模式，通过衡量成本效率、质量安全、各区域的产业特征和区域位置等因素，探讨了山东17个地市的生鲜农产品物流供应链模式的选择。侯玉梅（2012）通过调研秦皇岛地区生鲜农产品物流的模式，总结出适合该地区生鲜农产品供应链运作的五种模式，即超市、龙头企业、农民合作组织、第三方物流企业和专业批发市场，这五类主体各自主导的生鲜农产品供应链模式，并针对这五种模式分析了其优势与劣势。

四、相关研究文献评述

由于起步较晚，我国农产品供应链的管理理念和硬件水平都与发达国家存在着较大的差距。同时，在我国特殊国情背景下，农产品供应链可以借鉴国外的运作模式，结合当地具体实际情况针对性的创新发展。从总结国内的研究成果来看，我国生鲜农产品供应链的相关研究上也存在着以下几点不足：

（1）缺乏系统角度的研究。目前，我国学术界对生鲜农产品供应链的研究，其特点和发展问题的理论阐述较丰富，而对生鲜农产品供应链节点、流通环节的研究比较零散，缺乏系统性、完整性的研究。

（2）实证研究较少。从研究的方法上来看，普遍学者集中在定性和规范的研究上，而定量和实证的研究相对较少。例如，近几年生鲜电商的发展方兴未艾，针对这方面的实证研究较为缺乏。

（3）缺乏逆向追溯体系的研究。近年来，国内社会对食品质量安全愈加重视，有学者开始用追溯系统理论来研究食品供应链的发展，但对生鲜农产品供应链追溯体系的深入研究仍旧缺乏。

第二节　基于互联网的我国生鲜供应链模式及比较分析

生鲜成为居民日常生活不可或缺的必需品，在零售消费市场中占据重要地位，可谓是“得生鲜者得天下”。据最新数据统计显示①，2013～2017 年中国生鲜食品零售额从 3.61 万亿元增长到 4.72 万亿元。基于我国庞大的人口基数，加上居民消费水平的不断升级，我国生鲜市场仍具有广阔的消费空间。

一、互联网发展与生鲜供应链变革

中国生鲜电商市场发展迅速（见图 11－2），平均每年保持 50% 以上的增长率。2016～2017 年市场迎来洗牌期，大量中小型生鲜电商或倒闭或被并购，市场遇冷；但与此同时，阿里、京东等电商巨头入局，不断加码供应链及物流等基础建设投资，并带来了一系列创新模式，使得生鲜电商市场重振活力。2017 年中国生鲜电商市场交易规模约为 1391.3 亿元，同比增长 59.7%。

二、基于互联网的生鲜供应链模式

作为电商的最后一块肥肉，生鲜电商的热度从 2014 年开始便是有增无减。电商巨头都在布局生鲜业务，天猫、京东、亚马逊、顺丰优选、一号店、我买网等综合型电商无一缺席。同时，垂直型生鲜电商也很受资本关注。每日优鲜在腾讯的加持下，已入驻全国 20

① 资料来源：中商产业研究院统计数据。

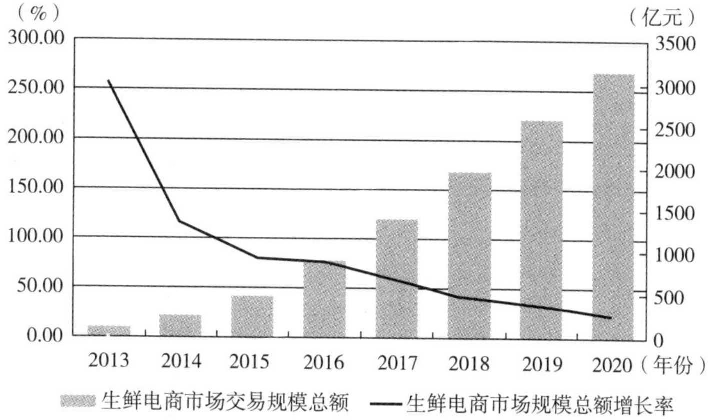

图 11－2　2013～2020 年中国生鲜电商市场交易规模

资料来源：中国管理案例共享中心案例库。

个城市，布局微仓 1000 余个，迅速成长为行业“独角兽”；本来生活、天天果园等相继拿到数千万美元融资，华为荣耀前总裁刘江峰辞职创办的生鲜电商 DMall 尚未上线已获亿元天使投资。而基于生鲜产品新鲜性、时效性等特点，线上线下结合的 O2O 模式也应运而生。近年来，阿里推出盒马鲜生，美团成立掌鱼生鲜，京东筹划 7Fresh，腾讯受让永辉 5%股份。从各巨头的布局战略看出，生鲜这一高频刚需的品类，正成为资本关注的热门赛道。

（一）综合性平台供应链模式

此种模式是以综合性平台为依托开展 B2C 业务，通过吸引商家入驻建立与消费者之间的联系，如天猫生鲜、京东到家、1 号店等。商家只需在平台上开设店铺，自主经营即可。这种模式的优点在于现有平台较为成熟，其知名度能够为生鲜店铺吸引大量流量，商家只需专注运营即可。本质上该种模式仍然与传统商品电商销售模式类似，即平台引流、自主经营、物流外包。

以京东到家为例，京东到家是京东集团基于传统 B2C 业务模式拓展而形成的全新商业模式，其主打生鲜产品销售，经营模式为“平台＋物流”。通过自身强大的物流体系和众包物流模式，对接线下传统商超实现 O2O 业务运营。京东到家的整体运营模式如图 11－3 所示：

（1）强大的物流系统。京东到家最大的优势在于将自有物流体系和第三方物流的融合。京东到家与众包物流领军企业达达合并形成众包物流平台，重新整合达达和京东到家众包物流体系，通过共享经济的模式为京东生鲜提供低成本、规模化的物流服务。此外，依托强大的自建冷链物流网络，实现从产地到仓储再到终端的无缝对接。

（2）零售赋能体系。“零售赋能”战略旨在解决“最后三公里”的问题，具体包括流量赋能、效率赋能和用户运营赋能。流量赋能主要是为传统商超打通线上流量入口，带来更多的用户；效率赋能解决线下商超效率不足的问题；用户赋能通过建立商家与消费者的联结，实现线上线下更好地融合。

（3）线上线下融合：天天果园＋永辉超市。京东先后收购了垂直生鲜电商天天果园和线下生鲜商超永辉超市，获得天天果园一批庞大的客户群，并进一步实现对线下生鲜市场的掌控。

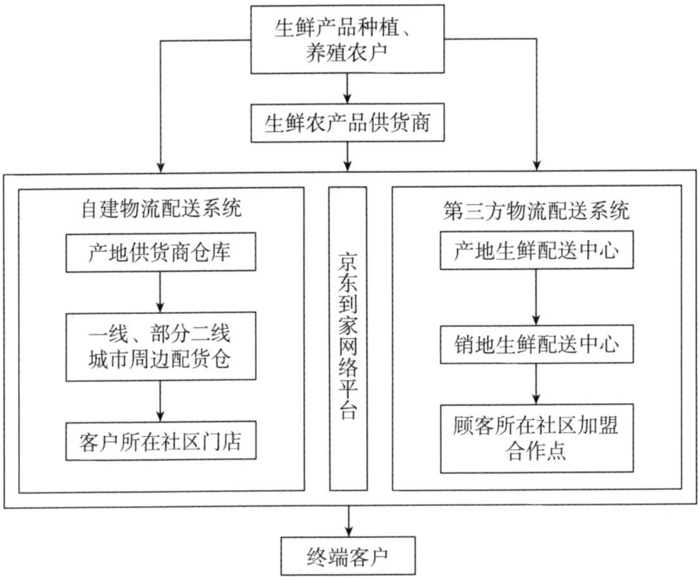

图 11－3　京东到家整体运营模式

（4）创新商业模式，商户群体基数庞大。在业务模式上，京东打造协同仓和移动仓模式。协同仓是京东将仓库内置于合作商的仓库中，实现产地直发、零库存；移动仓是将库存前置，更接近客户，实现快速配送服务。京东到家商户群体庞大，其中包括沃尔玛、欧尚、永辉等零售巨头，更多门店的加入为消费者提供更加齐全的商品品类，在无形中增强了用户的黏性。

（二）专业性垂直供应链模式

此种模式不依赖天猫、京东等综合性电商平台，而是专注于生鲜行业，自建供应链，从商品采购、产品销售、商品仓储配送等全方位参与，核心企业通常掌握着供应链中的其中一个环节。如每日优鲜，每日优鲜在主要城市建立起“城市分选中心＋社区配送中心”的极速达冷链物流体系，为用户提供全球生鲜产品“2 小时送货上门”的极速达冷链配送服务，在这个平台上可以购买到水果蔬菜、肉类海鲜及奶制品和部分零食，品类丰富；顺丰优选的竞争优势则来自自建物流体系，基于生鲜产品对时效性的要求，成熟的冷链仓储、配送体系成为供应链中的重要环节。另外，还有以产品销售为核心的本来生活网，以产品供应为核心的中粮我买网等。相较于综合性平台的大而广，垂直电商模式专业性更强，对产品控制更有优势。

以每日优鲜为例，2017 年上半年在垂直生鲜领域每日优鲜用户量增长迅速，同比增长达 183%，成为行业第一。每日优鲜成立于 2014 年 11 月，在腾讯加持下，每日优鲜已入驻全国 20 个城市，布局微仓 1000 余个，无人货架“便利购”入驻 10 个城市，点位 1.8 万个，迅速成长为行业“独角兽”。每日优鲜是典型的 B2C 商业模式的移动电商，客户通过微信或APP下单，工作人员再配送到户。每日优鲜作为生鲜电商行业的后来者，能在激烈的市场中脱颖而出核心优势是独特的运营模式（见图11－4）：

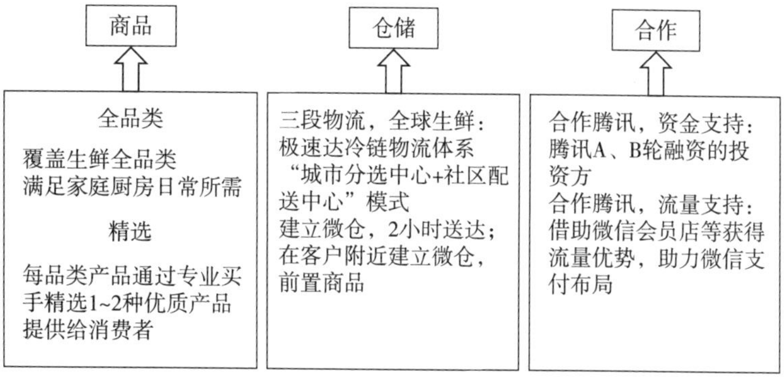

图11－4　每日优鲜整体运营模式

（1）生鲜品类上，采取全品类精选的方式，精简SKU（库存量单位），控制在600个左右。在精品的选择上主要侧重于两类，附加值高的产品和附加值低、相对容易做电商的产品。买手制作为全球品类精选的支撑，挑选出具有溢价能力的农产品，借助移动客户端用最直接的方式显示每款商品的订单量。

（2）仓储配送上采取“总仓＋微仓”两个节点三段物流的模式。每日优鲜建立城市分拣中心和社区微仓的二级仓储体系。通过客户订单集中度在城市核心区域建立前置仓，其辐射范围为三公里，同时采用“冷源＋时间冷链”的配送方式，实现全面“去冷媒”。每日优鲜利用“全冷源”前置仓的方法，将企业的变动成本转变为固定成本，从而实现生鲜电商的规模化盈利，有效解决了“最后一公里”的问题，实现了“2小时送货上门”的极速配送系统。

（3）在产品包装方面，采取小规格包装，多吃多选，核心城市2小时送达，满足消费者对生鲜即时性的需求。

（4）在市场推广上，坚持“721原则”，即70%的战略资源用于现有核心城市的垂直增长；20%的战略资源用于横向扩张，遵循盈利一批城市、开发一批城市的原则；10%的战略资源用于新业务的拓展。

在“新零售”概念的背景下，每日优鲜在不断探索中走出了自己独特的发展路径——“全品类精选”和“前置仓储”。通过这两个核心经营模式，产品品质和安全得到了保障，复购客户率达80%以上，产品得到消费者广泛的认可。在供应链层面，每日优鲜坚持抓大放小的原则，坚持遵循用户思维，选用较高成本的顺丰冷链运输系统，增强客户体验和对产品消费即时性需求，收获了一批稳定的老客户，同时也不断吸引着更多新客户的加入，实现了以高频和复购为核心的用户基础正循环。

（三）线上线下相结合的O2O模式

生鲜产品O2O模式大致可以分为两种：一种是以电商巨头旗下的盒马鲜生（阿里）、7Fresh（京东）、超级物种（永辉）、苏鲜生（苏宁）等为代表的大实体店；另一种是以百果园、云厨一站、生鲜传奇等小实体店为两种主流连锁模式，成为整个生鲜赛道区别传统农贸市场和超市的创新主流。在新零售浪潮下，线上线下渠道的双线融合，与消费者联系更加密切，是目前生鲜电商的发展趋势之一。

1. 盒马鲜生

盒马鲜生成立于2015年3月，作为阿里“新零售”战略的“拳头产品”，盒马鲜生致力于运用大数据、移动互联等核心技术，自建现代物流体系，为用户提供线上线下一体化生鲜消费体验。截至2018年8月，盒马鲜生门店数量达到67家，覆盖四大一线城市及南京、苏州、杭州等新一线城市，发展势头迅猛。

盒马鲜生以数据和技术为驱动，致力于打造社区化一站式新零售体验中心。盒马鲜生目标用户为一二线城市的80、90后群体。为了实现线上线下无缝衔接，盒马鲜生打造了“一店二仓五中心”的功能体系：以线下门店为中心，分为前端消费区和后端仓储配送区，门店同时承载超市、餐饮、物流、体验与粉丝运营五大功能，通过多种零售业态有机复合，满足消费者多样化需求。

（1）成本模式。盒马鲜生通过全流程精细化运营控制成本。在供给端，盒马鲜生整合上游供应链建立直采集地，通过规模采购降低产品成本；在中端，基于全链路数字化系统，商品到店、上架、分拣、打包、配送通过POS枪识别与作业，提高门店运营效率，降低运营成本，目前盒马门店从拣货、传送、包装直至出货全程不超过10分钟；在线下门店，盒马鲜生通过统一结算方式（只接受盒马APP线上下单支付）实现低成本线下至线上引流，并提供24小时配送服务，打破门店时空限制，扩大用户覆盖范围；在配送端，盒马鲜生没有盲目扩大配送距离，而是将30分钟即时配送范围限定为门店半径3公里，该距离覆盖约30万户家庭且无须冷链运输，能够有效降低生鲜配送成本，3公里外非生鲜订单由第三方运力配送，最长24小时送达，在可控成本范围内进一步延伸用户消费场景。

（2）盈利模式。在线下门店，盒马鲜生借助帝王蟹等高性价比海鲜吸引客群，依托多场景融合尽可能延长顾客店内停留时间，进而通过销售其他中高档商品盈利。资料显示，盒马鲜生门店SKU近5000个，综合毛利率为18%～23%，但海鲜水产SKU不足130个，占比仅2.51%。在线上App，盒马鲜生布局上万款SKU聚焦长尾，用丰富的品类满足用户消费全需求，而线下实体店则聚焦中高档“头牌”，满足用户即时购物需求为线上引流。此外，基于对用户核心需求的洞察，盒马鲜生推出“日日鲜”与“无条件退货”，打消用户“线上”生鲜消费疑虑，增强用户“线上”黏性，“日日鲜”产品只在当天出售，余货当晚销毁，满足用户享受新鲜产品的核心需求，“无条件退货”提供配送员上门取货服务，将生鲜品质风险完全转移给盒马。目前，盒马鲜生门店坪效约为5.6万，远高于传统生鲜超市，其中线上销售额占比达70%，远超线下销售额。

“一店二仓五中心”的线下门店不仅承载盒马鲜生“新零售”品牌宣传大旗，为盒马鲜生带来丰富的客源，还通过与现代冷链物流系统的深度融合，打破门店时空限制，触及广泛的消费人群，实现线上线下消费统一。面对生鲜电商市场的激烈竞争，盒马鲜生的“重资产”模式不仅难以复制，而且在用户体验上优于纯线上生鲜电商，这些都将成为盒马鲜生市场竞争的“利器”。

2. 百果园

百果园经营的起始到现在的核心仍然是水果零售，以专卖的形式销售优质水果，也就是高端水果专卖店，并以连锁的方式扩展。为支撑庞大的、高质量的水果需求，百果园向上延长产业链，从配送中心、质检中心，到采后处理、果园基地，不断地加大对所销售水果产品质量的管控能力。百果园在全球拥有超过100个水果基地，大多应用“百果园+合作社+农户”订单农业的模式，努力传授种植技术，以百果园的标准进行生产。

（1）物流配送。百果园每进入一个新的市场区域，会先建设相应的配送中心，覆盖周边门店，内部称为“果品粗加工中心”，主要负责从果园直采产品的初步筛选及包装。百果园整个物流网络还包括总部配送中心和区域配送中心。截止到2015年12月，百果园在全国有八大配送品控中心，超过6000平方米的冷库，配备现代化管理的冷链物流配送设备。百果园的配送中心均设水果实验室，上百人的团队每天对所有品种进行品质检验，积累数以万计的检测报告，检测指标包括甜度、脆度、鲜度和农药残留量等。

百果园的物流信息由总部统一控制管理。信息系统已经对各个品种的水果在入库时间、入库温度、入库前后的处理方法设立不同的标准，各配送中心按标准执行。信息系统对配送中心和门店的库存进行协助管理，为每种水果设置保质期，当保质期临近，系统会预警提醒。订单系统是根据历史销售数据、库存、天气情况、节假日、近期销售5个因素自动生成门店预订单。百果园门店的耗损率从2003年的13%下降到2015年的5%，远低于10%的行业平均水平。

（2）线上线下联动。当前，大多数生鲜电商仍处在亏损和大量资金投入的阶段，但百果园却只用两年时间就实现了线上规模化盈利。2016年年底，百果园正式宣布并购一米鲜，一米鲜创立于2014年11月，通过C2B订单形成线下自提或者次日达模式，在其创立的一年半时间内，积累了400万用户。一米鲜公司及其团队并入到百果园线上运营体系，一米鲜创始人开始负责百果园电商业务。这让百果园迅速占有了发展线上业务所需的人才和技术储备。二者合并后，一米鲜既有的终端服务技术被移植到了百果园APP。百果园门店周围3公里内，百果园APP、门店，及其入驻的京东到家形成了一个闭环。

百果园门店一方面O2O化，升级为“实体店+虚拟店”模式，另一方面继续丰富百果园APP的服务功能。为了增加顾客黏性，除推出独家产品外，百果园APP还提供了“不满意可瞬间退款”“线上消费、门店称重、不足重量差额退款”等服务。焦岳表示，目前百果园线上业务已累计为184792位用户提供了“不好吃瞬间退款服务”，退款金额已达1300余万元。

从2018年开始，百果园集团加大对“百果园+”小程序的投入，打造了业内千万用户级的小程序，打通了很多线上线下的零售服务场景，通过不断快速的迭代为顾客提供了更优质的服务体验。目前，用户数突破1300万，日活用户突破50万，日订单突破6万单。与此同时，百果园社群数量突破6000个，已为300多万用户提供了“线上下单+线下自提”服务。通过社群，百果园不仅提升了自身的售后服务，还带动了消费升级。另外，社群作为小程序拼团业务的主要转化场景，截至目前，百果园社群已助力拼团销售额达2亿元以上。

（3）标准化。标准化是生鲜水果企业的安身立命之基，果业竞争的根本就在于对水果标准的制定。谁能制定标准，谁就可以占领供应链的制高点，拥有更多的话语权。百果园定位为中高档精品水果体验店，以消费能力强的中高档消费者为主要顾客群体。百果园提出“好吃是检验水果的首要标准”，建立了自己的“四度一味一安全”的果品标准。其中，“四度”是指糖酸度、鲜度、脆度、细嫩度，“一味”指香味，“一安全”指安全性。

百果园围绕“好吃”的标准，制定了相应的采购标准、品控标准、验收标准和门店标准，形成了一套水果经营的标准化闭环体系。从产地种植、物流运输，到保鲜度和质量控制，再到零售终端的布局陈列，百果园将“好吃”这一标准贯穿至水果行业的全产业链中。同时，百果园针对水果品类存在的巨大差异，将水果分为珍稀果、招牌级、A 级、B 级、C 级，根据规格又分为大、中、小三种级别。这样就建立了水果的分级标准，便于消费者在终端进行感知选择和心理定价。其实百果园的分级标准，既是选择标准，也是利润标准。

百果园作为水果连锁模式的开创者，在全世界范围内都是具有创新意义的，因此其对标准化的探索具有行业示范效应。能解决“最后一公里”配送的线下门店、提供优质产品的稳定供应链体系、打通线上线下的 O2O 模式，这些都是百果园做线上业务能够盈利的原因。

3. 云厨一站

江苏云厨一站新零售有限公司是 Y 集团旗下的全资子公司，成立于 2014 年，是集互联网 + 农产品种植、农产品加工、农产品物流运输、农产品线上线下（O2O）销售为一体的全产业链运营商。提供酱卤、调理熟食、鲜切菜、组配菜、净菜五大类 700 多个品种，实行食品安全追溯体系，切实保障百姓餐桌安全。

公司打造的“云厨一站”商业模式，深入社区的连锁配送终端，以线下社区店为终端，与线上双线互动（O2O），实现“线上订购、冷链配送、线下体验”的消费链条，用自建“基地种植 + 超级工厂 + 物流配送 + 门店销售”的产供销一体化自营来发展社区生鲜店，实现各个环节无缝对接的生鲜全产业链闭环模式。

区别于其他线上线下联动的 O2O 模式，云厨一站以超级工厂中央厨房为核心，通过初加工、再加工、深加工等形式，生产组配菜、酱卤熟食、净菜、面食、生鲜、烘焙等，为消费者提供的产品 SKU 数达 1200 余种。超级工厂中央厨房还可以供应差异化、定制化特色产品，支撑多终端业态生鲜食品供应，满足了消费者的一日五餐（早餐—午餐—下午茶—晚餐—宵夜）需求，升级了消费者的生鲜购物体验。以超级工厂中央厨房为核心的农产品工业化、规模化、标准化生产，重构了货流、成本流、人流、信息流，上游链接超级农场，反向服务农户，下游通过不同的终端业态链接消费者生鲜供应，去中间化，做到食品安全可溯源，生产成本降低，流通损耗降低，带来了消费者的体验提升。

第三节　Y 企业概况及其生鲜供应链分析

一、Y 公司概况

Y 控股集团成立于 2006 年，位于江苏省南京市，是一家以信息化为特征，以现代农业为核心，集生态农业、生态旅游、农产品加工、物流配送和零售商业及电子商务为一体的大型现代化企业集团，现拥有江苏 Y 巴布洛生态农业有限公司、江苏云厨一站新零售有限公司、南京润康农业发展有限公司、江苏云厨全域产业园有限公司、江西巴夫洛生态农业有限公司、江西云厨一站新零售有限公司等二十余家骨干企业，员工 3000 余人，是江苏省、江西省农业领域的龙头企业。相比传统农业发展模式，Y 集团以互联网思维为主导，通过各种互联网技术对传统农业进行升级改造，通过互联网思维促进了一二三产间的融合，目标使第一产业农业产业基地带领当地农民致富增收，第二产业中央工厂将农产品再加工使之附加价值提升，第三产业终端连锁店及衍生新兴业态将实惠和优质农产品带给老百姓。一二三产业协调发展，实现农业与其他行业之间的跨界整合、优势互补。

历经十年发展，Y 集团已经发展成为以“三产融合、产融结合”为特色的全农业产业链企业，形成了“互联网 + 现代农业 + 旅游”的发展格局。巴布洛生态谷和“云厨一站”是 Y 集团当前倾力打造的两大支柱产业。

（一）巴布洛生态谷

巴布洛生态谷位于南京六合竹镇，总占地 15000 亩，是集现代农业、生态旅游、养生养老、农耕文化体验、教育拓展为一体的现代农业综合体。整个园区划分为现代旅游观光葡萄产业园、现代都市牧场科技产业园、现代农业文化体验产业园三大板块和公共配套设施。

巴布洛生态谷重点致力于农业信息化、数字化、可视化、远程操控、精准农业作业、生态农业旅游观光的建设；通过对生态谷的信息化管理，以信息流引导商流、物流，加强数字化建设，优化种植结构，运用可视化技术查看农作物生长状况，对园区进行远程管理与控制，实现精准作业的现代化农业模式，构建巴布洛现代智慧农业综合体。

同时，巴布洛生态谷充分利用生态优势，集中满足游客“看、玩、吃、住、购”多种消费需求，打造了一系列贴近自然、风格迥异的餐饮、住宿和游乐设施，形成乡村游、亲子游、户外游、度假游四大旅游门类，成为南京及周边城市著名的一站式旅游目的地。在现有生态农业旅游的基础上，巴布洛生态谷将依托优越的生态环境和社会资源，借鉴国外先进文化理念，集中向养老养生、体育文化和青少年成长教育三个方向延伸，打造具有六合特色的“巴布洛小镇”，致力于成为国内一流的生态型养老基地、体育训练竞赛基地和青少年成长教育基地。

作为田园综合体，巴布洛是一个一二三次产业融合发展的成功案例。其今天的产业融合架构、经历了三个阶段的演进。第一阶段，从第二产业切入，接一连三，2011 年流转巴布洛这块土地时，其构想将巴布洛打造成一个生态牧场，用以保证旗下加工企业的原料供应，同时通过成片种植的草地、葡萄等，兼顾做休闲观光旅游。第二阶段，从第一产业切入，接三带二。针对市场变化，巴布洛及时调整了产业发展思路，开始正式确立休闲观光农业主攻方向。第三阶段，从第三产业切入，接二连一。2015 年，巴布洛在开拓市场中发现三个问题：一是农业优质资产不丰富，二是客户资源开发利用不足，三是仅靠旅游观光不足以支撑公司战略的实现。时下网上购物成为一种新兴商业模式，并被越来越多的城市居民作为首选消费方式后，于 2016 年自主开发打造出线上线下销售平台“云厨一站”，当年即在南京主城布局了 100 家社区门店，服务网络覆盖近 10 万家庭。

（二）云厨一站

云厨一站是江苏 Y 控股集团打造的以社区百姓为服务对象，生鲜农产品为特色，整合了农产品生产、加工和销售等各个环节，建立了自由“种养殖基地—超级中央厨房—冷链物流—新业态终端—消费者”的生鲜产业链。云厨一站的核心理念是两个 F2F。第一阶段为 Farm to Family，通过上游供应链的整合给家庭用户输送物美价廉的农产品；第二阶段为

Factory to Finance，通过产业升级，让农场标准化，通过家庭消费升级成家庭金融产品，向生产端进行供应链数据和金融升级，真正做到产销融结合，去掉一切中间环节，为消费者提供物美价廉的农产品，同时产品安全得以控制，从而给家庭客户一个安全的环境。另外，云厨一站采用会员制体验式营销模式，通过生态基地、中央厨房和云生活馆的全产业链体验，让会员亲身感受云厨全产业链优势及不定期监督商品生产全过程。

目前，云厨一站在南京拥有1500亩蔬菜种植基地、6座智能化现代食材精加工工厂及中央厨房、200余辆冷链物流车队、250多家社区体验店，服务南京市区30万户家庭、100多万消费者。

作为生鲜新零售的践行者，云厨一站将产品、渠道、品牌一体化，以超级工厂中央厨房为核心将农产品工业化、规模化、标准化生产，重构货流、成本流、人流、信息流，上游链接超级农场，反向服务农户，下游通过不同的终端业态链接消费者生鲜供应，去中间化，做到食品安全可溯源，生产成本降低，流通损耗降低、消费者体验提升。云厨一站全面响应国家供给侧改革战略，以现代农业全产业链升级、优化产业标准为目标，打破传统农业种养殖、生产加工、研发、运输、销售的断链式格局，围绕行业痛点，自建生鲜全产业链闭环模式，实现各个环节无缝对接。

二、Y企业生鲜供应链分析

Y企业打造了一条包含采、产、供、销的全农业产业链体系（见图11－5），打掉一切中间环节，产品生产可控，从而可获得成本优势和质量品质优势。

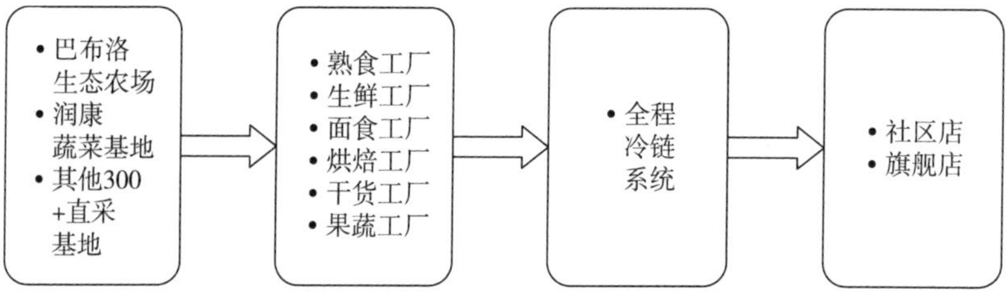

图11－5　Y企业农业全产业链体系

（一）生态基地

生产环节是农产品质量保证的根本源头，所以企业必须自建基地才能更好地进行大规模智能化管理。目前，Y企业自有巴布洛生态谷和润康农业两大农产品基地，以及国内300余家农产品合作基地，囊括蔬菜、水果、肉类、水产、粮油干调等1000余种产品。其中，润康农业位于南京市现代农业示范园区——南京龙池现代产业园内，占地1500亩，为南京市农业产业化重点龙头企业，润康农业的发展定位为江苏省绿色优质蔬菜的产品中心、技术中心、标准中心和人才中心，依托信息化平台服务于生鲜线上线下的专业化蔬菜基地，以叶菜为特色，通过新品种、新技术引进，技术研发等，形成技术标准、产品标准、质量规范、人才培养的科技创新型企业和江苏省蔬菜生产标杆性企业。目前负责云厨一站社区店所有净菜类产品供应。

目前，润康农业计划投资1亿元，与德国FAKTAG公司进行技术合作，通过引进德国先进的农业技术和理念，建设新型温室和数字控制系统，规划209亩农田用于“数字化农业建设试点项目”申报和建设，真正实现科技农业、智慧农业和高效农业。同时，润康农业计划通过技术服务、产品销售、品质检测等方式，将龙池现代农业园及周边地区的蔬菜生产农户、企业进行整合，联合形成润康蔬菜产业联盟，形成5000亩的永久性蔬菜生产基地和南京市最大的叶菜生产基地。

（二）中央厨房/生鲜工厂

中央厨房的主要任务是将原料按菜单分别制作加工成半成品或成品，配送到各连锁经营店或直接配送销售给顾客。其功能主要在于：生产加工功能、检验功能、统一包装功能以及信息处理功能。生产加工功能要求中心厨房按照统一的品种规格和质量要求，将大批量采购来的原辅材料加工成成品或半成品；检验功能要求对采购的原辅材料和制成的成品或半成品进行质量检验，做到不符合原辅材料不进入生产加工过程，不符合的成品或半成品不出中央厨房；统一包装功能要求根据连锁企业共同包装形象的要求，对各种成品或半成品进行一定程度的统一包装；信息处理功能则是及时了解各线上线下门店的信息，即使根据各处的要货计划有组织地对各类产品进行生产加工。

Y企业目前在南京拥有6座智能化现代食材加工中心，分别为：熟食工厂、面食工厂、果蔬工厂、生鲜工厂、干货工厂和烘焙工厂，负责净菜、组配菜、酱卤熟食、冷鲜冷冻、面食糕点等数百个产品的生产以及粮油干调、水果等产品的分拣包装。

中央厨房执行严格的食品安全制度：所有进出口和操作环节均装有24小时监控设备，同时配有完备的食品检疫检测设施；工人进入车间要执行严格的消毒更衣制度，所有餐具和炊具都要采用消毒柜进行杀菌、消毒、烘干和储存，通过建立贯穿所有车间的中央清洗站对设备进行全方位消毒杀菌。中央厨房拥有数十台自动化锅具及一条世界领先技术的自动米饭生产线，极大地提高了生产效率，减少了人工浪费。

中央厨房的优势在于：一是通过集中规模采购、集约生产来降低成本；二是依托强大的食品研发团队，实现了传统美食的大众化、标准化和工业化生产；三是通过集中加工处理，为城市减少了大量餐厨垃圾，并节省了大量水资源。

（三）冷链物流

生鲜零售的快速发展离不开愈加成熟的供应链和冷链仓储物流技术，这是保障生鲜品质的根基。生鲜品类具有难贮存、对运输要求较高的特殊性，简单复制普通电商的模式行不通，只能依赖技术支持。

目前，Y企业设置了从源头到终端的全程冷链系统：基地的真空预冷机和全冷链自动化包装车间，配套建设多温层中转仓及总仓，专业的仓储WMS系统及TMS物流系统，并采用业内领先的RFID智能分拣收发货系统，创建动态的物流信息共享机制，完成鲜活农产品物流环节中的信息交流、传送及反馈功能。整合已有的专业仓库管理系统、订单管理系统以及车辆管理系统，通过物联网及信息流实现产品储运过程中的安全性和准确性，并减少了时间浪费，极大地提高了储运效率。

200余辆冷链物流车队，负责基地和中央厨房到社区体验店的物流运输任务。通过装配先进的空调设备以及严格的上下货制度，云厨产品实现了从“基地—工厂—门店”全程冷链配送，其中蔬菜产品更是达到了从“田间—门店”的6小时生鲜配送。通过安装GPS系统和PDA扫描系统，一方面保证了产品运输过程中的安全性和准确性，另一方面减少了时间浪费，提高了运输效率。

（四）社区体验店＋旗舰店

Y 企业将社区体验店设在社区旁边，最大限度地方便了消费者，同时也为云厨产品找到了最为直接的销售渠道。社区体验店实行四个统一：统一视觉设计、统一装修、统一设备、统一服务。社区店实行会员制，每家门店经过一定时间积累了大量的消费数据，通过云厨一站数据中心整合分析反馈给供应链系统，从而实现了以销定产。

Y 企业多家云厨一站社区体验店周边都将开设一家云厨旗舰店，云厨旗舰店的面积在 1000 平方米以上。除生鲜类全品项商品零售外，还增加了堂食及现场加工区域，增加了顾客饮食的体验内容。匹配冷库系统，为周边云厨一站社区体验店提供商品配送。旗舰店内专区定期邀请各类名厨达人，现场为顾客提供名厨课堂、邻厨趴等交互活动，提升品牌乐趣。

（五）全网数据链矩阵

产品溯源系统。云厨一站建立了国家级检验中心，生产体系推行“7S 管理”，即整理、整顿、清扫、清洁、素养、安全、节约，严格按照食品安全管理体系进行质量控制。并建立产业链安全检测检验标准及标准的信息化溯源体系和控制预警制度。通过自动化设备的运用，最大限度地减少人工操作，建立封闭式恒温车厢，保障食品安全。同时，云厨一站在产业链的每个环节都相继接入了远程控制系统、GPS 系统、全程监控系统等全网数据链系统，形成了一条完善的产品溯源系统，确保食品从源头到餐桌的安全。

全渠道零售系统。在快节奏的都市中，消费者越来越重视产品的质量和服务效率。“互联网＋”与各个传统产业的融合所构建的新模式使得企业减少了许多不必要的中间环节，提升了企业运营效率，拉近了和消费者的距离。线上网店平台和智能终端也可以满足消费者随时随定的订购需求，销售成本很低，而且容易获取客户消费的大数据，便于及时掌握市场动态。云厨一站一方面积极布局线下旗舰店＋社区体验店，另一方面同步开发了网上商城、APP、微商城、社群，通过全网数据链系统将两者进行有机结合，实现了“线上下单、冷链物流、门店自提、送货上门”的新零售模式。

三、Y 企业生鲜供应链优势

Y 企业与其他生产者比较，其企业拥有全产业链供应，前期建设投入大。在生产基地上，云厨一站紧跟政府政策指引，建立追溯体系，目前已与复旦大学达成合作，共同推进物联网技术的发展和应用，对农产品生产过程进行即时监控，从而可以在源头上保证其农产品质量。提高消费者对其农产品的消费信心，从而提升云厨一站的核心竞争优势，如表 11－3 所示。

表 11－3　Y 企业与其他普通农业生产者供应链比较

农业品供应链 / 生产者	农业投入	初级生产	初级产品初加工	初级产品再加工	初级产品深加工	产品物流	产品销售
普通企业	较少涉及	种植、田间管理（更多使用机械或化学用品）	存储	干燥、包装（较少）	较少涉及	较少涉及	批发商

续表

生产者＼农业品供应链	农业投入	初级生产	初级产品初加工	初级产品再加工	初级产品深加工	产品物流	产品销售
云厨一站	自有及合作基地生产	种植、田间管理（更多使用科技）	存储	初步清洗，干燥，包装	配套佐料出售	冷链运输	自由店铺

企业核心竞争能力的产生，源自于两个相辅相成的方面——资源及能力。资源是指公司的资产，其具体包括土地、房产、设备、资金等有形资源，以及企业的品牌、公司声誉、经验、专利等无形资源。而能力是指公司协调其资源并用于生产的技能。接下来，我们将对云厨一站的资源和能力进行总结分析。

（一）Y企业的有形资源

（1）对生产源头具有极强的控制力。有巴布洛生态农场和润康农业两大农产品蔬菜基地，润康农业更是为南京市农业产业化重点龙头企业。除去这两家资质优良的自有基地，云厨一站还有300家经过严格遴选的协议基地。在合作协议中，明确规定了其需要的农产品的品质要求，并在入库前实施严格的抽检制度。

（2）拥有高科技的生鲜流通设施，设置了从源头到终端的全程冷链系统。其200余辆的冷链车队，负责基地和中央厨房到社区体验店的物流运输任务，实现了从“基地—工厂—门店”全程冷链配送。通过严格的上下货制度，云厨一站目前已实现了低损耗的物流成本。

（3）拥有齐备的健康农产品生产设备。除了拥有6座智能化现代食材加工中心，云厨一站还具有先进的检验设备。目前云厨一站已建立了国家级检验中心，严格按照食品安全管理体系进行质量控制，并建立了产业链安全检测检验标准及标准的信息化溯源体系和控制预警制度。

（二）Y企业的无形资源

Y企业在南京市消费者间具有良好的口碑。目前，南京市内共有两百多家云厨一站的门店，主要分布在各大型社区附近，且门店都是统一设计，统一装修，具有高质量的消费环境。经过调查，现有消费者对云厨一站的产品都给予了较高的评价；潜在消费者大部分都表示有听说过云厨一站这一品牌，愿意去店里购买尝试。

（三）Y企业的能力

（1）拥有先进的生产技术。云厨一站一直积极使用世界先进的生产技术，比如在西红柿、草莓大棚中采用德国高架无土栽培技术，建成后每亩可生产约40万斤品质优良的草莓和西红柿。

（2）具有成熟的运营机制。云厨一站自2016年4月2日首批社区店正式营业开始已3年多，各门店对自身所需的农产品数量有了一个较准确的范围估计，这将大大减少每日多余产品的销毁损耗。

第四节 Y企业生鲜供应链存在的问题及成因

随着社会经济的飞速发展，人们的生活水平得到显著提升，再加上电子商务模式的不断完善，人们消费结构也随之发生了巨大转变。作为人们日常饮食的一个重要部分，生鲜农产品逐渐成为人们高度关注的焦点，人们除了重视生鲜农产品的价格外，更注重它们的营养程度、安全程度及新鲜程度。然而，在当前电商飞速发展的新形势下，生鲜农产品物流供应却面临着诸多挑战。因此，如何有效地改进生鲜农产品物流供应链模式，是值得我们深思的课题。

一直以来，传统生鲜供应链由于周转过程复杂，产品损耗大已成为行业痛点，在消费升级的浪潮推动下，优化生鲜供应链已经成为行业共识。目前云厨一站采取的供应链模式：产供销一体化自营，用自建“基地种植+车间加工+物流配送+门店销售”来发展社区生鲜店。但在其发展过程中也面临着如下的一些问题。

一、问题识别

（一）门店前端较为简单，商品结构较为单一

在800多万人口的南京市，云厨一站于2016年4月崭露头角。云厨一站目前已经拥有直营门店200多家。标准店型100平方米营业面积，1200支SKU，门店主要销售包装净菜，其中蔬菜叶菜80%来自自有蔬菜基地和合作基地。按照董事长胡鸿飞的介绍，云厨一站店型已经改造到第四代店，货架采用了日本设计师整体打造的斜货架，不过其门店形态较简单，在门店空间设计、商品陈列和商品组合、商品结构上都还有较大的优化空间。另外，云厨一站还需要加强自身的核心竞争力，包括逐步研发和推出全家、罗森、7—11等日式便利店的便当、盒饭、沙拉等系列鲜食产品。

（二）门店运营成本长期较高

云厨一站全面响应国家供给侧改革战略，以现代农业全产业链升级、优化产业标准为目标，打破传统农业种养殖、生产加工、研发、运输、销售的断链式格局，围绕行业痛点，自建生鲜全产业链闭环模式，实现各个环节无缝对接，作为生鲜新零售的践行者，云厨一站将产品、渠道、品牌一体化，以超级工厂中央厨房为核心将农产品工业化、规模化、标准化生产，重构货流、成本流、人流、信息流，上游连接超级农场，反向服务农户，下游通过不同的终端业态连接消费者生鲜供应，这本该可以减少成本，提高公司的盈利。云厨一站的真实情况如表11-4所示。

表11-4 云厨一站和其他普通农业价值链比较

普通农企或农民	农业投入—产品研发—生产加工—运输—销售
云厨一站	超级农场—工厂集聚—冷链物流—终端业态—消费者

从物流成本来看，首先云厨一站采用的是多温层的冷链物流，配送费占其成本的8%～9%，夏天成本比例偏高。据悉生鲜产品的存储对温度的要求较高，蔬菜、肉类、水产、面包、熟食、鲜牛奶等都有不同的温度区间，例如蔬菜水果需控制在0～20℃、肉类产品则在－45℃～－15℃，故国内生鲜农产品物流供应链成本普遍较高。据调查发现，现阶段国内冷库及冷藏车数量仍无法满足市场发展要求。目前主要是通过将冰块装入保温袋中，再将之置于包装箱中，以此来储运那些有保鲜需求的农产品，此种储运方式只能持续保温20小时左右，然而对冰块却提出了较高的要求，一个4000平方米左右冷仓的建设成本在2000万元以上。另外，由于第三方冷链发展尚处于初期，存在硬件设施建设不足、技术含量低、专业化服务能力不强、运输效率低、成本费用高等缺陷，实力还不足以作为生鲜电商的主要臂助。

从运营成本来看，农业是投入重、回报慢的产业。1个1万平方米标准的中央厨房，不包括土地成本和建造成本，以及后期运营、人力成本，仅仅是硬件、设备投入最少1亿元。显然，靠一两千支SKU（SKU：Stock Keeping Unit 库存量单位，每款商品都有一个SKU，以便电商品牌识别商品）的社区生鲜店，赚到1亿元需要成规模的门店数。云厨一站的门店费用主要由人工费（工资）、租金、装修门店费、水电费组成，目前云厨一站想要实行“3＋1”的门店人员安排，一位店长三位员工，尽量做到成本最低化；租金平均是17万～18万元；门店装修费用面积大小安排，平均在50万～100万元，其中店铺的选址要求有如下几点：当地居住人群大于1500户，设置在道路的主入口，平均面积80平方米，电压大于380伏。

从损耗成本来看，生鲜农产品损耗巨大，有一些会因为管理不善或者人员失误而引起的不必要的损耗，图11－6是根据前瞻产业研究院《2018—2023年中国冷链物流行业市场前瞻与投资战略规划分析报告》显示，长期以来，我国都以传统农贸模式销售生鲜产品，而该模式供应链条长、流通环节多等弊端，加之我国生鲜冷藏运输基础设施落后等因素的影响，导致我国生鲜运输的损耗率高，而保鲜率低。

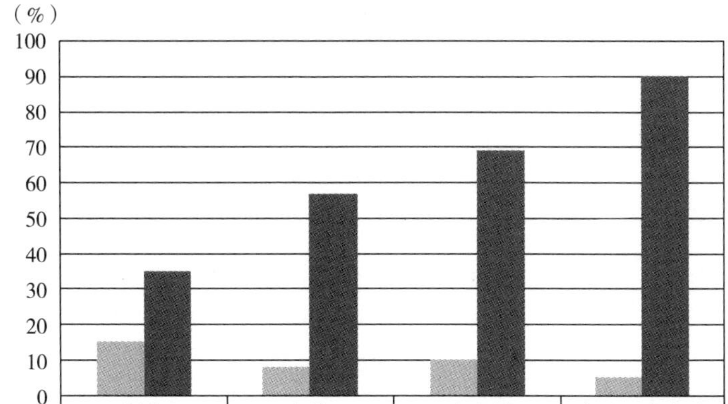

	果蔬	肉类	水产品	发达国家水平
损耗率（%）	15	8	10	5
保鲜率（%）	35	57	69	90

图11－6　国内外生鲜运输损耗率与保鲜率对比

从时间成本来看，由于有些消费者距离零售商太远，导致配送不及时，无法及时满足消费者的需求，时间长了就会降低顾客的忠诚度。

（三）供应链管理的标准化程度较低

云厨一站的社区生鲜店，小的只有30多平方米的面积，大的店则超过200多平方米。店型上差异较大，在商品选品和门店服务上差异立现。而在门店的运营管理上，云厨一站也做不到标准化。

云厨一站的第一批门店基本是赶鸭子上架，甚至店员都来不及做培训，因此在门店选址布局和运营管理上都有不少漏洞。“前端门店刚起步，后端供应链就很难做。刚开始只能是工厂强配式”。

（四）供应链环境有待改善，互联网物流运营机制相对单一

近年来，得益于国家相关政策的有力支持、农村消费水平的不断提高，生鲜农产品供应链体系的网络化覆盖率也得到了显著提升。然而由于当前农村基础设施建设水平整体偏低、交通运输系统完善度尚有待提高，加之民众发展意识相对滞后，因此在网络化推进上，目前生鲜农产品供应链体系仍旧面临着互联网通信效率低、仓储与调配不合理、货损率高以及网站信息更新速率偏慢等一系列突出问题。而在物流配送环节，当前生鲜农产品供应链体系又受制于冷链物流基础弱、专业设备匮乏、从业人员整体素质偏低等因素，难以构建起规范、高效、稳固的运营机制。

（五）供应链的物流节点不协调

生鲜农产品电子商务供应链是从生产基地到仓库再到配送，其中产生利益的节点取决于不同物流网点之间的有效衔接。现阶段生鲜农产品各个物流节点的联系度不紧密、效率低下、客户回应不及时。生鲜农产品从采购环节到销售环节中间会有短暂的存储、搬运、包装、配送等，这些中间环节实际上应用的是人工管理模式，不仅对于产品的管理缺乏统一性，而且降低了企业的库存信息及时性。此外，由于产品供应链的工作人员之间缺乏合作，相对比较独立，因此生鲜农产品的运行速度和整体运行速率都会下降。

二、成因分析

（一）Y企业核心竞争力没有充分挖掘

企业竞争优势的基础是独特的竞争能力。核心竞争力指的是企业的特有优势，该企业具有其他公司所不具备的资源和能力，该竞争能力使公司的产品区别于竞争对手，而且具有远低于竞争对手的成本（查尔斯·W. L. 希尔等，2012）。

其中核心竞争力的产生，源自于两个相辅相成的方面——资源和能力。资源指公司的资产，一般包括土地、厂房、设备、库存、资金等有形资源，以及品牌、公司声誉、经验、知识产权、专利等无形资产。能力是指公司协调其资源并用于生产的技能，即为实现组织目标而进行的决策和管理内部流程的方式，通常，价值链分析被认为是识别和评价企业资源和能力的有效方法（查尔斯·W. L. 希尔等，2012；陈幼其，2009）。

通过这些资源和能力，云厨一站在市场中取得了一定的成绩，开辟了一定的市场空间。但是在一系列的内外部因素的作用下，成本过高、损耗过大。目前云厨一站要突破原有障碍，“激活”原有的资源和能力，如表11－5所示。

表11－5　云厨一站的资源和能力

资源	有形资源	对生产源头严格控制	上游自建超级农场，基底自供，产品安全可追溯
			中央厨房严格执行食品安全制度
		对运输流通设施的严格规范	拥有一支200辆冷链物流
			实现“基地—工厂—门店”全程冷链配送蔬菜，更是达到了田间—门店6小时生鲜配送
			安装GPS系统和PDA扫描系统
	无形资源	公司品牌美誉度	社区良好口碑、有机食品、进口食品
		核心理念（两个F2F）	(Farm to Family) 上游供应链的整合给家庭用户输送物美价廉的农产品
			(Factory to Finance) 通过产业升级，将农场标准化，通过家庭消费升级成家庭金融产品，向生产端进行供应链数据和金融升级
能力	公司组织生产研发的能力和管理机制		

（二）Y企业商业模式需要创新

商业模式是为了实现企业的价值最大化，把那些能够使企业运行的各种内外部要素有机整合起来，形成一个完整高效且具有独特核心竞争力的运行系统，而且通过提供产品和服务，使这个系统持续完成盈利目标的一种整体解决方案。该方案包括业界界面（价值主张、分销渠道、关键业务、合作网络）客户界面（目标客户和客户关系）、财务界面（成本构成和盈利模式）、发展界面（核心竞争力）4个组成要素。Osterwalder模型就是通过改变上述九个要素来激发商业模式创新，如图11－7所示。

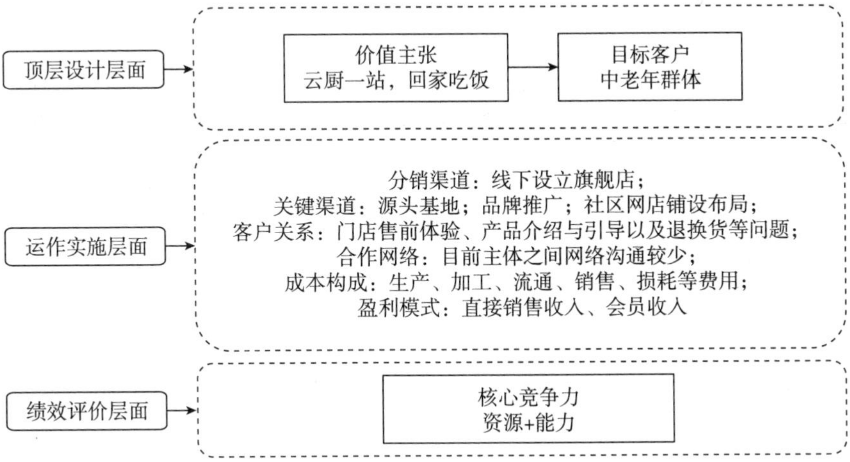

图11－7　基于Osterwalder模型的云厨一站商业模式维度构成

（1）目前，目标客户主要集中在一些中老年群体，除了这部分群体之后，还应该重点开拓青年人，毕竟这部分群体收入更高更稳定，这群人使用电商渠道购买生鲜产品的比例更大；此外，网点布局也很重要，关系到目标客户的消费体验，是云厨一站模式成功的关键要素之一。

（2）分销渠道主要集中在线下，但是线下终端（实体店）的建设成本太高，所以实现O2O模式是大势所趋。根据北京交通大学经济管理学院赵杨、赵颖斯、陈民撰写的《站在风口上了吗？“互联网+”背景下传统都市农品流通企业的商业模式重构》对丰收公司调研数据可知，75.9%的用户表示愿意通过电商网站购买健康类生鲜品。用户选择网购生鲜食品最主要的原因是方便，选择比例是63.8%。

（3）云厨一站的关键业务，根据品途发布的有关2017年的调查数据显示，电商平台是都市消费群体线上购买农产品的主要渠道，所以企业应该注重这个渠道。对于是自建电商还是入驻综合平台也是一个值得权衡的问题。自建平台可以提高自身品牌的知名度，但是初期推广成本太高；入驻电商平台，可以借助已有的平台资源推广企业的产品和服务，但是生鲜电商目前发展不成熟，仍然面临着较大的运营风险。无论是自建还是入驻综合性电商平台，面临的主要障碍都是消费者对健康食品的信赖问题，通过何种低成本的推广途径能够消除这些目标客户的疑虑。

（4）客户关系模式主要包括售前、售中、售后阶段，目前由于主要集中在线下销售，线上销售还没有开始实施，未来应该如何建立一个高忠诚度的关系模式？具体举措是什么？未来可以根据大数据分析客户的消费习惯，然后推荐客户感兴趣的产品组合，扩大产品品类；另外可以根据客户的个性化要求，提供一些营养搭配的产品组合。

（5）合作网络目前沟通较少，在当前的合作网络中，生鲜农产品在超市、专业批发商还是占了绝对比重，伴随着电商的发展，这两者的重要性将会降低。未来应该如何与一些农产品供应商、第三方物流企业、网络运营平台提供商进行联系是一个重要问题。

（6）盈利模式较为单一，仅有直接销售收入、会员收入，仅靠这两项收入很难为公司带来收益。要想提高公司的盈利率，要学会开源节流，一方面如何扩大收入来源，开拓新利润点？另一方面如何降低成本，减少损耗？

第五节　基于互联网的Y企业生鲜供应链优化方案

一、优化方案设计

（一）价值主张

第一，电商化。云厨一站应借助互联网工具实施自我改造，逐步向互联网渗透，实现向电商化的转型。可以基于“互联网+”进行线上线下整合，凭借自身累积的线下渠道、产品与服务等资源与线上形成互补，有效布局线下渠道，为未来打造生鲜农产品生态、资源集成网络等打好基础。

第二，品牌化。作为生鲜农产品生产者应首要保证生鲜农产品的品质，采取产地直销的形式从生产与流通两方面加强对生鲜农产品质量的把控，同时与优质的营销平台进行合作，逐步塑造出该生鲜农产品独特的标识或属性，提升生鲜农产品的市场竞争力，进而逐步向品牌化转型。

第三，生态化。云厨一站关注的核心应从“产品价值”提升至“产业价值”，深度挖掘、开发自身具有的产地资源，同时可以考虑与跨行业企业展开合作，协同推出以消费者体验为导向的服务项目，实现生鲜农产品产业的多元化创新与发展，充分发挥产地优势并激发更多的产业价值，进而实现向更高层次的生态化转型。

第四，跨界融合。云厨一站不应局限于“产品提供商”，而应定位为“产品服务集成商”，主动与跨行业优质企业建立合作关系，致力于打造满足消费者需求的多样化消费场景，实现生鲜农产品与生活性服务的相互融合与持续创新，基于生活性服务扩张原有的生鲜农产品市场，进而实现向跨界融合的转型。

（二）目标客户

在互联网迅速发展的现今社会，催生了消费者的新需求，他们愿意为了某种特殊的产品和服务的改进支付更多的报酬，这也为企业进行客户细分创造了条件。面对越来越多样化、个性化的消费需求趋势，企业可以根据目标群体新的消费特征划分细分市场并针对不同目标市场提供不同水平的产品和服务。

云厨一站的目标市场可以划分为两大客户群体，其一，购买能力一般，对价格较为敏感，仅需满足一般消费需求的广大都市居民，当然其中也包括需要大量采购农产品的餐饮企业，这一类群体数量庞大，且主要通过线下门店购买食品，消费总量可观，对企业提升市场占有率和销售份额有重要影响；其二，集中居住于社区，以家庭为单位的中高收入阶层，该目标客户群处于社会中上游，且习惯通过网络消费和分享感受，是企业打造高端产品价值链、进行品牌形象建立和推广的不二市场之选。

（三）分销渠道

除现有的线下店铺外，云厨一站可以建立以下分销渠道：线上网店、客服呼叫中心、智能移动终端（APP）、微商平台。其中线上网店平台和智能终端可以满足消费者随时随定的需求，而且容易获取客户消费的大数据，便于及时掌握市场动态；客服呼叫中心是主要的客户接触点，可以满足客户的紧急或特殊需求，既可以满足非网络用户的采购需求，也可以作为用户售后事务处理的联系中心；而微商主要借助于社交软件来实现产品推广，这种渠道对产品的特点和性质要求较高，可以实现客户群的精准定位。在上述五个渠道方式中，线上网店、智能移动终端、微商平台、客服呼叫中心主要服务于客户的订购需求，前三种方式还兼顾产品展示和品牌推广作用，呼叫中心可兼顾售后处理环节，而线下店铺主要是面向线下消费市场，兼顾取货、配货和售后处理功能，通过网络技术可以将各渠道有效地与企业和目标消费市场相连接。

对于生鲜销售而言，无论线上还是线下核心都是零售，线上线下只是外在表现方式，当行业发展到一定阶段，各种渠道的融合是发展的必然趋势。线上渠道更注重快速便捷，线下门店更注重体验，两者结合将给消费者带来丰富的全渠道生鲜体验，优势痛点互补，且流程透明增强了消费者的信心，如图 11－8 所示。

（四）客户关系

为了使云厨一站能够有效提升消费者消费体验，在线上环节，可以考虑从售前、售中以及售后三个节点分别进行改进：首先售前阶段，消费者的售前体验主要产生于产品的搜索、筛选及信息咨询等互动环节，网站页面布局完善，保证良好的人机互动界面，让消费者可以轻松地搜寻想要的信息结果；售中阶段指的是从客户下单到收货的过程，要设立在

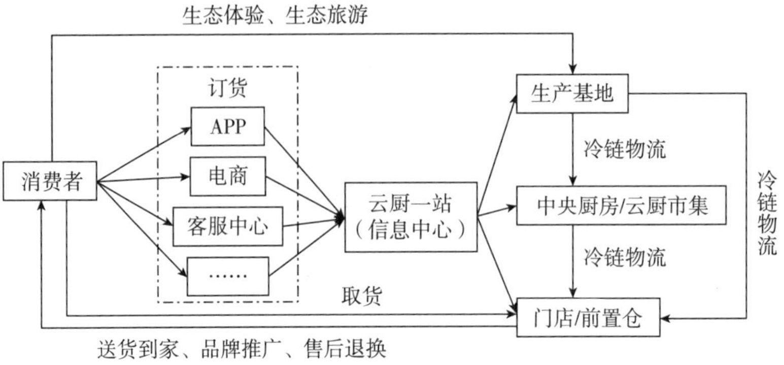

图 11 -8　云厨一站优化分销渠道

线客服，及时解答客户咨询的相关问题，使客户感受企业服务的热情；售后阶段也是客户关系建立和维护的重点环节，针对客户的退换货需求，云厨一站要借助线上客服及时与客户沟通确认商品信息，然后由线上与线下店铺对接，及时通过线下店铺为客户进行商品的退换服务。针对客户的评论分享需求，企业也可以充分发挥各种信息沟通工具的积极作用，一方面要真实地展示客户的购物评价，另一方面积极地给予及时的引导和反馈，给客户树立一个诚信可靠的企业形象。

除了线上环节，线下店铺也是企业与客户的一个重要直接接触点，线上提供信息化的质量追溯查询，线下提供现场质量保障展示，将会使消费者获得好的体验，提高消费者对生鲜电商的满意度评价（邵腾伟、吕秀梅，2018）。云厨一站线下门店的改进可以分为两步走，第一，规整店内产品的合理摆放并提升店员服务水平，提升客户到店体验。第二，利用线下店铺地理优势开设体验中心，作为产品推广现场，让消费者实地体验云厨一站提供的美食，也可以作为售后服务的网点，为消费者答疑解惑，及时进行产品退换服务，避免影响企业形象的恶性事件发生。

（五）关键业务

新环境下，云厨一站可以通过掌握以下关键业务来获得竞争优势：

第一，质量双向追溯系统。田间地头才是农产品质量的根本所在，所以云厨一站应该在自有生产基地和合作生产基地搭建监管体系，从源头推动生鲜标准化，根据自身实力情况合理制订计划，最终的目标是建成一个完整的物联网体系，实现自动化监测。并且结合网络技术，将产品信息通过平台或移动终端链接至目标客户，实现产品信息的双向追溯。

第二，强化供应链整合，打造综合电商平台。为打破传统模式壁垒，企业应该致力于推进供应链整合，缩短流通环节，并积极利用信息化技术实现产业链的网络化变革。云厨一站在入驻其他平台的同时，可以自建综合电商平台，学习其他优秀电商平台的经营模式，着重完善平台服务体系，引入各大合作企业入驻。自建电商平台成本较高，而且风险也较大，但是一旦成功，企业不仅可以获得利润空间的大幅提升，更加获得了新的核心竞争优势。

第三，完善冷链物流体系。为了与时俱进，云厨一站应将冷链物流建设作为一个重要的投资点，并将其作为企业新的利润增长点。物流问题是电子商务特别是生鲜农产品电子商务发展的“限制口”，生鲜电商企业应树立“物流即核心竞争力”的理念，将物流视作市场的延伸和“第三利润源”（刘刚，2017）。企业可以通过为用户提供优质的物流服务来开拓市场，将物流功能和设施建设、物流服务创新看作潜在的市场机会以及参与市场竞争的手段和策略，从而使物流成为生鲜农产品电子商务企业的核心竞争力之一。一方面，注重顾客对物流过程的参与，并对顾客参与进行管理和设计，如提高顾客对物流配送路径选择的主动权、对配送地点动态变化的协商权，通过信息互动增强顾客对在途农产品的可感知性。另一方面，以开放式创新思维开放或整合利用物流资源，提高物流资源利用效率、实现价值共创。例如，除满足自身业务需求外，可以提供社会化冷链物流服务。

第四，云厨一站还可以将传统农贸市场改造升级成集展售、半成品加工、成品体验，传统与现代，地方与国际、便捷生活服务等为一体的多功能、高效率的服务型集市综合体，即云厨市集。在云厨市集中，除加工农产品、作为配送中心外，消费者还可以来此就地消费，除农产品销售与加工外，还可以包括休闲娱乐和社区服务，为消费者提供综合的服务体验。因此云厨一站应主动与跨行业优质企业建立合作关系，致力于打造满足消费者需求的多样化消费场景，实现生鲜农产品与生活性服务的相互融合与持续创新，基于生活性服务扩张原有的生鲜农产品市场，进而实现向跨界融合的转型。这样，云厨一站不再仅仅只是销售生鲜农产品，同时还会为消费者提供增值性服务。此时，云厨一站既能满足消费者对生鲜农产品最基本的高新鲜度和购买便利性偏好，也很好地满足了不同消费者的个性化需求。

（六）核心竞争力

第一，为保证新的商业模式形成并顺利运行，云厨一站需要拥有自己的核心技术能力，包括：生产端为确保产品质量和双向追溯功能的物联网技术，流通环节可使企业取得竞争优势的冷链物流建设技术，为丰富产品和服务类别所需要的加工工艺技术，客户端为满足定制化需求的大数据分析技术。上述技术能力将会成为都市农产品流通企业成功实现转型并获得竞争先机的关键要素，也是连接企业产业链中各模块融合发展的必要条件，所以优先掌握并运用核心技术的企业就可利用技术壁垒获得先决的核心竞争力。

第二，为了充分发挥配送中心与物流系统的功能，保证所有生产基地、加工中心、门店和前置仓的生鲜农产品储备、销售等情况可以详细地反映出来，使生鲜农产品得到最合理的分配，就必须构建信息系统。信息系统包括销售系统、电子订货系统、信息管理系统、电子数据交换系统。整个企业的产品采购信息、进货信息、检验信息、存储信息、物流信息以及销售信息等都可以从信息系统中查询到。构建高效的信息系统，不仅可以节省人力、物力、时间，有效地降低成本，还可以促使生产基地、加工中心和门店的信息的交流与沟通，提升了企业的运作效率（赵趁，2017）。

（七）合作伙伴网络

在生产端，生产环节是农产品质量保证的根本源头，所以云厨一站要建立确保产品质量和双向追溯功能的物联网技术，企业可以将物联网技术构建模块进行外包，因为企业本身并不善于系统研发，交给合作技术企业可以更快更省地完成终端智能化建设。

在销售环节，建立电商平台能够更好地与企业其他模块需求相匹配，比如客户大数据信息的采集、农产品信息的双向可追溯系统的融合等，在建设和使用过程中可以与信息技术企业合作或农业大数据企业等合作，将相关信息技术业务外包，使企业专注于核心业务。除此之外，在支付方面和银行、支付宝等合作，在品牌营销方面和各类信息平台合作，在社区可以和社区便利店合作等。

云厨一站可以实施多元化战略，比如将产业链延伸至相关的生态旅游等领域，除现有的养生谷外，云厨一站在生产基地的基础上，开辟消费者生态体验基地和生态旅游基地，和相关的旅游公司进行合作，组织消费者前往其所在城市周边的农业生产基地进行生态体验和生态旅游。在云厨市集中，除农产品销售与加工外，还可以包括休闲娱乐和社区服务，为消费者提供综合的服务体验，因此云厨一站可以与优质企业建立合作关系，致力于打造满足消费者需求的多样化消费场景，如图 11 –9 所示。

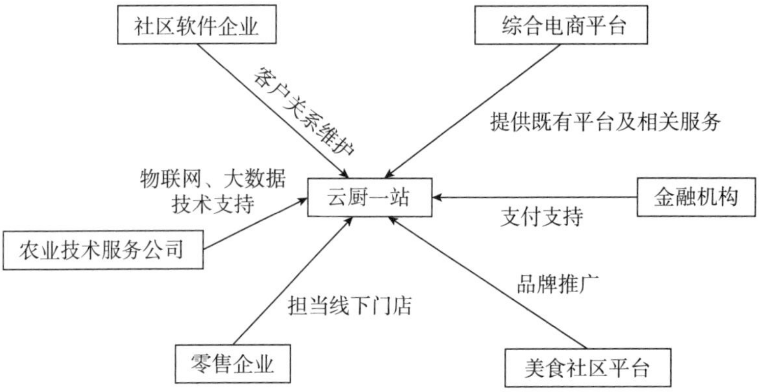

图 11 –9　云厨一站优化合作伙伴网络

（八）成本结构

现在云厨一站的成本主要构成要素包括第三方合作成本以及企业线上和线下的建设运营成本两部分，作为农产品企业，成本要素仍是影响企业实力的一大要素，所以在关注价值创造的同时，云厨一站也应寻求必要的成本控制措施。

预售模式就是成本控制的一项重要举措。考虑到农产品尤其是生鲜类产品的生产特性，以及供求不平衡的市场常态，企业生产面临较高的风险，因此借助于电商模式在双向对接方面的优越性，可以在农产品尚未成熟前提前销售，既可以降低企业风险，也能够为消费者提供更加优质的产品。预售模式还可延伸出周期购模式，主要是针对具有周期性需求的农产品，企业可以在电商平台为中介与消费者达成合作，消费者可一次性订购一段时期的农产品，企业分期配送，这也是双赢举措，既免除了消费者频繁采购的麻烦，也降低了企业营销成本。在生产端，也可以选择采用社区支持农业模式来降低基地建设成本，也就是云厨一站可以挑选合适的农户合作，由农户负责生产农产品和定价，企业负责承销，这种方式在质量保障方面效果较差，不过在进行模式创新实践过程中也不失为一种成本控制的有效手段。除此之外，云厨一站可以将相关互联网技术等部分外包也是成本控制的有效措施，如图 11 –10 所示。

（九）盈利模式

除销售收入和会员收入外，云厨一站还可以拥有以下收入来源：佣金收入。佣金收入指的是云厨一站作为服务提供商获取的收益，其一是可以将建设相对完备的冷链物流服务共享给其他企业；其二是利用建立的综合电商平台通过合作形式为其他相关产品企业提供

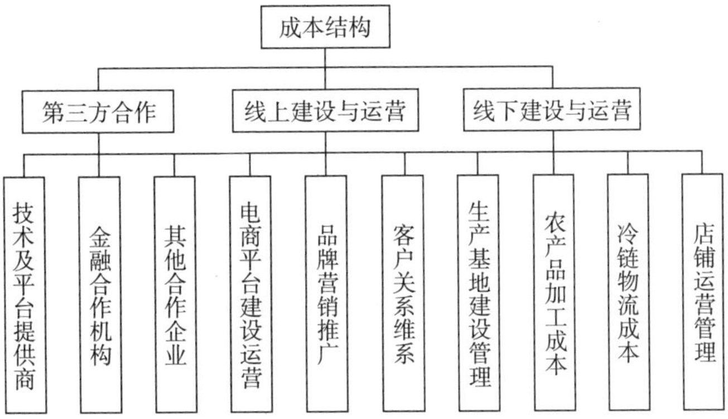

图11－10　云厨一站优化成本结构

销售平台，企业自身可以释放更多利润空间；其三是云厨市集的建立可以吸引众多商家进入。

延伸服务收入。例如，云厨一站可以利用生产基地，为目标客户开设农家乐旅游服务，定期开放基地，让有需求的客户群可以一边享受农家乐，一边参观企业生产流程，这不仅可以作为企业的一个盈利来源，还可以作为一种宣传手段。

二、保障措施

（一）建立基于“互联网＋”的O2O销售模式

随着互联网技术的发展，越来越多生鲜消费者形成网购消费的习惯，为生鲜农产品产业互联网化的持续发展奠定了坚实的用户基础。Y企业可基于移动互联网开辟供生鲜消费者接入的多渠道，同时借助互联网技术可有效地捕捉到消费者行为，有助于更精准地向消费者提供生鲜农产品及服务，与其建立更密切的交互关系。生鲜农产品销售商应摒弃传统、固化的思维，更新互联网思维并善用互联网工具，结合自身具有的线下资源优势，打造线上与线下渠道的高效联动，进而逐步基于移动互联网向电商化转型，为后期再进一步转型奠定基础（但斌等，2017）。

在利用现有门店销售模式的基础之上，Y企业建立生鲜农产品云平台，同时开辟电子销售渠道和网上生鲜超市，通过网络渠道向消费者销售生鲜农产品，大力推广网络销售，实现O2O销售方式。但对于一些较小的社区，建设门店的成本过高，导致入不敷出，因此可以在较偏僻地区采取前置仓模式，前置仓模式即将冷库布局在生活社区之中，以保证新鲜生鲜农产品的快速送达。一般来说，传统的生鲜零售门店同时承担着仓储和销售两个功能，而前置仓则不需要承担销售功能，所以对仓库选址的要求不高，通过合理设计和密集布局即可以满足生鲜电商企业及时配送的需求。对于一些公共区域如学校、医院、地铁等地区，可以放置智能柜，在大大降低成本的同时，将网点实现全覆盖，最终实现“线上下单、冷链物流、门店自提、送货上门”的新销售模式。对于网上下单购买生鲜农产品的消费者而言，O2O销售方式大大提高其购买便利性，同时也可以使其购买到新鲜度相对更高的生鲜农产品。

通过这种销售方式，Y企业可以减少对生鲜农产品的仓储量和减小对生鲜农产品的养护和管理难度。由于是根据事先由网上获得的消费者订单信息进行发货，且O2O销售方式明显会增加对消费者群体的覆盖范围，因此Y企业也可以更多地按需出货，避免生鲜农产品在库存中因变质产生的损失，并且减少为了维持生鲜农产品新鲜度而必须采取的保鲜措施成本（王磊等，2017）。对于生鲜销售而言，无论线上还是线下核心都是零售，线上线下只是外在表现方式，当行业发展到一定阶段，各种渠道的融合是发展的必然趋势。线上APP更注重快速便捷，线下门店更注重体验，两者结合将给消费者带来丰富的全渠道生鲜体验，优势痛点互补，且流程透明增强了消费者的信心，如图11－11所示。

线下生鲜零售的痛点

1. 缺少用户分析，只能通过传统模式进行管理和营销
2. 受线下地理位置、店铺大小等物理局限，SKU数量有限，只能覆盖周边3~5公里的1万~2万用户

线上生鲜零售的痛点

1. 缺少体验环节，用户无法对线上生鲜产品进行直接的观察；而生鲜产品作为食品，用户对其品质和安全的要求极其严格
2. 用户对线上供应链、仓储、物流等缺少感知，无法产生足够的信任

线上线下融合发展

1. 对于用户而言，既可以享受线上的丰富玩法，又可以获得实际的用户体验，门店承担仓库和零售中心的角色，既可以作为线上店的展示体验区，也可以作为购买区，还可以作为仓库区，进行配送
2. 对于线下店而言，通过线上和配送环节扩充了服务范围；通过预售等线上玩法有效地扩大了SKU，降低了损耗
3. 对于消费者数据而言，企业可以获取更全面的消费行为数据，通过大数据分析消费者的购物偏好，指导商家进行精准营销

图11－11　生鲜线上和线下零售比较

注：SKU＝Stock Keeping Unit（库存量单位），即库存进出计量的单位，可以以件、盒、托盘等为单位。

（二）满足消费者个性化需求，进行生鲜农产品精加工和定制化销售

由于生鲜农产品的产品价值一般较低，加上具有易腐性等特征，销售商仅通过产品销售难以创造高收益与新价值。因此，生鲜农产品销售商还需改变传统的产品销售模式，重视生鲜消费者日益增长的服务需求，挖掘新的利润增值点。考虑到生鲜农产品的易腐变质性和非标准化特性，以及生鲜农产品消费者日益增长的产品服务需求，生鲜电商应以优化消费体验和定制产品服务为重点，围绕产品个性化、服务一体化、体验丰富性进行价值主张创新（张旭梅等，2018）。

个性化定制将是未来都市农产品流通企业为目标客户提供的一个重要价值点。传统的模式很难满足定制化需求，而在互联网技术的支持下却可以很容易获取用户大数据，一方面企业可以利用大数据分析客户的消费习惯，然后推荐客户感兴趣的产品组合，扩大其购买品类；另一方面企业可以根据客户的个性化要求，提供易于快速烹制、营养搭配的产品组合，包括净菜、配菜等服务，可以让客户既吃到了健康食材，又能节省大量烹饪时间，Y企业可以通过自己的“中央厨房”对农产品进行精加工，同时通过网络平台向消费者发布可以对其购买的生鲜农产品进行精加工服务的信息。

Y企业还可以将传统农贸市场改造升级成集展售、半成品加工、成品体验，传统与现代，地方与国际、便捷生活服务等为一体的多功能、高效率的服务型集市综合体，即云厨市集。在云厨市集中，除加工农产品、作为配送中心外，消费者还可以来此就地消费，除

食品销售外，还可以包括休闲娱乐和社区服务，为消费者提供综合的服务体验。因此Y企业应主动与跨行业优质企业建立合作关系，致力于打造满足消费者需求的多样化消费场景，实现生鲜农产品与生活性服务的相互融合与持续创新，基于生活性服务扩张原有的生鲜农产品市场，进而实现向跨界融合的转型。这样，Y企业不再仅仅只是销售生鲜农产品，同时还会为消费者提供增值性服务。此时，Y企业既能满足消费者对生鲜农产品最基本的高新鲜度和购买便利性偏好，也很好地满足了不同消费者的个性化需求，如图11－12所示。

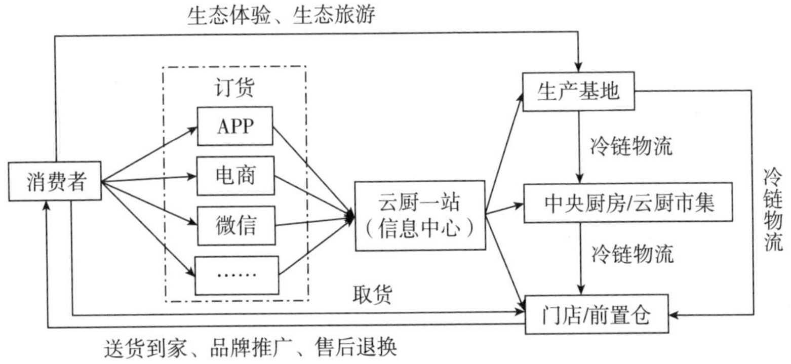

图11－12　生鲜供应链增值示意

（三）提高冷链物流技术，积极构建信息系统，实现配送信息化

为了保证新鲜程度，生鲜农产品一般要求全程冷链物流，而不同种类的生鲜农产品对温度、包装等物流功能的要求各不相同，技术支撑显得尤为重要。基于生鲜农产品品类的精准温控技术应覆盖从产地预冷、冷库存储、冷链运输、末端冷链配送的全过程；借助大数据、物联网等先进信息技术可以更好地实现温度监控、湿度控制、定位管理，达到对冷链物流全过程的智能化监控的目的。

物流问题是电子商务特别是生鲜农产品电子商务发展的“限制口”，生鲜电商企业应树立“物流即核心竞争力”的理念，将物流视作市场的延伸和“第三利润源”（刘刚，2017）。企业可以通过为用户提供优质的物流服务来开拓市场，将物流功能和设施建设、物流服务创新看作潜在的市场机会以及参与市场竞争的手段和策略，从而使物流成为生鲜农产品电子商务企业的核心竞争力之一。首先，注重顾客对物流过程的参与，并对顾客参与进行管理和设计，如提高顾客对物流配送路径选择的主动权、对配送地点动态变化的协商权，通过信息互动增强顾客对在途农产品的可感知性。其次，以开放式创新思维开放或整合利用物流资源，提高物流资源利用效率、实现价值共创。例如，除满足自身业务需求外，可以提供社会化冷链物流服务。

为了充分发挥配送中心与物流系统的功能，保证所有生产基地、加工中心、门店和前置仓的生鲜农产品储备、销售等情况可以详细地反映出来，使生鲜农产品得到最合理的分配，就必须构建信息系统。信息系统包括销售系统、电子订货系统、信息管理系统、电子数据交换系统。整个企业的产品采购信息、进货信息、检验信息、存储信息、物流信息以及销售信息等都可以从信息系统中查询到。构建高效的信息系统，不仅可以节省人力、物力、时间，有效地降低成本，还可以促使生产基地、加工中心和门店的信息的交流与沟通，提升了企业的运作效率（赵趁，2017）。

（四）深入挖掘品牌的口碑效应，提升顾客忠诚度

出于满足消费者对产品类型、品质等差异化需求的目的，同时考虑不同经济收入级别的客户需求，企业要想获得更多的消费者群体，可以销售不同级别的（如高级、中级、低级）的产品，让产品呈金字塔式级别销售。置于金字塔底端的，属于价格相对较低、数量庞大的产品；越是靠近金字塔顶，则产品的价格相对较高，产品数量越少。大部分纯收益都是通过塔顶产品销售取得的，不过，位于金字塔低端的产品，还能够发挥“防火”功能，能够切实防止竞争对象的进入，从而确保位于金字塔顶端的产品能够获得最优纯收益。

品牌化将成为都市农产品流通企业间的一个重要竞争点，尤其是在产品质量检测暂时无法完全保证的时期，人们更加信赖口碑效应。Y 企业可以借助“三网合一”的营销手段来进行品牌推广，三网即“天网—互联网”“地网—线下商铺网”“人脉网—社交平台”，充分利用信息化技术和新兴媒体来打造“绿色牌”“品质牌”“社交牌”“专属定制牌”等品牌主体，让更多的消费者认识了解本企业的优质产品和服务，扩大企业的品牌影响力。

（五）建立质量追溯体验，提升售后服务体验

消费者对生鲜农产品的购买从传统线下渠道转移到线上，很大程度上缘于他们对传统线下渠道产品质量的担忧，而线上渠道消费者可以通过互联网实时了解农产品情况，消费者通过手机扫描二维码、打开在线视频就可查证产品哪里耕种、何时采摘、谁来采摘、保质日期以及产品成分等重要信息。借助逐渐开始发展的“互联网 +”智慧农业生产方式，通过网络向消费者提供农业生产实时信息，方便消费者在任意时刻都能够自行进行观察和了解详情。线上提供信息化的质量追溯查询，线下提供现场质量保障展示，将会使消费者获得好的体验，提高消费者对生鲜电商的满意度评价（邵腾伟、吕秀梅，2018）。

考虑到部分消费者群体，对于原生态生鲜农产品和食材有较高的要求，以及对于食材的营养搭配和健康生活方式也有着较大的需求，Y 企业可以为消费者提供实地体验。除现有的养生谷外，Y 企业在生产基地的基础上，开辟消费者生态体验基地和生态旅游基地。Y 企业定期向消费者发布进行生态化体验的各种宣传和信息，吸引消费者前往，并且可以从消费者中进行抽奖，组织前往其所在城市周边的农业生产基地进行生态体验和生态旅游。消费者通过实地对原生态生鲜农产品的种植、收获等生产过程的了解以及对新鲜食材的试吃来决定其是否愿意购买或是购买的数量，然后消费者可以自行将购买的生鲜农产品和食材带回家，或是现场下订单之后等待生产基地进行配送。

生鲜农产品作为生活必需品，加之保质保鲜期短，消费者只能小批量频繁购买。因此，生鲜电商不能只做一锤子买卖，必须通过良好的售后服务体验让消费者不断地回头购买。比如，在网页醒目处设置在线客服，告知消费者售后服务联系电话和邮箱，和消费者积极沟通，尽量满足消费者的合理要求。对有问题的订单及时补救，对消费者的退换货要求尽量满足，无法满足可以通过提供购买优惠券等措施补救，这样将有助于增进消费者的消费体验，提高消费者对生鲜农产品电商的满意度评价（文燕平、施菲菲，2017）。新时代的人们越来越习惯共享信息，并通过他人评论来决定自己的购买决策。借助网络，口碑

营销对消费决策的影响比历史上任何时候都要大。所以在网络各类客户端上，要专门设定客户评论及打分区，一方面要出台奖励积分措施，鼓励已购货客户出具真实的购物评价，为后续客户提供决策参考；另一方面要积极地及时给予反馈，给客户树立一个诚信可靠的企业形象。

第十二章　案例研究Ⅱ：南京市“菜篮子”产品流通与供应模式

第一节　基于全产业链的南京市“菜篮子”产品供应与保障

一、南京市“菜篮子”工程建设与发展

（一）发展历程

起步于1988年的“菜篮子”工程，是在我国经济体制转轨和国民经济快速成长时期，解决城市居民食品消费问题的一项战略性措施。这项工程的目的主要是增加蔬菜、肉类、禽蛋、奶类、水产品、水果等主要鲜活农产品供给，内容涵盖生产、加工、流通和宏观调控，地域涉及全国大中城市和鲜活农产品主产区。南京市的“菜篮子”工程发展过程和全国“菜篮子”工程发展过程（见图12－1）基本一样，大致可以分为四个阶段。

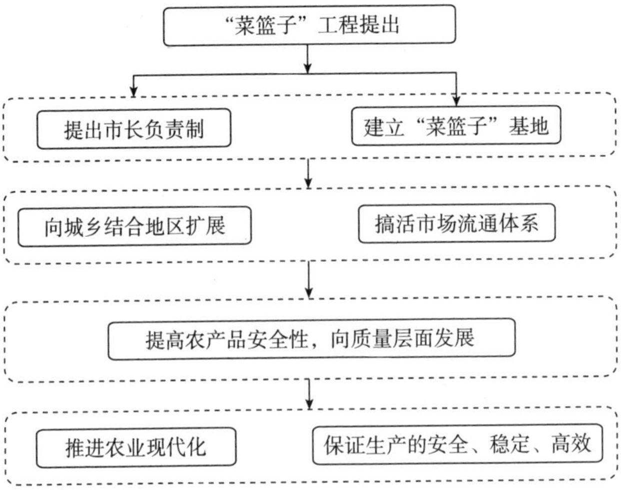

图12－1　全国“菜篮子”工程发展历程

第一阶段（1988～1994 年）：起步建设阶段。这一阶段的重点任务是大规模建设蔬菜副食品基地。随着改革开放的逐步深入，大量农民工开始进入城市，对计划经济模式下的副食品供应体制带来了严重的冲击。为了应对市场上副食品供应普遍短缺的状况，国家提出了“菜篮子”市长负责制。南京市根据国家要求从 1988 年下半年开始，启动了以生猪、肉禽、蛋鸡、水产、奶牛、蔬菜六大类副食品生产基地建设。同时，市政府设立“农副产品发展基金”，保证了“菜篮子”资金来源。到 1992 年年底，全市共建成了 103 个副食品生产基地。

第二阶段（1995～2000 年）：快速发展阶段。这一阶段的重点任务由副食品生产基地建设开始转变为生产、加工、流通并举。在生产环节，适应大市场、大流通的新形势，全市副食品生产基地逐步缩减到 52 个；在加工环节，培育了以雨润集团和天环集团为主的生猪及肉制品加工、以桂花鸭集团为主的肉鸭加工、以卫岗奶业集团为主的乳制品加工的“菜篮子”龙头企业；在流通环节，主城区和近郊区基本消灭了马路市场，建成了以白云亭蔬菜副食品批发市场、应天水产批发市场、农贸中心果品交易市场等大型批发市场。从 1997 到 1999 年，按照一个菜场辐射半径为 1 公里的标准，3 年内共改造和新建了 103 个农贸市场，基本做到了卖菜入室进棚。

第三阶段（2001～2009 年）：巩固提升阶段。这一阶段的重点任务是巩固扩大蔬菜副食品供应能力，稳步推进农产品质量安全。一方面，南京市政府从 2001 年开始，打开农产品进城的“绿色通道”，加大从安徽和县、来安，以及江苏省的扬州、镇江等地蔬菜调运力度。同时，为搞活蔬菜流通体系，在江宁区建成了面积为 50 多万平方米的南京众彩农副产品批发市场，辐射整个南京市都市圈。另一方面，农副产品质量安全成为“菜篮子”工程建设的重点。从 2001 年开始建设大规模无公害农产品生产基地，市长亲自带队检查城乡接合部的豆制品小作坊，对其进行专项整治，从生产源头、加工流通等环节加强农副产品质量安全管理，在市场准入监管、推行食品质量认证、完善食品安全应急机制以及建立健全法律法规等方面取得了初步成效。

第四阶段（2010 年至今）：全面转型阶段。这一阶段“菜篮子”工程重心转向了推动技术进步、有效调控市场、重视质量安全，“菜篮子”工程逐步发展成为一种大规模、高质量和高科技含量的产业系统。“十二五”期间，南京市政府着力抓好农副产品质量安全信用制度、农副产品质量安全黑名单与退出机制、管理服务系统与运行机制建设，启动了养殖场（户）质量安全信用档案，基本建立起“菜篮子”放心工程信用道德体系的基本架构，逐步形成了生产扶持、价格保险、安全监管和信息监测等常态化机制，有力地保障了蔬菜副食品的高效生产、稳定供应和质量安全。

（二）发展现状

“十二五”以来，南京市在主要“菜篮子”产品（蔬菜、肉类、奶、禽蛋、豆制品等）的生产、流通、应急等方面积极探索，开拓创新，“菜篮子”工程建设取得了明显成效。

1. 生产加工发展迅速

从南京市“菜篮子”生产情况看，除肉类产品外，其余主要品种的产量都呈现逐年增长的态势。

（1）蔬菜自给率稳步提升。南京市蔬菜种植面积虽然从 2010 年的 89.93 万公顷下降到 2013 年的 87.65 万公顷，但由于每公顷的单位产量的增加（从 29647 公斤上升到 34939 公斤），从而实现了蔬菜（含菜用瓜）总产量的增加（从 266.32 万吨增长到 306.24 万吨），并使自给率得以提升 3 个百分点（从 30% 提高到 33%），其中本地产叶菜自给率约 85%，蔬菜种植品种常年保持在 50～60 种，如表 12－1 所示。

表 12－1　南京市蔬菜供应量

具体指标	2010 年	2013 年
总产量（吨）	2663232	3062417
播种面积（万公顷）	89.93	87.65
每公顷产量（公斤）	29647	34939
常年种蔬菜面积（万公顷）	27.07	27.66
自给率（%）	30	33

现有“菜篮子”工程蔬菜基地 16 个，规划设施比重均为 70%，基础面积均超过 1000 亩，其中规划产量超过 10 万吨的有两个，分别为江宁的汤铜路东线蔬菜基地和栖霞的八卦洲野菜基地。南京市蔬菜加工企业数量有限，虽然拥有如南京金禾果蔬食品有限公司、超大现代农业南京公司、马集金盛利股份有限公司等蔬菜加工企业，但规模并不大，加工数量有限，如图 12－2 所示。

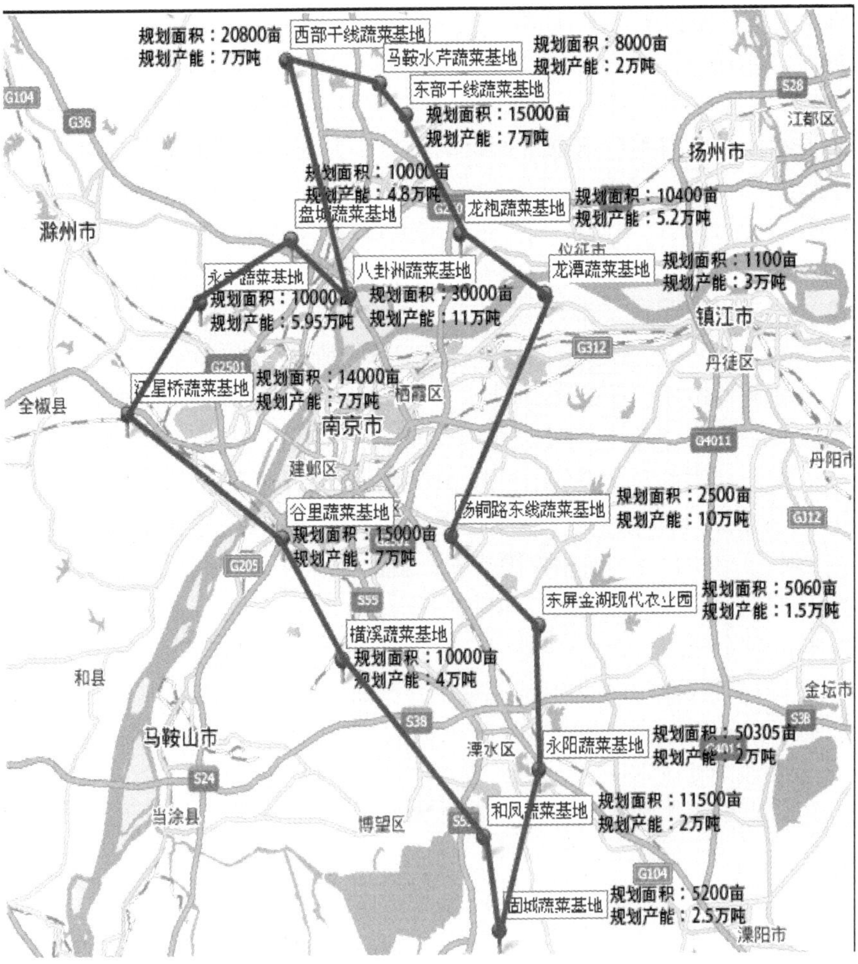

图 12－2　南京市现有 16 个“菜篮子”工程蔬菜基地分布

（2）肉类总产量略有下降。南京市肉类产品总产量在2013年达到了12.16万吨，其中猪肉、牛肉、羊肉分别为6.75万吨、0.10万吨、0.39万吨，猪肉产量占据绝对地位，牛肉、羊肉产量占比极少。除了南京市本地供应的30%的猪肉，外地生猪货源主要来自于豫、皖、鲁等外省区以及苏北淮安、连云港、盐城等地区。南京市肉牛年销量约10万头，羊肉年销量约30万只，牛肉、羊肉自给量在20%以下，外地牛肉、羊肉货源主要来自内蒙古、山东等地区。

在生猪饲养和屠宰方面，截至2014年，南京市新增高效设施生猪饲养面积1.35万亩，新建10个标准化规模猪场，包括六合区竹镇的10万头以上生猪饲养场，高淳区东坝的5万头以上规模生猪饲养场，高淳区桠溪、溧水区洪蓝、东屏、浦口区永宁等8万头以上规模生猪饲养场，生猪规模饲养比重达80%以上。南京市5家定点屠宰企业通过屠宰资格审核，主城区不再有生猪定点屠宰场，5个郊区各保留1家生猪定点屠宰场，比2013年减少了17家定点屠宰场。2014年，南京市本地生猪屠宰量约100万头，从外地调入白条肉约130万头，以满足南京市民的需求，如表12－2所示。

表12－2 南京市肉类供应量

具体指标	2010年	2013年
年初存栏（万头）	95.98	92.43
	0.62	0.55
	28.41	27.56
年末存栏（万头）	48.96	49.35
	3.02	2.93
	12.13	12.21
肉产量（吨）	70068	67474
	1116	990
	3978	3858
肉类总产量（吨）	—	121606
自给率（%）	—	30
生猪定点屠宰场	—	22

（3）奶制品生产规模扩大。截至2014年，南京市奶牛存栏3万头，存栏200头以上规模奶牛场达100个，成年乳牛年均单产达7.0吨，奶牛良种化比重达95%以上，规模养殖比重达100%。全市奶类总产量在2013年达到8.62万吨，鲜奶自给率在20%～40%。牧业合作组织建设发展也取得了一定成效，奶牛专业合作社10家，社员近1.90万人。在奶牛饲养高效设施方面，2014年全市新增高效设施奶牛饲养面积达0.26万亩，涉及镇街有江宁区汤山街道、浦口区永宁街道和溧水区永阳街道。以奶牛公寓新建（改扩建）为重点，新建5个500头以上和15个200头以上规模的奶牛场。南京市现有卫岗、光明、山田等乳品加工企业6家，产值5.5亿元，年利润总额0.26亿元，日加工乳制品527吨，如表12－3所示。

表 12－3　南京市奶制品供应量

具体指标	2010 年	2013 年
奶类产量（吨）	86071	86155
乳牛年初存栏（万头）	0.04	0.06
乳牛年末存栏（万头）	1.58	1.75

（4）禽蛋养殖场数量不断增加。南京市禽蛋总产量为 7.56 万吨，禽肉总产量为 4.89 万吨。南京市政府取缔城区农贸市场活禽交易和宰杀后，在江南、江北设立两个禽类加工基地，以满足市场正常供应。南京市鸡蛋供应主要来源于两个方面：一是来源于南京市汤泉等 7 家蛋鸡场，日产鸡蛋 2.5 万公斤左右，其中 60% 左右供应南京市区，占市区鸡蛋消费总量的 10%；二是来源于各区的 16 家鸡蛋批销商，日调运鸡蛋为 13 万～14 万公斤，占市区消费总量的 90%。鸡蛋零售主要通过农贸市场和生鲜超市两大渠道来实现，其中农贸市场销量占 50% 以上，超市销量约占 40%，集体单位团体采购约占 8%，食品加工用蛋约占 2%，如表12－4 所示。

表 12－4　南京市禽蛋供应量

具体指标	2010 年	2013 年
禽蛋总产量（吨）	74756	75645
年初存栏（万只）	3160.21	3259.14
年末存栏（万只）	1051.22	1090.60
禽肉总产量（吨）	47404	48888

“十二五”期间，南京市新建了 2 个 20 万只以上规模蛋鸡场、3 个 10 万只以上规模蛋鸡场、5 个 5 万只以上规模蛋鸡场和 10 个 2 万只以上规模蛋鸡场，规模饲养比重达 98% 以上，鸡蛋自给率在 20%～40%。新建或改扩建 5 个百万只以上优质肉鸭、10 个 50 万只以上优质肉鸭养殖基地（小区），积极推广旱养、高床饲养模式和稻田养鸭等生态养殖模式，全市饲养量稳定在 3000 万只左右，规模饲养比重达 95% 以上。南京市一些产业化重点龙头加工企业，如雨润食品集团，实行“公司＋基地＋合作社＋农户”的养殖发展模式，目前，已经在江苏、安徽、湖北、山东、河南、甘肃、陕西、内蒙古以及东三省建成投产的禽业加工基地有 20 余处，年加工活禽 4 亿只，年产量 60 万吨，带动当地禽类产业发展。

（5）水产品总产量增幅较大。南京市水产品总产量从 2010 年的 20.42 万吨增长到 2013 年的 22.17 万吨，其中鱼类为 15.98 万吨，虾蟹类为 5.10 万吨，内陆水域捕捞 1.23 万吨，内陆水域养殖 20.94 万吨，相比于 2010 年捕捞数量略微下降，养殖数量上升。水产品总产值从 2010 年的 506240 万元增加到 2013 年的 737894 万元，增长幅度为 45.76%。水产品自给率为 50%。从养殖面积（放养、特水养殖）分析，内陆水域养殖面积从 2010 年的 4.738 万公顷下降到 2013 年的 4.633 万公顷，其中池塘养殖面积为 2.829 万公顷，湖泊养殖面积为 2.48 万公顷，河沟养殖面积为 8.74 万公顷，水库养殖面积为 6.74 万公顷，其他养殖面积为 0.35 万公顷。养殖规模和养殖结构与 2010 年相近，只出现了细微变化。

目前水产品主要在沪江商贸城集散，日供应量超过 80 万斤，占南京市水产总销量的 80%以上。外地水产品主要来自苏北、苏南以及安徽、广东、湖北等地，如表12－5 所示。

表 12－5 南京市水产品供应量

具体指标	2010 年	2013 年
内陆水域养殖面积（万公顷）	4.738	4.633
总产量（吨）	204183	221661
鱼类总产量（吨）	147797	159800
虾蟹总产量（吨）	45887	50962

（6）豆制品自给率逐步提高。目前，南京市豆制品总产量已经增长到了 100 吨/天。南京市现有获得 QS 生产许可的企业有 23 家，包括南京果果食品有限公司、南京香泉食品有限公司、南京叶旺食品有限公司等南京市本地产品牌企业。南京市本地企业年大豆投料量约占南京市场的 35%。

另外，一些外地知名企业在南京市的年投放量约占南京市场的 15%。南京市两个夜间豆制品交易市场年交易量约达 36000 吨，约占南京市豆制品市场的 50%。南京市有百余家没有获得 QS 生产许可的小作坊甚至黑作坊在地下黑市场交易，干扰了南京市豆制品市场的经营秩序和食品安全。南京市豆制品销售摊位约 1200 多个。具有 QS 生产许可的豆制品企业的直营店和加盟店 400 多个，占南京市豆制品销售摊位 37% 左右，自给率达 50%，如表 12－6 所示。

表 12－6 南京市豆制品供应量

具体指标	2010 年	2013 年
总产量（吨/天）	—	100
获证企业销售覆盖率（%）	—	60
获证企业大豆投放量（吨/年）	—	33000
获证企业大豆投放量比重（%）	—	50
豆制品市场交易量（吨）	—	72000
豆制品销售摊位（个）	—	1200

2. 流通体系日臻完善

南京市农副产品需求量较大，为从数量和结构上保障农产品供给，除本地农产品供应外，也借助省会和交通枢纽的区位优势从全国各地调入农产品。为保障农产品的高效流通，南京市民能够便捷地获取优质的农产品，南京市十分重视农产品流通体系建设，主要包括物流建设和流通渠道建设两方面。

（1）农产品流通体系不断完善。农产品流通体系是从“田头到餐桌”的一个完整链条，包括生产、批发、零售等环节，连接着生产基地、大型农产品批发市场、中小农贸市场、连锁超市和社区平价店。农产品流通体系的建设关系到农业经济发展与社会和谐稳定。

因此，南京市通过加强农产品批发市场建设、农贸市场改造升级、创新发展农产品直销，致力于构建一个市场渠道畅通、运行秩序良好、保供稳价有效的产销对接的农产品流通体系。

1）农产品批发市场发展。农产品批发市场是农产品流通体系的核心环节。南京市把农产品批发市场建设作为加快农产品流通创新、推进农产品现代流通体系建设的重中之重。基于集约化、规模化发展的需要，南京市逐步关闭了主城区八大农产品批发市场，有效整合了市场资源，促进了传统型农产品批发市场向现代型物流配送中心的转变，提出建设一个“运作高效、管理规范、产品安全、业态先进”的现代农产品物流配送中心的建设发展思路。2009 年，南京市投资 30 亿元建设占地 3000 亩、总建筑面积 150 万平方米的南京众彩农副产品物流配送中心。这个集蔬菜、果品、水产、肉品、粮油、副食等交易于一体的农产品物流配送中心现已发展成为覆盖南京市、辐射周边的唯一农产品源头集散市场，满足了南京市蔬菜供应量的 70%。目前，南京市的一级批发市场还有南京天环谷昌仓储物流商贸广场（以冷冻肉制品流通为主），二级批发市场有江北农副产品批发市场和天印山农副产品批发市场。此外，还有溧水安民农副产品批发市场和高淳水产品批发市场等区域性的批发市场。

在服务设施建设上，南京市推进现有产地批发市场的改造升级，改善批发市场场地、道路、交易厅（棚）、水电、信息服务、质量检测、采后处理等基础设施条件，并导入现代物流理念和经营方式，建设了农产品交易市场展示、加工配送、仓储冷链以及商务配套设施，形成了集交易展示、信息采集发布、农产品检测、物流配送、指挥调度等功能于一体的现代物流服务体系。为满足广大市民对农产品的需求，充分发挥农批市场的流通作用，南京市与全国 82 个市（县）政府、生产基地建立了战略合作伙伴关系，先后引进海南、广东、广西、云南等全国主要产区的蔬菜水果生产基地进场设立销售专区、建立分销中心和总部平台，推动农批市场的升级，促进农民增收，保证农产品的供给。

2）农贸市场改造升级逐步完成。为消灭马路市场，解决农贸市场设施条件不好、购物环境差且存在一定的安全隐患，以及周边居民买菜不方便等问题，南京市政府全力推进实施农贸市场提档升级工作，不断改善市场设施，完善空间布局，建立健全农贸市场服务网络。市政府专门出台了《南京市农贸市场提档升级工作实施意见的通知》，从财政预算中安排 6000 万元设立市级农贸市场提档升级专项补贴奖励资金。仅 2013 年，全市就安排了 5000 万元资金重点用于 45 个大棚农贸市场改造项目。按照 500 ~ 1000 米的服务半径设置 1 处、服务人口 3 万人左右的原则，南京市对农贸市场进行重新调整和合理布局，并通过改造提升、原地和异地建设等形式，分类实施、分批推进 120 个农贸市场提档升级。经过调整和改造，目前全市共有农贸市场约 315 个，其中鼓楼区、秦淮区、栖霞区、江宁区、六合区均已超过 30 个，其他区在 15 ~ 30 个不等，其中国有（集体）产权的占 60%（产权和经营权未分离的自营农贸市场占 60%），其他产权的占 40%。大多分布在居民社区附近。这些农贸市场内部设施和格局都得到了极大的改善，为周边居民提供了良好的购物环境，如表 12 – 7 所示。

表 12 – 7 南京市各区农贸市场改造数量 单位：个

玄武区	白下区	秦淮区	建邺区	下关区	雨花台区	栖霞区	鼓楼区
4	3	4	8	5	4	15	2

3）农副产品直供。农产品直销模式大大减少了流通环节，降低了流通成本。针对蔬菜基地（合作社）生产规模大、产品供应集中、产销不畅等问题，南京市积极引导相关蔬菜基地（合作社）进行农超对接、农校对接、农批对接、平价直销店和电子商务等多种模式，帮助他们拓宽销售渠道，减少流通环节，增加生产收益。随着现代农业的快速发展，农产品生产基地、农民专业合作社、农业产业化龙头企业以及农产品批发市场等现代经营主体，根据自身发展需要，纷纷发挥优势、拓展功能，积极参与农产品直供直销模式的探索。2014 年，南京市农民专业合作社 2358 家，其中国家农民合作社示范社 13 家，统一销售农产品 72.13 亿元，盈余 6.8 亿元。南京农副产品物流中心将农产品直供给 100 余家大型企事业单位，且价格较零售市场低 30% 左右，“e 鲜美”平价菜进小区惠民项目也取得了初步成效。

在农批对接方面，南京市鼓励蔬菜基地和南京众彩物流中心进行对接，仅 2014 年就有 20 多家基地与众彩物流中心签订了产销合作协议。目前南京市大型生鲜门店 120 家，除乐天玛特外均安装了肉菜追溯系统。到 2012 年年底，苏果超市已经建立了 130 个农超对接基地，涉及 30 多个蔬菜品种，生鲜销售每年达 7 亿元，并不断完善鲜活农产品流通体系，如表 12－8 所示。

表 12－8 南京市农超对接超市分布

单位：家

苏果	沃尔玛	麦德龙	家乐福	金润发	欧尚	永辉	华联	乐天玛特
92	6	2	5	3	3	3	5	1

在农校对接方面，2013 年南京工业大学与栖霞区八卦洲街道现代农业产业园达成合作意向；当年 7 月，由南京工业大学牵头，联合江北地区 10 所高职院校制定了南京江北高校农校对接区域联采方案；2014 年 7 月，南京市宁供集团分别与南京大学、南京农业大学签订了采购协议，协议总金额达 1500 万元。农校对接不仅减少了流通环节，而且有效保证学生食堂新鲜农产品及时供应，降低了学生食堂伙食成本，保证了食品安全与菜肴品种丰富。

在平价直销店建设方面，2011 年南京市开始发展包括社区农副产品平价直销店、超市农副产品平价直销区、农副产品集贸市场平价直销区等多种形式的农副产品惠民销售站（点）。到 2014 年 8 月底，南京市已经拥有农副产品平价直销店 227 家，基本形成了覆盖南京市城区的平价直销店（区）网络，建立起了比较完善的平价直销店（区）准入、扶持、运营和管理体系，对稳定农副产品价格发挥了不可或缺的重要作用。目前，农民专业合作社在南京市城区开设农产品直销店，销售的蔬菜价格普遍比农贸市场低 15%～20%，帮助农民节省流通费用 25% 以上。

南京市的流通点分布基本上与南京市人口密度匹配，在鼓楼区、秦淮区两个人口密度大的区域，明显流通点要更密集，结构层次更多样，农贸市场、超市和直供等相结合；相比江宁、浦口、六合等周边区域密度很小而且流通点的结构层次单一。经过不断努力，南京市目前已基本形成以批发市场为基础、农贸市场为支持、生鲜超市为补充的农产品流通网络，如图 12－3 所示。

图 12 -3　南京市肉类蔬菜流通追溯体系节点分布

（2）主要农副产品流通架构基本形成。由于“菜篮子”品种繁多，流通渠道也不尽相同，现就蔬菜和肉食品两大品种的流通路径进行分析。

1）蔬菜流通路径。南京市目前的蔬菜流通渠道具有细而长的特点，反映了蔬菜市场放开后出现的蔬菜产业链主体寻求获取商品价值与使用价值的途径的多样性，如图 12 -4 所示。

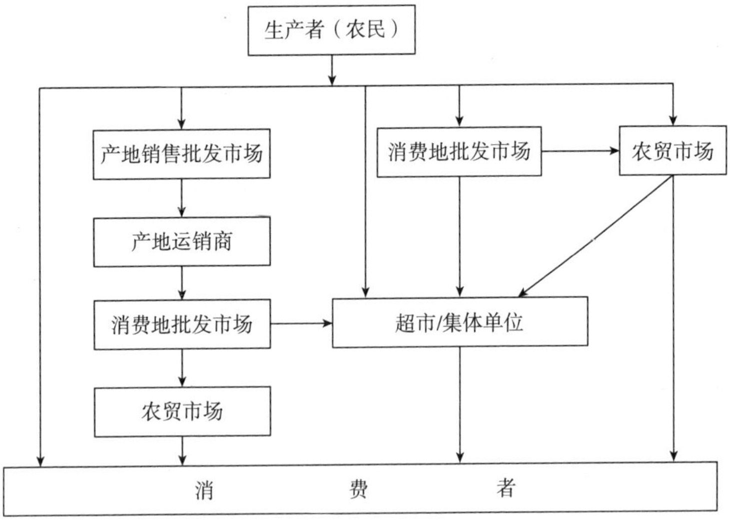

图 12 -4　南京市蔬菜流通路径

其中，最主要的蔬菜流通路径有以下几种：

①生产者→消费地批发市场→农贸市场→消费者。

②生产者→消费地批发市场→超市→消费者。

③生产者→超市→消费者。

④生产者→消费地批发市场→集体单位→消费者。

⑤生产者→消费者等。

在上述流通路径中，路径①是目前南京市蔬菜物流的最主要渠道，通过此渠道的蔬菜销售量占80%以上，批发市场及农贸市场仍然是南京市最重要的两个蔬菜集散点。目前虽存在农超对接、农校对接和电子商务物流渠道等，但在总体流通中还只是辅助渠道，蔬菜销售量仅占极小一部分。

南京市现行蔬菜物流配送模式主要由经营户自行配送、农贸市场配送、平价直销店配送、连锁超市配送中心配送、面向机构用户的大型批发商负责配送和电子商务配送六种模式构成。

2）肉食品流通路径。南京市肉食品的主要流通渠道有如下几种：

①饲养者—产地收购商—销地批发市场—农贸市场—消费者。这是最典型的也是主流的肉食品流通渠道，一般通过产地收购商收购零散饲养者的家畜，然后售往销地批发市场。批发市场主要由屠宰场、中间批发商和大型零售商组成。最后，再通过配送或者自提的方式流向农贸市场、超市、餐饮业等单位。

②饲养者—销地批发市场或者餐饮业、食堂。一些养殖大户不需要经过产地收购商，直接将畜类运送到销地批发市场，或者送到有合作关系的餐饮业、企事业单位食堂。这种流通渠道缩短流通环节，降低流通成本。

③销地批发市场—电子商务平台—餐饮业、食堂、直营店。电子商务的普及也为肉食品的流通带来了便利，一些加工厂、大型零售商纷纷建立或者借助外部电子商务平台，以求更方便、快捷的流通，如图12－5所示。

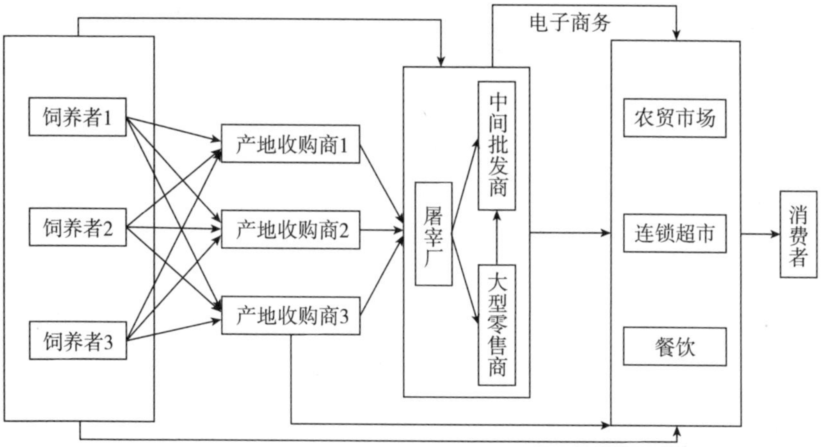

图12－5　南京市肉食品流通渠道

南京市现行肉类物流配送模式主要由以批发商为主体的配送模式、企业自营配送模式、第三方物流配送模式、以农贸市场为主体的购买模式、超市肉食品的联营模式五种模式构成。

(3) 物流体系建设发展迅速。生鲜农产品的流通具备大规模、反季节、长距离的特点。因此，在运销环节实施一体化冷链物流服务体系，最大限度地减少生鲜农产品的腐损率，保证其品质就显得尤为重要。近年来，南京市通过科学规划，采用先进技术设备，不断加强冷链基础设施建设，大力培育冷链物流企业，提高生鲜产品的冷链流通率和运输率，降低腐损率，如表 12－9 所示。

表 12－9　2013 年南京市现有冷链运输储存设备

冷链运输储存设备	数量
较大冷藏库数量	30 多座
冷库总容量	40 万吨
在建冷库总容量	60 万吨
人均冷库容量	20 公斤
人均冷藏保温车拥有量	0.4 辆/万人

目前，南京市生鲜农产品呈现出以常温流通为主、冷链物流为辅，人均冷库容量较小的局面。2012 年，南京市大约 90% 的肉类、85% 的水产品、果蔬，以及部分奶制品基本在常温条件下进行运输和销售。南京市正在加快农产品冷链物流基础设施建设步伐，重点加强冷藏保鲜和流通加工等配套设施建设，以便实现采后快速预冷、商品加工处理和上市旺季入库冷藏保鲜。

2012 年，南京市水果、蔬菜、肉类、禽蛋、水产品冷链流通率分别约 6%、5%、35%、5%、28%，冷链运输率为 6%、15%、50%、5%、40%，蔬菜腐损率为 20%，低于我国蔬菜产品物流环节损失率 25%～30% 的平均水平。经过近几年的快速发展，南京市农产品的冷链流通比例进一步提高，到 2014 年，果蔬、肉类、水产品冷链流通率分别提高到 25%、35%、40% 以上，冷藏运输率分别提高到 30%、50%、65% 左右，流通环节产品腐损率分别降至 13%、6%、8% 以下。

腐损率的下降除了需要具备充足的冷链设备外，先进的冷链物流技术和各环节紧密衔接的冷链物流体系也是重要原因。近年来，南京市已开始广泛应用先进的冷链技术。冷库建设由传统冷库转变为现代化的钢结构单体拼装库，以满足综合冷链物流需要；制冷工艺从高温、低温发展为现在的预冷、气调、超低温、速冻、恒温、制冰等多种工艺；运输车辆从单一制冷发展为现在的高温、低温、常温“三温层”冷藏车。一批生鲜农产品企业率先引进国际先进的管理技术，实现了全程低温控制。肉类屠宰企业从屠宰、分割、冷却等环节低温处理起步，逐渐向储藏、运输、批发和零售环节延伸，并向全程低温控制的目标努力。专业冷链公司综合应用多项技术，实现了搬运机械化和精确的冷链配送。蔬菜基地企业采用真空预冷技术，探索保鲜营销新模式，发展反季节蔬菜，推动高附加值农产品冷链迅速兴起。例如，南京新农集团凭借果蔬鲜切加工项目为青奥会果蔬处理提供了后勤保障，连云港雅仕公司凭借其无菌加工技术能够使蔬菜保持 12 天的新鲜度，从而成为南京青奥会蔬菜供应商，如表 12－10 所示。

表 12－10　南京市主要冷库企业

企业名称	冷库数量（座）	冷库容量（万吨）	产品流向及其他
天环谷昌	2	20	市区和周边城市如镇江、常州等市
润恒	3	10	城区和市场采购客户，是南京市最大的鲜肉批发基地
清江	3	10	苏北各市及安徽滁州、合肥等市，是南京地区最大的进口冻品储存基地
雨润	2	10	商铺和冷库现尚处于大量空置状态

冷链物流体系的规划建设离不开企业的积极参与。目前，南京市拥有冷链业务的食品加工与流通企业近 200 家，其中拥有百吨以上冷库的企业有 20 多家。较大规模的冷链仓储企业主要有江宁区的南京天环谷昌有限公司、江苏润恒物流发展有限公司，六合区的南京清江冷链物流股份有限公司和浦口区的雨润（南京）食品工业园。这 4 家企业共计拥有 10 座冷库，总库容约 50 万吨，主要经营冻品、鲜肉等。场内商户主要为原南京市各批发市场内从事冻品、鲜肉的商户以及原肉联厂部分商户。其他农产品冷链物流企业虽然规模较小，但对南京市冷链物流体系建设都做出了应有的贡献。

3. 农产品电商平台初步发展

国家商务部电子商务和信息化司统计数据显示，截至 2013 年 11 月，全国涉农电子商务平台已超 3 万家，其中农产品电子商务平台达 3000 家。2014 年，江苏省农业信息中心提出，农业信息化工作要聚焦农产品电子商务，拓展网上营销新渠道的思路，大力推进农产品电子商务加快发展。几年来，南京市农产品电商平台建设已经取得初步成绩，但农产品网上销售占比不高，普及性不够，应及时解除顾客的疑虑、提高网购农产品的新鲜和质量、优化电子商务平台的建设，最大限度地方便顾客。

2014 年，由南京市人民政府主办的中国南京网站对南京市农产品电子商务的现状进行了调研分析。结果显示，在农产品销售渠道方面，南京市民在超市、农贸菜市场购买农产品占比较大，调查数据各为 38.14%，而采用网上购买这种新兴方式的人仅仅只有 11.34%；在网购农产品类别方面，在网上购买各类农产品（蔬菜、水果、水产、肉类、干果）的人占比较为均衡，只是购买蔬菜的人略多于购买其他种类农产品的人；在购物平台方面，网购人群所用的平台当中，淘宝（26.47%）、天猫（19.41%）所占比重比较大，使用其他平台（苏宁易购、京东、亚马逊）的人群占比都比较均衡。

目前，消费者还是比较注重新鲜度和质量，对于价格和便捷度的关注程度比较少。此外，选择性大、品种多、不受时间和地点约束，随时购买、送货上门、省时省力，已成为“新新人类”选择网购的主要原因。然而调研还发现，消费者对这种比较方便的网购模式还存在着一些担忧，主要担心农产品保鲜期短，易在运输途中受损、变质，还有 33.64% 的消费者担心商品缺乏产品规格、质量标准。

4. 政策法规体系逐步健全

农业政策法规作为政府支持和引导本地农业发展的重要手段，对农产品生产、流通和贸易有着重要的促进作用，能够有效地引导农业发展方向，并为改善农业生产条件和维护农民利益提供保障。目前，南京市农业相关政策法规涉及农业生产设施建设、流通渠道建设、农业保险等多个方面。

（1）农产品生产方面。为保障农业生产供应，促进农业生产现代化，南京市政府明确要在全市建立的16个省级永久性“菜篮子”工程蔬菜基地内建立核心示范区，按市、区两级财政配套投入，加快建设蔬菜基地的沟渠路及泵站基础设施。制定实施《南京市推进农业现代化工程行动计划》和《关于进一步扶持低收入农户增收的实施意见》，加大设施农业建设力度，2014年要新建2万亩设施农业。此外，为促进南京市蔬菜产业发展，市政府2013年发布了《关于加快蔬菜产业发展保障市场供应的意见》。为促进农业技术装备的推广应用，颁发了《关于南京市率先实现农业机械化的实施意见》，每年拿出300万元用于购置农业装备补贴。

（2）农产品流通方面。为进一步加强农副产品流通体系建设，建立平稳产销运行、保障南京市供应的长效机制，南京市在农产品物流和销售渠道建设两方面出台了若干政策。2011年市政府印发《关于进一步加强农产品流通体系建设保障市场供应稳定的意见》，进一步完善以批发市场为龙头、以农贸市场为基础、以综合超市生鲜销售专区为补充的农产品流通体系。2013年市政府出台《南京市农贸市场提档升级工作实施意见》，通过采取改造提升、原地和异地建设等形式，加快推进农贸市场提档升级。此外，南京市为农副产品经营企业发放200张农副产品禁区通行证，对除特定时段和特定地区，可在南京市货车市区禁区配送农副产品，以保障平价直销店农副产品及时供应，让它们合理合法进城送菜，不再“被收费”“被罚款”。根据《关于推进平价商店建设稳定“菜篮子”价格的意见》，对农产品直销店实行价格调节基金补贴、价费优惠政策，免征蔬菜流通环节增值税，并按照先控后补的原则实行差价补贴政策来稳定物价。

（3）农业保险方面。农业保险是农业生产者以支付小额保险费为代价，把农业生产过程中由于灾害事故造成的农业财产损失转嫁给保险人的一种制度安排。南京市根据江苏省农业保险工作的有关精神，积极开展农业保险工作，主要面向江宁、浦口、六合、溧水、高淳、栖霞和雨花台7个郊区包括种植业保险、养殖业保险和高效设施农业保险三个方面，涵盖了能繁母猪、奶牛、山羊、种（蛋）鸡、蔬菜大棚、露地蔬菜、淡水鱼等将近25个险种，并根据各区实际情况设置补贴对象。根据南京市的实际和可能，不断调整完善补贴标准、农业保险运行机制、保费分担机制和赔付机制。各级政府负责大部分保费，并不断降低保费率和起赔点，提高保额和赔付标准。2014年，南京市农业保险保费收入14663.83万元，平均各级政府共补贴保费76%，农民自缴24%，不同险种缴费比例不同。目前，南京市农业保险工作健康有序开展，为农业现代化建设提供有力保障。

5. 应急保障能力稳步提升

“菜篮子”工程不仅要保障南京市人民日常生活所需农产品的供给还需要在应急条件下保持农产品市场的稳定。应急情况主要有：①自然风险。夏季的高温、台风、暴雨和冬季的低温、雨雪等灾害性天气频繁出现，对菜农造成经济损失，并出现阶段性市场供应紧缺，形成价格波动，对市民生活造成影响。②市场风险。农产品对市场变化十分敏感，当出现“问题豇豆”事件等突发事件，会导致市场供给和价格波动。春节等节日对农副产品的需求剧增，影响正常市场供应。③质量安全事件。农产品质量安全事故影响较大，容易把小事件放大到整个产业，影响整个产业的发展。④大型活动。南京市作为特大城市之一，拥有众多参与国内和国际活动的机会。在举办大型活动时期，南京市的人口短期会有大范围增加，对“菜篮子”工程提出了更高要求。

为了保障市场农副产品供应，南京市以众彩物流中心为主体，落实蔬菜实物在库储备3000吨，并在大白菜、土豆、洋葱、萝卜等常规品种的基础上，新增了西兰花、芦蒿、茼蒿、大椒、马兰头、西红柿、韭菜等10余个品种。在南京都市圈内的安徽和县、来安县，江苏淮安市和南京市近郊安排在田储备1万吨，必要时启动临时调运补贴措施，增加蔬菜上市量。目前，南京市签约商户21个、基地35个，确保蔬菜储备任务落实。南京市针对猪肉货源依靠外地为主的情况，采取冻肉储备和生猪临时性调运补贴相结合的储备方式，半年猪肉储备规模1800吨，牛肉储备100吨，半年活体储备生猪30000头，活体牛300头。承储企业在原有的江苏苏食集团、南京雨润集团、南京天环食品公司等3家企业的基础上，新增南京润恒肉类市场。南京市还加强储备商品管理，确保足额承储、保质储存，杜绝多级混储等违规现象。

为了稳定农产品价格，南京市有关部门已选择7家有代表性的农贸市场，每天监测24个品种主副食品价格，发布猪肉、蔬菜等农产品市场供求变化和价格变化。当出现重大节日、自然灾害、市场突发事件和大型赛事等引起的农产品价格波动时，及时启动市场应急分析日报制度，密切关注蔬菜、猪肉、禽蛋、水产品等市场供求和价格变化情况，发现异常波动立即报告，并迅速采取应对措施。

为了应对突发情况，南京市、区和各有关部门制订和完善市场突发事件应急预案、食品安全事故应急预案，主要包括《南京市生活必需品供应短缺应急预案》《南京市自然灾害救助应急预案》《南京市突发重大动物疫情应急预案》和《南京市农产品质量安全突发事件应急预案》。根据突发事件的等级和具体情况，组织协调相关职能部门，进行及时处置。例如，在筹备南京青奥会过程中，南京市政府制定了《南京市青奥会食品安全保障工作方案》，在生产、加工和流通各个环节都指定了定点基地和企业，确保青奥会期间农产品的供应任务能够保质保量地完成。

二、南京市“菜篮子”工程建设的新挑战

（一）宏观环境分析

1. 经济发展转入新阶段，“菜篮子”工程建设必须转型升级

2014年10月，南京市委、市政府召开经济工作座谈会，从会议分析的情况看，南京市经济运行清晰地进入了新阶段。近三年，南京市经济发展告别了十年前高达17%以上的增速，转为保持10%左右的增速。2014年前3季度，经济增长放缓趋势延续，从高速到中高速的“换挡期”，正是经济新常态的最基本特征。在经济速度换挡的同时，南京市“菜篮子”工程建设也将面临新的机遇期，特别是随着工业化、信息化、城镇化、农业现代化的同步发展，南京市的人口结构、城乡居民收入水平将进入新阶段，食物消费升级与消费总量也将趋于稳定。

2. 新型城镇化加速推进，“菜篮子”工程建设面临巨大挑战

随着我国城镇化进程的日益加快，农产品供需结构、农业生产结构都发生了改变。近十年来，南京市城镇化率从75.3%提高到80.5%，基本农田减少了40万亩。近三年来，南京市粮食作物面积减少6000亩，蔬菜播种面积减少2万亩，均呈下降趋势。由于从事

农业生产的劳动强度大、收入低，青壮年劳动力严重不足，容易导致生产粗放以及管理不到位的现象，农产品的生产没有达到资源配置的最佳状态，导致一些农产品的生产无法满足城镇居民的消费需求。南京市农业基础条件好，设施装备水平高，农产品的深加工延长了农业产业链条，但同时产生了信息不对称等诸多问题，对生产、加工、流通、消费各环节的衔接提出了更高的挑战。

3. 互联网与电子商务发展迅猛，“菜篮子”工程建设迎来广阔前景

从田头到餐桌如何省掉若干中间环节，让市民轻松吃上新鲜、健康、安全、平价的瓜果蔬菜，是今后“菜篮子”工程建设要面临的重要课题。加快构建农产品电子商务配送体系，通过“产地直供+电子商务+智能货柜”新型运营系统，将“菜篮子”送到居民家门口，必将成为生鲜电商未来重要的发展方向。目前，农产品网购渗透率只有2%，相比服装、电器等将近20%的渗透率，农产品网购空间相当大。南京市“菜篮子”工程在电商环境下的发展缓慢，无论是农产品电子商务平台建设，还是电子商务实用性培训都亟待加强。今后，应大力依托特色产品和优势产业，开展电子商务进农村综合示范，培育更多的电商示范村，推动物联网、互联网金融与农产品实物营销相结合，引导农民上网、用网，支持发展农民网店。

4. 一二三产业融合渐成趋势，“菜篮子”工程建设理应顺势而为

在我国经济快速发展的大背景下，第二产业、第三产业是主要的发展动力，农业发展则相对滞后。2015年中央一号文件与江苏省一号文件都提出要切实推进农村一二三产业融合发展，激活农村要素资源，增加农民财产性收入。通过一二三产业的互动融合，将把产业链、价值链等现代产业组织方式引入农业，其将由单纯的农作物生产向农产品加工和流通及休闲服务业等领域交融发展，可以形成很多新产业、新业态、新模式，从而使农业产业链得以延伸，实现农业附加值的增加和农民的增收。南京市“菜篮子”工程作为保障民生的重大工程，推动一二三产业的融合发展尤为重要，从产品生产上来看，保障了农民收入的重要来源；从产品流通上来看，延长了农业产业链、提高了农业附加值；从产品销售上来看，保证了广大消费者身体健康。

（二）供需目标预测

在城镇化、电子商务以及产业融合的背景下，我国的人口结构、需求结构、消费结构发生了一系列的变化，对“菜篮子”工程的建设与发展产生了深远的影响。南京市人口规模超过了800万人，区域内有50多所高等院校、70多万名在校大学生，省级机关和驻宁单位人员庞大，城市的供应和保障工作尤为重要。随着南京市人口的不断增长，所需要的农产品总量也在逐年增加，供需矛盾越来越突出。

《南京市区域城市化规划（2014－2020年）》中明确提出，到2020年，南京市域总人口将达950万人，城镇化水平稳定保持在83%左右。以《江苏统计年鉴》中2013年城镇居民家庭人均“菜篮子”产品（蔬菜、肉类、禽蛋、水产品）的购买量和《南京统计年鉴》里2013年农民家庭人均“菜篮子”产品（蔬菜、肉类、禽蛋、水产品）的购买量为依据（如图12－6所示），对南京市2020年“菜篮子”产品需求量进行估算和预测。

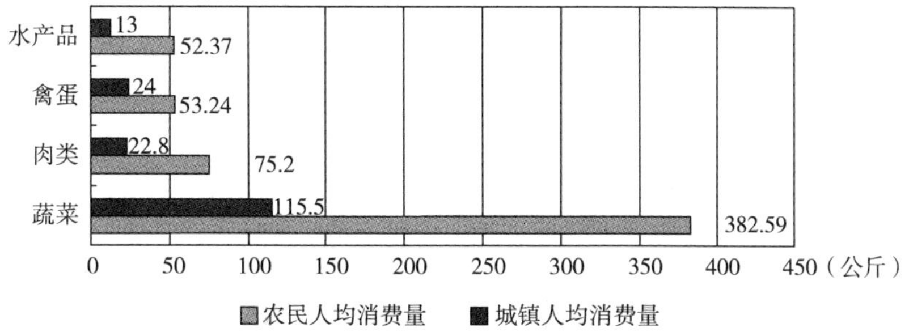

图 12－6　2013 年南京市城镇居民家庭和农民家庭人均“菜篮子”产品消费量

资料来源：《江苏统计年鉴（2014）》《南京市统计年鉴（2014）》。

“菜篮子”产品需求量＝2020 年城镇人口量×城镇居民人均“菜篮子”产品消费量＋2020 年农民人口量×农民家庭人均“菜篮子”产品消费量

根据以上公式计算，可以得到 2020 年“菜篮子”产品需求量如表 12－11 所示。

表 12－11　2020 年南京市“菜篮子”产品预测需求量　　单位：万吨

农产品／年份	预测需求量			
	蔬菜	肉类	禽蛋	水产品
2020	363.46	71.44	50.58	49.75

（三）供需矛盾分析

“菜篮子”产品的需求量到 2020 年会大幅增长，维持现有供给量无法满足 2020 年消费者的需求，其中肉类和禽蛋等品种的需求量远远大于供给量，蔬菜和水产品也存在供给量不足的问题。通过深入分析可以发现，无论是蔬菜还是畜禽类食品、水产品，供需矛盾都非常明显，存在着非常大的缺口。此外，蔬菜副食品加工、流通环节存在的问题也将日益显现，具体表现为以下几点。

1.“菜篮子”产品本地产供需数量、结构有待进一步平衡

2020 年，南京市蔬菜的预测需求量为 320.33 万吨，肉产品的预测需求量为 62.98 万吨，禽蛋类产品和水产品的预测需求量分别为 45.86 万吨和 43.39 万吨。若维持现有的供应水平不变，那么蔬菜、肉类产品、禽蛋和水产品的供求缺口预计将分别达到 14.09 万吨、50.82 万吨、38.3 万吨和 21.22 万吨。南京市虽然大力发展设施农业，但距离达到 2020 年预测需求量仍将存在一定差距。由于城市化进程的不断加快，郊区传统的蔬菜生产基地逐渐萎缩，新建菜地的基础设施建设滞后，抗旱排涝能力较弱，生产、保供能力不强，如图 12－7 所示。

此外，南京市民的消费结构也将发生变化，更加偏好肉类、水产、禽蛋等“菜篮子”产品。但目前肉类等产品的自给率仅 30%，是缺口最大的品种。再从肉类产品的结构分析，南京市肉产品的产量中猪肉占了 93%，牛肉和羊肉产量分别占 5% 和 2%，结构的极度不均衡，给“菜篮子”产品保供目标带来严峻挑战。

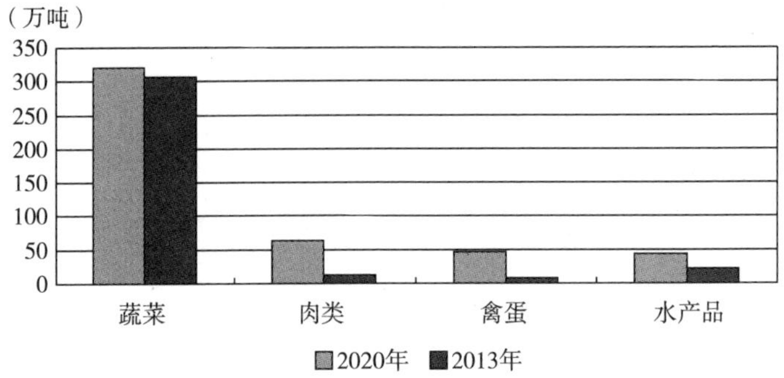

图 12－7　南京市"菜篮子"产品 2013 年供给量与 2020 年预测需求量

资料来源：《南京统计年鉴（2014）》。

2. "菜篮子"产品外埠基地控制力有待进一步强化

目前南京市六大"菜篮子"产品（蔬菜、肉类、奶制品、禽蛋、水产品和豆制品）主要靠外埠基地供应，本地供给率基本均在 35% 以下。南京市共与 61 家外埠"菜篮子"产品生产基地签订了合作协议，但大多只是名义授牌，没有规范的增减规划、筛选标准、保供考核机制等，与这些外埠基地属于比较松散的合作关系，对其控制力不够，在应对突发情况时缺乏必要的保供能力。

3. "菜篮子"产品加工程度有待进一步提升

目前南京市"菜篮子"产品尤其是蔬菜加工精细化程度不高，还存在大量浪费现象。加工集中区主要发展分拣清洗、分等分级、整理包装、预冷处理、速冻保鲜等初（粗）加工业务，对"菜篮子"产品深加工技术发展还比较欠缺，品牌塑造力度不足，对于占领农产品市场和提高农户收入的作用有限。

4. 农产品流通环节的效率有待进一步提高

南京市对农产品流通渠道、网点缺乏整体上的布局规划，零售网点规模化、连锁化、品牌化水平较低，一家一户小规模分散进货的传统经营方式仍然占主导地位，导致流通环节多，经营成本较高。在流通政策上，仅仅依靠有限数量的绿色车队通行证尚不能满足南京市对农产品的需求。同时，南京市农产品流通环节的流通成本高、资金投入大、运行效率低的问题比较突出。批发市场整合后虽提高了流通效率，但物流配送效率有所下降、成本上升；农贸市场改造升级工作还需要继续推进；农超对接过程中超市经营生鲜农产品的风险较大；农校对接和农餐对接缺乏双方沟通的信息交流平台。

5. 农产品冷链物流体系有待进一步健全

南京市"菜篮子"对外依存度大、自给率低，大部分靠外地长距离运输调入，而"菜篮子"产品的特点又对冷链物流提出了更高的要求。目前南京市生鲜农产品冷链物流体系尚不健全，有冷无链现象较为突出，农产品生产与冷储、运输、批发、零售等环节的融合不够，未能形成完整的冷链产业链。冷链企业在经营品种上主要集中在肉类，蔬菜等其他农产品冷链物流系统缺乏规模化企业，"青奥"供应模式在南京市场的复制尚未普及，从产地到餐桌各环节高效衔接的冷链物流体系还未真正形成。南京市农产品冷链物流企业规模较小，发展程度较低，就经营规模和带动效应而言尚未具备带动建设区域性冷链物流基地的能力。

6. 互联网与农产品电子商务有待进一步发展

目前，南京市大部分"菜篮子"产品主要还是通过批发市场进行交易。市民在超市、农贸市场购买农产品占比较大（88.66%），而采用网上购买这种新兴方式的人仅仅只有11.34%。因此，虽然这些年电子商务快速发展，但是在"菜篮子"产品中的应用并不广泛。与此对应的是，农产品难卖现象反复出现，不仅对农产品市场稳定造成不利影响，而且使农户自身的利益遭受损失。造成该现象的最直接原因是信息不对称、市场流通不畅。尽管现在构建了不少的信息平台和网络，政府也制定了一些政策措施，但实际效果有限，没有形成从生产到最终消费的完整体系。

7. "菜篮子"应急体系和机制有待进一步完善

尽管南京市、区两级政府都制定了各种应急预案，但并没有针对"菜篮子"工程设立专门的应急预案，只是在发生相应突发事件时，根据具体情况临时成立应急小组。而且，应急预案主要强调了政府的行为，没有对企业职责提出具体要求。目前，南京市虽然对蔬菜、猪肉都实行了在库储备和在田储备的应急制度，但储备量仅相当于目前南京市日常消费（2013 年）5 天左右的水平。如果到 2020 年，南京市人口增加、需求量上升，现有的应急储备就不能满足 5 天日常消费的水平。此外，南京市虽然密切关注了蔬菜、猪肉、禽蛋、水产品等 24 种主副食品的市场供求和价格变化情况，监控的农副产品种类远远少于市民日常消费的品种。不但如此，这种监控分析仅限于批发市场交易，没有从生产源头进行跟踪分析，一旦"菜篮子"基地的生产出了问题，往往措手不及、应对被动。

8. 产业融合发展程度有待进一步深化

与农村一二三产业融合发展的趋势相同，南京市"菜篮子"工程目前也正在向全产业链融合的方向发展，并且在农民专业合作社、家庭农场、产加销一条龙的龙头企业发展等方面取得了一些积极成果。但就总体而言，与日本、韩国和台湾等先进国家和地区相比，南京市一二三产业融合发展模式、保障机制等仍然需要进一步探索和创新，特别是农产品的生产与加工、物流产业融合程度低、层次浅；新型农业经营组织发育迟缓；先进技术要素扩散渗透力不强；涉农公共服务供给不足；农业结构调整和农业产业化主要还是以生产为导向，在消费导向方面较弱。

三、基于全产业链的主要"菜篮子"产品保供策略

根据农业产业链理论，现代农业产业链包含农业产前、产中和产后三大领域，分成产前、生产、加工、流通、消费 5 个环节，涉及相应的物、信息、资金等诸多要素的流动，包含农户、合作社或农协、专业社会化服务机构、企业以及消费者等众多主体。作为农产品重要组成部分的菜篮子产品（畜产、蔬菜、禽类、蛋类、牛奶、水产等）相关产业链是一个复杂的产业系统。2015 年中央一号文件与江苏省一号文件均提出要推进农村一二三产业融合发展。农村作为"菜篮子"工程发展的源头，一二三产业融合发展同时也代表了"菜篮子"工程的融合发展。这种融合就是将"菜篮子"工程中生产、加工、流通、销售等环节进行互相整合，促进整个全产业链间的发展，使整个链条能够产生乘数效应，形成新的效益和竞争力。

南京市"菜篮子"产品的保供也是一个全产业链层面的问题。"菜篮子"产品供应主

要包括生产、加工、流通以及消费环节，而各个环节又可以进一步作如下细分：生产环节包括品种规划、基地规划、种养殖等；加工环节包括品级分类、保险加工、流通加工、存储加工、包装及食品加工等；流通环节涉及多级批发及零售，包括网点布局、冷链流通、渠道规划、产销地市场架设等；消费环节包括品种及品质提供以及营销推广及消费引导等。同时，上述各环节还存在因自然灾害和人为因素导致的供应中断、因价格异常导致的供应波动以及大型赛事活动带来的供应异常等应急风险，因而“菜篮子”产品的应急机制的设计尤为重要。相关的政策法规是南京市“菜篮子”产品供应的环境因素，对“菜篮子”产品的保供提供重要基础，如图 12－8 所示。

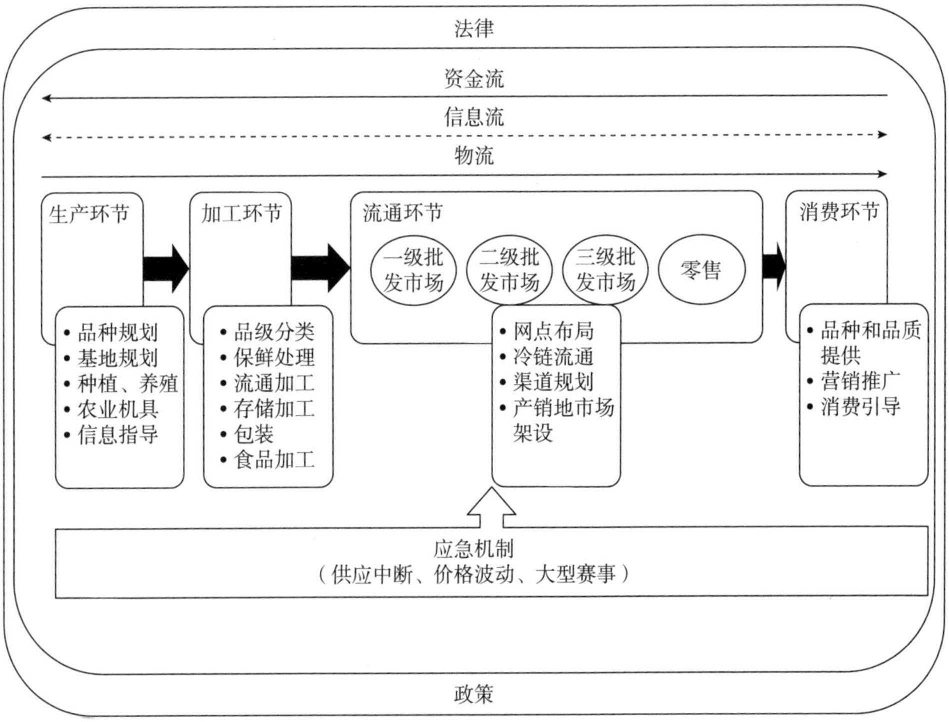

图 12－8　“菜篮子”产品全产业链构成

通过前面的分析可以发现，南京市“菜篮子”工程供需矛盾突出，不仅生产、加工、流通各环节存在问题，而且缺乏基于全产业链延伸和拓展的产业融合。我们试图从全产业链的视角，对南京市“菜篮子”产品的生产、加工、流通、信息、政策、产业融合等方面提出保供对策。

（一）加强市内外生产基地的协调与建设

南京市“菜篮子”产品的供应结构包括本地自给与外埠供应两种方式。针对南京市“菜篮子”产品自给率低，以及外埠“菜篮子”产品供应控制力弱的特点，可以通过加强本外地协作，实现南京市“菜篮子”产品保供能力的有效提升。

1. 加快高标准基地建设，提升“菜篮子”产品自给率

根据南京市都市型现代农业功能定位，突出区域特色，合理调整布局，大力扶持规模

化、集约化、标准化农业生产，加大生产基地基础设施和生产技术投入。南京市虽已建立多个永久性高标准蔬菜生产基地，但距离2020年“菜篮子”产品预测需求量仍存在差距。然而，南京市有限的土地和城市化进程都限制了生产基地的扩充，因此必须大力发展设施农业（种植、养殖）。以预测所得“菜篮子”产品的需求量、供给量以及各区基本农田数量、现有生产规模等为依据，进一步确定各区县蔬菜基地最低保有量，并通过大力发展设施农业（目前南京市蔬菜基地规划设施比重达到70%），通过合理调整南京市冬（日照大棚）夏（露天菜地）淡季蔬菜的生产能力，新建一批标准化禽舍，改造提升一批肉禽舍、生猪标准化规模养殖场、蛋鸡标准化养殖场、奶牛标准化规模养殖场，稳步提高“菜篮子”产品自给率，力争实现蔬菜（尤其是本地居民喜食的本地产叶菜目前自给率85%）、肉类（主要以猪肉为主）、禽肉、鸡蛋、鲜牛奶等自给率，并分别提高3~5个百分点，进一步增强“菜篮子”产品的保供能力。

2. 强化与外埠基地合作，提高“菜篮子”产品控制力

一方面，采取多种形式鼓励和支持南京市本地的农业龙头企业、专业合作社、大型连锁超市，在南京都市圈和周边地区建设直属的规模化蔬菜生产基地、标准化设施养殖基地，强化供应南京市场“菜篮子”产品的控制能力。另一方面，依据南京市人口、消费需求的变化以及全国各主产区的特点，进一步完善外埠“菜篮子”基地协作管理办法，包括基地扩展规划、基地筛选标准、基地保供补贴政策（比如按外地生产基地供应南京市场“菜篮子”产品的总量占比，对其提供相应的资金补贴）、考核机制等，以此建立更多更紧密的外埠生产基地，从而形成稳定可靠的“菜篮子”产品货源渠道。

3. 建立商品化处理中心，提高农产品深加工水平

针对目前南京市“菜篮子”产品的加工现状，政府应加快发展“菜篮子”产品加工业。可以考虑在现有浦口和白马两个加工集中区的基础上，以自然村落聚集为单位，建立商品化处理中心，发展分拣清洗、分等分级、整理包装、预冷处理、速冻保鲜等初加工业粗加工技术，减少损耗、减少污染、提高品质，形成主导产业突出、规模效应明显、组织化程度较高、农民增收效果显著的农产品加工体系。同时，面向种养大户、专业合作社和特色专业村开展有针对性的科技能力提升服务，进一步促进科技成果转化和实用技术应用推广，大力发展农产品深加工，延伸“菜篮子”产品的产业链条，提高产品的竞争力、利用率和附加值。

（二）构建快捷高效的农产品流通体系

为了保障农产品的高效流通，市民能便捷地获取优质的农产品，应进一步加强物流体系和流通渠道建设。

1. 完善农产品冷链物流体系

南京市必须从农产品冷链物流布局入手，扩大冷链建设规模，加强冷链物流每个环节之间的衔接，积极采用先进实用的物流技术，培育一批有特色、有实力、有品牌的物流企业。

（1）优化农产品冷链物流布局。结合南京农副产品物流中心形成“一核四片”为基础的冷链物流布局，优先发展核心区域和重点工程，加快建立以农批市场为依托的综合型包括肉类、水产、蔬菜、水果等交易冷藏配送一体化的冷链物流中心；发展六合雄州冷链物流集聚区、浦口桥林冷链物流集聚区、高淳开发区冷链物流集聚区和溧水开发区冷链物

流集聚区，加快发展专业型特色农产品冷链物流中心和配送基地。依托南京市高校众多的优势，通过校企合作的方式，培育冷链物流相关专业领域的后备军，培育出一批经济实力雄厚、经营理念和管理方式先进、核心竞争力强的大型冷链物流企业，形成具有科学合理布局的冷链园区。

（2）扩大冷链体系建设规模。加快保鲜、冷藏、冷冻、预冷、运输、查验等冷链物流基础设施和基地建设，不断提高冷链流通率、冷链运输率，降低腐损率，切实保障南京市居民能吃上新鲜、健康的农产品。从关键环节入手，重点加强大型农产品批发市场等重要农产品物流节点的冷藏设施建设，依托大型商贸流通企业在郊区规划建设一批生鲜农产品低温配送和处理中心，大力改善农产品加工流通环节的温控设施，建设经济适用的农产品预冷设施，建设数个重要的肉类、水产品等冷链物流基地。配备节能、环保的长短途冷藏运输车辆，推广全程温度监控设备；完善与冷链物流相配套的查验与检测基础设施建设，推广应用快速准确的检测设备和试剂。

（3）加强冷链各环节衔接。针对不同农产品种类构建各环节紧密衔接的冷链物流体系。大力推动肉类农产品冷链物流发展，建立全程无断链的肉类冷链物流体系，建设重要肉类冷链物流基地。加快冷库节点网络的拓展和优化布局，完善温度监控和质量追溯系统，建设并形成覆盖南京市、服务全省、外联国内外的专业化、规模化肉类农产品冷链物流体系。加快推进水产品冷链物流体系建设。进一步完善水产品超低温储藏、运输、包装和加工体系，加快推进水产品冷链物流发展，建设重要或主要水产品冷链物流基地。结合南京市特色蔬菜农产品生产布局，以名优蔬菜品牌化为中心，逐步推进蔬菜冷链物流发展，选择部分高附加值的特色蔬菜推广产后预冷、初加工、储存保鲜和低温运输技术，建立跨地区长途调运的冷链物流体系。

（4）提高冷链物企业发展质量。重点培育壮大一批具有较强资源整合能力和国际竞争力的冷链物流龙头企业，建成一批规模化、专业化、现代化的跨区域农产品冷链物流配送中心来提高南京市乃至江苏省的冷链物流比例。不断培育多个市级冷链物流园区，具有国内影响力的冷链物流企业，以及国际性冷链物流企业。结合南京天环谷昌仓储物流商贸广场、江苏雨润冷链物流中心、清江冷链物流股份有限公司、润恒江宁农产品冷链配送中心等四大冷链中心的建设，形成总计超百万吨的仓储能力。鼓励其他企业在产地、销地建设低温保鲜设施，实现产地市场和销地市场冷链物流的高效对接。鼓励大型商贸零售企业加快生鲜食品配送中心建设，在做好企业内部配送的基础上逐步发展为社会提供公共服务的第三方冷链物流中心。

（5）采用先进的农产品物流技术。大力引进并应用先进的农产品加工技术、冷冻保鲜技术及信息技术，加快节能环保的各种新型冷链物流装备与技术的自主研发、引进消化和吸收，重点加强各种高性能冷却、冷冻设备，自动化分拣、清洗和加工包装设备，冷链物流监控追溯系统，温控设施以及经济适用的农产品预冷设施，移动式冷却装置、节能环保的冷链运输工具、先进的陈列销售设备等冷链物流装备的研发与推广，完善科技成果转化的长效机制，不断提高冷链物流产业的自主创新能力和技术水平。同时，积极发展农产品深加工技术，通过将农产品进行初加工、精加工及深加工等方式，获得农产品的增值收益。采用各种保鲜、冷藏技术，延长农产品的保鲜期限，保持农产品色泽、形状及营养价值。

2. 构建以大型批发市场为中心的新型流通体系

（1）在江北地区新建大型农副产品物流配送中心。2015 年 7 月，江北新区正式被国务院批准为第 13 个国家级新区。随着江北新区建设与发展，人口聚集程度将大幅度提高。不难预测，目前的江北农副产品批发市场作为一个二级市场在未来将难以满足江北新区的农副产品需求，也不符合江北新区加快推进新型工业化、城镇化和实现跨越式发展的步伐。因此，迫切需要在江北新区建立一个新的大型农产品集散中心，既能适应江北新区的建设规划，满足将来江北新区的农产品需求，又能在农产品批发市场区位布局上与众彩农副产品物流配送中心相呼应，形成江南江北两个大型农副产品物流配送中心相互配合、服务全市、辐射都市圈的格局。

（2）充分发挥大型农副产品物流配送中心集散功能。南京众彩农副产品物流中心作为南京市最大的农副产品集散地，是按照市政府“南京最大、华东一流、全国有影响”的功能定位，高起点、高标准规划建设的现代化农副产品物流基地，现已成为南京市及周边地区农副产品供应的主要源头市场，交易额居全国同类市场第二，引领全国农副产品批发市场整合改造、提档升级的示范工程。但在众彩物流中心的一些功能并未完全得到发挥，交易方式混杂多样，大部分仍局限在简单的批发和零售，生产与流通信息化平台建设有待提高。因此，必须大力提升众彩农副产品物流中心的辐射功能，有效融入“北菜南下”“南菜北调”“西果东送”战略分销网络，构建高集聚、强辐射、跨区域的农副产品物流集散中心，加强市场管理，规范交易方式，完善市场准入机制和产销信息联通平台，由实物交易向虚拟信息交易转化，提高流通效率，降低运营成本。

3. 优化农贸市场软硬件环境

农贸市场作为农产品销售的主要渠道，应该进一步加强其功能性建设。应继续按照“统一管理、统一采购、统一配送、统一标准、同一品牌”的原则，积极开展“绿色市场”创建工作，细化创建标准，突出管理重点，树立行业示范，提升农贸市场长效管理水平。继续推行农贸市场计量器具“五统一”管理，巩固现有成果，保障消费权益。切实做好农贸市场环境整治工作的扫尾工作，进一步改善农贸市场的设施设备，新建和升级一批设施装备好、服务能力活、辐射范围广的大型蔬菜批发市场，为广大消费者营造一个环境整洁、交易有序、消费安全的购物环境。同时，应进一步结合其他渠道优化农贸市场布局，充分有效地发挥在流通供应方面的主渠道作用。

4. 强化农产品产加销衔接能力

南京市除农贸市场外，应开展多种形式的农超对接、农校对接、农社对接和团购直销等产销对接，积极引导大型零售流通企业以及学校、酒店、大企业等与产地蔬菜规模化生产合作社、批发市场和龙头企业等直接对接，扩大新型销售渠道占整个市场的比重。推进农改超的工作，通过安排专项贴息资金和实行税收减免政策，逐步将超市培育成为生鲜食品销售的重要载体。在政府的主导下，成立相应的农校对接和农餐对接信息交流平台，采用大物流、多元化的采购方式，进行一定批量多种范围的订单采购，分散农产品生产、经销单位的风险，确保各高校等集体单位有稳定低廉安全的农产品来源，从对接中得到实惠。同时要建立公平有序的竞争机制，促使农户和高校为寻求长期合作加强自身监管。在农副产品平价直销店（区）的选址布局上要做好充分的市场调研，加大对农副产品平价直销店（区）设立资格审核、经营业绩考核监督力度，制定奖惩政策，引入竞争机制，规范直销店的市场行为。开展农业龙头企业产业链优化行动，进一步推动基地型龙头企业直供直销。结合城市改造和房地产开发等渠道，扩大农副产品零售网点，在特定时段为蔬菜早、晚市开辟专门销售区域。新建小区必须配建蔬菜供应零售网点，按标准与住宅同步建设、同步交付使用，为市民带来方便。

5. 合理规划流通渠道及网点布局

统筹规划和合理布局南京市的批发市场、农贸市场和社区菜店，加快建立农贸市场、生鲜超市、社区直销店和其他流通模式互为补充的副食品网点体系，满足不同层次的市场需求。鼓励区级政府采取公建配套代建和收购、产权回购回租、投资入股多种方式，推进农贸市场公益性建设，补齐农产品零售网点空白，做到地区间网点布局平衡。浦口、六合、江宁等人口密度小、面积广的地区要合理分布零售网点，鼓楼、秦淮、玄武等人口密度大的地区要进一步优化网点布局的结构，促进流通网点的多样化。同时，应加大政府对零售网点的掌控力度，加快零售网点公益性回归步伐，确保使用功能不变，有效控制菜价。此外，要促进零售网点规模化、连锁化、品牌化，以提高物流配送比例，减少流通环节多，降低经营成本，也有利于对食品质量的监督。

6. 加快建设城市共同配送体系

针对农批市场整合带来的物流配送成本上升和效率下降问题，南京市可以发展配送中心自有物流与采用城市共同配送相结合模式。城市共同配送，即共享第三方物流服务，是由多个客户联合起来共同由第三方物流配送公司来完成配送服务的过程，由多个企业单位联合组织起来实施配送活动。在配送中心的统一计划与统一调度下完成配送活动，最终能够为市民、商贸企业及物流公司三方带来便利，同时还能有效提高物流配送效率，降低运营成本。此外，南京市还可参照上海市经验，在绿色车队建设的基础上，按照“专车专用、统一安排、集中管理、规范使用”的原则设立“菜篮子”工程车，所有收费公路对整车合法装载鲜活农产品的车辆免收通行费，对“菜篮子”工程车免征贷款道路建设车辆通行费。按照交通运输部、国家发展改革委、财政部明文规定“整车合法装载”的认定标准，不同鲜活农产品混装的车辆、混装其他农产品不超过车辆核定载质量或车厢容积20%的车辆，均可认定为“整车合法装载鲜活农产品”并享受免收通行费政策，而不仅局限于有限数量的通行证。

7. 引导消费者理性消费

目前，由于普通居民普遍缺乏生鲜农产品的科学知识，一些消费者对生鲜农产品消费还存在不少误区。例如，许多市民认为冷冻过的肉不如刚宰杀的鲜肉有营养，等等。因此，政府应通过报纸、广播、电视、互联网等多种渠道加强宣传，提高消费者对于生鲜农产品营养成分、食品质量安全、食品保鲜及健康饮食的认知水平，使消费者对于农产品的选择和鉴别更加理性科学，避免受到媒体网络等不实信息的误导，避免引发市场秩序混乱，从而促进生鲜产品供应链的良性发展。

（三）创新“菜篮子”工程商业模式

南京市“菜篮子”工程创新商业模式主要是指在现代经营管理理论基础上，引导农产品企业品牌化、连锁化、超市化经营，提高经营层次；引导发展农产品冷链配送体系，改善消费结构，降低流通损耗；引导发展农产品电子商务，拓展销售渠道，改善购物体验；推进批发市场电子结算交易，提高大数据分析和精细化管理水平；推进农产品城市共同配送试点工作，探索应用单元式蓄冷箱等新技术，推广生鲜智能配送终端等。南京市“菜篮子”工程创新商业模式应着重在以下两点展开。

1. 引导农产品企业品牌化

农业品牌化是国家农业部为贯彻落实党中央、国务院关于“整合特色农产品品牌，支持做大做强名牌产品”和“保护农产品知名品牌”的要求，积极有序推进“农产品质量安全绿色行动”，提升农产品市场竞争力，促进粮食增产、农业增效和农民增收，而在全国范围内推动的大规模行动。目前，江苏省已经形成了一批有影响力的农产品品牌。如仪征绿杨春茶、淮安红椒、兴化大闸蟹、射阳大米、东台西瓜、泗洪大枣、泰兴白果成为“2011 消费者最喜爱的 100 个中国农产品区域公用品牌”。因此，南京市“菜篮子”工程应该强化品牌建设，实施品牌战略，开展农产品的商标注册和优秀品牌评定工作，推行无公害农产品、绿色食品、有机农产品认证和申请使用地理标志，引导“菜篮子”基地建设主体创建企业品牌，打造质量稳定、市场知名度高的绿色品牌，促进农产品企业转型升级。

2. 发展新型农产品电商平台

电商平台具有通过相对的技术透明达到数据透明、减少信息不对称的优势，打破传统农产品产销间的灰色地带。南京市应该把供应与采购双方的撮合过程放到相对透明的网络平台上，压缩传统交易中一对一的暗箱空间，推行智能化的精准匹配管理，促进优势供应商与优势采购商的战略联合。同时，建立与整合优势物流、仓储服务产业，为采购商建立各环节的优势供应链保障体系。一方是供应商，另一方是采购商，中间是新型电商（如众彩物流中心）创建的运营模式，以制定农产品质量品质标准和交易规则、会员转入审核、产品准入审核、产品检验评定、产品缺陷补偿等专业化管理措施，实现供需双方的权利和义务。供应商进来的农产品，经审核后由服务管理平台向采购商推荐。由于“菜篮子”产品的特点，除了可以借用零售和工业品领域的 B2C（企业对用户）和 B2B（企业对企业）电商模式外，还应关注供应商和采购商两大关键环节，形成 BAB（企业与企业产业联盟）的新型电商平台。

（四）促进一二三产业融合发展

1. 培育新型农业经营主体

南京市政府已经把“新型职业农民培育程度”作为南京市郊区镇街分类考核中现代农业主导镇的考核指标之一。但是新型职业农民仅占 3 成左右，应该加强农民网商培训班、大学生创业专题培训班等。在推进“菜篮子”工程一二三产业融合发展的过程中，应依托专业大户、家庭农场、农民合作社、龙头企业等新型农业经营主体多管齐下，竞争发展，努力促进其分工协作、优势互补、网络发展。

2. 强化互联网和信息技术的应用

南京市“菜篮子”工程中第一产业、第二产业、第三产业虽然在空间上分离，但可以借助信息化等力量实现网络连接，如部分“公司 + 基地 + 农户”“公司 + 合作社 + 基地 + 农户”、发展线上线下有机结合的农业等。近年来，食品短链、社区支持农业、电子商务等新型农业消费方式日益引起消费者的青睐，南京市应该抓住这个发展机遇，重视市场需求、面向需求，开拓市场、创新市场、提升产业附加值。

3. 提升“菜篮子”工程附加值

通过开发、拓展和提升南京市“菜篮子”工程的多种功能，赋予农业的科技、文化和环境价值，提升农业或乡村的生态休闲、旅游观光、文化传承、科技教育等功能，发展休闲观光农业或创意农业，或打造富有历史、地域和民族特色的特色景观旅游村镇。

（五）加大“菜篮子”工程建设的政策支持

1. 加快推进农业保险

按理来说，农业保险属于政策性保险，要使它发挥应有的作用，就离不开相应的法律支持。国外的农业保险都有相应的法律匹配，而我国至今还没有一部农业保险方面的法律法规。江苏省虽制定了农业保险管理条例，南京市应该在该条例的基础上进行细化，进一步明确相关标准，使之更符合自身的实际情况。探索建立保费减免机制，对于多年未发生受灾理赔的农户实行保费减免，切实减轻农民负担。此外，目前南京市执行的理赔标准明显偏低，应适当提高理赔标准，真正使农户在遭受自然灾害、意外事故、疫病、疾病等保险事故时享受应有的保障，最大限度地减少经济损失。

2. 探索建立价格保险

“菜篮子”产品既会面临自然风险，也会面临市场风险。可以借鉴上海市在 2011 年推出的“冬淡”和“夏淡”蔬菜成本价格保险做法，结合南京市实际情况，分阶段、分品种组织投保，在蔬菜生产的“缺期”对主要的几种叶菜（如青菜等）和本地特色菜（如水芹、芦蒿等）实行价格保险。当平均零售价格低于保单约定的零售价时，按跌幅同比例对菜农进行补贴，有效地保护菜农的生产积极性。在赔偿金额的计算公式中，充分考虑前三年的蔬菜价格上涨因素，用“蔬菜价格涨幅”替代 CPI 价格指数，使蔬菜保险制度更合理。参照南京市自然风险的保费补贴措施，保费由各级财政和农户共同负担。

3. 改进农业补贴办法

现行的农业补贴措施更多的是采取直接的经济补贴，这既加大了政府的财政负担，又不能保证有效提高农业生产者的积极性，并且存在扭曲市场原则的可能性，导致资源配置不能根据市场调节达到最优状态。美国等发达国家在这方面的做法是，对农业补贴结构进行优化，更多地通过服务计划对农业生产者进行支持，提供没有或仅有最微小的贸易扭曲作用的农业支持补贴。南京市可以借鉴，在补贴政策方面遵循科学性原则，尊重市场运行的客观规律，在政府政策的指导下运用市场手段进行农业补贴，通过对补贴结构的优化，尽量少地采用对生产和贸易产生较大扭曲作用的政策措施。

4. 积极引导社会投资

“菜篮子”工程建设在加强政府引导的同时，必须充分发挥市场的决定性作用，鼓励金融机构支持与“菜篮子”工程建设密切相关的企业的发展。充分发挥财政资金的杠杆作用，采取多种财政扶持方式，积极推进大型农副产品物流配送中心、冷链物流基础设施、商品化处理中心等公共品的补贴投入，引导社会资本以投资、参与经营等形式参与到“菜篮子”工程各个环节中来。

（六）完善“菜篮子”工程应急体系

针对前文提出的“菜篮子”工程应急机制存在的问题，主要可以从应急储备、监控体系、政企协作和价格补贴联动机制 4 个方面来完善应急机制体系。

1. 加强政企合作，完善应急机制

南京市应组建专门的"菜篮子"应急小组，加快在突发情况下应急反应速度。除发挥政府的主导作用外，还应引入企业、市场化的救助理念，加强政府与企业在应对突发事件中的协作配合。因地制宜推广并完善"龙头企业+专业合作社+农户"的现代农业生产模式，建立农户与龙头企业风险共担机制，充分发挥农业龙头企业在农业灾害救助过程中的作用，分担政府的灾害救助压力。如出现局部供过于求时，支持批发市场、龙头企业等入市收购，开展异地远销；局部供不应求时，支持流通企业跨区域调动并促进生产恢复。

2. 加强信息采集，完善监控体系

建立农产品监控网络，密切关注"菜篮子"产品市场供应和价格走势。除了在南京市的批发市场建立信息采集点，还可以生产基地建立信息采集点，如开展田头价格监测，以一定频率采集蔬菜的田头交易价格（具体措施可以参考上海市"菜篮子"工程建设）。同时，加快建立互联互通、共享共用的信息平台，监控"菜篮子"产品生产流通各方面的数据。对信息平台中"菜篮子"产品生产交易的数据进行及时的分析研判，完善产品生产、货源变动的预测预警制度。也可以监控农贸市场和批发市场的租金价格，通过降低销售成本稳定"菜篮子"产品价格。

3. 加强基地建设，提高储备水平

在突发灾害性天气交通运输严重受阻的情况下，稳定本地蔬菜生产面积和自给能力就显得尤其重要。设施蔬菜的发展有利于协调蔬菜供应的淡季和旺季，有利于增强抵御灾害性天气的能力，是保证均衡供应和价格稳定的重要手段。尽管南京市设施蔬菜比例高，但仍存在设施需进一步加强新建的郊区蔬菜生产基地遮阳降温和滴灌微喷等配套设施，进一步改善绿叶蔬菜生产基地水利设施条件，提高菜地排涝抗旱能力，增强蔬菜生产能力。通过设施菜田建设、蔬菜标准园创建以及对蔬菜专业合作社的支持，增强市郊蔬菜生产基地生产能力和抵御自然灾害的能力。通过冷链冷库的建设，市郊菜区的储备能力增强，为应对突发事件稳定市场供应和缓解菜农"卖菜难"发挥了重要作用。

4. 完善价格补贴机制，保障低收入居民生活

基于"菜篮子"工程保基本的特点，针对低收入人权建立价格补贴联动机制，降低物价上涨对低收入困难家庭基本生活的影响。江苏省规定只要 CPI 涨幅连续 3 个月超过 3%，就启动按低保标准的 25% 发放物价补贴。但 CPI 和食品价格指数还存在一定的差距，存在 CPI 较为稳定，但食品价格大幅波动的情况。因此，南京市需进一步完善价格补贴联动机制，一方面加强对菜篮子产品的市场价格监控，对菜篮子产品价格波动进行及时响应；另一方面是根据食品价格指数制定相应价格补贴政策，如借鉴北京"菜篮子"工程的经验，针对菜篮子产品价格上涨的具体情况，采取适当提高低保标准、发放临时补贴、调整最低工资标准等措施，确保低收入居民生活水平不降低。

（七）强化"菜篮子"工程建设组织领导

为适应国家改革推进"菜篮子"工程全产业链的发展趋势，更好地发挥政府调控市场的作用，必须要把"菜篮子"市长负责制落到实处，协调相关部门职能，细化工作任务分解。南京市"菜篮子"工程办公室是市政府"菜篮子"工程领导小组下设的办事机构（以下简称市菜指办），领导小组共 16 个成员单位，涵盖了综合部门、业务部门和监管执法部门。建议领导小组每年开 1～2 次会议，专题研究"菜篮子"工程建设的发展目标、

重大项目，及时协调发展中的重大问题。成员单位联络员工作例会也要形成制度，及时通报“菜篮子”工程建设的情况，分析存在的问题并提出有针对性的解决办法。随着宏观形势的发展变化和机构职能的调整优化，领导小组成员单位也应作出相应的调整，各部门的职责分工也要进一步明确，从而形成了上下联动、横向沟通、整体推进的运行机制，如图12－9所示。

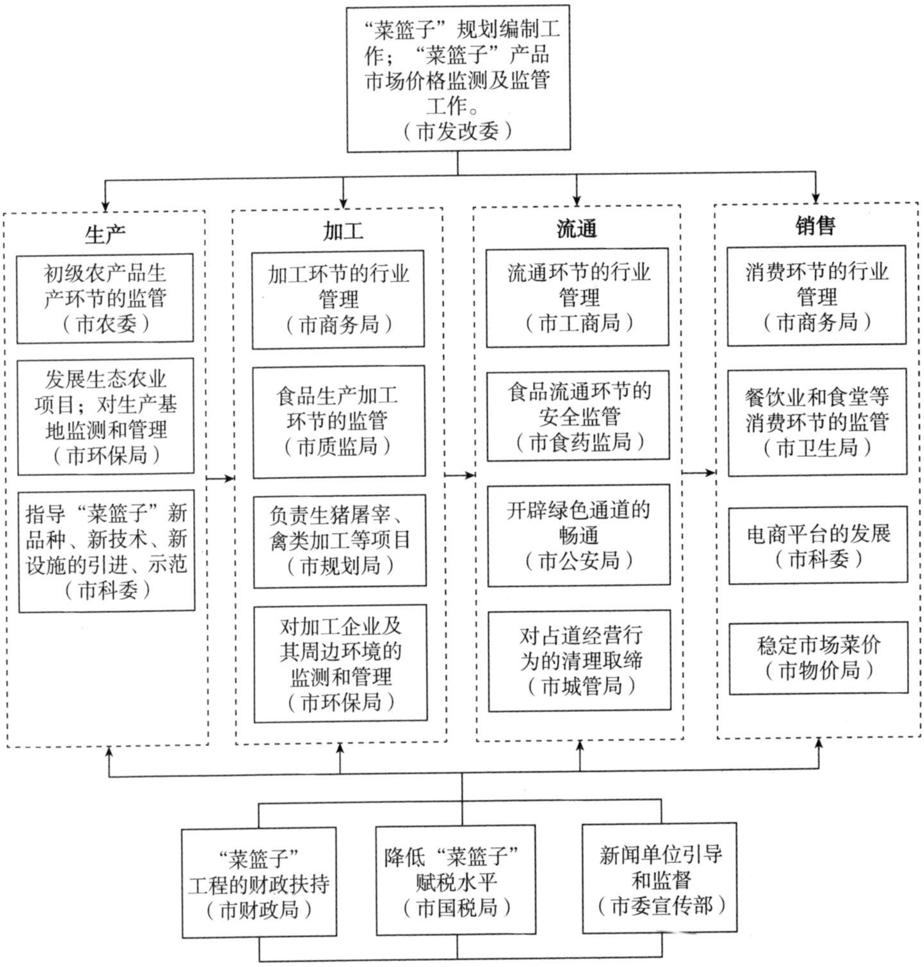

图12－9　政府各部门所负责“菜篮子”工程职能流程

为了明确各部门的责任，协调有序开展“菜篮子”工程，可以参照表12－12的工作任务分解：

表12－12　政府各部门工作任务分解

加强生产基地建设，稳定和提高南京市自给率，到2020年年末，蔬菜自给率达到36%	牵头单位	市农委
	协助单位	各区县政府
推进与南京市周边蔬菜主产地的产销、购销合作，稳定和提高南京市蔬菜控制率	牵头单位	市农委
	协助单位	市商务局

续表

实施“菜篮子”重点产品最低保有量制度，按照“菜篮子”系统工程建设目标及各区县基本农田数量、现有生产规模等，确定各区县菜田面积最低保有量，划定基本菜田	牵头单位	市农委
	协助单位	相关各区政府
整体规划批发市场，加大政府支持和投入，增强对批发环节的调控能力	牵头单位	市商务局、市发改委
	协助单位	市规划局、市工商局、市财政局
加强“菜篮子”主要产品销售终端的规划、建设和管理	牵头单位	各区县政府
确保新建小区蔬菜供应零售网点等公共服务配套设施建设和使用	牵头单位	市规划局
	协助单位	各区县政府
打造新型流通体系，持续推进“农超对接”工作	牵头单位	市商务局、市农委
扶持“菜篮子”产品的质量安全监管和检验检测体系建设，扶持标准化生产基地建设，鼓励无公害农产品、绿色食品、有机农产品、地理标志农产品等质量安全认证，打造安全放心农产品品牌	牵头单位	市工商局、市农委
依法从严惩处扰乱市场价格秩序的行为，加大对资本炒作的处罚力度。建立市场租金价格公示或备案制度，使市场租金价格公开透明	牵头单位	市发改委
创新储备形式，优化储备结构，确保“菜篮子”产品应急保障能力显著增强。建设“菜篮子”主要产品生产储备保障基地	牵头单位	市商务局、市农委
	协助单位	市发改委、市财政局
落实和完善鲜活农产品“绿色通道”政策措施	牵头单位	市公安局
	协助单位	市发改委
加大对生产、加工、流通、销售等环节基础设施建设的资金投入。实施“菜篮子”重点产品补贴政策，扶持在外埠投资建设生产基地	牵头单位	市发改委、市农委、市财政局
发挥市场机制作用，广泛吸引社会资金投入“菜篮子”系统工程建设，鼓励农业担保公司等金融机构开展“菜篮子”金融创新业务	牵头单位	市财政局
统筹开展对蔬菜等“菜篮子”产品的信息发布，统一、主动发布信息	牵头单位	市发改委

第二节 南京新农发展集团全产业链案例分析

一、南京新农发展集团概况

南京新农发展集团有限责任公司成立于2012年6月18日，是南京市政府授权范围内国有资产的经营管理主体。作为南京市委市政府实施统筹城乡战略的平台和推手，集团承担着城乡土地整理开发、大型农水设施建设和现代农业创新载体建设三大职能。集团注册资本1亿元，国有资产总值8.7亿元，现有南京市土地整理开发有限责任公司、南京新农科技投资有限责任公司、南京农垦产业（集团）有限公司、南京新农园农业发展有限公司4个全资子公司，拥有现代农业园区两个，汤山翠谷现代农业科技示范园以及正在建设中的竹镇现代农业园区。

（一）新农集团全产业链建设背景

2013年新农集团承接南京“青奥会”的蔬菜供应项目，并以此入手谋划南京市的蔬菜全产业链建设。在“青奥会”期间，通过集团旗下的汤山翠谷农业园区，新农为“青奥会”供应果蔬41个批次、54个品种、173吨，其中蔬菜40种，半数都通过本地供应，圆满完成了“青奥会”的保供任务。

正是借鉴上述的成功经验，以及全产业链建设自身的意义，新农集团提出了发展南京市蔬菜全产业链的建设规划。建设蔬菜全产业链有三方面意义：一是通过多道安全体系，全产业链可以确保蔬菜质量安全；二是全产业链通过产销一体化，可以减少流通环节，解决配送问题；三是形成规模效应，提高全产业链产品的竞争力。对此，集团提出用三年时间，整合资源、着力打造以安全为核心，以服务市民、服务南京市蔬菜产业为目标，涵盖标准、品牌、溯源，集产、加、销于一体的南京市蔬菜全产业链运营体系。

（二）新农集团全产业链运行模式

我国农业正处于由传统农业向现代农业转变的重要转型期。市场在为农业发展提供大好机遇的同时，也对其专业化、市场化提出更高要求。特别是当前农产品产销衔接不畅及农产品质量安全事故频发，凸显出传统生产组织方式的落后性及“小生产”与“大市场”对接的低效化，而现代化的产销衔接一定是“大市场”与“大生产”的对接。中国农业要全面实现现代化，须经历一场从观念到组织结构及经营方式的大变革，产业链是研究产业升级与变革的很好的视角。全产业链作为我国农业产业化发展的重要实践形式，是我国农业产业升级与产销体系创新变革的重要路径与模式，对于提升农业综合生产能力构建高效的产销衔接体系具有十分重要的理论与实践意义。

在全产业链运行的规划治理中，新农集团牢牢抓住了三个方面的竞争优势。首先，在资源主导型产业链的核心竞争优势方面，结合已经存在的核心基地（如汤山翠谷和竹镇现代农业开发区）和加盟的基地，在此基础上掌控优质的自然资源，并将这些优势资源贯穿于整个产业链，进行南京市“菜篮子”产品的种植种养。其次，技术主导型产业链的优势在于，用创新的技术来改善农产品种养生态环境、减少农业污染、提升农产品加工技术含量及质量安全水平，新农集团目前已经存在果蔬汁饮料加工、粮油精深加工、功能保健食品加工、禽产品加工、果蔬贮藏保鲜加工等。此外，通过与国际基金合作及全球招商引进国内国际科研机构及相关产业项目入园发展，逐步形成技术展示及技术交易平台。最后，市场主导型产业链的核心竞争优势在于，通过对分销环节的掌控，借用渠道、营销和品牌等市场优势贯彻到全产业链，拉动绿色有机农产品的生产，体现农产品应具有的市场价值。基于供应保障的新农集团全产业链，贯穿了核心基地与加盟基地的种植种养、初级加工、深加工、分销、消费、可追溯六大环节。新农集团的全产业链运作模式的全程运行治理实现了技术主导型和资源主导型的有效整合（见图12－10），目前，市场方面的优势还没有显现出来。

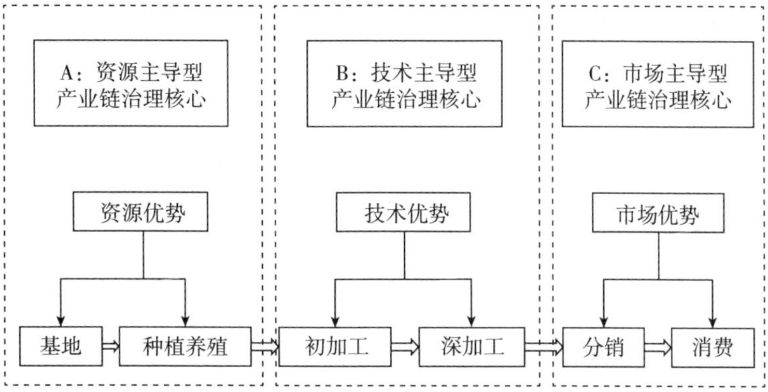

图 12－10　新农集团全产业链治理的类型及治理核心

构建全产业链模式使企业更具有竞争力，并且这种核心能力不是一般企业所能复制的。新农集团全产业链运作模式具备以下几个方面的优势。

（1）全产业链运行模式能够实现“从田间到餐桌”全程质量控制。新农集团已经突破了“企业＋农户”的组织模式，采用“企业＋基地”的一体化组织模式，建立自有基地，实现生产、加工、销售的全程控制，确保产品的质量安全。

（2）通过技术和产业链组织运作模式创新。主要体现在以下三个方面：一是品种的创新，包括紫胡萝卜、抱子甘蓝、木本大豆等；二是创新规划农产品加工与物流配套区，实现加工与运输的无缝衔接；三是技术的创新，智能环境控制和营养液循环利用等创新、节能的技术，集中展示了多种高效的蔬菜（花卉）栽培模式技术（空中结薯、陶粒栽培、管式栽培、立柱栽培、墙体栽培、喷雾栽培等）。

（3）结合乡村旅游，往多元化的方向发展。新农集团将生产、加工与乡村旅游巧妙地结合起来，朝着全产业链的方向发展，增加了产业链的附加值，如图 12－11 所示。以南京汤山翠谷现代农业科技园为例，该园区为南京市及周边市民提供很好的高科技农业休闲旅游项目，自 2011 年 11 月 16 日开园至 2013 年底，已累计接待游客 35 余万人。

二、基于全产业链各环节的建设规划

在蔬菜生产环节，建设标准化的生产基地。以集团旗下的两个农业园区为核心基地，纳入种植菜地、育苗中心以及土壤改良中心为规划内容。同时，根据灵活性原则，按标准化的要求选择蔬菜生产加盟基地，扩大生产环节的种植面积。在蔬菜全产业链中，生产环节是关键环节，也是首要环节。蔬菜质量的多数安全问题发生在生产环节，确保蔬菜拥有较高的品质为后面的环节奠定了基础。必须控制好产业链上的关键环节，以关键环节引领其他环节的发展，整合产业链，提升集团整体竞争力。

在蔬菜加工环节，建设规模化的加工中心。集团在汤山翠谷已经建设完成年产 4000 吨的蔬菜加工中心，未来还将规划形成更大能力的加工中心。在扩大产能的同时，注重技术革新以及新方法的使用，比如，加工设备的机械化朝智能化发展的思路，加工环节中对蔬菜质量安全仍全程控制，使作为蔬菜的优质特性经过加工环节之后得到更好的体现。

在蔬菜销售环节，整合销售渠道。在传统渠道上，对不同销售平台进行并购整合，形

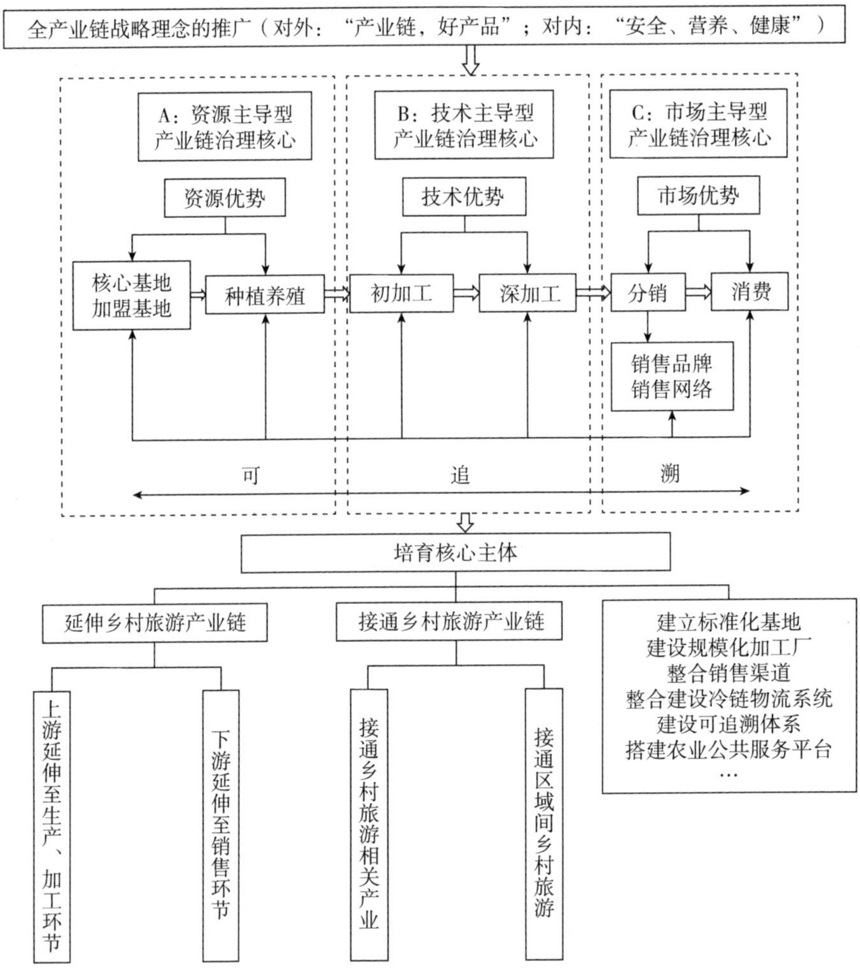

图 12－11　新农集团全产业链发展规划

成覆盖南京市的营销网络；在新兴渠道上，自建电商销售渠道，采用各种电商模式扩大销售路径。

在蔬菜物流环节，整合冷链物流系统。建立统一采购、统一加工、统一配送的中央厨房系统，达到目标储存能力与目标运力，保证蔬菜流通质量。

在信息系统环节，建设可溯源的信息体系。移动通讯业的发展以及手机等移动终端设备的发展使物联网产业也迅猛发展。可采用二维码形式建成从产地加工到终端客户全程监控的可溯源体系，为蔬菜产品配上电子身份证，消费者只需要通过智能手机扫描产品外包装上的二维码便可轻松获取生产、加工、质检、运输等各环节的溯源信息，建立 ERP 系统，实现全程可监控的可溯源体系，有效地增强了产品的安全性。

三、全产业链相关企业做法借鉴

在全产业链的建设与运营过程中，有不少企业都取得了较大的进展，拥有比较完善的经验，如中粮集团和光明上海五四有限公司等。在与这些全产业链做得比较好的企业对比分析中，我们可以寻找到新农集团在全产业链建设与发展中的可借鉴之处。

（一）中粮集团的全产业链

全产业链这种模式就是由中粮集团提出来的，其发展核心是以消费者为导向，通过对原料获取、物流加工、产品营销等关键环节的有效管控，实现“从田间到餐桌”的全产业链贯通。通过对其建设与运营情况的分析，以下三点是值得注意的：

第一，全产业链战略理念的推广。对于集团外部，提出“产业链，好产品”的口号，将其深入到消费者的认识当中，向消费者传递安全、放心、高品质的信息，重塑消费者对食品的信心，加强中粮的品牌树立；对于集团内部，向员工传递全产业链“安全、营养、健康”的理念，改善管理思想、深化管理理念、探讨公司经营，统一认识，凝聚人心，对于执行“全产业链”战略意义深远。

第二，有重点地控制食品产业链条。中粮集团认为对食品产业链的控制需要抓住关键链条，对于涉及食品质量和安全的关键链条和高附加值的链条需要重点控制，对一些重点环节采用收购或入股形式加以控制。例如中粮旗下的长城葡萄酒为保证葡萄原料的质量，不仅对国内的葡萄产地进行布局，而且收购了国外的葡萄生产基地来保证质量，并引入精细化管理，实现对中粮各个链条的有效控制，把精细化管理落实到位。

第三，把食品健康安全摆在全产业链发展的首位。集团提出了8个系统来确保食品健康安全，包括组织体系、制度体系、风险评估体系、食品安全责任体系、宣传教育体系、食品安全的检验检测体系、应急管理体系以及绩效评估考核体系，正是通过这些完善细致的体系设计，中粮实现了对食品安全的严格把控。并且专门建立了中粮营养健康研究院，研究保障消费者的健康。

（二）五四有限公司的全产业链

五四有限公司是上海光明食品（集团）旗下的农场型子公司，拥有3万亩农耕地。近年来五四公司大力发展现代农业，发展包括集种源、生产、加工、销售、环保、观光“六大平台”为一体，以及以生态旅游为特点的全产业链。其特点如下：

销售品牌与销售网络建设。五四公司为致力于打造“从田头到餐桌”的现代农业全产业链，形成了“都市菜园”终端销售网络、“星辉蔬菜”生产基地、“光明森源”工厂化食用菌为代表的各种销售品牌。在销售网络建设方面，以打造蔬菜产业链整合平台的总体思路，打通生鲜农产品进入现代都市的“最后一公里”商业模式转型的创新方法，以农标对接、农社对接、农超对接、农餐对接和电子商务的“4+1”模式，探索实践出了一条以“都市菜园”为品牌的销售终端建设之路。

发展现代环保型科技农业。工厂化食用菌产品生产采用先进的现代化农业科技，一改传统菌菇生产脏乱差的局面，工厂内从原料装瓶到一瓶瓶产出的菌菇，再从菇房流水线进入包装车间，整个流程始终处在洁净状态。投资发展蟹味菇、白玉菇、金针菇等产品的工厂化食用菌生产项目，利用作物秸秆、玉米芯、锯木屑等开发循环农业，将农业秸秆等农业废弃物经济化利用。

通过借鉴中粮集团和光明上海五四有限公司全产业链的相关做法，再结合新农集团现状以及未来的发展，可以总结出新农集团全产业链的发展规划，在原有的基础上推广全产业链的理念，并通过对原料获取、物流加工、产品营销等关键环节的有效管控，实现“从田间到餐桌”的全产业链贯通，打造可追溯系统保证产品的质量安全，保障消费者的健康，把消费者的利益视为企业追求的目标。此外，在集团全产业链的运营中，要全力培育全产业链的核心主体，发展其核心竞争力，主要包括已经形成规模的乡村旅游建设以及未来规划的标准化基地、规模化工厂、创新型销售渠道等建设。

四、新农集团建设蔬菜全产业链的总结与展望

基于新农集团关于建设蔬菜全产业链的规划和已有的实际运作，我们可以发现其正在实践“六化同步”的蔬菜全产业链运作模式，包括区域布局化、生产标准化、运营订单化、服务专业化、销售整合化和全程监控化，实现蔬菜产品从田间地头到餐桌的全程监控与可追溯。基于此新农将逐步推进成产业升级、带动农民增收和提高综合效益。

在建设与运营的过程中也存在一些问题，在企业自身的分析中，存在自身资金不足等问题，所以新农集团也提出需要政府部门配套相关资金支持、制定相关政策支持以及提供部门间的运营资源支持。除此之外，也可以设立蔬菜全产业链基金、搭建农业公共服务平台来共同助力南京市蔬菜全产业链的建设。

在与全产业链实践比较成功的企业的对比中，新农也可以寻找到一些可以借鉴的方向。在企业内部的管理方面，新农应该把全产业链建设的理念植入企业员工中去，加强质量管理方面的建设，加强食品安全管理体系方面的建设，同时注重科技手段、环保手段的运用。在企业外部管理方面，对蔬菜的种植环节加强管理，采用自建或收购等方式保障原料的质量；在与消费者接触方面，要形成新农自身的品牌，同时加强销售网络的构建，促进产品的营销。

新农集团规划与部分实践蔬菜全产业链是关于全产业链发展方面的一个典型的案例，汤山翠谷农业园的建设实践是新农集团着力打造集产、加、销于一体的南京市蔬菜全产业链运营体系发展的基础，而其整个规划为新农集团全产业链的发展提供了方向。相信凭借蔬菜全产业链自身的先进性所在与新农集团的科学规划与实践，全产业链在南京市有着良好的发展前途。

第三节 基于共管机制的南京市“菜篮子”产品质量安全及其保障

一、南京市“菜篮子”产品质量安全现状

农副产品质量安全状况是衡量一个城市社会经济发展水平和人民生活质量的重要标志。南京市委、市政府高度重视食品安全，按照“分段监管为主、品种监管为辅”原则对全市“菜篮子”产品质量安全进行全面监管。

（一）监管机制

1. 监管主体

2014 年底，根据《南京市食品药品安全委员会工作规则（试行）》，市食品药品安全委员会统一领导、组织、协调、指导检查、考核全市的食品药品安全工作，日常工作由市

食品药品安全委员会办公室（以下简称市食安办）承担。各成员单位在市食品药品安委会的领导下，依据各自职能职责开展食品药品安全工作。

南京市食品药品安全委员会涉及30个成员单位，分别为市委宣传部、市纪委（监察局）、市委政法委（市综治办）、市委社建工委、市法院、市检察院、市发展和改革委员会、市经济和信息化委员会、市住房和城乡建设委员会、市科学技术委员会、市教育局、市公安局、市司法局、市财政局、市工商行政管理局、市质量技术监督局、市食品药品监督管理局、市环境保护局、市城市管理局、市农业委员会、市商务局、市文广新局、市卫生局、市人口计生委、市政府法制办公室、南京出入境检验检疫局、市烟草专卖局、市盐务管理局、市邮政局和金陵海关。

同时，撤销区级工商局、质监局和食药监局，三局合一成立市场监督管理局。2014年底，南京市多个区的工商局、质监局、食药监局3个部门正式合并挂牌，成立新的市场监督管理局，承担市场主体准入、食品药品监管、消费者权益保障、质量管理、行政执法等原有3个局的各项职能。

2. 监管职责与分工

南京市食品药品安全委员会成员单位有30个，重点就市发改委、公安局、工商局、质监局、质监局、农委、商务局7个成员单位工作职责予以说明。

南京市发展和改革委员会：在南京市中长期发展规划中体现对农副产品质量安全的战略要求；按工作安排牵头协调跨部门、跨领域涉及主要农副产品发展的重大问题；承担市食品药品安委会交办的其他事项。

南京市公安局：参与建立行政执法与刑事司法联动协调机制，依法查处生产、销售有毒有害食品、假冒伪劣食品药品等涉及食品药品安全的犯罪活动；组织对强制隔离戒毒和社区药物维持治疗脱毒人员的药物滥用监测工作，配合食品药品监管部门依法开展行政执法工作，依法查处妨碍公务违法犯罪活动。承担市食品药品安委会交办的其他事项。

南京市工商行政管理局：负责保健食品、药品、医疗器械广告活动的监管，依法打击违法违规发布保健食品、药品、医疗器械广告，特别是虚假违法广告的行为。承担市食品药品安委会交办的其他事项。

南京市质量技术监督局：负责食品包装材料、容器、食品生产经营工具等食品相关产品生产加工的监管，依法查处违法行为；发现食品相关产品可能影响食品安全的及时通报食品安全监管部门。承担市食品药品安委会交办的其他事项。

南京市食品药品监督管理局：对生产、流通、消费环节的食品安全和药品的安全性、有效性实施统一监督管理，负责南京市食品安全监督管理综合协调；牵头起草食品药品安全地方性法规、规章草案；组织实施食品安全信息统一公布制度，参与制定和组织实施南京市食品安全风险监测工作方案；制订南京市食品药品安全事故应急预案，组织查处食品药品安全重大违法行为；会同市委政法委等部门建立行政执法与刑事司法联动协调机制，共同打击涉及食品药品安全的犯罪行为。承担市食品药品安全委员会办公室的日常工作，负责对各区政府履行食品安全监督管理职责进行考核评价。承担市食品药品安委会交办的其他事项。

南京市农业委员会：负责食用农产品种养殖环节进入到批发、零售市场或生产加工企业前的质量安全监管；负责食用农产品种养殖环节农药残留、兽药残留、饲料和饲料添加剂质量安全的监测和监管；负责畜禽屠宰行业监督管理，负责南京市生猪定点屠宰场的规划、布局、审批及监督管理，负责动物防疫工作；负责发布有关农产品质量安全监管信息，向市食品药品安委会通报本环节食用农产品安全风险信息和质量安全事故；负责做好本环节食用农产品质量安全突发事件应急处置和重大案件查处工作；负责推进农业标准化生产，加强农产品质量安全知识的宣传；负责农产品产地环境监管，推动发展无公害农产品、绿色食品和有机农产品；承担市食品药品安委会交办的其他事项。

南京市商务局：负责批发、零售环节中的蔬菜残留农药检测工作的管理；负责豆制品的行业管理；研究制定食品药品流通行业发展规划；推进行业信用体系建设，指导行业协会实行行业自律。承担市食品药品安委会交办的其他事项。

具体到"菜篮子"产品质量安全，按环节划分可以简化为：市农委负责监管种植、养殖环节；市商务局负责牲畜屠宰环节（已由商务部门划转给农业部门）；市场监管局监管食品生产、流通、消费环节，出入境检验检疫局监管进出口食品的质量安全。

（二）监管现状

基于全产业链和一二三产业融合发展视角，对南京市近三年（2012 年、2013 年、2014 年）农产品生产、加工及流通环节产品质量安全监管现状进行了梳理分析。由于 2014 年底刚成立"市食安办"，故本部分仍以原有监管主体对"菜篮子"产品质量安全进行监管为主。

1. 生产环节

从生产环节的源头上进行监管，是南京市"菜篮子"产品质量安全保障的重要举措之一。

（1）"三品"认证。"三品"是指包括无公害农产品认证产品、绿色食品认证产品以及有机食品认证产品。2012 年，南京市"三品"生产面积达到全部耕地面积的 85.7%；蔬菜、园艺产品、畜产品、水产品以及粮食三品占地产比重比例分别占 55%、65%、50%、40% 以及 65%。2013 年，南京市"三品"生产面积占全部耕地面积比重增至 90.1%，如表 12－13 所示。

表 12－13　南京市通过"三品"认证产品数量　　单位：个

年份	2012	2013	2014
无公害农产品	515	623	782
绿色食品	159	161	84
有机食品	233	154	129

（2）日常监管。2012 年，南京市农业部门共检查农资生产经营企业 6382 户次，责令整改 25 户次，立案查处 17 起；同时，开展农业"三品一标"专项整治活动，共检查各类生产基地、超市 100 多次，无公害农产品企业 120 多家，绿色食品企业 50 多家，有机食品 20 多家，发现市场、基地违规用标事件 5 起，并及时责令整改到位。2013 年，南京市针对生猪屠宰场以及打击私屠宰滥宰工作进行检查 512 次，出动检查人员 2562 人次，取缔生猪私自屠宰点 5 个，没收私自屠宰猪肉 13.5 头。南京市粮食行政主管部门共出动检查人员

800人次，检查企业500户次，较好地维护了南京市粮食质量安全和粮食流通市场秩序。

（3）抽检情况。南京市主要采用食品安全风险监测和监督性抽检两种方式对全市“菜篮子”产品安全进行抽样监测。食品安全风险监测工作主要采用定点采集、定点实验室委托检验的方式，检测工作由卫生部门、质监部门、工商部门以及农业部门分段进行。监督性抽检也是“菜篮子”产品安全监管中的一项重要手段，旨在及时发现食品安全隐患，着力控制食品安全风险。

2012年、2013年以及2014年，南京市由国家、省、市、区各级农业部门组织抽检的食用农产品分别为4159批次、8705批次以及610940批次，总合格率分别为98.73%、99.25%以及99.99%。以2012年为例，抽检批次不合格产品中，蔬菜（8个，53.3%）、大米（2个，13.3%）、水产品（2个，13.3%）、水果（2个，13.3%）、茶叶（1个，6.7%）、水果（1个，6.7%）。水产品不合格原因系呋喃唑酮代谢物超标，其余产品不合格原因均为常规农药残留超标。

2. 加工环节

（1）许可情况。对农副产品加工企业发放许可证，实施制度监管。生猪屠宰加工点设置许可情况。截止到2013年底，南京市共有15个生猪屠宰点，共屠宰生猪119万头。屠宰点的分布情况为栖霞区1个、江宁区5个、浦口区1个、六合区5个、溧水区2个、高淳区1个，如表12－14所示。

表12－14 南京市食品生产企业许可颁发情况 单位：家

年份	2012	2013	2014
地产食品企业	756	759	765
食品添加剂企业	39	41	44
食品相关企业	92	106	—

（2）日常监管。尽管近年来规模以上食品生产企业所占比重有所提高，但食品生产加工行业中仍以中小企业为主，这无形中增加了食品加工安全隐患和监管难度。近三年来，南京市质监部门通过常规化的日常监管对食品生产加工企业进行了检查，检查情况，如图12－12所示。

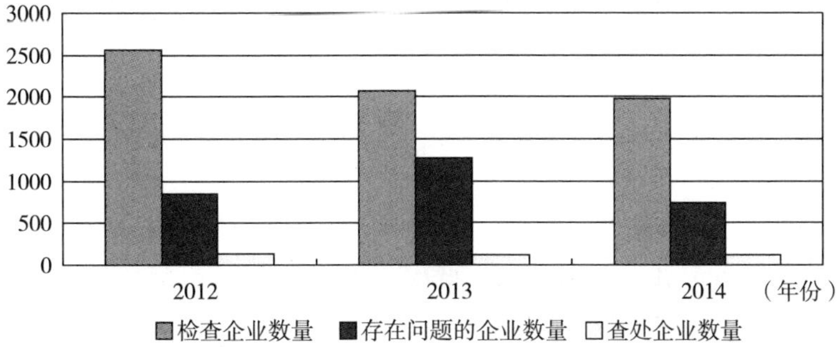

图12－12 南京市质监部门对食品生产加工企业检查情况

（3）抽检情况。2012 年、2013 年、2014 年，南京市由国家、省、市、区各级质监部门组织抽检的产品及食品共计分别为 13996 批次、2775 批次以及 2147 批次，总合格率分别为 99.34%、98.46%以及 98.32%。以 2012 年为例，不合格产品的构成是，糕点（36.36%）、饮用水（24.24%）、炒货及坚果（6.06%）、蛋制品（6.06%）、豆制品（6.06%）、酱腌菜（3.03%）6 类产品所占比例较高，占所有不合格产品近 80%。

3. 流通环节

（1）许可情况。2012 年、2013 年以及 2014 年南京流通环节颁发许可情况，如图 12－13 所示。

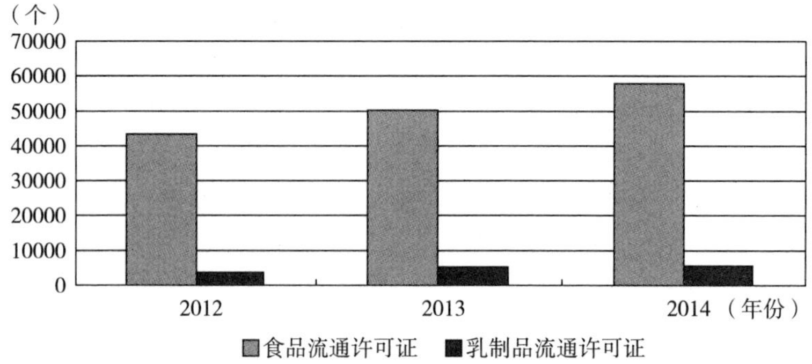

图 12－13　南京市流通环节颁发许可证情况

（2）日常监管。近三年来，南京市工商部门通过常规化的日常监管对食品经营企业进行检查，具体检查情况，如图 12－14 所示。

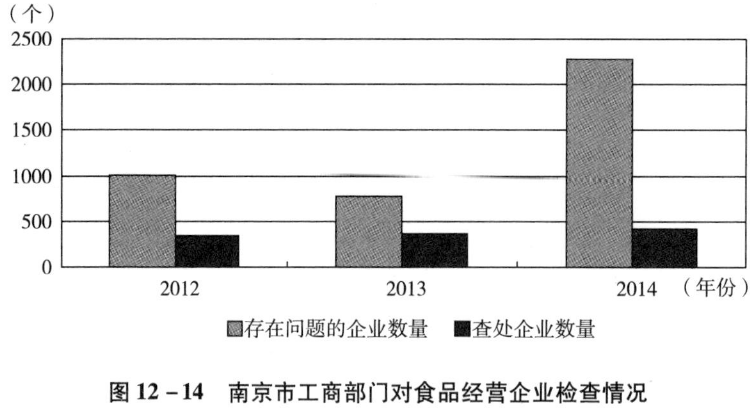

图 12－14　南京市工商部门对食品经营企业检查情况

（3）抽检情况。2012 年、2013 年、2014 年，南京市由国家、省、市、区各级质监部门组织抽检的产品及食品共计分别为 465 批次、5953 批次以及 5518 批次，总合格率分别为 98.94%、99.71%以及 95.03%。以 2012 年为例，不合格产品依次是葡萄酒、卤菜、杂粮固体饮料、蜜饯、香肠以及海产品。

二、南京市“菜篮子”产品质量安全监管的主要做法

（一）加强产地源头管理

南京市十分重视对产地源头的种植和养殖管理。在蔬菜种植方面，已建有120个检测站点和36个田头检测室，企业和合作社全部要求建立生产档案，认真记录农资购买和使用、田间生产操作、产品检测和销售情况。重点蔬菜基地应用南京市蔬菜质量安全监管与追溯系统，实行从投入品使用、生产管理、采收、检测到包装上市的全过程记录与监管，实现蔬菜质量可追溯。对于新建蔬菜基地全部要求配套建设田头检测室，配备电脑、冰箱、速测仪器与试剂，安排专人负责蔬菜产品检测。通过实施一系列质量安全监管措施，蔬菜产品的质量安全水平逐年提高，总体质量安全水平排在全国全省先进行列。

在畜禽养殖方面，启动了养殖场（户）质量安全信用档案。在入户调研和农户座谈会的基础上，编印《规模养殖场生产记录》《生鲜乳收购站记录台账》强制记录本，发放到南京市所有奶站和出栏500头以上规模生猪场，并通过规模猪场、奶站质量安全监管会议等形式，明确责任意识，培训养殖台账记录。同时对养殖场（户）实行告知警示制度，对市级规模以上的猪、牛场（户）发放《南京市畜禽养殖场（户）畜产品质量安全公告牌》，明确监管“属地管理”原则，规范区县包片负责人和“一对一”监管责任人的工作职责。加强畜产品质量监管，从制度上强化质量安全。

（二）严格市场准入监管

在流通环节，南京市通过建立蔬菜农残检测站（点），配备农残速测仪，形成了覆盖全市规模生产基地以及城乡各蔬菜批发、零售环节的快速检测网络。南京市在江苏省率先建立了生猪屠宰和流通环节的肉品品质检验制度，猪肉一律凭“两证两印”（动物检疫合格证、验讫印和肉品品质检验合格证、验讫印）上市，并在屠宰环节实行100元/头病死猪、病害肉无害化处理补贴措施，有效地防止了病害猪肉流向市场，保证上市肉品质量。对豆制品加工实施QS准入制度，获得生产许可证的豆制品加工企业在市区超市和农贸市场的销售覆盖率已达60%左右。未获证的小作坊一律签订食品安全承诺书，不具备基本生产条件的小作坊坚决取缔。各农贸市场全面推行农产品入市索证索票、检测检验和质量信息公示经营制度，普遍建立和完善了放心菜、放心肉、放心豆制品和放心副食品四本登记台账，每天对蔬菜、猪肉、活禽、水产品、豆制品等主要副食品的产品来源、检测检验、查证验票等质量信息登记记录，并实行挂牌公示、亮证经营，让市民明白消费、放心消费。

（三）推行质量认证制度

通过第三方对企业质量管理体系和产品质量进行认证，既是食品质量安全建设的重要基础工作，也是利用第三方加强食品安全监管的重要举措，对提高产品质量和企业管理水平必将起到积极的促进作用。近年来，南京市通过第三方质量管理体系认证，积极推进HACCP（危害分析与关键控制点）、GAP（良好农业规范）等质量管理体系认证工作，整体提升了全市“菜篮子”产品加工的质量安全管理水平。例如，天环屠宰场日前通过了食品安全管理体系HACCP认证，绿柳居清真食品有限公司HACCP认证也在进行之中。特别是30家豆制品企业通过QS认证后，又有苏芽、叶旺、果果、香泉、汇荣5家豆制品生产企业申报了HACCP质量管理体系认证。

（四）完善应急处置机制

南京市、区各有关部门都相应完善了《市场突发事件应急预案》《食品安全事故应急预案》，工商、药监部门还成立了专门的应急队伍，明确监管责任，及时处置各类食品安全等突发事件。近几年，南京市先后妥善应对了“海南毒豇豆”事件、及时处置了“疑似孔雀石绿超标淡水鱼”事件。特别是在疑似食用龙虾致病事件发生后，南京市食安办按照市应急处置领导小组的统一部署，积极组织协调相关职能部门，迅速行动，在组织开展为期一个月的小龙虾专项整治的基础上，下发了《关于严厉打击在水产品养殖、运输、销售、加工过程中违法添加使用非食用物质和滥用食品添加剂行为的通知》，在全市范围内组织开展非法添加使用非食用物质和滥用食品添加剂、食品保鲜剂等行为的专项检查活动，得到了中央和地方多家新闻媒体的认可。2013 年，南京市共出动农产品质量安全执法人员 11156 人次、立案查处 31 起，高效完成了“毒生姜”和“毒豆芽”等农产品质量安全突发事件的应急处置，未发生一起地产农产品质量安全事故。

（五）建立健全法律法规

南京市十分注重农产品质量安全的法律法规等方面的制度建设，先后制定实施了《关于进一步加强食品安全监管工作的意见》（宁政办发［2011］65 号）、《南京市食用农产品质量安全监督管理暂行办法》（宁政规字［2012］12 号）、《南京市蔬菜使用农药管理规定》。另外，南京市委办公厅、市政府办公厅还专门出台了《关于印发〈南京市食品药品监督管理局主要职责、内设机构和人员编制规定〉的通知》（宁委办发［2013］94 号），从市一级层面明确了农业部门要切实履行食用农产品从种植养殖环节到进入批发、零售市场或生产加工企业前的质量安全监管职责，认真履行好新增的畜禽屠宰环节质量安全监管职责。食用农产品进入批发、零售市场或生产加工企业后，按食品分类由食品药品监督管理部门监督管理。

三、南京市“菜篮子”产品质量安全监管存在的问题

南京市“菜篮子”产品质量安全在取得成效的同时，也存在诸多问题，集中体现在监管体系有待进一步完善、标准体系有待进一步健全、监管动力不足、惩戒力度不足以及经营机制有待进一步理顺五个方面。

（一）监管体系有待进一步完善

由于对农副产品生产经营活动边界缺乏详细权威的解释，一些职能部门在具体执行过程中往往出现相互推诿和管理效率低下等情况。例如，按照《农产品质量安全法》第 2 条规定：“本法所称农产品，是指来源于农业的初级产品，即在农业活动中获得的植物、动物、微生物及其产品。”该定义将农产品界定为“初级产品”，但对何为“初级产品”并未释明。现在的问题是，农产品与工业品的界限有的时候并不是那么清楚，工业加工和农产品生产环节的加工不易区分。许多农产食品在收割、分拣和包装的过程中，必然要涉及初级加工。果蔬的包装储存等，哪些属于工业上的加工，哪些属于农业上的加工？农产品界定不清，导致对某些产品的监管困难。再如，从田头开始的农产品收储运环节的质量安全毫无疑问由农业部门监管，但实际上相当比重的农产品收储运工作是在流通环节完成的，那么这一过程中农产品质量安全问题就容易陷入“真空状态”无人监管。“菜篮子”产品质量监管中涉及多个部门，职能有交叉、信息不对称容易导致重复管辖或者漏管。

（二）标准体系有待进一步健全

涉及“菜篮子”产品的国家标准、行业标准、地方标准体系不太健全，立项制定雷同，没有层次，侧重点不明，缺乏针对性，使得“菜篮子”产品质量安全监督缺乏有效的技术支撑和基础性研究。以无公害农产品为例，农业标准体系不健全，农业标准覆盖率不高，加之农产品生产组织化程度较低，使得无公害生产技术规程难以贯彻到位，农业投入品使用和无公害产地环境质量难以监管到位。这样就导致从源头上农产品就不达标，事后的监管只能是治标不治本。南京市的地方标准低于周边地方标准，导致一些生产加工经营户受投机心理驱使，由外地迁至南京市生产经营，增加了本地管理难度。例如，上海在世博会前夕，加大了食品安全整治力度，造成相当一部分农产品生产者迁至南京市进行生产。

（三）监管动力有待进一步强化

“菜篮子”产品质量安全监管中，各监管部门往往既是运动员又是裁判员，造成监管动力不足。农业部门负责监管庄稼种植、牲畜养殖环节，商务部门负责牲畜屠宰环节（现在正逐渐过渡给农业部门负责），市场监管部门监管食品生产、流通、消费环节，出入境检验检疫局监管进出口食品的质量安全。经常是同一部门既管生产又管监督，极易造成监管部门的角色定位不清、监管动力不足。

（四）惩戒力度有待进一步加大

由于惩戒力度不足，造成食品安全违法成本过低，导致食品安全问题频发。一些不法商贩为了逐利铤而走险、以身试法。诚信商贩依靠良心经营，但最终也会在市场上被“劣币驱逐良币”原则逼得举步维艰，甚至被淘汰出局。2014 年6 月23 日至29 日，中青舆情监测室抽取了1000 条网民评论进行分析，41.7%的网民认为处罚力度不够，违法成本偏低；24%的网民呼吁法律法规的执行要落到实处；21.8%的网民感到食品安全监管不力。网民的疑虑集中在认为刑罚偏轻，缺乏震慑力，且法律法规的执行总是难以落到实处。因此“重典治乱”是大多数网民的诉求。

（五）责任意识有待进一步增强

“菜篮子”产品质量安全建设作为一项系统工程，需要全社会的关注和参与。尽管各级政府为引导绿色生产、实现安全消费投入了大量的人力、物力和财力，并借助于各种新闻媒介进行了广泛宣传，但是“菜篮子”产品的生产者、加工者与经营者作为“菜篮子”产品质量安全建设第一责任人，仍主要以一家一户为主，生产规模小、产品附加值低，责任意识不强，诚信经营的意识还不够，缺乏必要的责任感。

四、国内外农产品质量安全保障体系的经验与启示

（一）国际经验

以日本、美国和欧盟为代表的发达国家在农产品质量安全治理过程中，逐步形成了全流程监控、制度型监管、社会性规制和多部门共管等经验，值得南京市农产品质量安全管理部门借鉴。

1. 全流程监控

农产品从生产到最终消费是一个有机、连续的过程，对其管理不能割裂。世界主要发达国家都是从农业投入品开始，对农产品由生产到消费的各个环节进行全流程管理，尽可

能地减少管理机关的数量。美国、欧盟、日本等都十分重视农产品生产、流通、运输、销售的整个过程的监管。美国提出了从农田到餐桌（from the farmland to the dinner table）的农产品质量安全监管思路，不仅是监督农产品的加工环节，还要从农产品生产环节开始质量安全监控。日本《食品安全基本法》从法律的角度提出了消费者至上的农产品质量安全监管思想，规定各监管机构要端正自己的农产品质量安全理念，建立风险评估机制。同时，加强对进口农产品的检查力度，希望通过更为严格的检查保障进口农产品的安全。而我国的农产品质量安全规制更加侧重于对终端安全的检测，忽略了对中间生产环节的检测。

2. 制度型监管

设立监管机构的同时合理分配监管权力，才能使得农产品质量安全监管更加有效。美国以农产品品种来分配权力，日本以农产品来源的不同分配权限。发达国家的做法一般为中央负责监管全局，而地方只对本地的农产品质量安全负责。当中央和地方在农产品质量安全监管上出现矛盾时，一般由最高协调机关出面进行协调解决。以德国为例，当中央政府与各州之间出现监管上的问题时，通过议会进行协调，统筹全国的农产品质量安全监管工作。日本对农产品质量安全监管采取的是职责分散的原则，将家畜检查员分派到全国各个基层地区，在第一时间、从源头上及时发现农产品质量安全潜在的危险问题，有效地做到了防微杜渐，也可以在很大程度上共享各个地区的信息。

3. 社会性规制

发达国家制定措施鼓励社会力量参与到农产品质量安全中来，很多专家都参与相关法令的制定，也为政府政策的制定和实施建言献策，使政府政策的社会公信力不断提高，农产品质量安全的监管成本不断降低。日本为了鼓励社会力量参与而专门成立了食品安全委员会，这个机构的主要职责是用来负责进行风险评估，协调、指导和监督各部门的工作。该委员会的决策机构由来自民间的 7 名专家组成，人员的任命直接由首相负责。从实践来看，社会力量的参与能够提高决策的科学性和合法性。对于我国而言，汲取社会力量的作用显得尤为重要。我国目前正在建设政府、社会和公众的三位一体的监管体系。

4. 多部门共管

美国负责农产品质量安全的机构主要包括 3 个部门：农业部（USDA）、卫生和公共事业部（HHS）及环境保护署（EPA），如表 12－15 所示。农业部主要负责肉类、家禽及相关产品和蛋类加工产品的监管；卫生和公共事业部负责其他食品、瓶装水、酒精含量低于 7% 的葡萄酒饮料的监管；环境保护署则主要监管饮用水和杀虫剂。此外，美国商业部、财政部和联邦贸易委员会也不同程度地承担了对食品安全的监管职能。在美国这种多部门管理的模式下，农业部的管理环节也涵盖了其管理的农产品（肉、禽、蛋）的生产、加工、销售乃至进口环节，如为生产、加工厂商制定生产标准并进行检查、采样分析、要求生产厂商召回不安全的产品、对向美国出口肉类和家禽产品的出口厂商进行检查等。由于美国的食品安全监督管理由多个部门负责，因而其特别强调团队管理的方法，强调各机构间的协调和配合。1998 年，美国先后成立了“食品传染疾病发生反应协调组”和总统食品安全委员会以加强各食品安全机构之间的协调与联络，如表 12－16 所示。

表 12-15 美国农产品质量安全多部门共管

总统食品安全委员会	协调与联络
农业部（USDA）	肉类、家禽及相关产品和蛋类加工产品的监管；农产品（肉、禽、蛋）的生产、加工、销售乃至进口环节，如为生产、加工厂商制定生产标准并进行检查、采样分析、要求生产厂商召回不安全的产品、对向美国出口肉类和家禽产品的出口厂商进行检查等。下辖食品安全检验局（FSIS）、动植物健康检验局（APHIS）和农业市场局（AMS）等机构
食品与药物管理局（FDA）	管理 FSIS 管辖范围之外的食品安全，制定畜产品中兽药残留的最高限量法规和标准，负责保护消费者免受不纯、不安全、欺诈性标签等食品安全问题
卫生和公共事业部（HHS）	其他食品、瓶装水、酒精含量低于 7% 的葡萄酒饮料的监管
环境保护署（EPA）	饮用水和杀虫剂
商业部、财政部和联邦贸易委员会	部分其他监管职能

表 12-16 日本农产品质量安全市场机制与全程治理

市场机制	众多的协会协助政府从事农产品安全工作，包括制定标准、开展产品认证工作、协助政府做好进出口货物的检查
全程管理	从农场到餐桌的全程管理，全面启动生鲜食品的原产地标识制度（具体到都道府县），进而为农产品建立“身份证”，以加强健全农产品质量安全全程监管机制、提高消费者信心
齐抓共管	农林水产省和厚生劳动省共同负责，按照生产、加工、销售等不同环节分别确定各自管理职责，直接面向农产品的生产者、加工者、销售者和消费者；以农产品来源的不同分配权限

（二）国内经验

北京、杭州、武汉等国内大城市在农产品质量安全管理的实践中，逐步形成了发挥市场机制、多部门齐抓共管、制度严格等一些行之有效的做法。

1. 上下联动，齐抓共管

建立健全上下联动机制，加强信息沟通，建立有效的内部信息通报制度，对发现的各类农产品质量安全风险监管信息，及时向上级部门通报。风险发生地监管部门积极开展风险整治工作，上级监管部门加强对下级监管部门的指导和帮助，必要时直接参与整治工作。检验机构及时向所属监管部门通报检验检测中发现的风险信息，强化合作，共同处理化解农产品质量安全风险，形成信息共享、齐抓共管的良好局面。

2. 媒体监督，行业自律

制定出台信息发布的制度，在信息发布上加强与新闻媒体的合作。建立“黑名单”制度，对发现的存在严重质量安全风险的企业及时予以公布曝光，发动全社会共同来监管农产品质量安全，营造全民关心农产品质量安全的良好社会氛围，倒逼企业落实主体责任，完善诚信体系。充分发挥行业协会作用，突出行业协会的协调、沟通、研究和监督功能，督促相关企业整治落实到位。

3. 按章办事，狠抓落实

按照“有生产记录、有质量安全检测、有产品包装、有产品标识”和质量安全追溯管理的要求，农产品生产主体开展标准化生产和管理。实行农产品产地准出制度，有效杜绝不合格农产品销出产地。农产品市场经营者依法落实质量安全管理制度，严格查验入市农产品是否具备市场准入条件，符合条件的农产品准许入市销售，不符合条件的农产品经检测合格后方可入市销售，检测不合格的农产品禁止销售并进行无害化处理。

五、构建基于共管机制的农产品质量安全体系

面向未来，在借鉴国内外农产品质量安全保障先进经验的基础上，南京市结合自身实际情况，构建市场和政府合理分工，农产品生产主体、加工主体、流通主体和消费者共同参与，农业、食药监等多部门齐抓共管的农产品质量安全保障体系。

（一）市场机制、政府治理与社会力量分工合作

十八届三中全会提出，市场机制在配置资源过程中发挥决定性作用，政府主要弥补市场失灵并维护公平竞争的市场环境。南京市农产品质量安全保障体系的构建同样要发挥市场机制的决定性作用，政府和市场相互配合，吸引社会力量参与共同管控。同时，充分发挥市场机制、社会监督和行业自律分工合作的协同作用，创造有利于农产品优质优价的市场环境，探索并强化第三方监管和第三方检测等社会参与模式，构建南京市农产品质量安全长效机制。

1. 市场与政府在农产品质量安全管控中的职能边界

市场调节机制的作用在于推动有限资源自由流动，最终实现市场参与者的利益均衡。市场参与者通过追求自身利益最大化，实现资源的有效配置和市场均衡。正常情况下农产品质量安全主要依赖良性市场机制、生产经营者自律和社会公众监督，辅之以必要的惩罚。市场主体之间因利益分配的不平衡而产生矛盾，市场调节机制有可能失灵。农产品市场具有信息不对称、外部性等特性，使得市场机制不能有效地解决农产品质量安全问题。

有效市场机制的培育和社会监督氛围的形成都需要较长的时间，而提高政府监管的严肃性、有效性和公正性是重要前提。政府的基本职能包括经济调节、市场监管、社会治理、公共服务和环境保护，其核心是为各类经济主体提供良好制度环境，让市场机制在资源配置中更好地发挥作用。政府的作用就是弥补市场机制的不足，通过加强市场监管职能，努力打造一个法治、公平、有序的竞争环境。当市场无法自我调节以及社会监督失效时，政府依据规则对市场主体行为进行引导和限制，承担起保障公众健康的最终责任。

在市场机制能够正常运转的领域，政府不应当直接干预；只有在市场失灵的时候，政府才应予以必要的干预。政府干预应当保持适宜的程度，限度在于保持市场经济的正常运行。同时，政府干预应当采用适宜的经济和法律的手段，尽量少用或不用行政手段。在农产品质量安全管理方面，信息的不对称和外部效应是导致市场失灵、需要政府干预的主要因素。培育市场机制和健全市场体系，引进竞争，减少市场缺陷，创造有利于实现农产品优质优价的市场环境，适时、适度地进行政府干预，提高效率，避免政府失灵，如表 12－17 所示。

表 12－17 政府与市场的职能边界

<table>
<tr><td>市场机制</td><td>合作社、行业协会等中介组织，将分散的小农户组织起来，进行标准化、产业化生产，推广先进技术，控制农业投入品的使用</td><td colspan="3">龙头企业＋基地、农业合作经济组织＋基地、批发市场、连锁超市＋基地等组织模式提高农产品质量安全水平；标准化生产、产业化经营和规范化管理，带动农产品质量安全整体水平的提高</td></tr>
<tr><td>政府监管</td><td>规范农产品市场准入秩序；提高农产品生产和农民进入市场的组织化程度；创新生产者和经营者的利益联动机制和约束机制</td><td>理顺农产品质量安全管理体制</td><td>农产品质量安全信用制度建设：建立信用信息披露机制；完善失信惩戒机制</td><td>完善农产品质量安全监管：法规体系建设；标准体系建设；检验检测体系建设；认证体系建设</td></tr>
</table>

2. 政府监管、企业自律和社会力量共同参与的农产品质量安全保障体系

政府监管是市场机制的有益补充而非全盘替代，必须按照多元共治理念，构建主体自律、政府监管、社会协同、公众参与、法治保障的南京市农产品质量安全保障体系。

（1）政府监管。农产品质量安全是一种典型的公共物品，事关全体社会公众的生命健康，同时也影响着国家的经济稳定和社会公共安全。政府作为公共事务的管理者，理应承担农产品质量安全治理的重要职责。制定涵盖不同农产品种类和农产品产业链各个环节的法律法规，内容上既各有侧重又相互补充，形成一整套严密、系统的农产品安全治理的法律法规体系。这些法律法规对农产品安全治理的主客体、监管职责、标准规范等方面都要做出明确规定，并具有很强的可操作性。严格界定农产品安全违法行为的法律责任及制裁措施，农产品安全治理主体在具体的执法过程中必须依法履行职责，加大处罚力度，用以约束农产品企业或个人的经营行为。各相关部门之间要加强沟通和配合，在确保职能明确和主体独立的前提下，建立相应的协作共享机制，提高监督管理的整体效率与协同效应。

（2）企业自律。企业是农产品产业链上的一个个节点，是农产品质量安全的现实载体。产业链的基本结构主要由生产资料供应环节、生产加工环节、流通销售环节和消费环节 4 个环节构成。与这些环节相对应的企业，具体包括原料种植或养殖企业（指那些在原料种植或养殖上具有一定规模，并进行专业化、集群化生产的企业法人）、加工企业、物流运输企业、经营销售企业，以及散布于农产品市场上的个体经营商户等。企业参与农产品质量安全治理，前提是法律法规与行业规范的约束，基础是各类企业的行为自律和诚信经营。必须强化企业的主体意识和责任意识，加强相关企业负责人及从业人员培训。

（3）社会参与。社会公众应积极参与农产品质量安全治理，维护自身的合法利益。社会公众包括独立的消费者个体，农产品行业协会、中介组织、志愿组织、社会研究机构、消费者协会等社会团体，以及广播、电视、报纸、网络等新闻舆论媒体，具有数量众多、范围广泛、话语权密集的特点，引导他们有序参与农产品质量安全治理，势必能够增进治理的群众基础和舆论氛围。当前，日益增多的消费者维权组织及新闻媒体的迅速发展，使得各类农产品质量安全问题通过网络、报刊、投诉等途径被曝光，弥补了政府部门食品安全监管的空白，也有力地约束着企业遵守法制、诚信经营，如图 12－15 所示。

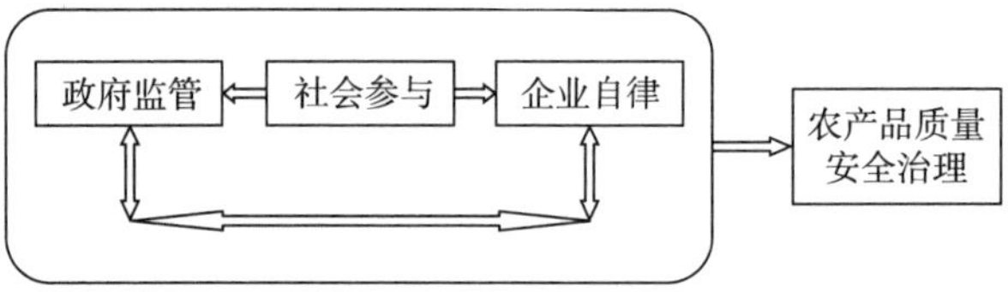

图 12－15　南京市农产品质量安全多元共治示意

3. 推行第三方监管和第三方检测的社会参与模式

农产品质量安全治理改革的方向是将工作重心从事前审批转向事中、事后监管，探索依托社会力量第三方参与监管的模式。在南京市农产品质量安全监管中，应充分调动社会各界参与，注重发挥第三方机构的作用，吸纳多元主体参与监管共治，推动企业诚信自律，增强信息公开和农产品质量安全监测处置力度。从事食品安全检验检测的机构主要分为三类：隶属于政府部门的检验机构、企业性质的检测机构以及高校科研院所的实验室。其中，隶属于政府部门的检验机构是农产品质量安全检验检测领域的主体资源，承担着主要的农产品质量安全检验任务。要通过政策引导等多种方式，推进农产品质量检验检测机构整合，完善技术支持保障体系。加大政府购买服务力度，公平对待社会力量提供检验检测服务，促进第三方农产品质量检验机构发展。

4. 探索有利于实现农产品优质优价的有效途径

农副产品难以形成标准体系，其优质特色缺乏可比性；农副产品难以形成一定的规模生产，产品品质缺乏一致性；农副产品小规模分散生产，难以与市场有效衔接；农副产品难以形成品牌影响力，等等。农副产品的这些属性决定了界定农产品质量的交易成本是高昂的。农产品的生产者可以通过降低质量和成本以攫取农产品中的部分价值，从而侵蚀消费者的部分权利。在买者无法辨别农产品质量高低，或辨别成本太高的情况下，“道德风险”与“逆向选择”就会导致农产品无法实现优质优价。发挥市场机制的优质优价，需要首先破解信息不对称这一关键瓶颈。优质农产品生产企业和农户要让消费者更多地获取其生产知情权，比如邀请消费者参观优质农产品生产基地，把具体的种植过程拍成录像片在超市等大型卖场进行视频播放，在卖场进行蔬菜等农药残留的现场免费检测，以增加消费者的信任度。此外，要加强农产品品牌建设，统一品牌生产标准、统一品牌技术规范、统一品牌产品包装，提高消费者的知名度。

5. 建设基于大数据的农产品质量安全诚信体系

为南京辖区内的全部农产品生产企业、农民专业合作组织和农资生产经营单位建立农产品质量安全诚信档案，及时收集和录入各监管对象的农产品质量安全信用信息，是大数据时代农产品质量安全监管的基础性工作。

（1）企业信用信息采集和归档管理。按照属地管理的原则，对农产品生产和经销企业进行信息采集和归档管理。信用信息包括：基础信息（企业、合作社登记注册的基本信息）包括名称、地址、法定代表人姓名、企业类型、经营范围等信息；资信信息包括企业取得的资质等级、资格审批、资格核准、审核、行政许可和非行政许可审批事项及其年检、年审情况，对企业专项或者周期性检验、检测、检疫的结果等信息；良好信息包括企业及其法定代表人受到市级以上行政机关表彰的、通过质量标准认证或者产品被列入国家和省市免检范围的、被认定为驰名商标、著名商标或知名商标等信息；警示信息包括：企业发生重大质量、安全生产事故的、未通过法定的专项或者周期性检验等行政机关和有关部门认定有违法行为受到处罚记录的记入警示信息。农产品质量安全诚信档案为永久性保管档案，建立诚信档案管理制度，明确专人负责，加强对档案的动态管理，确保信用信息真实有效。

（2）开展质量信用评级。组织对农产品企业（合作社）进行综合评价，逐步建立农产品和农业投入品生产经营单位信用等级分类管理制度。对参与企业（合作社）每半年进行一次考核，年终按标准进行综合评价。对诚信的厂商进行简化监督，对守信的厂商进行常规监督，对基本守信的厂商进行强化监督，对失信的厂商进行相关处罚，不合格农产品不允许进入市场流通。对守法诚信单位给予正面宣传报道，授予“农产品质量安全诚信企业”标牌，在新闻媒体上公示，并在资金和政策扶持方面予以倾斜。

（3）开展失信惩戒。对违法失信单位，要及时提示、警示其信用状况，通过失信曝光、分类监管和市场退出等手段加大对失信企业的惩戒力度。对存在严重违法行为的要实行顶格处罚，构成犯罪的要及时移送司法机关，依法追究其刑事责任。对连续两年以上失信厂商，采取“黑名单”制度，终身不得涉足农产品生产经营行业。对发生农产品质量安全事故的企业终身不得参加系统信用评级。

（二）生产、加工、流通和消费各环节的有效衔接

根据国内外经验，农产品质量安全已经形成了从农场到餐桌的全流程治理模式。一二三产业融合发展的趋势也要求我们必须从生产、加工、流通和消费各环节之间有效衔接入手，推进南京市农产品质量安全保障体系建设。

1. 生产环节管控

选择蔬菜、水果、茶叶、肉牛、肉羊、奶牛、生猪、肉鸡、蛋鸡、水产品 10 种产品，开展标准化创建活动，带动园艺产品、畜禽水产养殖标准化生产。加快标准制（修）订和推广应用，制定产品生产技术要求和操作规程，开展标准化生产宣传培训，推动“放心农资”进村入户，指导建立生产档案。加大品牌培育和认证力度，积极发展无公害农产品、绿色食品、有机农产品。

（1）产地安全管理。探索建立南京市农产品产地环境安全监测评价制度，集中力量对六合区、溧水区等重点农产品产地环境进行定位监测，全面掌握水、土、气等产地环境因子变化情况。结合全国污染源普查，跟进开展农产品产地环境污染普查，摸清产地污染底数，把好农产品生产环境安全关。加快推进农产品产地环境质量分级和功能区划，以无公害农产品产地认定为抓手，推进供应南京市场的主要农产品产地安全生产区域划分。根据农产品产地环境安全状况，划定适宜生产区和禁止生产区，及时调整南京市主要农产品供应布局。在南京市郊区和签订南京市场供应协议的安徽部分产区，加强产地污染防控和污染区修复，净化农产品产地环境。协同环保、国土、水利等部门加强农业生产用水和土壤环境治理，切断污染物进入农业生产环节的链条，减少和消除产地污染对农产品质量安全危害。

（2）农业投入品监管。在农业投入品的生产环节，强化农药、兽药、肥料、饲料及饲料添加剂等农业投入品的生产许可，严把生产许可准入条件，提升生产企业质量控制水平，严控隐性添加行为，严格实施兽药、饲料和饲料添加剂生产质量安全管理规范。在农

业投入品的经营环节，强化经营准入管理，推行农业投入品经营主体备案许可，落实农业投入品经营诚信档案和购销台账，推广农资连锁经营和直销配送，着力构建新型农资经营网络，提高优质放心农业投入品覆盖面。在农业投入品的使用环节，加强农业投入品安全性评价和使用效能评定，严格农业投入品使用管理，采取强有力措施严格控肥、控药、控添加剂，严防农业投入品乱用和滥用，依法落实兽药休药期和农药安全间隔期制度。同时，完善农业投入品监督管理制度，构建农业投入品监管信息平台，将农业投入品纳入可追溯的信息化监管范围。建立健全农业投入品监测抽查制度，定期对农业投入品经营门店及生产企业开展督导巡查和产品抽检。集中力量开展种子、农药、肥料、兽药、饲料及饲料添加剂、农机、种子种苗等重要农资专项打假治理，严厉打击制售假冒伪劣农资黑窝点，依法取缔违法违规生产经营企业。

（3）生产行为的规范。督促农产品生产企业和农民专业合作社依法建立农产品质量安全生产档案，如实记录病虫害发生、投入品使用、收获（屠宰、捕捞）、检验检测等情况，加大对生产档案的监督检查力度。积极引导和推动家庭农场、生产大户等农产品生产经营主体建立生产档案，鼓励农产品生产经营散户主动参加规模化生产和品牌创建，自觉建立和实施生产档案。支持南京市主要农副产品生产基地的农业部门制定农产品安全的质量控制规范和技术规程，及时将相关标准规范转化为符合生产实际的简明操作手册。推进农业标准化生产示范创建，扩大蔬菜水果茶叶标准园、畜禽标准化规模养殖场、水产标准化健康养殖场的建设规模。稳步发展无公害、绿色、有机和地理标志农产品，大力培育优质安全农产品品牌，加强农产品质量认证监管和标志使用管理，用品牌引领农产品消费，增强公众信心。

（4）产地准出和追溯管理。因地制宜地建立农产品产地安全证明制度，加强畜禽产地检疫，督促农产品生产经营者加强生产标准化管理和关键点控制。通过无公害农产品产地认定、产品认证登记、生产自查、委托检验等措施，把好产地准出质量安全关。加强对产地准出工作的指导服务和验证抽检，做好与市场准入的有效衔接，实现农产品合格上市和顺畅流通。加快建立覆盖各层级的农产品质量追溯公共信息平台，优先将生猪和获得认证登记的农产品纳入追溯范围。鼓励农产品生产企业、农民专业合作社、家庭农场、种养大户等规模化生产经营主体开展追溯试点，依托农业产业化龙头企业和农民专业合作社创建一批追溯示范基地（企业、合作社）和产品，以点带面，逐步实现农产品生产、收购、贮藏、运输全环节可追溯。指导和督促农产品生产企业、农民专业合作社及从事农产品收购的单位和个人依法对农产品进行包装分级，充分发挥包装在农产品贮藏保鲜、防止污染和品牌创立等方面的示范引领作用。鼓励农产品生产经营者对包装农产品进行规范化的标识标注，推广先进的标识标注技术，提高农产品包装标识率。

2. 流通环节管控

按照国务院关于农产品质量和食品安全新的监管职能分工，抓紧对农产品收购、贮藏、保鲜、运输环节监管职责进行梳理，厘清监管边界，消除监管盲区。

（1）农产品收贮运环节。加快制定农产品收贮运管理办法，探索对农产品收贮运主体和贮运设施设备进行备案登记管理，严格落实农产品从生产到进入市场和加工企业前的收贮运环节的交货查验、档案记录、自查自检和无害化处理等制度。加大对重点地区、重点产品和重点环节保鲜剂、防腐剂、添加剂使用的监督检查，强化对农产品包装材料安全评估和跟踪抽检。推广先进的防腐保鲜技术、安全的防腐保鲜产品和优质安全的农产品包装材料，大力发展农产品产地贮存保鲜冷链物流。

（2）畜禽屠宰环节。严格生猪定点屠宰管理，督促落实进场检查登记、肉品检验、“瘦肉精”自检等制度。严厉打击私屠滥宰、屠宰病死动物、注水及非法添加有毒有害物质等违法违规行为。严格屠宰检疫，未经检验检疫合格的产品，不得出场销售。加强病死畜禽水产品和不安全农产品的无害化处理制度建设，指导生产经营者配备无害化处理设施设备，落实无害化处理责任。对于病死畜禽水产品、不安全农产品和假劣农业投入品，要严格依照国家的有关法律法规做好登记报告、深埋、焚烧、化制等无害化处理工作。

（3）批发零售环节。农产品批发市场、零售市场的举办者应当遵守下列规定：对进入市场的销售者的身份进行登记；与进入市场的销售者签订书面合同，约定进入市场销售的条件；对进入市场销售的农产品进行抽查检测，并将检测结果上传至当地农产品质量安全信息服务平台；设立农产品质量安全信息公示牌，对农产品检测结果、违法经营行为、采购注意事项等内容进行公示。农产品批发市场的举办者还应当查验核实进入市场销售的农产品的生产者或者供货者证照、产地证明、检测或者检疫合格证明。农产品批发市场、零售市场的举办者与销售者约定进入市场销售的条件应当包括以下内容：抽查检测的农产品占进入市场销售农产品的最低比例；对进入市场销售的农产品的抽查检测方法；需要查验核实的材料；经检测不符合食品安全标准的农产品的处理方式。

（4）网购直销环节。农产品网络交易第三方平台提供者应当对入网的农产品销售者进行实名登记，明确农产品质量安全责任，如表 12 – 18 所示。

表 12 – 18　南京市农产品质量安全管理

投入环节	加大环境污染监测及治理力度，保障农业生产环境安全	规范农资使用标准确保农资正确使用；加大农资打假力度保证农资质量	严惩违规使用禁用材料或药剂的行为
生产环节	标准化生产	全程监控	生产档案管理
加工环节	生猪定点屠宰管理	HAACP 与可追溯体系建设	包装与标签管理
流通环节	产地准出、销地准入制度	严禁活禽销售	进销台账管理

农产品销售企业以及其他从事农产品批发的销售者应当建立进货查验和购销台账制度，如实记载农产品的名称、产地、数量、进货时间、供货者和销售去向。购销台账保存期限不得少于两年。集中供餐单位以及餐饮企业在采购农产品时，应当查验、索要有关凭证，建立采购记录制度，如实记载所购农产品名称、供货者、数量和日期等内容。采购记录保存期限不得少于两年。储存、运输农产品应当采取必要的措施保障农产品质量安全，运输工具、包装材料、容器应当具备国家规定的卫生条件；使用保鲜剂、防腐剂、添加剂等物质对农产品进行处理、保鲜、储存时，不得违反国家强制性技术规范。

3. 探索市场准入证明倒逼产地准出的治理模式

推行食用农产品市场准入制度，由食药监部门明确市场准入条件、落实相关部门责任，负责市场准入监督管理，监督市场开办者和经营者落实入市管理、质量检测、信息公示、不合格产品退市等制度。农业等部门负责产地准出监督管理。生产主体开展产品自检或委托检测，对合格产品出具产地证明。地方政府负责核查产品质量、核实产地信息，强化畜禽产地检疫。建立农产品准出、储运、准入无缝衔接机制，以市场准入倒逼产地准出，确保农产品合格上市和顺畅流通。

4. 探索互联网时代的农产品短链模式

农产品通过电商进行销售，可以使消费者足不出户、舒适便捷地选择到自己心仪的产品，并充分发挥了本地产销企业流半径小、安全控制能力强的本土优势。作为一种新型销售模式，电商是在短链驱使下保障农产品质量安全的有效途径，可以促进本土农产品实现优质优价，同时也对农产品的标准化生产、专业化管理、企业化运营提出了更加严格的要求。

目前，南京市场上主要有两种电商销售模式：一是以企业自身的网站、微博、微信等自媒体为平台，宣传企业的产品和企业文化，并通过多种方式与消费者进行互动。二是产销企业与第三方电商联姻，通过专业购物网站建立自己的网络旗舰店，利用专业的物流和仓储资源，节约企业的运营成本。农业龙头企业在开发农产品电子商务方面起步较早。通过企业销售网站的建设和运营，为消费者提供更加全面、及时、贴心的服务，已成为这些企业占领市场、传播企业文化的重要组成部分。除企业自建平台之外，与第三方电商联姻，实现优势互补也是近年来农产品产销企业拓展市场的一种新模式。南京市应鼓励生鲜农产品生产企业与京东商城、天猫电商平台等进行深度战略合作，将农产品直销旗舰店落户互联网，使优质农产品通过第三方电商平台第一时间送达消费者。一方面，第三方电商平台为企业销售带来更加广泛的客户群；另一方面，优质、鲜活的农产品也使第三方电商的产品范围更加丰富，人气指数不断提升。

（三）农业、食药监等部门齐抓共管

源于现阶段农业生产细碎分散、农业标准化生产比例低、农产品流通环节繁复，农产品质量安全隐患和突发问题难以避免。在此情况下，要确保南京市的农产品质量，必须依靠农业、食药监等各部门的分工协作、齐抓共管，才能形成稳定可靠的南京市农产品质量安全保障体系。

总体而言，南京市农产品质量安全主要由农委和食药监局负责，农产品从种养殖到市场销售前，由市农委管；从销售开始到收储运，最后上市民餐桌，由市食药监局负责。现行的农产品质量安全法和食品安全法，对农产品从收购到储运没有对应的监管条款，食品安全法有关于农产品运输许可权的条款，即申请运输许可执照，但没有对运送的农产品质量安全的要求，且只面向申请运输许可执照的企业，不包括实际承担农产品收储运的农户个体、农业合作社等。农产品收储运环节监管职能由食药监部门承担，要加快实施农产品“收储运”主体和储运设施设备的备案登记管理制度，建立交货查验、档案记录、自查自检和无害化处理等制度，定期对“收储运”主体进行督导巡查，督促其落实主体责任，及时发现、纠正和惩处违规违法行为，保障下游食用农产品质量安全。

此外，相关部门在推进农产品质量安全工作中要各司其职、通力配合。农业部门加强畜禽屠宰环节、生鲜乳收购环节质量安全和有关农业投入品的监督管理，强化源头治理，做好农产品产地准出管理与批发市场准入管理的衔接；食药监部门加强农产品质量安全标准、风险评估等相关工作，切实履行监督、指导、协调职能，加强监督检查和考核评价，完善政府、企业、社会齐抓共管的综合监管措施，加强农产品包装材料、容器、农产品生产经营工具等农产品生产加工的监督管理；公安机关加大对农产品质量安全犯罪案件的侦办力度，加强行政执法和刑事司法的衔接，严厉打击农产品质量安全违法犯罪活动。

第四节 大城市“菜篮子”保障模式与南京市“菜篮子”监测

一、国内外大城市“菜篮子”保障的做法

（一）日本经验

日本经济发达、人多地少，政府和国民对“菜篮子”产品保障都非常重视。在“菜篮子”产品产销地政策和相关财政政策支持下，日本依托强大的农协组织，实现了“菜篮子”产品的有效供给、稳定供给和安全供给。

1. 以精细的产销计划抓供给

为了有效地保障“菜篮子”产品供给，日本政府通过指定消费地和产地来有计划地实现产销对接。一方面指定消费地，将重点城市划为保证供应的消费地，根据实际需要，定出每年、每季、每月所需的蔬菜品种和数量，要求做到品种齐全，四季均衡供应。另一方面指定蔬菜产地，在全国范围内划出许多指定蔬菜产地，给这些产地规定了每年必须生产的蔬菜品种、每种蔬菜的播种面积和生产数量，以及全年分月供应的数量，并且实行了生产专业化。

2. 以完善的批零体系促流通

蔬菜生产者通过农协组织或产地经纪人将产品运送到中央批发市场，经过产品数量、质量、卫生检查后公开拍卖给批发商。批发商再批发出售给零售商，零售商最终将产品销售给消费者。目前，日本“菜篮子”产品基本形成了以中央批发市场、地方批发市场以及其他批发市场等交易场所为主体，以农产品竞价拍卖等为主要交易方式的流通体系。

3. 以有效的政策法规保稳定

日本政府对包括道路交通设施、蔬菜栽培和商品化设施等在内的农业基础设施建设给予大力支持，以吸引农业经营者扩大种植规模，增加“菜篮子”产品供应量。同时，日本政府还制定了《批发市场法》《蔬菜生产交货安定法》等一系列法律法规。实行“菜篮子”产品稳定价格基金制度，对加工用土豆、甜菜等农产品实行最低价格保证制度，避免产品价格的大起大落。日本政府对食品安全事件采取零容忍，严格处理当事主体。日本民众、社会组织和媒体也积极参与食品安全预防、处理、应对等各环节，形成了一种协同的食品安全治理模式。

（二）美国经验

美国人少地多，经济发达，大流通、大市场化是“菜篮子”产品供应的主要方式。通过多元化的流通渠道、完善的食品安全法律体系和有效的财政支持政策，美国“菜篮子”保障做到了数量与质量的安全、市场与价格的稳定。

1. 以流通主体多元化实现产销对接

美国蔬菜农场主要通过与蔬菜产销一体化组织、专业销售合作社、农业协会进行合作

进入市场，或者直接进入流通。市场流通渠道主要包括连锁超市、批发市场、农场主市场、社区直送、政府采购、出口和餐饮行业。目前，美国80%的蔬菜通过产销一体化组织流通，而97%的个体农民则通过专业销售合作社连接市场。

2. 以完善的法律法规保障食品安全

美国为食品安全制定了非常具体的标准和严格的监管程序，有关“菜篮子”产品的法律覆盖了从“实验室到餐桌”的全过程。相关法律包括《联邦食品、药物和化妆品法》《食品质量保护法》《公共卫生服务法》《联邦杀虫剂、杀菌剂和杀鼠剂法》《营养标签与教育法》《公平包装和标签法》《食品卫生运输法》《产品责任法》及进口蔬菜安全检疫有关的《植物检疫法》和《联邦植物虫害法》等。与“菜篮子”产品生产、流通和消费有关的活动基本上都由农业部负责，与产品质量安全有关的重要部门还有环保署（EPA）和食品管理局（FDA）。

3. 以市场化的财政政策确保市场稳定

为降低“菜篮子”产品生产和市场风险，美国农业部对白菜、辣椒、西红柿等12个蔬菜品种实施联邦作物保险，并制定了专门的特殊自然灾害援助政策，对没有购买保险或联邦农作物保险项目外的蔬菜种植者，因重大灾害损失超过50%或播种面积减少超过35%时，可享受《非保险农作物灾害援助项目》的资金扶持。针对“菜篮子”产品过剩问题，其过剩产量的2/3由农业部市场服务局负责收购。

（三）中国台湾经验

中国台湾人多地少，“菜篮子”产品种类众多。通过规范和创新交易、加大财政扶持、强化应急机制等方式有效地推进菜篮子保障工作顺利实施。

1. 以创新交易机制保障有效供给

从1973年农产品批发市场建立开始，中国台湾陆续出台了“农产品市场交易法”“农产品批发市场管理办法”“农会法”“农民团体共同运销辅导奖励办法”“农产品贩运商辅导管理办法”“农产品分级包装标准与实施办法”。在“菜篮子”产品交易中采用拍卖制度是中国台湾稳定蔬菜价格的有效手段。同时，为克服家庭农场生产数量较少、单独运销效率不高的弊端，通过农民团体共同运销制度和农产品直销制度，提高蔬菜流通的组织化程度，提升农民议价的话语权，从而有效降低运销成本。

2. 以加大财政扶持促进公平供给

为了降低“菜篮子”产品经营者用地租金，管理部门会以低价将市场用地租给经营者，如遇到私有土地，则会采取先征用再租出的方式，确保经营者享受低廉的用地租金。为确保批发市场的公益性质，管理部门通过入股方式保证批发市场决策为公。为避免多头管理，管理部门明确市场法人具有独立的管理权，其他部门和机构不得入场干预，并通过设置较为优惠的税费减免以促进“菜篮子”产品交易。

3. 以强化应急机制稳定产品供给

中国台湾自然灾害多发，为防止天灾引起“菜篮子”产品价格异动，管理部门和市场交易公司建立了一套较为成熟的应急机制加以应对。一方面，管理部门出资建立蔬菜安定基金，主要用于批发市场蔬菜的收购存储。同时在每年的夏季（6月1日至10月31日）实行重要蔬菜保价运销制度，对保价运销的蔬菜品种按契约进行生产，如果蔬菜售价低于契约保证价格时，由管理部门向农民团体支付差额补助。另一方面，批发市场也要履行稳定“菜篮子”产品价格的责任。当灾害发生时，批发市场会采取以下应对措施：每日依市场需求投放储存的相关“菜篮子”产品，协调次要灾区及未受损地区的供应单位增加供应量，联络“菜篮子”产品各主要供应单位（人）增加供应，通过媒体呼吁消费大众多选购加工、冷冻“菜篮子”产品。

（四）北京经验

北京是我国政治中心，人口规模庞大，但农业资源有限，“菜篮子”产品主要靠外地输入。北京市政府主要围绕自给率、控制率、合格率和应急能力“三率一能力”目标，出台了一系列“菜篮子”保障措施。

1. 以加强生产能力建设保障自给率

出台了一系列补贴措施，包括补贴设施农业建设、补贴基本菜田建设、补贴高产高效项目、补贴生产和保险、补贴耕地改善项目、补贴优秀经营者和管理者。

2. 以强化与外地生产基地合作提高控制率

主要通过扩大合作区域与品种，拓展合作深度（鼓励本地企业到外地建设合作基地）等方式强化区域合作。

3. 以推行标准化生产促进合格率

出台强化质量监管系列措施，完善标准化体系，实施分级管理，开展监管示范创建，补贴支持农产品认证。

4. 以储备建设和应急保障基地建设提升应急能力

强化流通体系法制和规范建设，建立“市管批发，区管零售”管理体制，创新流通模式，实现多层次产销对接，参股大型批发市场以强化调控，加强储备与预案管理。在工作组织方面，市农委、农业局负责协调生产工作，推进本市农产品生产和外地蔬菜基地建设。市商务委负责生活必需品流通体系建设，保障市场供应和储备。市交通、财政等部门也参与其中。

（五）上海经验

上海是我国经济中心和人口规模庞大的城市，农业资源有限，“菜篮子”产品也主要靠外地输入。上海市政府非常重视“菜篮子”保障工作，主要在“菜篮子”产品生产、流通体系建设、质量安全建设、科技进步和社会化服务等方式采取措施。

1. 强化蔬菜生产能力

他们提出，建设“菜园子”稳定“菜篮子”。加强“菜篮子”生产基地建设，增强抵御灾害性天气、排涝抗旱等抗风险能力。实行“菜篮子”区县长责任制、最低保有量制度、考核奖励机制以及各项生产补贴政策和措施，稳定蔬菜种植面积和自给能力。合理调整生产结构，设立绿叶蔬菜保障功能区，优化“菜篮子”品种结构。

2. 加强流通体系建设

通过引导生产环节转变生产经营机制，推进“菜篮子”产品的产业化经营。加强城市蔬菜批发和零售市场建设，合理规划布局蔬菜批发市场、农贸市场和社区菜店，建立菜市场、生鲜超市和大卖场互为补充的副食品网点体系，适应不同层次的市场需求。开展多种形式的农超对接、农标对接、农社对接等，促进产销对接和电子商务等流通形式，搞活蔬菜流通。

3. 提升质量安全水平

以标准园创建为抓手，促进标准化生产和病虫害统防统治，构建质量安全控制长效机制。统一印发田间档案记录本，建立质量可追溯制度。加强质量安全监管，建立健全检验检测、质量追溯、风险预警和应急反应处置体系。推进品牌化建设，提高安全优质蔬菜市场占有率。

4. 促进蔬菜科技进步

引进、试验、推广各类蔬菜生产机械装备，完善生产设施装备，促进蔬菜生产机械化水平的提高。加强技术体系支撑，丰富绿叶菜市场供应，提高绿叶菜可持续生产能力。强化安全生产指导，组织相关培训，提高安全生产水平。

5. 健全菜农服务体系

培育新型经营性服务组织，为蔬菜生产经营提供低成本、便利化、全方位的生产性服务。强化公益性服务体系，完善金融保险服务，维护菜农基本利益。

从美国、日本经验来看，大城市“菜篮子”建设的方式与一国资源禀赋是密切相关的。日本人多地少，农业经营以小农户为主，农协在连接小农户和大市场中发挥巨大作用，“菜篮子”建设也都依靠农协。由于农协的高度组织化，所以制定的产销政策相对容易实施，同时在与批发市场交易时也有很强的谈判能力，使得“菜篮子”产品的产业链利益分配较为公平。而美国地多人少，农业经营以大农场和农业企业为主，农业合作组织起辅助作用。因此，美国“菜篮子”主要通过农业企业与大型批发零售商以市场机制来实现，农产品产业链利益分配也完全按照市场实现，美国政府的支持也主要通过保险等市场手段来实现。

从国内大城市“菜篮子”发展状况和经验，各地都通过制定“菜篮子”建设规划，明确保供、稳价、安全三大目标。各相关部门能实现信息互通、资源整合共享，并建立了良好的工作协商机制。大城市农业资源严重不足，本地蔬菜难以保障本地需求，大多通过鼓励有能力的农业企业“走出去”建立基地等形式，加强与外地蔬菜基地的合作来实现控制率。同时，各地采取入股、监管等多种方式调控批发市场，发挥一级批发市场在价格传递、交易实现、风险应对、质量安全检测等市场机制功能。

二、南京市“菜篮子”保障现状及存在的问题

（一）南京市“菜篮子”保障现状

近年来，南京市“菜篮子”工程主要围绕保障供应体系、加工体系、市场体系和质量安全体系建设4个方面，取得了较好的成绩。

1. 在蔬菜供应上，坚持本地生产与外地合作相结合

本地蔬菜基地建设在面积、设施、标准和品牌多方面推进。2014年，南京蔬菜种植面积142万亩，产量31亿公斤，产值52亿元，呈现稳步增长态势。规划到2017年建设20万亩永久性蔬菜基地，以提高南京市蔬菜自给率10个百分点，叶菜类自给率达到90%。目前，南京市正在建设3个省级蔬菜基地，并支持建设3条蔬菜净菜加工生产线。在标准示范区建设和品牌建设方面，积极建设省级、市级农业标准化示范区，推进新认证无公害产地及“三品”认证。通过实施南京都市圈市长峰会和“菜篮子”工作联席会议制度，加强与外地蔬菜生产基地的合作。2014年底，以南京为中心、150公里为半径，累计确定了61家蔬菜储备保供基地，重点在滁州市来安县、马鞍山市和县以及苏北东台、大丰等地。

2. 在生产加工上，重点抓好生猪屠宰、豆制品和禽类加工

南京市不断优化生猪屠宰场布局，数量已从2010年的47家减少到2012年的22家。与此同时，机械化生猪屠宰场则在建立，2010年雨润集团在六合区建立占地400亩、年屠宰加工300万头的项目。目前，生猪屠宰已经集中在南京3个机械化屠宰场，机械化屠宰率从2008年的70%提高到了目前的100%。肉品冷链物流批销点也在不断建立，2012年建成18个。豆制品工厂化建设是豆制品加工体系的重点。2008年，豆制品企业新增改建6家，2010年标准化生产、品牌化经营、连锁化销售、产品检验出场的产品市场占有率达70%。2011年10家规模豆制品企业技术改造投入1500万元，2012年新增改扩建项目5家。禽类加工近年来不断被重视。2010年有6家禽类企业按ISO9001和HACCP标准升级改造，2012年新增规模化加工企业2家，提档升级6家，年加工量15万以上企业累计40家，鸭产品加工销售量达1亿只，产值100亿元。

3. 在产销衔接上，集中建设多元化农副产品流通渠道

南京农副产品物流集散中心一期工程于2008年封顶，建有5个交易专区、1万平方米会展中心、肉类冻品交易市场开业；2011年二期项目启动，并完成精品蔬菜综合物流区；2014年，建成综合物流区及检验检测系统、溯源管控等项目，并推出宜鲜美网上超市。2014年，改造升级农贸市场20家，累计完成77家；创建绿色市场47家，绿色销售专区达3.85万平方米；菜农直销摊位达1812个。超市在“菜篮子”市场体系建设中的作用越来越重要。2012年，南京市平价超市达到167家，苏果等本地超市与外部基地挂钩累计94家。作为农产品流通的新型业态，电子商务在南京“菜篮子”建设中的作用也逐步得到体现。2014年涌现出以宜鲜美、特色中国高淳馆等为代表的一批蔬菜电子商务品牌，并通过建设直供配送中心和直供社区店来保障产品的有效配送。作为提高“菜篮子”品质的冷链物流，近年来在政策推动下也有所发展。为保障“青奥会”的蔬菜供应，有国资背景的新农集团建设了专业的低温冷库及供应链，为南京蔬菜冷链物流的推进探索经验。

4. 在质量安全上，着力完善可追溯体系、产品检测体系

2010年，南京开始试点肉类流动追溯体系，选择了15家生猪定点屠宰场、2家肉类批发市场、35家农贸市场、12家大卖场总部、6家肉类配送中心和10家团体单位作为信息源。2011年，南京市主城区猪肉基本实现了“源头可追溯、去向可查询、责任可追究”目标；2012年，完成了200个肉菜节点建设，产生追溯数据2570万条；2014年，新增170个节点，累计建成450个节点，产生追溯数据3500万条。同时，基于农产品质量安全IC卡监管系统平台，南京市于2010年建立了覆盖4个农产品生产示范企业、4个农产品检测机构、1个农产品批发市场和1个优质安全农产品专卖店的远程监控系统。检测体系是保障农产品源头安全的重要手段，蔬菜农残检测又是检测体系的重要内容。2008年，南京市新增25个农产品安全田头检测室和120个农药残留快速检测点，新建30个蔬菜生产电子档案管理系统；在流通环节累计建立了384个蔬菜农残检测站，农残检测平均合格率为97%；2010年，通过标准化田头检测室，建立了6800份蔬菜生产电子档案，1200个农户建档，385个流通蔬菜农残检测站。

（二）南京市“菜篮子”保障模式存在的问题

1. “菜篮子”保供压力大

随着城市化进程的加快，郊区蔬菜基地不断减少，新建菜地基础设施建设滞后，抗旱

排涝能力较弱，生产保供能力不强。目前在外地挂牌的保供基地，由于缺乏有效的激励机制，难以保证其在必要时向南京提供产品供应。

2. “菜篮子”产业化程度不高，体系不完善

目前，南京蔬菜农民专业合作社组织较为松散，真正意义上的合作社数量不多，且规模较小、组织化程度偏低、运作能力不强。由于缺乏相应的技术与优质优价的市场环境，蔬菜产业链条不长，且精深加工能力差。蔬菜配套产业发展不够，产后商品化处理设施滞后，品牌建设较弱。冷链物流建设落后，辐射带动能力不强。

3. 食品质量安全监管难度大

小规模分散经营对监管带来难度，蔬菜生产的重点区域缺乏专职检测人员，田头速测无法做到全覆盖，难以真正实现地产蔬菜的产地准出，隐含较大隐患。

4. 部门之间的合作有待加强

保供涉及农委和商务，本地基地由农委管理，外地基地则由商务联系，需要加强合作。稳价涉及农委、商务、物价，产品供应、市场信息发布等需要部门间紧密配合。质量安全又涉及农委、商务、质检等部门，需要在质量安全监管上做好衔接，不留真空。

三、监测考核指标体系构建

（一）指标构建目的

“菜篮子”工程的有效实施离不开科学合理的监测考核指标体系。监测指标旨在反映“菜篮子”产品生产、流通、安全等状况。考核指标旨在反映“菜篮子”工程建设进展情况。监测指标体系的构建有利于实时了解“菜篮子”产品生产、供给、市场价格、质量安全等动态信息，可以根据变化情况及时采取应对措施，确保“菜篮子”产品供应和质量安全。考核指标体系的构建有利于“菜篮子”工程年度工作计划的推进，将重点任务、重点项目分解落实到各区和市各有关部门。同时，通过月度小结、季度分析、年度考核，确保完成“菜篮子”全年的目标任务。

（二）指标选取依据

（1）监测考核指标必须依据国家对“菜篮子”工程的相关要求。国务院 2010 年出台了《国务院办公厅关于统筹推进新一轮“菜篮子”工程建设的意见》，对我市“菜篮子”工程建设具有重要的指导意义。表 12－19 是国务院意见中对“菜篮子”工程建设四大方面、十八点内容。从表中可以发现，生产能力建设、市场体系建设、质量安全水平和调控保障体系建设，是实现“菜篮子”产品有效供给、稳定供给和安全供给的重要手段。

表 12－19　2010 年国务院“菜篮子”工作意见中的指标体系

一级指标	二级指标
生产能力建设	园艺产品设施化生产基地
	规模化畜禽养殖场（小区）
	水产健康养殖示范场
	“菜篮子”产品良种繁育中心

续表

一级指标	二级指标
市场体系建设	建设和改造一批产地批发市场
	改造一批城市销地批发和零售市场、集贸市场
	强化产销衔接功能
	建立和完善信息网络平台
质量安全水平	标准化生产
	检验检测体系
	全程质量可追溯体系
	质量安全风险预警信息平台
调控保障体系	强化“菜篮子”市长负责制
	科学规划生产布局
	多渠道筹集建设资金
	完善扶持政策
	建立健全风险应对机制
	加强组织领导和部门协调

（2）监测考核指标必须立足南京市“菜篮子”工程建设的具体实践。《南京市“菜篮子”工程发展规划（2008—2012 年）》对南京市“菜篮子”工程建设做了具体部署，主要工作围绕生产基地建设、市场体系建设、副食品加工体系建设、信息化管理体系建设、储备体系建设、应急保障机制建设、质量安全体系建设和监管体系建设八大方面。具体规划指标，如表 12－20 所示。南京市“菜篮子”工作办公室的年度总结也为了解南京市“菜篮子”工程建设提供了丰富的资料。表 12－21 是从年度工作总结中提炼出来的南京市“菜篮子”工程建设的相关三级指标，主要关注市场体系建设、加工体系建设、生产基地建设和质量安全体系建设。

表 12－20 南京市“菜篮子”工程“十二五”规划中的指标体系

一级指标	二级指标
生产基地建设	蔬菜生产基地
	标准化规模养殖基地
	外部基地合作
市场体系建设	信息化平台与配送中心建设
	绿色市场建设
	市场准入制度
	市场督查和信息交流
副食品加工体系	深加工
	生猪机械化屠宰
	豆制品专项整治

续表

一级指标	二级指标
信息化管理体系	肉菜可追溯系统
	农贸市场管理方式
储备体系建设	肉类储备
	蔬菜储备
	禽蛋储备
	粮油储备
应急保障机制建设	肉类
	蔬菜
	禽蛋
	粮油
质量安全体系建设	蔬菜产地准出检测
	IC 卡信息化交易
	生猪屠宰管理
	HACCP
	“菜篮子”可追溯系统
监管体系建设	标准化体系
	法规规章
	制度建设
	舆论引导信用档案建设

表 12－21　南京市“菜篮子”工程关注的指标

一级指标	二级指标	三级指标
市场体系建设	南京农副产品物流集散中心建设	交易区类型和面积
		会展中心
		检测中心
		综合物流区
		电子商务
	农贸市场建设	开工改造升级数量
		绿色市场数量
		绿色销售专区面积
		工厂化品牌豆制品连锁直销店
		菜农直销摊位数
	超市	评价超市数量
		超市对接基地数量

续表

一级指标	二级指标	三级指标
市场体系建设	市场监测	监测平台
		监测品种
		监测周期
	电子商务	品牌数
		交易规模
	冷链	面积
加工体系建设	生猪屠宰	生猪屠宰场数量
		机械化生猪屠宰场数量
		生猪屠宰机械化率
		肉品冷链物流批销点数
	豆制品	工厂化建设
		“三化”产品市场占有率
	禽类	标准化加工数量
		产值
生产基地建设	本地蔬菜基地建设	种植面积
		设施基地面积
		重点工程
		标准示范区数量
		品牌建设
	外地蔬菜基地建设	合作形式
		合作区域
	储备建设	常年性冻肉储备
		活猪数量
		蔬菜在库储备品种和数量
		蔬菜在地储备品质和数量
		签约商数量
		基地数量
质量安全体系	可追溯体系建设	可追溯节点数（产业链各环节）
		可追溯信息条数
	检测体系	蔬菜农残检测
		肉品品质检验
		市场准入制度
	应急机制建设	规章制度
		应急队伍建设

（三）指标体系构建

根据“菜篮子”工程建设的要求，监测指标体系应该包括数量供给保障、质量安全保障、价格平稳保障三个方面情况。反映“菜篮子”产品供求与安全信息的监测指标，也包括反映“菜篮子”工程建设进展的考核指标，如表12－22所示。

表12－22　南京市“菜篮子”工程指标体系

一级指标	二级指标	三级指标
市场体系建设	一级批发市场建设	交易区类型和面积
		交易规模
		会展中心
		检测中心
		综合物流区
		电子商务
	农贸市场建设	开工改造升级数量
		绿色市场数量
		绿色销售专区面积
		工厂化品牌豆制品连锁直销店
		菜农直销摊位数
	超市建设	平价超市数量
		超市对接基地数量
	市场信息平台	监测平台
		监测品种
		监测周期
		价格波动幅度
	新型流通业态	电子商务品牌数
		电子商务交易规模
		冷链物流规模
加工体系建设	生猪屠宰	生猪屠宰场数量
		机械化生猪屠宰场数量
		生猪屠宰机械化率
		肉品冷链物流批销点数
	豆制品	工厂化建设
		“三化”产品市场占有率
	禽类	标准化加工数量
		产值

续表

一级指标	二级指标	三级指标
生产基地建设	本地蔬菜基地建设	种植面积
		设施基地面积
		重点工程
		标准示范区数量
		品牌建设
	外地蔬菜基地建设	合作形式
		合作区域
		合作基地规模
		潜在合作基地
	储备建设	常年性冻肉储备
		活猪数量
		蔬菜在库储备品种和数量
		蔬菜在地储备品质和数量
		签约商数量
		基地数量
质量安全体系	可追溯体系建设	可追溯节点数（产业链各环节）
		可追溯信息条数
	检测体系	蔬菜农残检测
		肉品品质检验
		实施市场准入制度品种
	应急机制建设	规章制度
		应急队伍建设
调控保障体系	强化“菜篮子”市长负责制	联席会议机制
		考核机制
	科学规划生产布局	“菜篮子”面积调整比例
		“菜篮子”布局规划
	多渠道筹集建设资金	财政支持资金
		引导社会资金
	完善扶持政策	补贴种类
		补贴规模
	建立健全风险应对机制	保险品种
		保险补贴额度
	加强组织领导和部门协调	部门分工情况
		合作办公情况

1. “菜篮子”工程监测指标体系构建

监测指标体系包括5个一级指标、18个二级指标与一系列三级指标。表12－23是南京市“菜篮子”工程监测指标体系，包括三级监测指标体系与对应的数据提供部门。

表12－23　南京市“菜篮子”工程监测指标体系

一级指标	二级指标	三级指标	职能部门
市场体系建设	一级批发市场建设	交易区类型和面积	商务
		交易规模	商务
		电子商务	商务
	农贸市场建设	绿色市场数量	商务
		绿色销售专区面积	商务
	超市建设	平价超市数量	物价
		超市对接基地数量	商务
	市场信息平台	监测平台	物价、商务
		监测品种	物价、商务
		监测周期	物价、商务
		价格波动幅度	物价、商务
	新型流通业态	电子商务交易规模	商务
		冷链物流规模	商务
加工体系建设	生猪屠宰	生猪屠宰机械化率	商务
		肉品冷链物流批销点数	商务
	豆制品	“三化”产品市场占有率	商务
	禽类	标准化加工产值	商务
生产基地建设	本地蔬菜基地建设	种植面积	农委
		设施基地面积	农委
		标准示范区数量	农委
		品牌建设	农委
	外地蔬菜基地建设	合作基地规模	商务
		潜在合作基地	商务
	储备建设	常年性冻肉储备	商务
		活猪数量	商务
		蔬菜在库储备品种和数量	商务
		蔬菜在地储备品质和数量	商务
		签约商数量	商务
		基地数量	商务

续表

一级指标	二级指标	三级指标	职能部门
质量安全体系	可追溯体系建设	可追溯节点数（产业链各环节）	商务
		可追溯信息条数	商务
	检测体系	蔬菜农残检测	农委
		肉品品质检验	商务
		实施市场准入制度品种	商务
	应急机制建设	规章制度	质检、农委、商务
		应急队伍建设	质检、农委、商务
调控保障体系	科学规划生产布局	“菜篮子”面积调整比例	农委
		“菜篮子”布局规划	农委
	多渠道筹集建设资金	财政支持资金	财政、农委、商务
		引导社会资金	财政、农委、商务
	完善扶持政策	补贴种类	财政、农委
		补贴规模	财政、农委
	建立健全风险应对机制	保险品种	财政、农委
		保险补贴额度	财政、农委

2. “菜篮子”工程考核指标体系构建

虽然有部分考核指标与监测指标是相同的，但是考核指标由于涉及绩效评价和工作开展，因此，难度更大，也更加重要。关键绩效指标考核法（Key Performance Indicator，KPI）是目前被企业与政府机关广泛采用的考核指标方法，其特点是考核指标围绕关键领域进行选取。南京市“菜篮子”工程建设的关键领域是在保供、稳价、安全目标下的市场体系建设、加工体系建设、生产基地建设、质量安全体系建设和调控保障体系建设 5 个方面，由此确定 5 个考核维度，并制定相应的考核标准。针对指标的性质，分别采取等级描述法、关键事件法和确定里程碑法来制定考核标准。

等级描述法适用于考核那些经常或重复进行的工作，因为能够很清楚地用数据或事实描述出各个级别不同。具体操作中，建议分为优秀、良好、一般、较差和不合格 5 个级别，每个级别都有详细的描述定义本级别的状态。当然，也可以根据实际需要，划分 3 个或 7 个级别。

关键事件法是针对工作中的关键事件，制定相应的扣分和加分标准，来对被考核者的业绩进行评价的方法。关键事件法适用于那些关键事件能够充分反映被考核者工作表现或业绩的情况。确定里程碑法是根据任务的运行情况，根据时间节点制定相应的里程碑，在项目考核中运用较多。

表 12－24 是南京市“菜篮子”工程考核指标体系，包括三级指标体系、相关责任部门与考核标准的确定方式。

表 12-24 南京市“菜篮子”工程考核指标体系

一级指标	二级指标	三级指标	相关责任部门	考核方式
市场体系建设	一级批发市场建设	交易区类型和面积	商务	等级描述
		会展中心建设	商务	等级描述
		检测中心建设	质检	关键事件
		综合物流区	商务	等级描述
		电子商务	商务	等级描述
	农贸市场建设	开工改造升级数量	商务	里程碑法
		绿色市场数量	商务	等级描述
		绿色销售专区面积	商务	等级描述
		工厂化品牌豆制品连锁直销店	商务	等级描述
		菜农直销摊位数	商务	等级描述
	超市建设	平价超市数量	物价	等级描述
		超市对接基地数量	商务	等级描述
	市场信息平台	监测平台	物价、商务	等级描述
		监测品种	物价、商务	等级描述
		监测周期	物价、商务	等级描述
		价格波动幅度	物价、商务	关键事件
	新型流通业态	电子商务品牌数	商务	等级描述
		冷链物流规模	商务	等级描述
加工体系建设	生猪屠宰	生猪屠宰场数量	商务	等级描述
		生猪屠宰机械化率	商务	等级描述
		肉品冷链物流批销点数	商务	等级描述
	豆制品	工厂化建设	商务	等级描述
		“三化”产品市场占有率	商务	等级描述
	禽类	标准化加工数量	商务	等级描述
		标准化加工产值	商务	等级描述
生产基地建设	本地蔬菜基地建设	种植面积	农委	等级描述
		设施基地面积	农委	等级描述
		重点工程	农委	确定里程碑法
		标准示范区数量	农委	等级描述
		品牌建设	农委	等级描述
	外地蔬菜基地建设	合作形式	商务	等级描述
		合作区域	商务	等级描述
		合作基地规模	商务	等级描述
		潜在合作基地	商务	等级描述

续表

一级指标	二级指标	三级指标	相关责任部门	考核方式
生产基地建设	储备建设	常年性冻肉储备	商务	等级描述
		活猪数量	商务	等级描述
		蔬菜在库储备品种和数量	商务	等级描述
		蔬菜在地储备品质和数量	商务	等级描述
		签约商数量	商务	等级描述
		基地数量	商务	等级描述
质量安全体系	可追溯体系建设	可追溯节点数（产业链各环节）	商务	等级描述
		可追溯信息条数	商务	等级描述
	检测体系	蔬菜农残检测	农委	关键事件
		肉品品质检验	商务	关键事件
		实施市场准入制度品种	商务	确定里程碑法
	应急机制建设	规章制度	质检、农委、商务	等级描述
		应急队伍建设	质检、农委、商务	等级描述
调控保障体系	强化菜篮子市长负责制	联席会议机制	发改委	关键事件
		考核机制	发改委、商务、农委	等级描述
	科学规划生产布局	“菜篮子”面积调整比例	农委	等级描述
		“菜篮子”布局规划	农委	等级描述
	多渠道筹集建设资金	财政支持资金	财政、农委、商务	等级描述
		引导社会资金	财政、农委、商务	等级描述
	完善扶持政策	补贴种类	财政、农委	等级描述
		补贴规模	财政、农委	等级描述
	建立健全风险应对机制	保险品种	财政、农委	等级描述
		保险补贴额度	财政、农委	等级描述
	加强组织领导和部门协调	部门分工情况	办公厅、发改委	等级描述
		合作办公情况	办公厅、发改委	等级描述

参考文献

[1] Aiying Rong, Renzo Akkerman and Martin Gmnow. An Optimization Approach for Managing Fresh Food Quality Throughout the Supply Chain [J]. International Journal of Production Economics, 2011 (131): 421-429.

[2] Bain J. Barriers to New Competition [M]. Cambridge, Mass: Harvard University Press, 1956.

[3] Balsevich F., J. Berdegue, L. Flores, D. Mainville and T. Reardon. Supermarkets and Produce Quality and Safety Standards in Latin America [J]. American Journal of Agricultural Economics, 2003, 85 (5): 1147-1154.

[4] Bart M., Lalaina R. and Johan F. M. Swinnen. Global Retail Chains and Poor Farmers: Evidence from Madagascar [J]. World Development, 2009, 37 (11): 1728-1741.

[5] Bignebat C., A. A. Koc and S. Lemeilleur. Small Producers, Supermarkets, and the Role of Intermediaries in Turkey's Fresh Fruit and Vegetable Market [J]. Agricultural Economics, 2009, 40 (S1): 807-816.

[6] Broadman H. G. Reducing Structural Dominance and Entry Barriers in Russian Industry [R]. World Bank, Working Paper, 2000.

[7] Celine B., Ahmet A. K. and Sylvaine L. Small Producers, Supermarkets, and the Role of Intermediaries in Turkey's Fresh Fruit and Vegetable Market [J]. Agricultural Economics, 2009 (40): 807-816.

[8] Chahalss, Singhs and Sandhujs. Price Spreads and Marketing Efficiency of Inland Fish in Punjab: A Temporal Analysis [J]. India Journal of Agricultural Economics, 2004 (7): 487-498.

[9] Christin S. and Matin Q. Spillovers from Modern Supply Chains to Traditional Markets: Product Innovation and Adoption by Smallholders [J]. Agricultural Economics, 2010 (41): 361-371.

[10] Corritbj, Thanasankitt and Yih. Trust and Ecommerce: A Study of Consumer Perception [J]. Electronic Commerce Research and Application, 2003, 2 (3): 203-215.

[11] Dabbene F., Gay P. and Sacco N. Optimization of Fresh-food Supply Chains in Uncertain Environments [J]. Biosystems Engineering, 2008 (99): 348-359.

[12] Dander Worst. Effective Food Supply Chains, Generating, Modeling and Evaluating Chain Scenarios [D]. Wageningen University PHD Thesis, 2000.

[13] Davis F. D. Perceived Usefulness, Perceived Ease of Use, and User Acceptance of Information Technology [J] . MIS Quarterly, 1989, 13 (3): 319 –341.

[14] Deborah Liz Hall and Wayne Ryan. Chains of Success – Case Studies on International and Australian Food Business Cooperation to Compete in the Global Market [J] . Common Wealth of Australian September, 1998 (2): 5 – 18.

[15] Downey W. D. The Challenges of Food and Agri – product Supply Chains, Proceedings of the 2nd International Conference on Chain Management in Agribusiness and the Food Industry [J] . Wageningen Agricultural University, The Netherlands, 1996 (5): 3 – 13.

[16] Featherman M. S. and Pavlou P. A. Predicting E – services Adoption: A Perceived Risk Facets Perspective [J] . Human – Computer Studies, 2003 (59): 451 –474.

[17] Figuie M. and Moustier P. Market Appeal in an Emerging Economy: Supermarkets and Poor Consumers in Vietnam [J] . Food Policy, 2009, 34 (2): 210 –217.

[18] Goldman A. Outreach of Consumers and the Modernization of Urban Food Retailing in Developing Countries [J] . Journal of Marketing, 1974, 38 (4): 8 – 16.

[19] H. W. Kinnucan and O. D. Forker. Asymmetry in Farm – retail Price Transmission for Major Dairy Products [J] . American Journal of Agricultural Economics, 1987, 69 (2): 2 –8.

[20] Henson S. and T. Reardon. Private Agri – food Standards: Implications for Food Policy and the Agri – food System [J] . Food Policy, 2005, 30 (3): 241 –253.

[21] Herna' ndez,R. , T. Reardon and J. Berdegue. Supermarkets, Wholesalers, and Tomato Growers in Guatemala [J] . Agricultural Economics, 2007, 36 (3): 281 –290.

[22] Ho S. C. Evolution Versus Tradition in Marketing Systems: The Hong Kong Food – retailing Experience [J] . Journal of Public Policy and Marketing, 2005, 24 (Spring): 90 –99.

[23] J. Meyer and S. Cramon – Taubadel. Asymmetric Price Transmission: A Survey [J] . Journal of Agricultural Economics, 2004, 55 (3): 581 –611.

[24] Jacques Trienekens. The Impact of Transport – and Transaction – cost Reductions on Food Markets in Developing Countries: Evidence for Tempered Expectations for Burkina Faso [J] . Agricultural Economics, 2004, 31 (2 –3): 219 –228.

[25] Kumarr and Husainn. Marketing Efficiency and Price Spread in Marketing of Grain: A Study of Hamirpur District, U. P [J] . India Journal of Agricultural Economics, 2002 (7): 390.

[26] Lambert D. M. and Cooper M. C. Issues in Supply Chain Management [J] . Industrial Marketing Management, 2000 (29): 25 –31.

[27] Leemko and Turbanea. Trust Model for Consumer Internet Shopping [J]. International Journal of Electronic Commerce, 2001, 6 (1): 75 –91.

[28] Maitri Thakur, Charles R. and Hurburgh. Framework for Implementing Traceability System in the Bulk Grain Supply Chain [J] . Journal of Food Engineering, 2009, 95 (4): 617 –626.

[29] Maitri Thakur, Sorensen C. F, Bjornson F. O. , et al. Managing food Traceability Information Using EPCIS Framework [J] . Journal of Food Engineering, 2011 (103): 417 –

433.

[30] Markelova H. , Meinzen - Dicka R. , Hellinb J. and Dohrna S. Collective Action for Smallholder Market Access [J] . Food Policy, 2009, 34 (1): 1 - 7.

[31] Miet M. Horticulture Exports, Agro - industrialization and Farm - nonfarm Linkages with the Smallholder Farm Sector: Evidence from Senegal [J] . Agricultural Economics, 2009 (40): 209 - 229.

[32] Minten B. and Reardon T. Food Prices, Quality and Quality' s Pricing in Supermarkets Versus Traditional Markets in Developing Countries [J] . Review of Agricultural Economics, 2008, 30 (3): 480 - 490.

[33] Minten B. , T. Reardon and R. Sutradhar. Food Prices and Modern Retail: The Case of Delhi [J] . World Development, 2010, 38 (12): 1775 - 1787.

[34] Narrod C. , Roy D. , Okello J. , et al. Public - private Partnerships and Collective Action in High Value Fruit and Vegetable Supply Chains [J] . Food Policy, 2009, 34 (1): 8 - 15.

[35] Neven D. , Reardon T. , Chege J. and Wang H. Supermarkets and Consumers in Africa: The Case of Nairobi, Kenya [J] . Journal of International Food & Agri - business Marketing, 2006, 18 (1/2): 103 - 123.

[36] Pavlou P. A. Consumer Acceptance of Electronic Commerce: Integrating Trust and Risk with the Technology Acceptance Model [J] . International Journal of Electronic Commerce, 2003, 7 (3): 101 - 134.

[37] Rao E. J. O. and M. Qaim. Supermarkets, Farm Household Income, and Poverty: Insights from Kenya [J] . World Development, 2011, 39 (5): 784 - 796.

[38] Raussergc, Perloffgm and Zusmanp. The Food Marketing System: Relevance of Economic Efficiency Measures [M] //Kilmerr, Armbrusterw. Economic Efficiency in Agriculture and Food Marketing [M] . Ames: Iowa State University Press, 1987: 1 - 20.

[39] S. Peltzman. Prices Rise Faster Than They Fall [J] . Journal of Political Economy, 2000, 108 (3): 466 - 502.

[40] Samir K. Srivastava. Green Supply - chain Management: A State of the Art Literature Review [J] . International Journal of Management Reviews, 2007 (9): 53 - 80.

[41] Schipmann C. and Qaim M. Modern Food Retailers and Traditional Markets in Developing Countries: Comparing Quality, Prices, and Competition Strategies in Thailand [J] . Applied Economic Perspectives and Policy, 2011, 33 (3): 345 - 362.

[42] Schwagele R. Traceability from a European Perspective [J] . Meat Science, 2005 (71): 164 - 173.

[43] Shepherdgs. Agriculturalprice Analysis [M] . Ames: University of Iowa Press, 1963: 45.

[44] Stern and Eiansaryal. Marketing Channels [M] . N. J: Prentice - Hall Engle Wood Cliffs, 1977: 121.

[45] Suh B. and Han L. Effect of Trust on Customer Acceptance of Internet Banking [J] . Electronic Commerce Research and Applications, 2002 (1): 247 - 263.

［46］ Sultanf, Urbangl, Shankarv and Barti. Determinants and Consequences of Trust in E－business：A Large Scale Empirical Study ［J］. Sloan School of Management, MIT, Working Paper, 2003 （4）：133－152.

［47］ Terry Marsclen, Jo Banks and Gilian Bristow. Food Supply Chain Approaches：Exploring Their Role in Rural Development ［J］. European Society of Rural Sociology, 2000 （10）：424－439.

［48］ Timmer C. P. Do Supermarkets Change the Food Policy Agenda?［J］. World Development, 2009, 37 （11）：1812－1819.

［49］ Von C. T. S. Estimating Asymmetric Price Transmission with the Error Correction Representation：An Application to the German Pork Market ［J］. European Review of Agricultural Economics, 1998, 25 （1）：1－18.

［50］ Yi M. Y., Fiedler K. D. and Park J. S. Understanding the Role of Individual Innovativeness in the Acceptance of IT Innovations：Comparative Analyses of Models and Measures ［J］. Decision Sciences, 2006, 37 （3）：393－426.

［51］ Young L. M. and Hobbs J. E. Vertical Linkages in Agri－food Supply Chains：Changing Roles for Producers, Commodity Groups, and Government Policy ［J］. Review of Agricultural Economics, 2002 （2）：428－441.

［52］ 阿部龙介，佐藤昭人，上田昌行．水产流通效率化系统开发［J］．日本水产工程学报，2007（3）：68－70.

［53］ 包云峰，吴平．加强“菜篮子”工程建设、平抑市场菜价长效机制［J］．蔬菜，2014（8）：27－29.

［54］ 毕玉平．山东生鲜农产品物流供应链模式研究［D］．咸阳：西北农林科技大学，2011.

［55］ 曾寅初，全世文．我国生鲜农产品的流通与食品安全控制机制分析——基于现实条件、关键环节与公益性特征的视角［J］．中国流通经济，2013（5）：16－22.

［56］ 陈德明．“菜篮子”工程保市场供应、增农民收入——上海蔬菜生产发展探索［J］．上海农村经济，2015（3）：20－24.

［57］ 陈谷平．基于农超对接供应链合作模式的信任机制构建路径［J］．现代商贸工业，2011（12）：16－17.

［58］ 陈红．“互联网＋”背景下鲜活农产品流通模式研究［D］．石家庄：河北经贸大学，2018.

［59］ 陈建青，任国良．农产品批发市场的发展演进：集聚、扩散与瓦解——兼论中国农产品批发贸易发展阶段［J］．经济学家，2012（12）：74－84.

［60］ 陈通，李思聪．中外农产品冷链物流体系比较［J］．北京农学院学报，2013，28（2）：73－75.

［61］ 陈耀庭，戴俊玉，管曦．不同流通模式下农产品流通效率比较研究［J］．农业经济问题，2015，36（3）：68－74＋111.

［62］ 陈永福，马国英．日本稳定蔬菜价格的制度机制评价及启示［J］．日本学刊，2012（1）：65－77＋158.

［63］陈昱．我国蔬菜供应链的纵向合作关系研究［D］．佛山：广东财经大学，2014.

［64］程宏如．统筹城乡教育均衡发展的经济意义［J］．商业时代，2011（9）：13－14.

［65］程艳红．美国生鲜电子商务模式研究［J］．世界农业，2014（8）：76－79.

［66］但斌，刘墨林，邵兵家，刘益．"互联网＋"生鲜农产品供应链的产品服务融合商业模式［J］．商业经济与管理，2017（9）：5－14.

［67］邓刚宏．构建食品安全社会共治模式的法治逻辑与路径［J］．南京社会科学，2015（2）：97－102.

［68］邓俊淼，戴蓬军．供应链管理下鲜活农产品流通模式的探讨［J］．农业经济，2006（8）：76－77.

［69］邓涛．生鲜农产品零售业态变革研究［D］．武汉：华中农业大学，2006.

［70］丁煌，孙文．从行政监管到社会共治：食品安全监管的体制突破——基于网络分析的视角［J］．江苏行政学院学报，2014（1）：109－115.

［71］丁建吾．农产品批发市场发展模式及信息化发展战略研究［D］．北京：中国矿业大学，2011.

［72］丁宁．流通创新提升农产品质量安全水平研究——以合肥市肉菜流通追溯体系和周谷堆农产品批发市场为例［J］．农业经济问题，2015，36（11）：16－24＋110.

［73］杜岩．我国农产品营销渠道优化研究［D］．泰安：山东农业大学，2009.

［74］方琳娜，陈印军，易小燕，钱小平．日本路边站式"地产地消"农产品流通方式及其启示［J］．中国农业资源与区划，2016，37（7）：61－65.

［75］冯昭奎，林昶．日本农协的发展及功过简析［J］．日本学刊，2009（2）：85－98.

［76］扶玉枝，黄祖辉．营销合作社分类型效率考察：理论框架与实证分析［J］．中国农村观察，2012（5）：21－31＋94－95.

［77］付文丽，陶婉亭，李宁，郭云昌．借鉴国际经验完善我国食品安全风险监测制度的探讨［J］．中国食品卫生杂志，2015（3）：271－276.

［78］高扬．我国蔬菜价格传导非均衡性的原因及对策研究——基于市场竞争理论视角的分析［J］．价格理论与实践，2011（5）：30－31.

［79］耿献辉，周应恒．现代销售渠道增加农民收益了吗？——来自我国梨主产区的调查［J］．农业经济问题，2012（8）：90－99.

［80］耿献辉，陈凯渊．武汉和南京地区蔬菜批发市场的现状分析［J］．长江蔬菜，2015（1）：56－58.

［81］耿献辉，周应恒．农民的人脉关系、市场导向与经营绩效——来自我国大蒜主产区的调查［J］．农业经济问题，2014，35（1）：71－78＋111.

［82］郭桂香．浅谈新经济时代消费者需求的发展趋势［J］．山西青年管理干部学院学报，2006（3）：60－62.

［83］韩喜艳．农产品流通组织化研究［D］．北京：中国农业科学院，2013.

［84］何大安．流通产业分析边界及其理论定位［J］．中国流通经济，2014，28（10）：412.

［85］何德华，韩晓宇，李优柱．生鲜农产品电子商务消费者购买意愿影响因素研究

[J]．西北农林科技大学学报（社会科学版），2014（7）：85－91.

[86] 何军，纪月清，吴豪杰．生鲜食品消费行为模式——超市与农贸市场的比较[J]．中国农业大学学报（社会科学版），2005（3）：65－69.

[87] 洪涛．流通基本理论问题探讨［J］．中国流通经济，2014（2）：22－25.

[88] 侯建昀，霍学喜．高价值农产品流通渠道的关键问题与政策导向［J］．中国流通经济，2015，29（5）：27－33.

[89] 侯杰泰等．结构方程模型及其应用［M］．北京：教育科学出版社，2004：33－43.

[90] 侯淑霞，郝娟娟，姜海燕．乳品产业链纵向组织关系的经济学分析——以“公司＋奶站＋农户”为例［J］．科学管理研究，2008，26（6）：111－114.

[91] 侯淑霞．乳品产业链纵向组织关系研究［D］．武汉：华中农业大学，2008.

[92] 侯玉梅，刘力卓，李明芳．河北省生鲜农产品供应链模式及其分析——以秦皇岛地区为例［J］．燕山大学学报，2012（3）：67－71.

[93] 胡定寰，俞海峰，T. Reardon. 中国超市生鲜农副产品经营与消费者购买行为［J］．中国农村经济，2003（8）：12－17.

[94] 胡定寰．农产品“二元结构”论——论超市发展对农业和食品安全的影响［J］．中国农村经济，2005（2）：12－18.

[95] 胡萍，韩淑杰，邓建和，董珊．深圳市2005—2007年食品安全监测分析［J］．深圳大学学报（理工版），2014（2）：210－220.

[96] 黄祖辉，张静，Kevin，Chen. 交易费用与农户契约选择——来自浙冀两省15县30个村梨农调查的经验证据［J］．管理世界，2008（9）：76－82.

[97] 黄祖辉，鲁伯祥，刘东英等．中国超市经营生鲜农产品和供应链管理的思考［C］．超市与农产品产销国际研讨会，2004. 3.

[98] 贾伟，杨艳涛，秦富．中国猪肉产业链价格传导机制分析——基于省份数据的比较［J］．统计与信息论坛，2013，28（3）：49－55.

[99] 贾晓．农产品批发市场建设的国际比较与案例分析［D］．昆明：云南财经大学，2016.

[100] 焦春伟．电子商务——我国粮食批发市场未来发展方向［D］．武汉：武汉理工大学，2003.

[101] 柯惠新，沈浩．调查研究中的统计分析法（第二版）［M］．北京：中国传媒大学出版社，2005：135－156.

[102] 雷敏．全国农产品批发市场年交易额超3万亿元［N］．经济日报，2016－09－25.

[103] 冷志杰．大宗农产品供应链四维网络模型及应用［J］．系统工程理论与实践，2005，25（3）：39－45.

[104] 李博．生鲜电商行业发展研究［D］．北京：中国社会科学院研究生院，2014.

[105] 李春成，李崇光．农产品零售终端绩效评价与比较［J］．农业经济问题，2007（1）：81－85.

[106] 李春海．制约农产品流通效率的制度瓶颈及其消减［J］．财贸研究，2005

(3)：22 - 27.

[107] 李凤荣．日本农产品“地产地消”流通体系剖析［J］．世界农业，2014（7）：19 - 23.

[108] 李凤荣．日本农产品批发市场发展趋势及原因探析［J］．世界农业，2015（9）：47 - 52.

[109] 李光集．我国农产品批发市场行业发展前景分析［J］．上海商业，2017（9）：24 - 28.

[110] 李慧良，文晓巍．生鲜农产品供应链安全可追溯的研究与应用［J］．科技管理研究，2011（1）：209 - 212.

[111] 李娇娇．农超对接模式下生鲜农产品供应链优化研究［D］．成都：成都理工大学，2015.

[112] 李梦蝶．生鲜农产品移动电商发展模式研究［J］．物流工程与管理，2014（3）：25 - 127.

[113] 李平．生鲜超市连锁经营的物流与供应链优化研究［D］．天津：天津大学，2005.

[114] 李圣军．蔬菜“卖贱买贵”问题的内在原因及解决对策［J］．理论与改革，2011（4）：84 - 86.

[115] 李文静．我国农产品交易方式的演变与发展趋势［J］．商业经济研究，2015（34）：4 - 7 + 2.

[116] 李志博．农产品批发市场公益性评价及实现路径研究［D］．北京：中国农业大学，2014.

[117] 刘斌，雒翠．我国生鲜农产品流通的中央批发市场制度构想［J］．商业经济研究，2017（18）：115 - 117.

[118] 刘飞，孙中伟．食品安全社会共治：何以可能与何以可为［J］．江海学刊，2015（3）：227 - 233 + 239.

[119] 刘刚．生鲜农产品电子商务的物流服务创新研究［J］．商业经济与管理，2017（3）：12 - 19.

[120] 刘建鑫，王可山，张春林．生鲜农产品电子商务发展面临的主要问题及对策［J］．中国流通经济，2016，30（12）：57 - 64.

[121] 刘李峰，武拉平，张照新．价格、质量对超市农产品经营影响的实证研究——来自消费者角度的证据［J］．中国农村观察，2007（1）：24 - 35 + 80.

[122] 刘启明．日本农协的销售服务与启示［J］．中国流通经济，2015，29（4）：97 - 102.

[123] 刘天军，胡华平，朱玉春，霍学喜．我国农产品现代流通体系机制创新研究［J］．农业经济问题，2013，34（8）：20 - 25 + 110.

[124] 刘一江，王录安，冯璐，石密艳．降低农产品价格的新探索——构建生鲜农产品电子商务模式［J］．代管理科学，2015（3）：112 - 114.

[125] 刘元．第三产业促进就业的问题与对策研究［D］．南京：南京工业大学，2012.

［126］刘志明，冉霓，李玉璞，李天华，周仁才．绿色食品市场培育与营销策略［J］．四川农业科技，2010（12）：48－50.

［127］娄小波．生鲜水产流通和食品产业［R］．东京海洋大学报告，2009.

［128］卢凌霄，周应恒．农产品流通效率衡量的研究：一个文献综述［J］．财贸研究，2008（6）：34－38.

［129］卢凌霄，周应恒．日本蔬菜主产地形成发展及对中国的启示［J］．经济问题探索，2007（11）：163－165.

［130］卢凌霄，吕超．日本水产品流通体系的结构与特征［J］．安徽农业科学，2007（27）：8729－8730.

［131］卢凌霄，周应恒．农产品批发市场现状及发展趋向［J］．商业研究，2010（2）：10－14.

［132］卢晓莉．基于共生理论的农业产业链稳定性研究［D］．长沙：中南大学，2011.

［133］芦也健太郎，崛川三好．菅原广政［R］．日本情报处理协会研究报告，2011（9）.

［134］罗必良，王玉蓉，王京安．农产品流通组织制度的效率决定：一个分析框架［J］．农业经济问题，2000（8）：26－31.

［135］罗峦，李崇光，谭果．治理结构视角下的我国农产品供应链组织模式与质量安全保障［J］．农业现代化研究，2014（2）：196－199.

［136］吕超，周应恒．我国蔬菜播种面积的影响因素分析［J］．经济地理，2011（1）：118－122.

［137］吕靖烨．我国农产品批发市场建设的问题与策略［J］．农业经济，2007（2）：59－61.

［138］马庆国．管理统计——数据获取、统计原理 SPSS 工具与应用研究［M］．北京：科学出版社，2002：320.

［139］马增俊，徐振宇，纳绍平．中国农产品批发市场交易技术的演化：基于激励相容视阈的研究［J］．北京工商大学学报（社会科学版），2011，26（6）：1－8.

［140］马增俊．中国农产品批发市场发展 30 年回顾及展望［J］．中国流通经济，2015，29（5）：5－10.

［141］米新丽，李志博．我国农产品批发市场公益性建设思路及实现途径［J］．物流技术，2013，32（17）：23－24＋38.

［142］牛文旭．我国农产品批发市场发展现状分析［J］．河北企业，2016（3）：50－51.

［143］农林水产统计（2011、2013 年版）［M］．日本农林水产省统计部.

［144］潘超玲，李燕琼．基于 AHP 法的农产品供应链稳定性影响因素研究［J］．时代经贸，2012（2）：71－73.

［145］秦渝红，秦江．农产品流通模式演变的动力机制与创新——以鲜活农产品为例［J］．商业经济研究，2018（6）：126－128.

［146］区晶莹，俞守华．农产品批发市场电子结算系统的设计与实现［J］．农业网络

信息，2006（7）：46－48.

［147］冉隆楠．数字化进程促进农产品批发市场转型升级，电子结算提高效率实现信息可追溯［J］．中国商论，2018（6）：9－10.

［148］任兴洲，邵挺．我国不同蔬菜零售方式的比较分析［J］．价格理论与实践，2012（5）：20－21.

［149］任兴洲．我国鲜活农产品流通体系发展的现状、问题及政策建议［J］．北京工商大学学报（社会科学版），2012，27（5）：1－5.

［150］商务部等10部门联合印发全国农产品市场体系发展规划［J］．农业工程技术，2015（26）：52.

［151］邵腾伟，吕秀梅．基于消费者主权的生鲜电商消费体验设置［J］．中国管理科学，2018，26（8）：118－126.

［152］石岿然，孙玉玲．生鲜农产品供应链流通模式［J］．中国流通经济，2017，31（1）：57－64.

［153］石旸．电子商务平台农产品电子结算系统的设计与实现［J］．商场现代化，2009（34）：38.

［154］史春云，孙勇，张宏磊，刘泽华，林杰．基于结构方程模型的自驾游客满意度研究［J］．地理研究，2014，33（4）：751－761.

［155］水产白皮书（2011－2015年版）［M］．日本农林水产省统计部.

［156］宋则，张弘．中国流通现代化评价指标体系研究［N］．经贸参考，2003－11－12.

［157］宋长鸣，徐娟，章胜勇．蔬菜价格波动和纵向传导机制研究——基于VAR和VECH模型的分析［J］．农业技术经济，2013（2）：10－21.

［158］苏堇，何延海．潍坊，放眼全球农业资源［J］．走向世界，2018（S1）：20－23.

［159］孙琛，吴燕．水产品价值链研究综述［J］．中国渔业经济，2012（5）：163－169.

［160］孙佳佳，霍学喜．进口苹果消费行为及其影响因素——基于结构方程模型的实证分析［J］．中国农村经济，2013（3）：58－69＋96.

［161］孙扬．基于创新扩散理论的消费者网上购物意向研究［D］．杭州：浙江大学，2006.

［162］汤晓丹，娜仁图雅．生鲜农产品供应链的构建及优化——以内蒙古肉类产品为例［J］．管理现代化，2008（2）：78－82.

［163］汤晓丹．基于博弈分析的农产品供应链信任机制及其建立研究［J］．物流科技，2010，33（9）：103－105.

［164］陶善信，周应恒．食品安全的信任机制研究［J］．农业经济问题，2012（10）.

［165］田爱国．“互联网＋农业”战略下我国农产品流通问题研究［J］．黑龙江粮食，2017（3）：31－36.

［166］涂洪波．我国农产品流通现代化的实证研究［D］．武汉：华中农业大

学，2013.

［167］万宝瑞．以营养需求指导食物消费［EB/OL］［2010－10－25］．http：//epaper. gmw. cn/gmrb/html/2010－10/25/nw. D110000gmrb_ 20101025_ 1－10. htm.

［168］万钟汶，杨隆年．不完全竞争下蔬菜运销价差结构之分析［J］．农产运销论丛，1996（31）：21－33.

［169］汪伟，史晋川．进入壁垒与民营企业的成长——吉利集团案例研究［J］．管理世界，2005（4）：132－140.

［170］王程，李梦薇．生鲜农产品批发市场服务功能和流通模式——基于四川案例［J］．农村经济，2014（9）：92－95.

［171］王冬冬，李丽琴．基于RFID技术的生鲜农产品供应链体系探讨［J］. 世界农业，2013（10）：158－161.

［172］王二朋，周应恒．城市消费者对认证蔬菜的信任及其影响因素分析［J］．农业技术经济，2011（10）：69－77.

［173］王国华．日本水产品消费的变动与启示［J］．世界农业，2012（2）：66－69.

［174］王换平．第三方支付平台的用户体验评价体系研究［D］．北京：首都经济贸易大学，2016.

［175］王慧云．以超市为核心构建生鲜农产品可追溯体系研究［D］．石家庄：河北经贸大学，2013.

［176］王劲松．新农村建设政策与法规［M］．银川：宁夏人民出版社，2011.

［177］王静．新农村建设中农产品供应链信用风险特征及其防范［J］．经济问题，2011（2）：86－90.

［178］王俊豪．对我国流通产业市场竞争度的探讨［J］．中国流通经济，2000（2）：8－10.

［179］王磊，但斌，王钊．“互联网＋”环境下生鲜超市创新销售模式研究［J］．农业经济问题，2017，38（9）：100－109＋112.

［180］王娜．行业集中度测算与进入壁垒［D］．济南：山东大学，2012.

［181］王培漩．生鲜农产品的供应链构建研究——以武汉梁子湖水产集团冷链构建为例［D］．无锡：江南大学，2009.

［182］王晓严．对法国合作社经营模式的思考［J］．新疆农垦科技，2011（3）：69－71.

［183］王秀杰．加快公益性农产品批发市场建设［N］．中国社会科学报，2017－04－26（004）.

［184］王秀杰．批发市场主导的蔬菜流通渠道的变革和创新［J］．经济与管理研究，2015，36（5）：62－67.

［185］王秀清，H. T. Weldegebriel，A. J. Rayner. 纵向关联市场间的价格传递［J］．经济学（季刊），2007（3）：885－898.

［186］王学真，刘中会，周涛．蔬菜从山东寿光生产者到北京最终消费者流通费用的调查与思考［J］．中国农村经济，2005（4）：66－73.

［187］王志刚，祝倩宜．农产品批发市场交易方式选择的理论诠释［J］．商业时代，

2006 (33): 26 – 27.

[188] 魏毕琴. 论超市的生鲜农产品供应链上主体共生关系 [J]. 消费经济, 2011, 27 (1): 57 – 60.

[189] 文燕平, 施菲菲. 我国生鲜移动电商的用户体验研究 [J]. 电子商务, 2017 (6): 11 – 14 + 21.

[190] 无米. 零售新玩法 [J]. 全国商情, 2014 (11): 40 – 41.

[191] 吴军, 陆鸣, 鲁超, 夏倩. 无锡市 "菜篮子" 工程蔬菜基地建设的思考[J]. 长江蔬菜, 2015 (12).

[192] 吴林海, 侯博, 高申荣. 基于结构方程模型的分散农户农药残留认知与主要影响因素分析 [J]. 中国农村经济, 2011 (3): 35 – 48.

[193] 吴晓宏. 苏州阳澄湖大闸蟹原产地品牌维护与发展研究 [D]. 苏州: 苏州大学, 2008.

[194] 吴自爱, 王剑程, 王丽娟, 项桂娥. 欠发达地区农产品流通效率评价 [J]. 统计与决策, 2013 (24): 47 – 51.

[195] 夏春玉, 丁涛. 非主流经济学的兴起与流通经济学的复兴 [J]. 北京工商大学学报 (社会科学版), 2013, 28 (1): 12 – 19.

[196] 肖芳. 解析生鲜电商四种模式 [J]. 互联网周刊, 2013 (75): 52 – 53.

[197] 肖宛凝, 刘娅, 刘羽欣. 吉林省食品安全风险监测预警系统构建 [J]. 中国公共卫生, 2014 (2): 233 – 234.

[198] 谢若琪. 山西省生鲜农产品 "农超对接" 供应链优化 [D]. 太原: 太原理工大学, 2015.

[199] 徐柏园. 公益性: 农产品批发市场性质的正本清源 [J]. 中国流通经济, 2011, 25 (5): 92 – 97.

[200] 徐文. 农产品批发市场电子结算业务的 UML 建模与实现 [J]. 广西轻工业, 2008 (2): 57 – 59.

[201] 许福才, 蒙少东. 发达国家食品供应链可追溯制度对我国的启示 [C]. 全国农产品质量控制与溯源技术交流研讨会, 2010.

[202] 许文富. 农产运销学 [M]. 台北: 正中书局, 1997.

[203] 严先锋. "互联网 +" 背景下生鲜农产品多流通渠道的转型升级与融合发展研究 [J]. 经济研究导刊, 2018 (1): 19 – 22 + 85.

[204] 杨丽华. "三位一体" 农产品物流发展模式研究——以日本农产品物流为例 [J]. 商业经济研究, 2018 (16): 95 – 98.

[205] 杨柳. 新泰市农产品电子商务模式的研究与实践 [D]. 泰安: 山东农业大学, 2014.

[206] 杨媚, 刘小玲, 前澤重礼. 日本农产品流通体系中农协与批发市场的关系研究 [J]. 南方农业学报, 2014, 45 (5): 891 – 897.

[207] 杨平, 乔雯, 易法海. 生鲜农产品供应链物流运作新模式探析 [J]. 商业时代, 2008 (6): 16 – 17.

[208] 杨顺江, 彭鹰. 中国蔬菜流通模式构建: 一个比较分析的启示 [J]. 中国农村

经济，2004（4）：52－58.

［209］杨为民．农产品供应链一体化模式初探［J］．农村经济，2007（7）：33－35.

［210］杨为民．中国蔬菜供应链结构优化研究［D］．北京：中国农科院农业经济与发展研究所，2006.

［211］杨维霞．农产品供应链信任风险及其规避策略研究［J］．山东农业科学，2011（4）：112－114.

［212］杨意成，梁燕，傅俊毅，徐强．江苏“菜篮子”工程蔬菜基地建设的思考［J］．长江蔬菜，2014（22）：72－75.

［213］杨志宏，翟印礼．超市农产品供应链流通成本分析——以沈阳市蔬菜市场为例［J］．农业经济问题，2011（2）：73－80.

［214］叶勇，张友华．中国冷链物流的最新发展和对策研究［J］．华中农业大学学报（社会科学版），2009（1）：69－72.

［215］依绍华．我国农产品批发市场发展状况调查及对策建议［J］．北京工商大学学报（社会科学版），2014，29（6）：16－21.

［216］易丹辉．结构方程模型［M］．北京：中国人民大学出版社，2008：205－208.

［217］尹华川，张翼，但斌．消费者使用电子交易系统外部影响因素及平台营销策略研究［J］．软科学，2009，23（9）：43－46＋53.

［218］游振铭．台湾蔬菜运销通路之效率研究［D］．台北：台湾大学，1993.

［219］于良春，王冠．中国银行业进入壁垒的理论与实证分析［J］．当代财经，2007（7）：50－55.

［220］于亦文，赵召华．农产品供应链风险形成机理研究［J］．物流科技，2011（2）：95－97.

［221］俞菊生．日本的农产品物流和批发市场［J］．上海农村经济，2003（4）：43－44.

［222］袁涛．农产品供应链追溯体系构建研究［D］．成都：西南交通大学，2007.

［223］岳昌君．财经素养教育何以变得更重要［J］．全球教育展望，2018（1）：56－67.

［224］翟红红．发达国家农产品流通模式窥探与经验借鉴［J］．商业经济研究，2018（2）：113－115.

［225］张蓓，杨学儒．农产品供应链核心企业质量安全管理的多维模式及实现路径［J］．农业现代化研究，2015，36（1）：46－51.

［226］张闯，夏春玉，梁守砚．关系交换、治理机制与交易绩效：基于蔬菜流通渠道的比较案例研究［J］．管理世界，2009（8）：124－143.

［227］张健，刘丽欣，张小栓，傅泽田．肉类食品安全追溯系统中的流程优化建模［J］．食品科学，2008，29（2）：451－455.

［228］张磊，王娜，赵爽．中小城市居民消费行为与鲜活农产品零售终端布局研究——以山东省烟台市蔬菜零售终端为例［J］．农业经济问题，2013，34（6）：74－81.

［229］张磊楠，张欣，王永贵．营销渠道成员间竞合行为测量模型研究：量表开发与效度检验［J］．南京社会科学，2014（4）：30－38.

［230］张晓敏，周应恒．基于易腐特性的农产品纵向关联市场间价格传递研究——以果蔬产品为例［J］．江西财经大学学报，2012（2）：78－85.

［231］张旭梅，邓振华，陈旭，吴胜男．“互联网＋”生鲜电商跨界合作商业模式创新——基于易果生鲜和海尔合作的案例研究［J］．重庆大学学报（社会科学版），2019（3）：1－11.

［232］张勇．区域商业零售龙头企业的竞争战略分析［D］．成都：西南财经大学，2014.

［233］赵趁．我国连锁超市生鲜农产品经营的困境及对策分析［J］．农业经济，2017（1）：139－140.

［234］赵晓飞，李崇光．农产品流通渠道变革：演进规律、动力机制与发展趋势［J］．管理世界，2012（3）：89－96.

［235］赵晓飞．我国现代农产品供应链体系构建研究［J］．农业经济问题，2012（1）：15－22.

［236］赵月．河北省鲜梨流通渠道关系质量与流通效率关系研究［D］．石家庄：河北大学，2017.

［237］郑远红．中美农产品冷链物流的比较与启示［J］．世界农业，2013（3）：39－41＋45.

［238］中国渔业年鉴（2009－2015年版）［M］．北京：中国农业出版社．

［239］中华人民共和国商务部．商务部关于加强集散地农产品批发市场建设的通知［N］．国际商报，2013－05－10（B01）．

［240］周波．基于供应链的生鲜农产品产销模式探析［J］．流通论坛，2008（27）：1－3.

［241］周杰．基于信任的农产品供应链质量安全控制机制研究［J］．企业活力，2011（5）：48－52.

［242］周洁红，金少胜．农贸市场超市化改造对农产品流通的影响［J］．浙江大学学报（人文社会科学版），2004（3）：46－53.

［243］周应恒，王二朋．中国食品安全监管：一个总体框架［J］．改革，2013（4）：19－28.

［244］周应恒，卢凌霄，耿献辉．深化农产品流通改革　积极推进新农村建设［J］．中国禽业导刊，2006（13）：11－12.

［245］周应恒，卢凌霄，耿献辉．中国蔬菜产地变动与广域流通的展开［J］．中国流通经济，2007（5）：10－13.

［246］周应恒，吕超，周德．我国蔬菜主产地形成的影响因素——以山东寿光为例［J］．地理研究，2012（4）：687－700.

［247］周应恒，卓佳．消费者食品安全风险认知研究——基于三聚氰胺事件下南京消费者的调查［J］．农业技术经济，2010（2）：89－96.

［248］周应恒，卢凌霄，耿献辉．生鲜食品购买渠道的变迁及其发展趋势——南京市消费者为什么选择超市的调查分析［J］．中国流通经济，2003（4）：15－18.

［249］周应恒，耿献辉，葛继红．农产品运销学［M］．北京：中国农业出版

社，2016.

［250］周应恒，胡凌啸．中国农民专业合作社还能否实现“弱者的联合”？——基于中日实践的对比分析［J］．中国农村经济，2016（6）：30－38.

［251］周应恒，卢凌霄，耿献辉．中国蔬菜产地变动与广域流通的展开［J］．中国流通经济，2007（5）：10－13.

［252］庄贵军，周筱莲．权力、冲突与合作：中国工商企业之间渠道行为的实证研究［J］．管理世界，2002（3）：117－125.

［253］邹旸．面食批发市场电子结算管理系统的研究与分析［D］．昆明：云南大学，2016.